中关村发展集团志

（2010—2020）

中关村发展集团志编纂委员会　编

知识产权出版社
全国百佳图书出版单位
—北 京—

图书在版编目（CIP）数据

中关村发展集团志 : 2010–2020 / 中关村发展集团志编纂委员会编. — 北京 : 知识产权出版社, 2020.8
ISBN 978-7-5130-7129-1

Ⅰ. ①中… Ⅱ. ①中… Ⅲ. ①高技术企业—企业集团—概况—北京—2010–2020 Ⅳ. ①F279.244.4

中国版本图书馆CIP数据核字(2020)第157802号

责任编辑：吴亚平　　**责任校对**：谷　洋
封面设计：京志文化　　**责任印制**：刘译文

中关村发展集团志（2010—2020）

中关村发展集团志编纂委员会　编

出版发行：知识产权出版社有限责任公司　　**网　　址**：http：//www. ipph. cn
社　　址：北京市海淀区气象路50号院　　**邮　　编**：100081
责编电话：010－82000860 转 8672　　**责编邮箱**：wypjdai@ 163. com
发行电话：010－82000860 转 8101/8102　　**发行传真**：010－82000893/82005070/82000270
印　　刷：三河市国英印务有限公司　　**经　　销**：各大网上书店、新华书店及相关专业书店
开　　本：787mm × 1092mm　1/16　　**印　　张**：34
版　　次：2020 年 8 月第 1 版　　**印　　次**：2020 年 8 月第 1 次印刷
字　　数：550千字　　**定　　价**：240.00 元
ISBN 978－7－5130－7129－1

2010年4月1日，经中共北京市委、北京市政府批准，在重组中关村国家自主创新示范区“一区十园”原有开发建设单位的基础上，成立中关村发展集团。图为中关村发展集团成立大会现场

2014年，中关村发展集团第一届运动会在石景山体育场举行，3600余名员工参加

2018年11月27日，中国共产党中关村发展集团党员大会召开

位于中关村国防科技园的中关村发展集团办公楼（图右侧）

中关村发展集团志编纂委员会

中关村发展集团志编辑部

主　　编：王明兰

副 主 编：项　鹏　管清斌　王　文

编　　辑：（以下按姓氏笔画排序）

朱　震　伍孟然　李茂荣　张一夫　张立佳　赵倩颖

曹娇娇　梁冰心　梁晓雪

中关村发展集团志资料提供人员
（以下按姓氏笔画排序）

丁晓丽　于　兰　于　星　于　雪　马　楠　马晓清　马雯蕊
王　泓　王　艳　王素娟　尹　向　叶　梅　田文光　夷后华
曲显亮　乔永璞　向　明　刘　伟(丰科建)
刘　伟[中关村国际(香港)]　刘　银　闫梦超　汤跃昌　孙　齐
孙燕艳　芦　婧　苏晓蕊　杜亚楠　李　竹　李　征　李　璐
李小东　李云霄　李芝芝　李玺靓　杨会芳　杨笑楠　吴亚楠
张　征　张　蕾　张环宇　张家炜　陈　曦　陈常雷　陈鲁瑶
范芮芮　林祐颉　欧阳柳娜　罗　宇　金靖雨　周婷婷　赵晓光
胡琬滢　贺延芳　夏　宁　夏　芳　黄烈红　崔　浩　董文宇
韩　娜　韩文龙　程麒宇　鲍若石　谭日旭　滕琦诺

序

时值中关村发展集团成立十周年之际,《中关村发展集团志》正式出版了。这部志书是集团成立以来的第一部志书,也是为集团成立十周年献上的一份厚重礼物,值得庆贺。

志书具有存史、育人、资政的功能,是全面系统地了解一方历史与现状的资料性文献。企业志书能够为企业的创新、发展提供完整的历史资料,保存完整的成长轨迹。为此,集团决定举全公司之力编修集团志,动员集团系统各部门、各子公司广泛搜集历史文献和档案资料。全体编纂人员辛勤笔耕,字斟句酌,数易其稿,终于成此五十万言巨帙。首部集团志门类之齐全、内容之丰富,堪称一部“百科全书”,它浓缩了集团与中关村国家自主创新示范区、与北京全国科技创新中心同步同向的发展史,既是集团各级领导干部和广大员工了解司情、传承文化、科学决策的历史借鉴,也是社会各界人士在较短的时间里全面、系统地了解集团历史和现状的一条捷径。集团志的编纂工作自启动至成书,仅用了短短不到一年的时间,这是集团各部门、各子公司和各相关单位通力合作的结果,全体编纂和审稿人员更为之付出了大量心血。在此,我们谨代表中关村发展集团向所有参与、关心和支持本书编纂出版的同志们、朋友们表示衷心的感谢!

中关村是孕育无数创新创业梦想的地方。十年前,中关村发展集团正是肩负着服务创新发展的使命,在这片梦想的热土上诞生。

十年,是从无到有、从小到大的创业史。集团是创新的产物,所从事的事业也是开创性的,难有现成的模式可以借鉴。在这个过程中,集团广大干部职工发挥艰苦奋斗的创业精神、敢为人先的创新精神,从破冰启航到队伍不断壮大,从梳理战略框架到搭建业务体系,从首笔投资业务到服务科技企业数万家,无不体现着中关村发展人的使命担当。成立至今,集团注册资本从100亿元发展到

230多亿元，总资产达到1417亿元，净资产达到411亿元，获得了AAA长期主体资信评级，境外债券评级为惠誉A，竞争力和影响力不断增强。

十年，更是与创新创业主体同行的成长史。集团始终坚守服务创新发展的使命，汇聚创新资源、构筑创新生态，逐步形成了集空间运营、产业投资、科技金融、科技服务于一体的业务体系，并通过国内协同、国际合作在全球范围内配置创新资源，探索走出了一条国有资本驱动创新的“中关村之路”。十年来，累计服务科技企业超过5万家（次），提供投融资总额4000多亿元，上缴税收94.1亿元。

今天，历史的车轮已驶入充满机遇、充满挑战的新时代，中关村发展集团也迎来了新一轮的发展契机。市委、市政府审时度势，适时调整集团战略布局和发展方向，提出推进集团综合改革的重大决策。我们相信，在市委、市政府的坚强领导下，在社会各界的大力支持和集团上下的共同努力下，中关村发展集团一定能在不久的将来跻身于国际一流的创新生态集成服务商，为北京建设具有全球影响力的全国科技创新中心作出更大的贡献，在创新生态发展史上续写出更新、更美的篇章！

中关村发展集团党委书记、董事长

中关村发展集团党委副书记、总经理

2020年4月

凡 例

一、《中关村发展集团志》以马克思列宁主义、毛泽东思想、邓小平理论、“三个代表”重要思想、科学发展观、习近平新时代中国特色社会主义思想为指导，坚持辩证唯物主义和历史唯物主义的立场、观点和方法，存真求实，力求全面、客观、系统地记述集团十年的历史与现状。

二、本志断限时间，上限起自2010年3月，下限断至2020年1月。为保证对某些事物记述的完整性，相关内容适当上溯或者下延。

三、本志综合运用述、记、志、图、表、录等各种体裁。概述鸟瞰全貌，统领全书；大事记提纲挈领，简记要事；志体为主，末设附录，图、表插于文中，彩照置于志前。文体为语体文、记述体，大事记用编年体，辅以纪事本末体，志按章、节、目编排。

四、本志遵循地方志行文规范，以事分类，横排竖写，据事直书，述而不论，力求结构严谨，文约事丰，文风朴实，特色突出。

五、本志为记述方便，原则上各类机构在正文中第一次出现时用全称，以后用规范简称。但为了避免名称混淆，必要时使用全称。

六、各项数据、表格一般采用集团总部和各子公司统计数据。

七、数字、标点遵循国家标准出版规定：GB/T 15834—2011《标点符号用法》、GB/T 15835—2011《出版物上数字用法》。

目 录

概　述

中关村发展集团正式成立于2010年4月1日，是北京建设中关村国家自主创新示范区的重要举措之一。十年来，集团始终坚守服务创新发展的使命，汇聚创新资源，构筑创新生态，探索出一条国有资本驱动创新的“中关村之路”。截至2019年底，集团股东17家，控股二级子公司33家，注册资本230.2亿元，总资产达到1417亿元，净资产达到411亿元，提供投融资总额4000多亿元，累计服务科技企业超过5万家（次），获得了AAA长期主体资信评级，境外债券评级为惠誉A，竞争力和影响力不断增强，实现了从无到有、从小到大的跨越，正在朝着“打造国际一流的创新生态集成服务商，助力建设具有全球影响力的全国科技创新中心”的目标迈进。

一

2009年3月，国务院批复中关村建设国家自主创新示范区，提出将中关村建设成为具有全球影响力的科技创新中心。2009年4月，北京市发布《关于建设中关村国家自主创新示范区的若干意见》，要求举全市之力建设中关村国家自主创新示范区。

在此之前，中关村经过多年的发展，形成了一套独特的管理模式，其基本特征是园区分布在多个区县，从而形成市级层面统筹协调、区县层面担当主体的跨行政区域的一区多园发展模式。为了在跨行政区域基础上，真正实现一体化的产业功能区布局，通过市场方式和资本运作，放大国有资本的产业促进效应，需要在政府层面不断加强跨层级、跨部门协调和协作，继续完善园区管理体制、政策支持体系和行政调控手段的同时，强化市场手段，通过市、区资源整合，搭建推进中关村示范区建设的强有力的市场化实施和服务平台，开展新一轮更高水平的园区建设和产业促进。中关村发展集团就是在这样的背景下诞生了。

集团刚成立，就着手研究制定发展战略框架，提出了集团战略定位、发展愿景、业务组合和工作方略，其中包括“双维”战略目标（社会责任目标和企业发展目标）和“3+N”业务组合模式（产业投资、园区发展和科技金融三项核心业务及产业促进服务等多项辅助性业务，未来根据发展的需要不断优化和调整业务组合）。2011年，集团编制“十二五”发展规划，进一步明确阶段性目标、基本路径和主要策略，秉承“整合资源、搭建平台、引领发展”的工作理念，以中关村示范区发展目标为先导，以公司发展目标为支撑，坚持中关村示范区和公司同步发展，以产业投资为主线、以园区发展为基础、以科技金融为突破，全面进行三大主业战略布局，实现对接资本市场，推进科技成果产业化机制大突破和“一区多园”快速发展大整合。2015年，集团编制“十三五”发展规划，进一步完善“双维”战略目标（推动中关村示范区建成具有全球影响力的科技创新中心，集团发展成为具有全球影响力的服务科技创新的大型企业集团），进一步提出“三项标准”（以有没有推动中关村示范区的领军企业成为世界级的大企业、有没有推动中关村示范区产生世界水平的科技创新成果、有没有推动中关村示范区成为世界一流的创业创新中心作为工作标准），进一步强调“四位一体”的企业价值观（社会价值、企业价值、员工价值、股东价值相结合）。在此基础上，对集团业务布局进行了系统谋划，提出要不断优化业务体系和业务模式，做强产业投资业务、做大科技金融业务、做专科技园区业务、做活区域合作业务、做优海外业务等，集团发展战略和目标路径日臻清晰。

北京加强全国科技创新中心建设的不断深入，对集团创新发展提出了新的更高要求。2017年8月，中共北京市委书记蔡奇调研中关村时指出，中关村发展集团要发挥好平台作用，并适时纳入国有资本改革试点。2018年初，北京市《政府工作报告》提出，要发挥中关村发展集团整合创新资源的市场化平台作用。2018年5月以来，北京市市长陈吉宁主持市政府专题会，研究中关村发展集团改革转型工作。面临新形势、新任务，2018年11月，集团召开党员大会对未来发展战略做出新的部署。大会提出，集团创新发展迈上新台阶，进入深化改革、转型发展的新阶段。集团要抢抓机遇，充分发挥制度优势，按照国际化、市场化、专业化的方向，深化改革、转型发展，以“双创”主体为中心，补齐服务短板，优化资产结构，加快建设成为国际一流的创新生态集成服务商，继续探索走出一条国有资本驱动创新、服务驱动创新、大数据驱动创新的新“中关村之路”。为此，集团也聘请了国际一流咨询机构，研究制定集团综合改革方案，科学谋划集团深化改革、转型发展的方向与实施路径。2019年9月，中共北京市委全面深化改革委员会第七次会议审议通过《关于推进中关村发展集团综合改革的方案》。同年11月，北京市政府批复原则同意《关于推进中关村发展集团综合改革的方案》。方案明确了集团承担的使命是助力建设具有全球影响力的全国科技创新中心，发展愿景是打造国际一流的创新生态集成服务商，战略定位是汇聚创新资源、服务创新生态的市场化平台。改革的总体目标是构建全周期、一站式、管家式的专业服务体系，轻资产、强服务、活机制，实现由“开发商”向“服务商”转变，全面提升成果转化、创新孵化、空间服务、产业投资、金融服务、资本服务等平台功能，打造国际一流的创新生态集成服务商，助力北京建设具有全球影响力的全国科技创新中心。方案的获批，标志着集团开启了服务北京创新生态的新征程。

二

经过十年的发展，集团逐步建立了集空间运营、产业投资、科技金融、科技服务于一体的业务体系，为落实“四个中心”首都城市战略定位、建设具有全球影响力的全国科技创新中心、构建“高精尖”经济结构等，做了大量卓有成效的工作。

空间运营服务是从集团成立之初重组中关村分园和产业基地建设单位而来。集团围绕北京“三城一区”和中关村“一区多园”建设，积极承担全国科技创新中心建设重大任务，在优化首都“高精尖”产业布局和创新创业环境方面发挥了重要的引导和支撑作用。十年来，空间运营服务内容不断丰富、升级，通过提升空间服务品质，带动项目、人才、资本、产业向园区聚集，促进优质创新资源向中关村各分园辐射，实现对中关村“一区十六园”的服务全覆盖。截至2019年底，园区累计实现开发投资额1143亿元，二级科技载体竣工约500万平方米；累计京内自持与托管空间达到196.6万平方米，累计新增落地项目3400多个。

产业投资服务从零起步，在摸索中前进，围绕首都“高精尖”产业发展方向，瞄准科研机构、研究型大学、创新型企业的原始创新成果，形成了代持政府资金投资、自有资金投资以及基金投资三大投资板块，成为国有资金引导社会资本支持自主创新主体的重要动力。十年来，产业投资服务在探索重大科技成果产业化、支撑重大项目落地、推动高端产业集聚等方面发挥了重要作用。截至2019年底，集团通过代持政府资金投资、自有资金投资、基金投资等方式，累计投资项目2000多个，投资额近500亿元。集团体系共参与设立基金139支，基金总规模超过1300亿元。

科技金融服务着眼解决科技型中小微企业融资难、融资贵问题，运用科技担保、科技租赁、科技信贷、科技投资等多元化手段，不断创新金融产品，为科技企业成长壮大创造良好的金融服务环境。2012年，北京中关村科技创业金融服务集团有限公司、北京中关村科技融资担保有限公司并入集团，中关村科技租赁（北京）有限公司注册成立，形成集团保、租、贷、投一体化的科技金融综合服务体系。截至2019年底，科技金融板块累计为企业提供金融支持超过3500亿元，服务科技企业超过5万家（次）。2020年1月21日，中关村科技租赁股份有限公司于香港联合交易所有限公司主板正式上市。

专业科技服务着眼于满足科技创新需求、提升产业服务能力，以市场化、专业化方式提供多要素服务，初步形成了知识产权运营、创新孵化、产业服务、共性技术、论坛与会展等服务内容。集团旗下北京知识产权运营管理有限公司是国内首家由政府倡导并出资的知识产权商用化公司。孵化服务从最初的物业服务逐步扩展到创业咨询、政策辅导等软服务，并朝着专业化、平台化和生态化趋势发展。截至2019年底，集团运营孵化器27个，其中国家级孵化器5个。集团联合第三方服务机构搭建了中关村集成电路设计园产业服务平台（IC-PARK ISP）、中关村天合科技成果转化促进中心、北京海创产业技术研究院、中关村易（e）创服务平台、企业上市服务平台等各类产业服务平台；针对高科技产业技术突破的共性需求，先后打造了集成电路设计、医疗器械、新药研发、工业设计等领域共性技术服务平台。通过科技论坛与会展等服务，为创新要素对接搭建平台，累计组织论坛400余场，组织企业参加展会600余次。

三

2013年9月30日，习近平总书记率中央政治局走出中南海集体赴中关村学习时指出，面向未来，中关村要加大实施创新驱动发展战略力度，加快向具有全球影响力的科技创新中心进军，为在全国实施创新驱动发展战略更好发挥示范引领作用。2014年2月26日，习近平总书记主持召开座谈会并发表重要讲话，将京津冀协同发展提升到重大国家战略的高度。“十二五”期间，集团深入落实创新驱动发展和京津冀协同发展国家战略，发挥中关村在全国的示范引领作用，立足北京，辐射全国，开展区域合作业务。十年来，集团先后设立北京中关村信息谷资产管理有限责任公司、中关村协同发展投资有限公司、北京中关村协同创新投资基金管理有限公司等子公司，逐步探索形成了产业飞地、协同资本和智慧运营等业务模式，与合作区域共同打造“类中关村”的创新创业生态，构建区域协同创新共同体，着力推动天津滨海—中关村科技园、京津中关村科技城等一批区域合作重点项目，合作区域遍布天津、河北、宁夏、内蒙古、吉林、辽宁、江苏、浙江、安徽、山东、河南、广西、四川等省（直辖市、自治区）的31个城市和地区，运营服务科技载体约110万平方米。2017年4月20日，习近平总书记视察南宁·中关村创新示范基地时给予充分肯定，指出“开展区域合作和经济技术合作重在互利双赢。创新和创业相连一体、共生共存。建设创新示范基地，要遵循创新发展规律，以高效的政府服务、有机的产业配套、先进的技术支撑，构建富有吸引力的创新生态系统，让适宜的种子在适宜的环境中开花结果”，为区域协同创新指明了方向。2019年1月17日，习近平总书记视察天津滨海—中关村协同创新展示中心，并强调高质量发展要靠创新，“我们要继续做下去，让有创新梦想的人能够心无旁骛、有信心又有激情地投入到创新事业中，中国的动能转换、高质量发展就一定能够实现”。

集团积极响应“一带一路”倡议，融入全球创新网络，按照本土化、国际化的原则，构架起覆盖多个全球创新资源富集区域的国际创新网络枢纽。2012年，集团成立后首个新建海外创新平台——赫尔辛基创新合作中心揭牌。2013年，联合斯坦福大学华裔科学家张首晟在美国硅谷设立丹华基金。之后又在北美发起设立创投基金、母基金，参与欧美早期风险投资基金，搭建起海外基金系。2016年，集团在硅谷打造的中关村硅谷创新中心正式运营，先后在北美、德国、以色列设立海外创新中心，成为集团布局全球资源、推动国际科技创新合作的重要平台。2017年，作为习近平主席访问芬兰的重要成果，中芬创新企业合作委员会成立，集团与诺基亚公司分别担任委员会的中方和芬方主席单位。2019年9月，国际评级机构惠誉国际授予集团类主权A级评级；2020年2月4日，集团向全球成功发行3亿美元高级无抵押债券，实现了集团在国际资本市场的历史性突破。经过十年发展，集团海外业务已形成“海外业务子集团+国内承接子平台”管理模式，建立“海外空间孵化服务+海外投资服务+国内落地跨境科技服务”三位一体的全链条服务平台。

四

集团成立伊始，按照现代企业制度，建立规范的法人治理结构，设立党委、纪委、董事会、监事会、经营层和工会等组织机构。随着企业的发展壮大，集团遵循深化国有企业改革的方向，持续优化集团公司治理结构，切实发挥党组织在企业法人治理结构中的政治核心作用，股东大会、董事会的决策作用和监事会的监督作用，建立有效的决策执行监督机制和规范的行政、财务、风控等企业内部管理体系，不断推动企业治理能力现代化。截至2019年底，集团共有股东单位17家，董事会由13名董事组成，设董事长、董事会秘书各1名；监事会由14名监事组成，设职工监事5名；经营层由总经理、副总经理、总经理助理组成。自2010年成立至2019年，集团共进行五次较大的组织架构调整，截至2019年底，集团共设置15个部门。

集团党的建设一直与集团创新发展同步推进。2011年，集团成立党委、纪委。在公司章程中明确各级党组织在公司法人治理结构中的法定地位，党的领导在公司治理中步入制度化、规范化轨道；完善集团党委会议事决策工作机制，建立健全重大事项党委会前置董事会、总经理办公会机制，完善“三重一大”决策机制，建立以《集团党委会议事规则》《集团“三重一大”事项决策程序和实施办法》《集团党委党建工作领导小组议事规则》《集团党委基层党组织党建工作考评办法》等为基础的党建主干制度，保证党组织领导作用得到充分发挥。以深入学习贯彻习近平新时代中国特色社会主义思想为重点，引导广大党员干部自觉践行“四个意识”，筑牢理想信念根基。扎实开展党的群众路线教育实践活动、“三严三实”专题教育、“两学一做”学习教育、“不忘初心、牢记使命”主题教育等。坚持“党管干部、党管人才”原则，服务创新发展需求，做好干部人才支撑，激励人才干事创业，集团全系统员工从成立之初的约2000人发展到2019年底的5700余人。坚持企业发展与党组织建设同部署、同落实、同检查，确保党的组织和党的工作实现全覆盖。截至2019年底，集团直属基层党组织56个，区企共管公司党组织41个，组织关系在集团的党员779名。坚定不移推进党风廉政建设和反腐败斗争，建立健全党风廉政建设责任制，坚决落实“两个责任”，聚焦监督执纪问责，把纪律和规矩挺在前面，加强党内监督，深化作风建设，严厉惩治腐败，推进标本兼治，努力营造风清气正的政治生态。

坚持“党建带工建”，把工会工作纳入企业党建工作的总体格局，支持工会在党的领导下独立自主开展工作。2012年，集团工会成立。截至2019年底，集团工会下属基层工会20个，工会会员1738人。定期召开职工代表大会，建立职工董监事制度，有效维护职工民主权利和合法权益。组织健康体检、“两节”送温暖、困难职工帮扶、关爱女职工等活动。开展丰富多彩的文体活动，创造条件丰富职工业余生活，营造健康向上的文化氛围。

经过十年的发展，集团从无到有、从小到大，实力不断壮大，在建设具有全球影响力的创新中心建设进程中，在创新载体、创新资源、企业品牌等方面已形成一定的硬实力和软实力，在国内外的影响力日益显现。随着改革的不断深化、转型发展的不断加快，集团将加快打造国际一流的创新生态集成服务商，为北京市发展新经济、培育新动能、建设具有全球影响力的全国科技创新中心作出更大贡献，书写新时代高质量发展的新篇章！

大事记

2010 年

3 月

25日　中关村发展集团（筹）创立大会暨首次股东大会召开。

同日　中关村发展集团第一届董事会第一次会议召开。选举于军为董事长，聘任许强为总经理。

同日　中关村发展集团第一届监事会第一次会议召开。

31日　中关村发展集团在北京市工商行政管理局登记注册，注册资本金100亿元。

4 月

1日　中关村发展集团成立大会召开，中共中央政治局委员、北京市委书记刘淇，全国人大常委会副委员长、中国科学院院长路甬祥，中共北京市委副书记、市长郭金龙等出席。

8日　中关村发展集团入驻海淀大街鼎好电子大厦A座20层，此为集团成立以来的首个办公地点。

5 月

5日　中关村发展集团委托北京双高人才发展中心发布招聘公告，面向海内外公开招聘首批总部员工。

13日　中关村国家自主创新示范区第一批重大科技成果转化、产业化股权投资和创新合作签约仪式暨中关村发展集团信息发布会召开。集团与10家企业签订战略投资合作意向书；与6家院所高校签订战略合作框架协议。

7 月

1日　中关村发展集团发出第一份员工录用通知书。

12日 中关村国家自主创新示范区第二批高成长性企业股权投资及中关村发展集团与银行业银企合作签约仪式举行。集团与18家高成长性企业签订股权投资合作意向书；与5家院所高校、6家银行签订战略合作意向书。

8月

19日 中关村发展集团与美国波士顿生物医药公司（BBI）的投资合作签约仪式举行。此为集团成立以来与国外公司签订的第一个投资合作协议。

9月

7日 中关村发展集团第一次全体员工会议召开。

27日 中关村国家自主创新示范区第三批重大项目和高成长性企业股权投资签约仪式举行。集团与12家高成长性企业签订股权投资协议；与18家高成长性企业签订战略合作意向书。

10月

14日 中关村发展集团对北京京联云软件有限公司的300万元股权投资出资到位。此为集团成立以来完成出资的首笔股权投资业务。

11月

4日 中关村国家自主创新示范区第四批重大项目与高成长性企业股权投资签约仪式举行。集团与16家科研院所和企业签订战略合作意向书。

12月

2日 中关村发展集团对北京兆易创新科技有限公司的出资到位。此为集团成立以来完成的首笔委托贷款业务。

10日 中关村发展集团物联网产业链集群投资签约仪式举行。集团与8家物联网企业签订投资协议。

21日 中共中央政治局常委、国务院副总理李克强考察中关村软件园。

2011年

1月

6日 中关村国家院所通州产业园启动仪式举行。通州区政府、中关村发展集团与5家院所签订合作协议。中共中央政治局委员、北京市委书记刘淇，中共北京市委副书记、市长郭金龙出席。

3月

16日 中共北京市委下发《中共北京市委关于于军等三名同志任职的通知》，决定设立中共中关村发展集团委员会、中共中关村发展集团纪律检查委员会。于军任党委书记，许强任党委副书记，蒋苏生任党委副书记、纪委书记。

17日 中关村发展集团与中国科学院北京国家技术转移中心签订合作协议。

4月

17日 中关村发展集团与中航投资控股有限公司在北京人民大会堂签署全面战略合作协议。

26日 中关村发展集团创新合作发布会召开。

6月

30日 中关村发展集团发起人股东完成全部出资，实收资本金102.2亿元。

10月

18日 中关村发展集团智能交通集群投资签约仪式举行。集团对智能交通产业链关键节点的8家企业进行集群投资。

12月

27日 中关村发展集团联合7家社会投资机构组成的“资本群”，对云计算产业链关键环节等14家企业进行“产业群”投资。这是国内首次以“群对群”投资模式为云计算产业注入资金。

31日 中关村发展集团2011年度第一期人才公租房建设项目非公开定向融资工具在银行间交易市场成功发行。此为国内首支人才公租房建设项目私募债。

2012年

1月

6日 中共中关村发展集团党员大会召开。选举产生中共中关村发展集团委员会和中共中关村发展集团纪律检查委员会。

2月

2日 中关村发展集团与美国Riverwood Capital、东方基易投资公司签订合作谅解备忘录。

18日 中关村发展集团入驻朔黄发展大厦11层、12层办公区。

3月

27日 中关村发展集团投资的北京太空板业股份有限公司（2018年3月20日更名为“太空智造股份有限公司”）通过证监会发审委审核。8月1日，在深圳交易所创业板挂牌上市，发行2513万股。这是集团培育出的第一家国内资本市场上市公司。

4月

13日 中关村发展集团标识发布暨项目签约仪式举行。

7月

12日 国内顶级信用评级机构联合资信评级有限公司发布信用评级报告，将中关村发展集团主体长期信用评级由AA+上调为AAA，评级展望为“稳定”。

19日 中关村发展集团与北京银行签署全面合作协议。

20日 中共北京市委书记、市长郭金龙，中共北京市委副书记、市政府党组书记、市政协主席王安顺调研中关村发展集团。

24日 中关村发展集团与中关村管委会、梅河口市政府签订战略合作框架协议。

27—30日 中关村发展集团组织开展为北京市“7·21”特大暴雨灾害爱心捐款活动，共有396名党员及群众参加活动，所捐款项全部上交至北京市慈善协会。

8月

1日 中关村软件园与以色列施拉特公司签署共建“中以国际技术创新合作转移中心”协议。

9月

12日 中关村发展集团与加拿大渥太华投资署贸易投资局签署合作备忘录。

24日 诺和诺德海外最大研发中心——诺和诺德中国研发中心在中关村生命科学园落成。

10月

30日 北京中科兴仪高端医疗器械产业投资有限公司成立。

11月

13日 中关村发展集团赫尔辛基创新合作中心挂牌成立，该中心由中关村管委会、中关村发展集团与中关村软件园共建。

26日 中关村国防科技园开工仪式举行，该园由中关村发展集团和北京理工大学共同建设。

27日 中关村科技租赁（北京）有限公司注册成立。

29日 由中关村发展集团牵头并提供担保的2012年中关村国家自主创新示

范区项目建设债券5亿元在银行间市场成功发行。该支债券是集团首次公开面向资本市场融资的有益尝试。

30日 国家蛋白质科学基础设施——北京基地（凤凰工程）开工奠基仪式在中关村生命科学园举行。该基地由国家发展改革委、教育部、解放军总后勤部和北京市政府共同投资，军事医学科学院联合清华大学、北京大学、中国科学院生物物理研究所共同承建。

12月

3日 中关村发展集团硅谷国际孵化中心揭牌。

11日 中关村发展集团渥太华国际孵化中心揭牌。

19日 中关村发展集团移动互联网暨上地区域集群投资签约仪式举行。集团与9家移动互联网企业以及7家上地区域企业签订投资合作协议。

26日 中关村发展集团第一次工会会员代表大会召开。

27日 中关村高端医疗器械产业园企业入园签约仪式举行。

2013 年

1月

31日 商务部和国家税务总局发布《关于确认及取消有关企业内资融资租赁业务试点资格的通知》，中关村科技租赁（北京）有限公司获批成为第十批内资融资租赁业务试点企业，成为中国首家为科技企业提供融资租赁服务和租赁交易咨询的科技租赁示范企业。

5月

14日 丹华基金签约仪式在美国硅谷举行。该基金由中关村发展集团联合斯坦福大学华裔科学家张首晟共同发起设立。

6月

3日 中关村发展集团与中芯国际集成电路制造有限公司、中芯国际集成电路制造有限公司（北京公司）、北京工业发展投资管理有限公司就合资建设北京12英寸集成电路生产线项目签署合资协议，共同出资设立中芯北方集成电路制造（北京）有限公司。

7月

22日　中关村发展集团党的群众路线教育实践活动动员部署大会召开。

10月

16日　中关村发展集团与加拿大渥太华投资署在北京举行项目入孵合作签约仪式。中共北京市委副书记、市长王安顺出席签约仪式。

24日　在第十七届京港洽谈会京港投资合作项目签约仪式上，中关村发展集团和中关村管委会、招商局集团签署三方战略合作协议。

11月

30日　天津市宝坻区政府与中关村管委会、中关村发展集团签订战略合作框架协议。

12月

26日　中关村房山园授牌暨中关村发展集团与房山区政府战略合作签约仪式举行。根据协议，双方共同开发建设中关村房山园，打造“中关村南部创新示范区”。

2014年

3月

14日　由中关村发展集团代持统筹资金支持的伟嘉人公司、神州泰岳公司和利时公司的重大科技成果产业化项目顺利完成目标，经北京市联席会批准，统筹资金成功退出。这是北京市重大项目统筹资金在促进重大科技成果实现产业化后首次成功退出。

4月

14日 中共中央政治局委员、天津市委书记孙春兰调研京津中关村科技城项目。

6月

9日、13日 中关村发展集团对接中国银行间市场交易商协会，在银行间债券市场成功注册短期融资券40亿元，中期票据45亿元。

7月

8日 中关村高端医疗器械产业园获得市科委“北京市战略性新兴产业科技成果转化基地”认定。

11日 北京知识产权运营管理有限公司成立。

29日 北京集成电路产业发展股权投资基金有限公司成立。

8月

19日 北京中关村延庆园建设发展有限公司成立。

20日 中关村发展集团出资10亿元支持清华紫光集团收购锐迪科微电子（上海）有限公司。

10月

12日 中关村发展集团第一届运动会在北京市石景山体育场举行。集团总部和各子公司员工共3600多人参加。

27日 中关村（国际）控股公司（ZGC Capital Corporation）成立。

11月

19日 中关村发展集团首次成功发行5亿元中期票据，发行期限5年，票面利率5.5%，经联合资信评估有限公司综合评定，发行人的主体信用级别为AAA，本期债券的信用级别为AAA级。

21日 北京中关村信息谷资产管理有限责任公司成立。

22日 北京中关村微纳能源投资有限公司成立。

2015 年

2月

5日 北京中关村集成电路设计园发展有限责任公司成立。

15日 中关村发展集团与房山区北京高端制造业基地管委会签署合作协议。

4月

14日 中关村发展集团支持科技创新创业暨领创金融系列产品发布会召开。

15日 中共北京市委下发《中共北京市委关于于军同志职务变动的通知》，决定免去于军中共中关村发展集团委员会书记职务。

28日 中关村在北京之外设立的首个创新中心——保定·中关村创新中心揭牌。

5月

13日 北京中关村微纳能源投资有限公司落户中关村怀柔园揭牌仪式举行。

21日 中关村发展集团与北京首都创业集团有限公司签约，联手共建中关村集成电路设计园。

6月

10日 中共北京市委下发《中共北京市委关于许强、周云帆同志职务变动的通知》，决定许强任中关村发展集团党委书记，周云帆任中关村发展集团党委副书记。

16日 中关村领创空间科技服务有限公司成立。

25日　北京市政府下发《关于许强、周云帆同志职务变动的通知》，决定许强任中关村发展集团董事长，免去其中关村发展集团总经理职务；周云帆任中关村发展集团总经理。

30日　国家集成电路产业投资基金入资北京市集成电路产业基金的首期实缴出资3亿元到位（共认缴10亿元）。这是国家集成电路产业投资基金首支入资的地方政府引导基金。

8月

12日　集团在中国银行间市场和上海证券交易所双市场发行11亿元企业债券。

26日　中关村科技租赁有限公司成功发行中关村科技租赁1期资产支持证券。这是中关村发展集团首个资产证券化项目，也是国内首单以"科技租赁"为概念的资产支持证券。

9月

23日　中关村协同发展投资有限公司成立。

10月

14日　在北京市慈善基金会、北京市慈善协会举办的"爱心汇聚京城"慈善活动暨微信筹款启动仪式上，中关村发展集团荣获2015年扶贫济困慈善捐赠活动"爱心捐赠单位"称号。

17日　徐州·中关村信息谷创新中心揭牌。

11月

2日　中关村发展集团获人力资源和社会保障部、全国博士后管委会批准设立博士后科研工作站。

20日　中关村发展集团召开首次人才工作会议，发布《中关村发展集团关于加强人才队伍建设的意见》。

12月

18日 北京中关村前沿技术产业发展有限公司成立。

21日 中关村芯园（北京）有限公司成立。

25日 北京中关村协同创新投资基金管理有限公司成立。

2016年

1月

29日 北京中关村大街运营管理股份有限公司成立。

3月

9日 中关村发展集团首支市场化母基金——北京中关村协同创新投资基金成立。

5月

11日 中关村硅谷创新中心开幕仪式在美国硅谷举行。

13日 全国政协副主席、科技部部长万钢调研中关村生命科学园。

27日 中国首个真正意义知识产权质押融资产品“智融宝”发布。

同日 北京知识产权运营管理有限公司与海淀区政府共建“中关村核心区知识产权质押贷款风险处置资金池”。

6月

1日 中关村发展集团“两学一做”学习教育工作布置会召开。

19日 中关村发展集团与房山区政府、北京航空航天大学战略合作协议签约仪式举行。

27日 中关村发展集团成功发行首期公司债券，发行规模20亿元，期限5年，票面利率为3.38%。

7月

7日 中关村科技租赁有限公司经中国人民银行征信中心审核通过，获批接入央行征信系统资格，成为北京市首批获准的20家融资租赁公司之一。

24日 南宁·中关村双创示范基地揭牌。

9月

4日 中关村发展集团与北京阿尔山科技有限公司签署设立区块链研究院和创新发展基金战略合作备忘录。

29日 中国科学院北京纳米能源与系统研究所科研进展汇报、合作签约暨园区建设项目开工仪式在北京市怀柔区怀柔新城项目现场举行。

10月

13日 中关村发展集团首届创新汇在中关村领创空间（友谊宾馆）举办。

17日 中关村发展创业投资基金管理有限公司成立。

同日 在全国“双创周”北京会场，“担风险·保创新”暨保投联动产品发布及签约仪式举行，北京中关村科技融资担保有限公司率先推出“零保费”产品——“创易保”。

21日 北京中关村并购母基金成立。

11月

11日 石家庄中关村协同发展有限公司成立。

16日 中共北京市委副书记、代市长蔡奇调研中关村生命科学园。

22日 天津滨海—中关村科技园揭牌。

12月

27日 北京领创精准医疗健康产业投资股份公司成立。

29日 北京中关村京西建设发展有限公司成立。

30日 中关村发展集团与山东省德州市政府签署战略合作框架协议。

同日 天津京津中关村科技城发展有限公司成立。

2017 年

3月

1日 中共北京市委下发《中共北京市委关于许强、赵长山同志职务变动的通知》，决定免去许强中关村发展集团党委书记职务，赵长山任中关村发展集团党委书记。

2日 中关村发展集团与北京国际信托有限公司签署京津中关村科技城项目及领创精准医疗项目合作协议。

同日 由延庆区政府、海淀区政府、中关村管委会、中关村发展集团合作建设的“中关村·长城脚下的创新家园”项目空间规划发布。

6日 由北京市人才工作领导小组主办、中关村发展集团承办的“北京市硅谷高端人才峰会”在中关村硅谷创新中心举行。峰会发布了首批中关村海外战略科学家以及中关村海外科学家办公室、中关村海外博士后工作站两个海外人才服务机构。

13日 中关村发展集团与怀柔区政府签署《怀柔科学城项目合作框架协议》。

4月

5日 北京市政府印发《关于赵长山、许强同志职务任免的通知》，决定赵长山任中关村发展集团董事长；免去许强中关村发展集团董事长职务。

11日 中共北京市委组织部召开中关村发展集团领导干部大会，宣布中共北京市委、北京市政府关于集团主要领导调整的决定：任命赵长山担任中关村发展集团党委书记、董事长；免去许强中关村发展集团党委书记、董事长职务。

20日 中共中央总书记习近平视察南宁·中关村创新示范基地。

同日 中关村知识产权运营公共服务平台IP Online上线。

5月

9日 北京市政府印发《关于宣鸿、周云帆同志职务任免的通知》，决定宣鸿任中关村发展集团总经理；免去周云帆中关村发展集团总经理职务。

22日 中共北京市委组织部召开中关村发展集团领导干部大会，宣布中共北京市委、北京市政府关于集团主要领导调整的决定：任命宣鸿担任中关村发展集团党委副书记、董事、总经理；免去周云帆中关村发展集团党委副书记、董事、总经理职务。

6月

18日 中关村高端医疗器械产业园开园。

29日 在中芬商业峰会上，中芬创新企业合作委员会成立并召开第一次会议，中关村发展集团与诺基亚公司分别担任该委员会中方和芬方主席单位。

30日 中关村发展集团党建工作会暨推进“两学一做”学习教育常态化制度化工作会召开。

7月

20日 中关村发展集团党员干部“红旗渠”精神专题培训班开班。

9月

20日 由市科委、中关村管委会、中关村发展集团共同主办的北京市硅谷人才与科技峰会在中关村硅谷创新中心举行，北京市代市长陈吉宁出席。峰会现场，总规模为3亿美元的中关村盛景美国母基金发布，中关村海外战略科学家委员会成立，“中关村全球创新未来峰会”品牌发布。

27日 中关村发展集团首家科技金融超市成功落地中关村生命科学园。

11月

10日 中关村生命科学园与中国计量科学研究院合作框架协议签署仪式暨“生命科学计量—标准创新支撑平台”揭牌仪式举行。

12月

1日 中芬创新企业合作委员会第二次会议在芬兰赫尔辛基诺基亚总部基

地举行。中关村发展集团作为中方主席单位参加会议。

7日 中关村发展集团科技金融超市在北京怀柔科学城建设发展有限公司、北京中关村微纳能源投资有限公司挂牌。

20日 银川·中关村创新中心揭牌。

24日 北京量子信息科学研究院落户中关村软件园。

2018 年

1月

2日 中关村（京西）人工智能科技园建设方案发布。

3月

22日 北京脑科学与类脑研究中心落户中关村生命科学园。

26日 中关村国际控股有限公司（ZGC International Holding Ltd.）成立。

30日 中关村波士顿创新中心项目启动。

5月

8日 中关村德国创新中心项目启动。

15日 中关村发展集团与英国Fuel Ventures、SILK Ventures签署谅解备忘录。

6月

19日 中共中央政治局常委、国务院副总理韩正调研天津滨海—中关村科技园。

7月

6日 中共中央政治局委员、北京市委书记蔡奇，中共北京市委副书记、市长陈吉宁调研怀柔科学城。

13日 中关村发展集团发行首期40亿元可续期公司债，债券期限3+N年，票面利率5.79%，创下了2018年以来市场同期限AAA级别地方国企债券的最低利率。

27日 中关村发展集团第二次工会会员代表大会召开。

29日 中关村发展集团入驻中关村国防科技园7号楼。

8月

17日 中关村发展集团博士后科研工作站组织召开博士后出站报告评审会议，集团首位博士后顺利出站。

24日 中关村发展集团被中关村管委会评为“中关村高新技术企业”。

是月 中关村发展集团组织基层党组织书记和部分党员代表赴井冈山参加“不忘初心、牢记使命”主题教育培训班。

9月

26日 中关村波士顿创新中心实现试运营，并举办首次学术峰会。

11月

1日 长春·中关村创新中心揭牌。

2—3日 以“全球化创新与高质量发展”为主题的中关村论坛举办。论坛由科技部火炬中心、中关村管委会、海淀区政府、国际科技园协会支持，中关村发展集团、盛景嘉成共同主办，共有1000多位嘉宾参会。

8日 中芬创新企业合作委员会第三次会议在国家会展中心（上海）举行。中关村发展集团作为中方主席单位参加会议。

16日 中关村集成电路设计园开园。

同日 北京知识产权运营管理有限公司竞争性选拔为中国首个由工信部、国家知识产权局发起的重点产业高价值知识产权培育运营专项（智能传感器领域）合作机构。

27日 中共中关村发展集团党员大会召开，选举产生中共中关村发展集团委员会和中共中关村发展集团纪律检查委员会。

12月

3日　中共中央政治局委员、北京市委书记蔡奇，中国科学院院长白春礼，中共北京市委副书记、市长陈吉宁调研怀柔科学城。

2019 年

1月

17日　中共中央总书记习近平视察天津滨海—中关村科技园。

同日　中关村·鹿泉协同创新中心揭牌。

25日　中关村发展集团和日本瑞穗银行（Mizuho Bank）签署战略合作协议。

4月

12日　知识产权质押融资保险“中关村模式”发布暨合作签约会举行。

5月

26日　中共中央政治局委员、北京市委书记蔡奇调研中关村新兴产业前沿技术研究院。

同日　怀柔科学城创新中心揭牌。

是月　中共北京市委副书记、市长陈吉宁调研中关村高端医疗器械产业园。

6月

7—9日　中关村发展集团与日本瑞穗银行、瑞穗银行（中国）就设立“中关村国际创新基金”签署合作备忘录。

11日　中关村发展集团“不忘初心、牢记使命”主题教育启动。

29日　中共中央政治局委员、北京市委书记蔡奇，中国科学院院长白春礼，中共北京市委副书记、市长陈吉宁调研怀柔科学城。

7月

8日 中关村发展集团和英飞尼迪集团（Infinity Group）在以色列特拉维夫市共同设立的中关村以色列创新中心暨Innonation Powerhouse（创新国度动力空间）开业。

8月

13日 中关村发展集团与中保投资有限责任公司签署战略合作协议。

19日 冷冻电镜与药物创新发现中心（GCDD）落地中关村生命科学园。

29日 中关村发展集团与正威国际集团有限公司签署战略合作协议。

9月

20日 中关村发展集团与石景山区政府签署“中关村工业互联网产业园”战略合作框架协议。

是月 中关村发展集团获得国际评级机构惠誉国际授予类主权A级评级，实现了集团在国际资本市场的历史性突破。

10月

10日 中国科学院北京纳米能源与系统研究所入驻怀柔科学城。

16日 “Z-link+中关村离岸创新中心”对外开放。

16—18日 以“前沿科技与未来产业”为主题的中关村论坛举办。论坛由北京市政府联合科技部、中科院、中国科协共同举办，中关村管委会、市科委、市政府外办、海淀区政府、中关村发展集团和科技部火炬中心承办，共有1200多位嘉宾参会。国家主席习近平向大会致贺信。

22日 由中关村发展集团与第十五届世界华商大会合作举办的中关村海外论坛暨GIFTs × London峰会在英国伦敦ExCeL会展中心举行。

同日 中关村发展集团与伦敦发展促进署签署谅解备忘录。

23日 中关村（京西）人工智能科技园·智能文创园投入运营。

同日 伦敦市长萨迪克·汗在伦敦市政府会见中关村发展集团代表团。

11月

7日 《关于推进中关村发展集团综合改革的方案》获北京市政府批复同意。

12月

2日 中共中央政治局委员、北京市委书记蔡奇调研中关村集成电路设计园。

5日 中关村发展集团获得国家发展改革委关于中关村发展集团股份有限公司发行公司债券核准的批复。

同日 北京中关村电子城建设有限公司2019年资产支持票据（19中电ABN001优先）成功发行，募集资金11亿元，票面利率4.1%。

12—13日 中芬创新企业合作委员会第四次会议在芬兰赫尔辛基举行。中关村发展集团作为中方主席单位参加会议。

20日 中关村发展集团旗下首支园区主导的行业基金——IC PARK芯创基金成立。

23日 中关村新兴产业前沿技术研究院二期通过竣工验收，并完成工程竣工验收备案。

2020 年

1月

21日 中关村科技租赁股份有限公司于香港联合交易所有限公司主板上市并开始买卖。此为中关村发展集团旗下首家上市企业，股份代号：1601.HK。

2月

4日 中关村发展集团向全球成功发行3亿美元高级无抵押债券，票息为2.875%，期限为3年，债券评级为惠誉A。

第一章　集团架构

集团成立伊始，按照现代企业制度，建立规范的法人治理结构。股东大会作为权力机构，依照《中华人民共和国公司法》（简称《公司法》）及公司章程，按照所出股份行使权力；集团党委发挥党组织的政治核心作用，参与集团决策；董事会作为集团的经营决策机构，对股东大会负责，行使召集股东大会，并向股东大会报告工作，执行股东大会决议的职权；监事会作为监督机构，对集团重大事项的决策及运行机制等进行监督；总经理对董事会负责，组织实施董事会决议，主持集团的生产经营管理工作并向董事会报告工作；职代会作为职工行使民主管理权力的机构，充分发挥职工参与企业民主管理、协调企业劳动关系等作用。自2010年成立至2019年，集团进行五次较大的组织架构调整。截至2019年底，集团共设置党委办公室/集团办公室、董事会办公室、党群工作部、组织部/人力资源部、宣传部/品牌管理部、纪检监察部、战略管理部、资金财务部、资本运营部、风险管理部、科技金融事业部、科技园区事业部、产业投资部、海外业务部、区域合作部等15个部门；共有控股二级子公司（含按照二级子公司管理的三级子公司）33家，参股二级子公司（含代管北京中关村发展投资中心参股子公司）6家，三级子公司68家。

第一节　集团组建

为落实国务院和北京市关于建设中关村国家自主创新示范区（简称中关村示范区）的决策及要求，有效整合市、区两级资源，中共北京市委、北京市政府决定成立中关村发展集团。在前期筹备过程中，成立筹备组，依规办理相关手续，召开股东大会、董事会、监事会，使集团具备开办的条件。2010年4月1日，集团成立大会召开。从此，集团肩负着服务创新发展的使命，开始了新的征程。

一、成立背景

2009年3月13日，《国务院关于同意支持中关村科技园区建设国家自主创新示范区的批复》发布，要求把中关村建设成为具有全球影响力的科技创新中心。4月2日，《中共北京市委北京市政府关于建设中关村国家自主创新示范区的若干意见》发布，要求举全市之力建设中关村国家自主创新示范区。12月24日，中共北京市委十届七次全会强调，要以股权为纽带，重组各分园和产业基地的建设单位，设立中关村发展集团，统筹组织重大项目引进、落地和产业布局，统筹搭建基础设施建设的投融资平台，代表政府对重大项目进行股权投资。

2010年初，中共北京市委、北京市政府决定，在整合重组中关村示范区现有主要建设公司的基础上，成立中关村发展集团。

二、组建过程

2010年1月16日，中共北京市委领导召集北京市发展和改革委员会（简称市发展改革委）、北京市财政局（简称市财政局）、中关村科技园区管理委员会（简称中关村管委会）、北京经济技术开发区管理委员会（简称北京经开区管委会）、海淀区政府和北京市国有资产经营有限责任公司（简称市国资公司）、北京科技园建设（集团）股份有限公司（简称北科建集团）主要领导，研究设立中关村发展集团的框架方案，有关单位对方案进行细化。重组后的企业名称为中关村发展集团股份有限公司（简称中关村发展集团或集团）。按照初步测算，集团注册资本拟为100亿元左右。

1月18日，北京市政府副秘书长召集市相关委办局、海淀区政府有关领导及相关建设公司负责人，在北京市政府召开筹备设立中关村发展集团协调会。会议决定，成立重组设立中关村发展集团筹备组。筹备组设立领导小组和工作小组。领导小组组长为北京市政府副秘书长，副组长为中关村管委会主任，成员包括市财政局、市发展改革委、北京市政府国有资产管理委员会（简称市国资委）、北京市工商行政管理局（简称市工商局）、北京市金融工作局（简称市金融局）、北京经开区管委会等相关负责同志。会议要求各相关部门和单位按照重组设立框架方案及首期现金出资方案组织落实。

1月22日上午，筹备组领导小组举行第二次会议，审核集团发起人协议和公司章程中的要点，包括公司名称及住所，经营宗旨和经营范围，出资人、认缴金额及出资时间，股东大会、董事会、监事会职权，董监事的推荐办法等事项，协调落实首期现金出资的主体和金额。下午，召开所有出资人参加的集团创立大会筹备会，会上就集团组建的框架协议、公司章程等征求各出资人的意见，制定集团的创立大会召开时间表，并请各出资人准备公司名称预核准申请、创立大会、工商注册等所需文件。

1月29日，市工商局办理《企业名称预核准通知书》，公司名称暂定为北京中关村发展集团股份有限公司。

3月2日，筹备组领导小组召开第三次会议，议定集团有关出资主体及出资比例、董监事推荐办法的调整方案等事项。

3月20日，集团设立的各项筹备工作基本完成，确定先期办公地点为中关村西区鼎好大厦，起草完成发起人协议（草案）、公司章程（草案）等所有会议文件。

3月23日，经过紧张的前期筹备，集团已具备登记注册基本条件。确定集团名称为北京中关村发展集团股份有限公司；注册地址在中关村西区鼎好大厦；注册资本为100亿元，股份总额100亿股，均为每股面值1元的普通股；经营期限为永久存续。

3月25日，京都天华会计师事务所有限公司出具验资报告；各发起人股东签订发起人协议，设立北京中关村发展集团股份有限公司。经初步研究和沟通，对北京经济技术开发总公司（简称经开总公司）、北京实创高科技发展有限责任公司（简称实创高科）、北京兴昌高科技发展有限公司（简称兴昌高科）、北京丰台科技园建设发展有限公司（简称丰科建）、北京光谷科技园开发建设有限公司（简称光谷科技园）、北京金桥科技产业基地开发有限公司（简称金桥科技园）、北京中关村石景山园发展有限公司（简称中关村京石发展）、大兴生物医药基地、北京中关村生命科学园发展有限责任公司（简称中关村生命科学园）、北京中关村软件园发展有限责任公司（简称中关村软件园）、北京中关村电子城建设有限公司（简称中关村电子城）及东城、西城所属相关建设公司等进行重组。

三、成立大会

2010年3月25日，中关村发展集团（筹）创立大会暨首次股东大会召开，16家股东单位的代表，集团董事、监事候选人以及中关村管委会有关领导出席会议。会议签署发起人协议和公司章程。同日，中关村发展集团第一届董事会第一次会议召开，选举于军为董事长，聘任许强为总经理。

图1-1-1　2010年3月25日，中关村发展集团（筹）创立大会暨首次股东大会召开

2010年4月1日，中关村发展集团成立大会召开。中共中央政治局委员、北京市委书记刘淇，全国人大常委会副委员长、中科院院长路甬祥，中共北京市委副书记、市长郭金龙，科技部副部长杜占元等领导共同为集团揭牌。中共北京市委常委、常务副市长吉林代表市政府讲话，集团董事长于军代表集团发言。

四、公司章程

2010年3月25日，集团召开（筹）创立大会暨首次股东大会，会议审议并通过《北京中关村发展集团股份有限公司章程》（简称公司章程）。公司章程包含总则、经营宗旨和范围、股份、股东和股东大会、董事和董事会、总经理及其他高级管理人员、监事和监事会等，共12章187条。

2010年7月9日和12月28日，集团分别召开2010年度第一次临时股东大会和2010年度第二次临时股东大会，因变更发起人后续出资时间，对公司章程进行2次修改。

2011年4月19日，集团召开2010年度股东大会，因增资扩股［中关村科技园区丰台园科技创业服务中心（简称丰科创）以其持有的丰科建4.25%的股权认购集团股份101，653，048股，中关村科技园区昌平园创业服务中心（简称昌平创服中心）以其持有的兴昌高科8.69%的股权认购集团股份118，346，952股］，对公司章程进行第3次修改。增资扩股后，集团注册资本由100亿元增加到102.20亿元。此次修改还对相关审批权限进行调整，进一步提高了重大事项决策的科学性、高效性。

2011年7月25日，集团召开2011年度第一次临时股东大会，因发起人股东更名或股权划转对公司章程进行第4次修改。将“北京望京新兴产业区综合开发公司”修改为“北京望京新兴产业区综合开发有限公司”（简称望京综开公司），将“北京市石景山区生产力促进中心”（简称石景山促进中心）修改为“北京市石景山区国有资产经营公司”（简称石景山国资公司），将“北京京泰投资管理中心”（简称京泰投资中心）修改为“北京北控置业有限责任公司”（简称北控置业）。

2011年12月22日，集团召开2011年度第二次临时股东大会，因增资扩股［中关村高科技产业促进中心（简称高促中心）以其持有的北京中关村科技创业金融服务集团有限公司（简称中关村金服）75.81%股权认购集团股份1，069，118，819股；中国建筑股份有限公司（简称中国建筑）以现金3亿元认购集团股份285，714，286股］，对公司章程进行第5次修改。

2012年6月8日，集团召开2011年度股东大会，因公司名称变更及增资扩股（高促中心以其持有的中关村金服75.81%股权认购集团股份1，056，564，282股，以现金7亿元认购666，666，667股），对公司章程进行第6次修改。本次修改决定，将公司名称由“北京中关村发展集团股份有限公司”变更为“中关村发展集团股份有限公司”；增资扩股后注册资本由102.2亿元增加到11，943，230，949元；2011年度第二次临时股东大会决议废止。

2012年12月26日，集团召开2012年度第二次临时股东大会，因增资扩股（中国建筑以3亿元认购集团股份275，229，358股，望京综开公司以现金1.887亿元认购集团股份173，119，266股），对公司章程进行第7次修改。增资扩股后注册资本由11，943，230，949元增加到12，391，579，573元。

2013年9月29日，集团召开2012年度股东大会，因变更公司住所和董（监）事产生方式等，对公司章程进行第8次修改。

2014年8月28日，集团召开2014年度第一次临时股东大会，因增资扩股（北京中关村发展投资中心以现金57.8亿元认购集团股份5，026，086，957股），对公司章程进行第9次修改。增资扩股后注册资本由12，391，579，573元增加到17，417，666，530元。

2015年4月29日，集团召开2014年度股东大会，因股东高促中心将其出资无偿划转至投资中心，对公司章程进行第10次修改。

2016年4月27日，集团召开2015年度股东大会，因调整董事会职权和总经理职权，对公司章程进行第11次修改。

2016年12月26日，集团召开2016年度第三次临时股东大会，因将党建工作纳入章程，对公司章程进行第12次修改。

2017年5月25日，集团召开2017年度第一次临时股东大会，因增资扩股（投资中心以股权和现金合计852，926，165.41元认购公司股份710，771，805股），对公司章程进行第13次修改。增资扩股后注册资本由17，417，666，530元增加到18，128，438，335元。

2017年6月20日，集团召开2017年度第二次临时股东大会，因增资扩股（投资中心以现金5,870,000,000元认购股份4,891,666,667股），对公司章程进行第14次修改。增资扩股后，注册资本由18,128,438,335元增加到23,020,105,002元。

2017年9月6日，集团召开2016年度股东大会，因股东单位股权划转，对公司章程进行第15次修改。对公司章程附件股东名册进行修改。

2018年2月2日，集团召开2018年度第一次临时股东大会，根据“立改废”工作要求，对公司章程进行第16次修改。

2018年4月26日，集团召开2017年度股东大会，因公司住所变更对公司章程进行第17次修改。集团住所由“北京市海淀区彩和坊路6号朔黄发展大厦11-12层”变更为“北京市海淀区西三环北路甲2号院7号楼10-14层”。

2019年11月29日，集团召开2019年度第四次临时股东大会，因投资中心减资，对公司章程进行第18次修改。

截至2019年底，公司章程共历经18次修改，并逐步走向完善。

第二节　集团股东

集团发起人股东为16家，截至2019年底集团股东共17家。集团成立后，每年召开股东大会，审议通过董事会工作报告、监事会工作报告、财务预算报告以及增资扩股等议案，审议通过集团董事、监事变更事宜，审议通过关于修改公司章程的议案等重大事项。股东按其所持有股份的种类享有权利，承担义务。

一、股权结构

2010年3月31日，集团取得营业执照（注册号：110000012736847），登记注册类型为股份有限公司。集团由北京市海淀区国有资本经营管理中心（简称海淀国资中心）、丰科创、经开总公司、北科建集团、昌平创服中心、首钢总公司、京泰投资中心、高促中心、北京工业发展投资管理有限公司（简称工业投资公司）、望京综开公司、北京市京东开光机电一体化产业基地开发公司（简称京东产业基地）、北京市大兴区人民政府国有资产监督管理委员会（简称大兴区国资委）、石景山促进中心、北京东方文化资产经营公司（简称东方文化）、北京金桥伟业投资发展公司（简称金桥伟业）、北京通政国有资产经营公司（简称通政国资）等16家股东共同发起设立。

根据发起人协议、公司章程的规定，集团登记的注册资本为100亿元，由全体股东分4期于2011年6月30日之前缴足。截至2011年6月30日，集团收到各发起人分4期缴纳的出资，由京都天华会计师事务所有限公司审验并出具验资报告。

2011年4月19日，集团召开2010年度股东大会，会议通过增资扩股方案，注册资本由100亿元增加到102.2亿元。6月30日，集团出资全部到位，出资额共计102.2亿元。同时，按照发起人协议的规定，董事会授权经营层聘请会计师事务所对集团资产进行专项审计，核实集团实际资产价值。7月25日，集团召开2011年度第一次临时股东大会，股东京泰投资中心将其持有的4.89%的股权转让给北控置业，股东石景山促进中心将其持有的1.32%的股权转让给石景山国资公司。

2012年，集团注册资本由102.2亿元增至123.92亿元，净资产由119.38亿元增至135.76亿元，总资产由580.45亿元增至652.97亿元。同时集团获得AAA级长期主体资信评级。6月8日，集团召开2011年度股东大会，高促中心以其持有的中关村金服75.81%股权认购集团股份1，056，564，282股，以现金7亿元认购股份666，666，667股。9月28日，经市工商局批准原公司名称变更为中关村发展集团股份有限公司。12月26日，集团召开2012年度第二次临时股东大会，会议通过增资扩股方案，增发448，348，624股，由中国建筑、望京综开公司于2013年12月31日之前分两次缴足。

2014年8月28日，集团召开2014年第一次临时股东大会，根据会议决议，集团增加注册资本5，026，086，957元，由投资中心于2015年12月31日前分两次缴足。

2015年4月29日，集团召开2014年度股东大会，根据会议决议，股东高促中心将其出资无偿划转至投资中心。此次变更后，投资中心持股比例为41.05%，高促中心不再持有集团股份。

2017年5月，集团与投资中心签署增资扩股协议，集团向投资中心增发股份710，771，805股，发行价格1.2元/股。投资中心以现金609，652，800元及其所持有的中关村国际孵化器有限公司（简称中关村国际孵化器）73.65%股权、北京中关村国际环保产业促进中心有限公司（简称中关村环促中心）73.53%股权、北京中关村海外科技园有限责任公司（简称中关村海外科技园）40%股权为对价向集团增资。增资后，集团注册资本由17，417，666，530元增至18，128，438，335元，投资中心持股比例为43.3578%。

2017年6月20日，集团召开2017年度第二次临时股东大会，根据会议决议，投资中心以现金5，870，000，000元向集团增资，其中4，891，666，667元计入股本，978，333，333元计入资本公积。本次增资后，集团注册资本由18，128，438，335元增至23，020，105，002元，投资中心持股比例为55.3939%。

2017年9月6日，集团召开2016年度股东大会，根据《关于将首钢集团有限公司所持中关村发展集团股份有限公司股权无偿划转至北京首钢股权投资管理有限公司的工作联系函》，首钢集团有限公司将持有的集团全部股权无偿划转至北京首钢股权投资管理有限公司（简称首钢股权公司）；根据《大兴区国资委关于中关村发展集团股份有限公司产权划转有关问题的函》，大兴区国资委将所持有的集团全部股权划转至大兴区国资公司；根据《关于中关村科技园区昌平园创业服务中心持有中关村发展集团股份有限公司股权划转相关事宜的函》，昌平创服中心将所持有的集团全部股权划转至北京昌平科技园发展有限公司（简称昌发展公司）。

2018年2月，集团召开2018年度第一次临时股东大会。因股东北控置业更名为“北京北控置业集团有限公司”，经开总公司更名为“北京亦庄投资控股有限公司”（简称亦庄控股），对公司章程附件股东名册进行修改。

截至2019年底，集团注册资本约为230.2亿元。

表 1-2-1　中关村发展集团股东名册统计表（2019 年度）

序号	股东名称	认缴情况		
		认购的股份数（股）	出资方式	持股比例（%）
1	北京中关村发展投资中心	12,751,756,378	货币/股权	55.3939
2	北京市海淀区国有资本经营管理中心	2,600,000,000	货币/股权	11.2945
3	中关村科技园区丰台园科技创业服务中心	1,793,877,317	股权	7.7927
4	北京亦庄投资控股有限公司	1,500,000,000	货币	6.516
5	北京科技园建设（集团）股份有限公司	892,536,306	货币/股权	3.8772
6	北京昌平科技园发展有限公司	688,299,689	股权	2.99
7	北京首钢股权投资管理有限公司	500,000,000	货币/股权	2.172
8	北京北控置业集团有限公司	500,000,000	货币	2.172
9	北京望京新兴产业区综合开发有限公司	427,065,397	货币/股权	1.8552
10	北京工业发展投资管理有限公司	385,693,293	货币/股权	1.6755
11	中国建筑股份有限公司	275,229,358	货币	1.1956
12	北京市京东开光机电一体化产业基地开发公司	205,088,155	股权	0.8909
13	北京市大兴区国有资本投资运营有限公司	200,000,000	货币	0.8688
14	北京市石景山区国有资产经营公司	135,026,148	股权	0.5866
15	北京东方文化资产经营公司	82,000,000	股权	0.3562
16	北京金桥伟业投资发展公司	55,666,365	股权	0.2418
17	北京通政国有资产经营公司	27,866,596	股权	0.1211
	合计	23,020,105,002		100

二、股东大会

股东大会是集团的权力机构，股东大会分为年度股东大会和临时股东大会。年度股东大会一般每年召开1次，并应于上个会计年度完结之后的6个月之内举行。董事会负责召集股东大会。

2010年，集团召开3次股东大会。2010年3月25日，集团创立大会暨首次股东大会在北京召开。出席会议的发起人股东代表共16名，代表股份1,000,000

万股，占公司股份总数的100%。会议批准《关于成立北京中关村发展集团股份有限公司的议案》，一致同意成立中关村发展集团；股份公司营业期限为永久存续；注册资本为1，000，000万元，股份总额1，000，000万股，均为普通股。会议选举于军、许强、邵顺昌、周培芳、韩柏、赵广义、宋杰、段海波、刘亚凡、郭莹辉、王海岭、钱旭、方建一为第一届董事会董事，选举赵小健、黄力波、张维刚、杨志高、李墨军、刘长余、黄向明、周菊为第一届监事会非职工监事。是年，集团召开2次临时股东大会，审议通过变更发起人出资时间的议案。

2011年，集团召开3次股东大会。4月19日，集团2010年度股东大会在中国石化会议中心召开。出席会议的股东代表16名，代表股份1，000，000万股，占集团股份总数的100%。会议审议通过集团2010年度董事会工作报告、监事会工作报告，2011年度财务预算报告以及增资扩股等议案。7月25日，集团2011年度第一次临时股东大会在鼎好大厦集团会议室召开，出席会议的股东代表16名，代表股份1，022，000万股，占公司股份总数的100%。会议主要审议通过2010年度财务决算议案、利润分配预案以及修改公司章程的议案。12月22日，集团召开2011年度第二次临时股东大会，会上通报集团职工监事选举情况，经工会选举，杨彦文、张建、苗军、李果为第一届监事会职工监事，与集团监事赵小健、黄力波、张维刚、杨志高、李墨军、周菊、刘长余、黄向明共同组成第一届监事会。

2012年，集团召开3次股东大会。6月8日，集团2011年度股东大会在望京科技创业园召开，出席会议的股东代表16名，代表股份1，022，000万股，占集团股份总数的100%。会议审议通过集团2011年董事会工作报告、监事会工作报告、财务决算报告，2012年度财务预算报告等年度“三会”常规议案，以及集团名称变更和增资扩股的议案。是年，集团召开2次临时股东大会，审议通过向社保基金划转所投企业国有股权相关事项以及集团增资扩股等议案。增资完成后，集团注册资本由102.2亿元增至123.92亿元。

2013年，集团召开1次股东大会。9月29日，集团2012年度股东大会在中关村软件园召开。出席会议的股东代表17名，代表股份12，391，579，573股，占集团股份总数的100%。除审议通过年度“三会”常规议案外，此次会议还审议集团申请发行企业债、注册发行短期融资券和中期票据、董（监）事会换届选举的议案，会议选举于军、许强、邵顺昌、刘卫亚、陈晓智、段海波、王赤宇、白文、宋杰、郭莹辉、王海岭、孙永刚、钱旭为集团第二届董事会董事。选举蔡天明、张涛、张克斌、吕小奇、李志杰、李琦、罗智慧、黄向明、李墨军为集团第二届监事会非职工监事。

2014年，集团召开3次股东大会。6月30日，集团2013年度股东大会在中关村软件园召开。出席会议的股东代表17名，代表股份12，391，579，573股，占集团股份总数的100%。会议审议集团2013年度董事会工作报告、监事会工作报告、财务决算报告等议案。是年，集团召开2次临时股东大会，审议通过投资中心向集团增资及2013年度利润分配预案等议案。北京市财政通过投资中心对集团增资57.8亿元，集团注册资本增至174.18亿元，投资中心对集团持股比例增至28.86%。

2015年，集团召开2次股东大会。4月29日，集团2014年度股东大会在中关村软件园召开。出席会议的股东代表18名，代表股份17，417，666，530股，占集团股份总数的100%。会议审议通过集团2014年度董事会工作报告、监事会工作报告、财务决算报告等报告和修改公司章程等议案。是年，集团召开1次临时股东大会，审议通过集团董事、监事变更事宜，临时股东大会选举周云帆为集团董事，于军不再担任集团董事。

2016年，集团召开4次股东大会。4月27日，集团2015年度股东大会在中关村软件园召开。出席会议的股东代表17名，代表股份17，417，666，530股，占集团股份总数的100%，会议审议通过集团2015年度董事会工作报告、监事会工作报告、财务决算报告等报告和修改公司章程等议案。是年，集团召开3次临时股东大会，主要审议通过集团发行企业债、“十三五”发展规划纲要、将党建工作纳入公司章程等事项。

2017年，集团召开4次股东大会。9月6日，2016年度股东大会在中关村软件园召开。出席会议的股东代表17名，代表股份23，020，105，002股，占集团股份总数的100%，会议审议通过集团2016年度董事会工作报告、监事会工作报告、财务决算报告等报告和修改公司章程等议案。是年，集团召开3次临时股东大会，顺利审议通过投资中心向集团两次增资，申报发行可续期债，变更董事、监事等议案。第一次临时股东大会选举赵长山、宣鸿为集团董事，许强、周云帆不再担任集团董事。通过两次增资，集团注册资本由174.18亿元增至230.2亿元，投资中心持股比例由41.05%增至55.39%。

2018年，集团召开2次股东大会。4月26日，集团2017年度股东大会在中关村软件园召开。出席会议的股东代表17人，代表股份23，020，105，002股，占集团股份总数的100%。会议除顺利审议通过年度"三会"常规议案外，还审议通过关于修改公司章程的议案，将集团住所变更为"北京市海淀区西三环北路甲2号院7号楼10-14层"。是年，召开1次临时股东大会，根据"立改废"工作要求，对公司章程进行17处修订，保障集团日常运行配套制度合法合规、工作流程简洁高效。

2019年，集团召开5次股东大会。4月26日，2018年度股东大会在中关村国防科技园集团办公楼召开。出席会议的股东代表15名，代表股份22，992，238，406股，占集团股份总数的99.8789%。会议审议通过年度"三会"常规议案，审议通过申报优质企业债券、双创中期票据及超短期融资券的议案，为集团下一步搭建新型融投资体系、调整负债结构、满足改革转型发展资金需求提供有力支撑。2019年度第四次临时股东大会审议通过投资中心从集团部分减资的议案，集团注册资本由230.2亿元减少至187.99亿元，投资中心持股比例由55.39%减少至45.38%（根据《公司法》，股东大会审议通过减资事宜后需履行减资公示程序，尚未办理工商变更登记）。

三、股东权益

2010年，集团制定《北京中关村发展集团股份有限公司章程（草案）》。建立股东名册，股东名册是证明股东持有集团股份的充分证据。股东按其所持有股份的种类享有权利，承担义务，持有同一种类股份的股东，享有同等权利，承担同种义务。集团股东依照公司章程，有权获得股利和其他形式的利益分配；有权依法请求、召集、主持、参加或者委派股东代理人参加股东大会，依法行使相应的表决权；有权对集团的经营进行监督，提出建议或质询；有权依照法律、行政法规及公司章程的规定转让、赠与或质押其所持有的股份；有权查阅公司章程、股东名册、公司债券存根、股东大会会议记录、董事会会议决议、监事会会议决议及财务会计报告等；对股东大会做出的公司合并、分立决议持异议的股东，有权要求集团收购其股份。

第三节　机构设置

集团设立党委、纪委、董事会、监事会和经营层等组织机构，依据相关规定，行使权利，承担义务。按规定召开党员大会，选举产生集团党委委员和纪委委员；召开董事会，选举董事长，聘任总经理和副总经理；召开监事会，选举监事会主席。集团总经理、副总经理、总经理助理作为经营层，负责集团生产经营管理并向董事会汇报工作。集团内部根据工作需要，设置工作部门。

一、集团党委、纪委

2011年3月16日，中共北京市委下发《中共北京市委关于于军等三名同志任职的通知》，决定设立中共中关村发展集团委员会、中共中关村发展集团纪律检查委员会。于军任中共中关村发展集团委员会书记，许强任中共中关村发展集团委员会副书记，蒋苏生任中共中关村发展集团委员会副书记、中共中关村发展集团纪律检查委员会书记。4月11日，中共中关村发展集团委员会、中共中关村发展集团纪律检查委员会成立会议召开。

图1-3-1　2011年4月11日，中共中关村发展集团委员会、中共中关村发展集团纪律检查委员会成立会议召开

2012年1月6日，集团召开党员大会，选举产生中共中关村发展集团委员会和纪律检查委员会，选举于军、许强、张兴胜、邵顺昌、宣鸿、盛紫瑾（女）、蒋苏生（按姓氏笔画为序）为中共中关村发展集团委员会委员；选举李果、杨彦文、张建（女）、周放、蒋苏生（按姓氏笔画为序）为中共中关村发展集团纪律检查委员会委员。

中共中关村发展集团委员会第一次全体会议，选举于军为中共中关村发展集团委员会书记，许强、蒋苏生为中共中关村发展集团委员会副书记；中共中关村发展集团纪律检查委员会第一次全体会议，选举蒋苏生为中共中关村发展集团纪律检查委员会书记。

2015年4月15日，中共北京市委下发《中共北京市委关于于军同志职务变动的通知》，决定免去于军中共中关村发展集团委员会书记职务。

2015年6月10日，中共北京市委下发《中共北京市委关于许强、周云帆同志职务变动的通知》，决定许强任中共中关村发展集团委员会书记，周云帆任中共中关村发展集团委员会副书记。

2016年9月28日，中共北京市委下发《中共北京市委关于王明兰同志任职的通知》，决定王明兰（女）任中共中关村发展集团委员会副书记。

2017年3月1日，中共北京市委下发《中共北京市委关于许强、赵长山同志职务变动的通知》，决定免去许强中共中关村发展集团委员会书记职务，赵长山任中共中关村发展集团委员会书记。

2017年4月10日，中共北京市委下发《中共北京市委关于杨彦茹同志任职的通知》，决定杨彦茹（女）任中共中关村发展集团纪律检查委员会书记。

2017年5月22日，中共北京市委组织部（简称市委组织部）召开中关村发展集团领导干部大会，宣布北京市委关于集团主要领导调整的决定：任命宣鸿担任中共中关村发展集团委员会副书记；免去周云帆中共中关村发展集团委员会副书记职务。

2018年11月27日，集团召开党员大会，选举产生中共中关村发展集团委员会和纪律检查委员会；选举王明兰（女）、李妍（女）、杨彦茹（女）、郑宏（女）、赵长山、宣鸿、姚胜利（按姓氏笔画为序）为中共中关村发展集团委员会委员；选举王清山、闫涛、杨彦茹（女）、张建（女）、张哲（按姓氏笔画为序）为中共中关村发展集团纪律检查委员会委员。

中共中关村发展集团委员会第一次全体会议，选举赵长山为中共中关村发展集团委员会书记；宣鸿、王明兰（女）为中共中关村发展集团委员会副书记；中共中关村发展集团纪律检查委员会第一次全体会议，选举杨彦茹（女）为中共中关村发展集团纪律检查委员会书记。

表 1–3–1　中关村发展集团历任党委书记、党委副书记、纪委书记一览表

职务	姓名	性别	出生年月	民族	任职年限
党委书记	于　军	男	1964.06	汉	2011.03—2015.04
	许　强	男	1963.05	汉	2015.06—2017.03
	赵长山	男	1965.01	汉	2017.03—
党委副书记	许　强	男	1963.05	汉	2011.03—2015.06
	蒋苏生	男	1955.10	汉	2011.03—2015.12
	周云帆	男	1974.11	汉	2015.06—2017.05
	王明兰	女	1963.12	汉	2016.09—
	宣　鸿	男	1963.12	汉	2017.05—
纪委书记	蒋苏生	男	1955.10	汉	2011.03—2015.12
	杨彦茹	女	1963.09	汉	2017.04—

二、董事会

集团设董事会，由全体董事组成，是集团经营决策机构，对股东大会负责，行使法律、法规、规章、公司章程和股东大会赋予的职权。董事会由13名董事组成。其中3名由中关村管委会推荐，其余由股东推荐。单一出资5亿元（含）以上的股东可以推荐1名董事人选，单一出资15亿元（含）以上的股东可以推荐2名董事人选，董事经股东大会选举产生。

2010年，集团召开3次董事会会议，审议议案13项。第一届董事会第一次会议于2010年3月25日在北京召开，出席会议的董事应到13人，实际出席会议的董事或授权代表13人。会议审议通过选举集团董事长、聘任总经理等议案，选举于军为第一届董事长，聘任许强为总经理。

图1-3-2　2010年3月25日，中关村发展集团第一次股东大会暨第一届董事会第一次会议召开

2011年，集团召开4次董事会会议，审议议案34项。审议事项涉及增资扩股、战略规划研究、发行债券、制度及班子建设等。

2012年，集团召开8次董事会会议，审议议案29项。审议事项涉及创新融资方式、增资扩股、优化股权结构、发起设立子公司、壮大子公司实力、领导班子团队建设等。5月8日，第一届董事会第八次会议在朔黄发展大厦召开，投资设立北京中科兴仪高端医疗器械产业投资有限公司为集团子公司；9月24日，第一届董事会第十三次会议在朔黄发展大厦召开，投资设立中芯北方集成电路制造（北京）有限公司为集团子公司；11月12日，第一届董事会第十五次会议在朔黄发展大厦召开，投资设立中关村科技租赁（北京）有限公司（简称中关村科技租赁）为集团子公司。

2013年，集团召开5次董事会会议，审议议案22项。9月29日，第二届董事会第一次会议在中关村软件园召开。会议选举于军连任集团董事长，董事会续聘许强担任集团总经理，张兴胜、李妍（女）、姚胜利为集团副总经理。

2014年，集团召开7次董事会会议，审议议案33项。审议事项涉及集团增资、投资设立集成电路产业投资基金，投资设立子公司，支持收购锐迪科项目，集团和子公司融资、担保、调整组织架构、聘任高级管理人员等方面，各项议案均得到有效落实。董事会同意经营层提出的2013年度利润差异化分配方案，并提交股东大会审议通过。

2015年，集团召开9次董事会会议，审议议案36项。董事会按照《公司法》和公司章程的规定行使职权，确保集团依法合规进行对外投资、资金筹措、担保、资本运营和内部管理等事务，董事会的各项决议均得到有效落实。按照市委市政府的决策，完成董事长改选和总经理改聘。6月30日召开的第二届董事会第十六次会议，选举许强为集团董事长，聘任周云帆为总经理。

2016年，集团召开9次董事会会议，审议议案33项。审议事项涉及发行公司债、设立市场化投资基金、制定“十三五”发展规划纲要、调整优化组织架构、将党建工作总体要求纳入公司章程等重大事项，各项议案均顺利通过，确保集团依法合规进行对外投资、资金筹措、担保、资本运营和内部管理等事务，董事会的各项决议均得到有效落实。董事会切实加强自身建设，通过集团经营情况简报及时了解公司经营管理情况。

2017年，集团召开11次董事会会议，审议议案43项。审议内容涉及集团增资、申报发行可续期债、新设子公司、资金结算中心等重大事项，各项议案均顺利通过。

2018年，集团召开6次董事会会议，审议议案27项。审议内容涉及“立改废”工作中公司治理各项制度、香港地区设立子公司、海外发债、参与设立科创基金、北京怀柔科学城建设发展有限公司摘地等重大事项，各项议案均获得顺利通过。

2019年，集团共召开11次董事会会议，审议议案41项。会议审议内容涵盖中关村科技租赁改制上市、投资中心向集团增资、集团转让北京中关村生物医药产业投资发展有限公司（简称中关村生物医药基地）股权等重大事项。2019年，董事会参加2次集团组织的调研活动。6月，调研科技金融板块业务，了解集团构建的保、租、贷、投一体化全方位的综合科技金融服务体系。10月，调研北京市工业设计研究院有限公司（简称工业院），了解集团落实中共北京市委、北京市政府关于集团“轻资产、强服务”的转型发展要求，为大幅度提升服务科技产业的专业水平而采取积极举措。

表 1-3-2 中关村发展集团历任董事长、董事会秘书一览表

职务	姓名	性别	出生年月	民族	任职年限
董事长	于　军	男	1964.06	汉	2010.03—2015.06
	许　强	男	1963.05	汉	2015.06—2017.04
	赵长山	男	1965.01	汉	2017.04—
董事会秘书	盛紫瑾	女	1968.05	汉	2010.07—2015.12
	杨彦文	男	1968.03	汉	2018.07—

表 1-3-3　中关村发展集团第二届董事会名单一览表（2019 年底）

序号	姓名	就职单位	现任职务	代表股东
1	赵长山	中关村发展集团股份有限公司	董事长	北京中关村发展投资中心
2	宣　鸿	中关村发展集团股份有限公司	总经理	北京中关村发展投资中心
3	邵顺昌	—	退休	北京中关村发展投资中心
4	陈晓智	北京实创高科技发展有限责任公司	董事长	北京市海淀区国有资本经营管理中心
5	刘卫亚	北京市海淀区人民政府国有资产监督管理委员会	副主任	北京市海淀区国有资本经营管理中心
6	段海波	中关村发展集团股份有限公司	总经理助理	中关村科技园区丰台园科技创业服务中心
7	王赤宇	北京丰台科技园建设发展有限公司	董事长	中关村科技园区丰台园科技创业服务中心
8	白　文	北京亦庄投资控股有限公司	董事长	北京亦庄投资控股有限公司
9	宋　杰	北京亦庄投资控股有限公司	投资发展部经理	北京亦庄投资控股有限公司
10	赵志雄	北京科技园建设（集团）股份有限公司	董事长	北京科技园建设（集团）股份有限公司
11	刘　燕	北京首钢股权投资管理有限公司	党委副书记、工会主席	北京首钢股权投资管理有限公司
12	王　颖	北京昌平科技园发展有限公司	总经理	北京昌平科技园发展有限公司
13	钱　旭	北京北控置业集团有限公司	董事长	北京北控置业集团有限公司

三、监事会

集团监事会由14名监事组成，除5名职工监事外，持股比例最高的股东可推

荐1名非职工监事人选，其余8名非职工监事人选由未能推荐董事的股东按出资额由高到低各推荐1名，非职工监事经股东大会选举产生。

2010年，集团召开1次监事会会议，监事会列席董事会会议2次，参加股东大会2次。3月25日，第一届监事会第一次会议在中关村召开，会议选举赵小健为第一届监事会主席。

图1-3-3 2010年3月25日，中关村发展集团第一届监事会第一次会议召开

2011年，集团召开2次监事会会议，监事会依法列席董事会会议3次，参加股东大会会议3次。听取集团关于出资、增资扩股、战略规划研究、发行债券、制度及班子建设、经营计划、重大投资方案、财务预决算方案等方面的汇报，对集团经营管理中的重大决策实施监督，及时掌握公司财务活动状况。监事会对集团的财务制度、财务状况、会计报表等进行检查和审核。

2012年，集团召开1次监事会会议。监事会依法列席董事会会议5次，参加股东大会会议1次，了解集团召开的董事会会议和临时股东大会相关内容。监事会从切实维护集团利益和股东权益出发，认真履行监督职责，检查、监督集团财务、经营管理状况以及集团董事、高级管理人员的执行职务情况，有效维护股东、集团和员工的合法权益。

2013年，集团召开2次监事会会议。第一届监事会第五次会议于9月29日在中关村软件园召开。会议审议通过2012年度监事会工作报告、2012年度财务决算报告、2012年度利润分配预案、2013年度财务预算报告、关于公司监事会换届选举的议案后，提交2012年度股东大会审议批准。同日，召开的第二届监事会第一次会议选举蔡天明为第二届监事会主席。2013年监事会依法列席董事会会议3次，参加股东大会会议1次。听取集团2012年度董事会工作报告、2012年度总经理工作报告、利润分配预案、对外投资、发行债券、董事会换届、聘任管理层等议案的汇报，对集团重大事项的决策及运行机制等进行监督。

2014年，集团召开2次监事会会议，第二届监事会第二次会议于6月30日在中关村软件园召开，会议审议通过2013年度监事会工作报告、2013年度财务决算报告、2014年度财务预算报告后，提交2013年度股东大会审议批准。2013年监事会依法列席董事会会议4次，参加股东大会会议3次。听取集团2013年度董事会工作报告、2013年度总经理工作报告、新设子公司、增资、海外并购等议案的汇报，对集团重大事项的审批程序以及董事、高级管理人员履行职责的合法合规性进行有力监督。

2015年，集团召开2次监事会会议。第二届监事会第四次会议于4月29日在中关村软件园召开，会议审议通过2014年度监事会工作报告、2014年度财务决算报告、2014年度利润分配预案、2015年度财务预算报告、关于变更公司监事的议案后，提交2014年度股东大会审议批准。监事会依法列席董事会会议3次，参加股东大会会议2次。听取集团2014年度董事会工作报告、2014年度总经理工作报告、修改公司章程、新设子公司、紫光展锐股权重组等议案的汇报，监督相关议案的审批程序。

2016年，集团召开1次监事会会议。第二届监事会第六次会议于4月27日在中关村软件园召开。会议审议通过2015年度监事会工作报告、2015年度财务决算报告、2015年度利润分配预案、2016年度财务预算报告、关于变更公司监事的议案5项议案后，提交2015年度股东大会审议批准。监事会依法列席董事会会议3次，参加股东大会会议2次。听取集团设立市场化基金、调整优化公司组织架构、“十三五”发展规划纲要、投资进行京津中关村科技城项目开发建设等议案的汇报，监督相关议案的审批程序。此外，监事会还对集团旗下子公司中关村领创空间运营情况进行调研，对集团以“双领创”品牌推进“大众创业、万众创新”的布局和进展进行深入考察。

2017年，集团召开3次监事会会议。第二届监事会第八次会议于9月6日在中关村软件园召开，会议审议通过2016年度监事会工作报告、2016年度利润分配预案、2017年度财务预算报告、关于变更公司监事的议案后，提交2016年度股东大会审议批准。监事会依法列席董事会会议3次，参加股东大会会议2次。听取集团2016年度董事会工作报告、2016年度总经理工作报告、投资中心向集团增资、修改公司章程等议案的汇报和审议，对集团重大事项的决策机制进行监督。

2018年，集团召开2次监事会会议。第二届监事会第十一次会议于4月26日在中关村软件园召开，会议审议通过2017年度监事会工作报告、2017年度财务预算报告、2017年度利润分配预案、2018年度财务预算报告和关于变更公司监事的议案后，提交2017年度股东大会审议批准。2018年监事会依法列席董事会会议1次，股东大会会议1次，了解跟进集团召开的4次董事会会议和2次临时股东大会会议的相关内容。

2019年，集团召开3次监事会会议。第二届监事会第十三次会议于4月26日在中关村国防科技园集团办公楼召开。会议审议通过2018年度监事会工作报告、2018年度财务预算报告、2018年度利润分配预案、2019年度财务预算报告后，提交2018年度股东大会审议批准。2019年监事会依法列席董事会会议1次，股东大会会议1次，了解跟进集团召开的7次董事会会议和3次临时股东大会会议的相关内容。2019年，监事会参加2次集团组织的调研活动。6月，调研科技金融板块业务。10月，调研工业院。

表 1-3-4　中关村发展集团历任监事会主席一览表

职务	姓名	性别	出生年月	民族	任职年限
监事会主席	赵小健	男	1953.09	汉	2010.03—2013.09
	蔡天明	女	1965.06	汉	2013.09—

表 1–3–5　中关村发展集团第二届监事会名单一览表（2019 年底）

序号	姓名	就职单位	现任职务	代表股东
1	蔡天明	—	退休	北京市海淀区国有资本经营管理中心
2	季　亮	北京望京新兴产业区综合开发有限公司	党委副书记、纪委书记、工会主席	北京望京新兴产业区综合开发有限公司
3	杨志高	—	—	北京市大兴区国有资本投资运营有限公司
4	孔仲福	北京光谷科技园开发建设有限公司	总经理	北京市京东开光机电一体化产业基地开发公司
5	魏金朝	北京工业发展投资管理有限公司	项目经理	北京工业发展投资管理有限公司
6	吕小奇	中国建筑股份有限公司	基础设施事业部副总经济师	中国建筑股份有限公司
7	张　翟	北京市石景山区国有资产经营公司	财务部高级经理	北京市石景山区国有资产经营公司
8	郑　红	北京东方文化资产经营公司	企业发展部副经理	北京东方文化资产经营公司
9	邓培佩	北京金桥科技产业基地开发有限公司	行政部副部长	北京金桥伟业投资发展公司
10	杨彦文	中关村发展集团股份有限公司	董事会秘书兼资金财务部部长	职工监事
11	张　建	中关村发展集团股份有限公司	风险管理部部长	职工监事
12	苗　军	北京中关村集成电路设计园发展有限责任公司	董事长	职工监事

四、经营层

组成　2010年3月，许强担任总经理，宣鸿担任副总经理，邵顺昌担任总经理助理。

2011年9月，张兴胜担任副总经理。经营层为：总经理许强，副总经理宣鸿、张兴胜，总经理助理邵顺昌。

2012年4月，宣鸿不再担任副总经理。7月，李妍（女）担任副总经理，韩柏担任总经理助理。12月，龙宜彬担任总经理助理。经营层为：总经理许强，副总经理张兴胜、李妍（女），总经理助理邵顺昌、龙宜彬、韩柏。

2013年5月，姚胜利担任副总经理。经营层为：总经理许强，副总经理张兴胜、李妍（女）、姚胜利，总经理助理邵顺昌、龙宜彬、韩柏。

2014年1月，王明兰（女）担任副总经理；韩柏担任副总经理，不再担任总经理助理；周武光担任副总经理。经营层为：总经理许强，副总经理王明兰（女）、张兴胜、李妍（女）、姚胜利、韩柏、周武光，总经理助理邵顺昌、龙宜彬。

2015年2月，张兴胜不再担任副总经理。6月，周云帆担任总经理，许强不再担任总经理。2015年12月，盛紫瑾（女）担任总经理助理。经营层为：总经理周云帆，副总经理王明兰（女）、李妍（女）、姚胜利、韩柏、周武光，总经理助理邵顺昌、龙宜彬、盛紫瑾（女）。

2016年5月，张哲担任总经理助理。10月，贾一伟担任总经理助理。经营层为：总经理周云帆，副总经理王明兰（女）、李妍（女）、姚胜利、韩柏、周武光，总经理助理邵顺昌、龙宜彬、盛紫瑾（女）、张哲、贾一伟。

2017年4月，段海波（女）担任总经理助理。5月，宣鸿担任总经理，周云帆不再担任总经理。经营层为：总经理宣鸿，副总经理王明兰（女）、李妍（女）、姚胜利、韩柏、周武光，总经理助理邵顺昌、龙宜彬、盛紫瑾（女）、张哲、贾一伟、段海波（女）。

2018年1月，盛紫瑾（女）不再担任总经理助理。经营层为：总经理宣鸿，副总经理王明兰（女）、李妍（女）、姚胜利、韩柏、周武光，总经理助理邵顺昌、龙宜彬、张哲、贾一伟、段海波（女）。

2019年1月，李妍（女）不再担任副总经理。6月，曾林峰担任副总经理。7月，龙宜彬不再担任总经理助理。8月，邵顺昌不再担任总经理助理。经营层为：总经理宣鸿，副总经理王明兰（女）、姚胜利、韩柏、周武光、曾林峰，总经理助理张哲、贾一伟、段海波（女）。

2020年4月，王明兰（女）不再担任副总经理，孙辉东担任总会计师。经营层为：总经理宣鸿，总会计师孙辉东，副总经理曾林峰、姚胜利、韩柏、周武光，总经理助理贾一伟、张哲、段海波（女）。

会议　2010—2011年，集团主要以专题会的形式讨论重大议题。

2012年，全年组织召开总经理办公会36次，研究议题162项，重点讨论集团总经理办公会议事规则，北京市中关村小额贷款股份有限公司管理层持股试点方案，筹组中关村战略性新兴产业发展研究中心，设立大兴高端医疗器械产业园建设公司，集团与梅河口市政府合作设立产业发展基金，设立美国硅谷和加拿大渥太华国际孵化中心等有关事宜。

2013年，全年组织召开总经理办公会30次，研究议题106项，重点讨论集团投资中芯国际二期项目、设立中关村斯坦福基金、硅谷和渥太华国际孵化中心入孵项目、北京中关村延庆园投资发展有限公司设立等相关事宜。

2014年，全年组织召开总经理办公会27次，研究议题90项，重点讨论设立北京中关村微纳能源投资有限公司、支持紫光集团要约收购锐迪科项目、设立北京市集成电路产业发展股权投资母基金、启动集团“十三五”发展规划编制等相关事宜。

2015年，全年组织召开总经理办公会30次，研究议题116项，重点讨论集团信息化一期建设、集团公司债券发行、中关村领创空间科技服务责任有限公司设立、集成电路产业投资平台设立、集团与国家开发银行北京市分行签订战略合作协议等有关事宜。

2016年，全年组织召开总经理办公会39次，研究议题159项，重点讨论北京中关村大街运营管理股份有限公司设立、集团“十三五”发展规划纲要、集团组织架构调整、中关村软件园投资设立北京国际大数据交易中心股份有限公司等有关事宜。

2017年，全年组织召开总经理办公会25次，研究议题95项，重点讨论设立中关村德国科技创新中心、组建怀柔科学城公司、设立集团资金结算中心、设立中关村盛景美国母基金、制定《集团博士后科研工作站管理暂行办法》《集团公务用车管理暂行办法》等有关事宜。

2018年，全年组织召开总经理办公会26次，研究议题145项，重点讨论重组中关村信息谷和中关村领创空间、集团参与设立北京市科技创新基金、设立北京创新企业资本市场服务有限公司、集团发行可续期公司债券、设立中关村发展领创投资基金、主办2018年中关村论坛、集团综合改革方案等有关事宜。

2019年，全年组织召开总经理办公会30次，研究议题151项，重点讨论设立中关村英国伦敦创新中心、设立中关村以色列创新中心、中关村科技租赁改制上市、设立雄安新区中关村科技园筹建工作办公室、增资重组西藏神州瑞霖环保科技股份有限公司、制定《中关村发展集团创新能力建设资金支持管理办法》《中关村发展集团关于整治文山会海的若干措施》等有关事宜。

表 1–3–6　中关村发展集团历届经营班子一览表

职务	姓名	出生年月	民族	政治面貌	任职年限
总经理	许　强	1963.05	汉族	中共党员	2010.03—2015.06
	周云帆	1974.11	汉族	中共党员	2015.06—2017.05
	宣　鸿	1963.12	汉族	中共党员	2017.05—
副总经理	宣　鸿	1963.12	汉族	中共党员	2010.03—2012.04
	张兴胜	1971.07	汉族	中共党员	2011.08—2015.02
	李　妍	1971.03	汉族	中共党员	2012.07—2019.01
	姚胜利	1962.09	汉族	中共党员	2013.05—
	王明兰	1963.12	汉族	中共党员	2014.01—2020.04
	周武光	1972.10	满族	中共党员	2014.01—
	韩　柏	1960.11	汉族	中共党员	2014.01—
	曾林峰	1974.02	汉族	中共党员	2019.06—
总会计师	孙辉东	1968.12	汉族	中共党员	2020.04—
总经理助理	邵顺昌	1959.05	汉族	中共党员	2010.03—2019.08
	韩　柏	1960.11	汉族	中共党员	2012.07—2014.04
	龙宜彬	1972.08	汉族	中共党员	2012.12—2019.07
	盛紫瑾	1968.05	汉族	中共党员	2015.12—2018.01
	张　哲	1984.08	汉族	中共党员	2016.05—
	贾一伟	1968.12	汉族	中共党员	2016.10—
	段海波	1966.01	汉族	中共党员	2017.04—

五、内设机构

2010年内设机构　2010年4月15日，集团内设部门8个，工作人员编制42个，设置的部门分别为集团办公室（董事会办公室）（6人），人力资源部（党群工作部）（3人），重大项目部（14人），投资部（4人），资本运营部（3人），资金财务部（5人），规划发展部（3人），风险管理部（4人）。

集团办公室（董事会办公室）　负责集团行政管理、机要管理、会务、公共关系及后勤保障等工作。具体包括制定实施公司行政系统工作相关制度、规定和流程，协助集团领导进协调、督办工作，负责集团行政后勤管理，负责集团公文、档案的管理，负责集团会议管理，负责集团对外联络、重要接待和公关工作，负责集团信息系统管理等工作。负责人：苗军（主任）。

人力资源部（党群工作部） 负责集团人力资源及党务工作等。具体包括制定和完善人力资源相关制度，组织集团人力资源规划，组织开展集团人员配置，组织员工招聘，组织员工培训管理，组织员工绩效管理，组织薪酬福利管理，协助外派产权代表组织工作，组织人事档案管理以及组织开展党群工作等。负责人：王清山（部长）。

重大项目部 负责国内外重大项目的发掘、招商、项目建设与产业服务。具体包括制定重大项目准入标准和引进机制，组织重大项目引进、落地服务，组织园区空间规划研究和项目建设相关协调工作等。负责人：朱平（部长）。

投资部 负责政府重大项目股权投资管理，利用自有资金对高科技中小企业进行创业投资以及孵化器、标准厂房等公建投资。具体包括产业化专项资金管理，高新技术产业投资以及组织园区公共物业投资等。负责人：任溶（部长）。

资本运营部 开展集团的股权融资、资本运作、上市研究及筹备，资产管理、对控参股子公司的股权管理，负责集团综合计划管理、综合统计、经营管理体系建设以及机构考核等。历任负责人：李果（部长）、张健（副部长，主持工作）。

资金财务部 负责集团会计核算、财务管理、预算管理、资金管理、债务融资及税务筹划等工作。具体包括建立健全集团财务会计制度和体系，编制集团财务预算并监督预算执行情况，组织集团会计核算，定期编制各类财务报告，组织集团财务分析，组织集团资金管理，组织集团债务融资以及组织集团税务筹划与管理等。负责人：杨彦文（部长）。

规划发展部 负责集团战略研究与管理、产业布局、产业规划及重点产业研究。具体包括负责组织拟订集团战略规划，组织产业研究及产业规划，组织撰写集团重大报告等工作。负责人：林剑华（副部长，主持工作）。

风险管理部 负责集团内部审计、内控及效能监察以及法律事务等。具体包括组织风险管理体制建设，组织内部财务审计，组织专项审计，组织、配合外部审计，组织投资项目后评价，组织开展效能监察以及法律事务管理等工作。

负责人：张建（部长）。

2012年，第一次调整优化　增设金融业务部、园区发展部2个部门，人力资源部（党群工作部）拆分为党群工作部和人力资源部。调整后共设部门11个，其中新设部门职能如下：

金融业务部　负责依据集团发展战略制定集团金融业务发展规划，审核中关村金服、中关村科技担保，以及其他下属金融业务机构的经营计划，并对其进行风险监测及常规管理，推动集团科技担保、小额贷款、产业基金、投资银行、融资租赁、科技保险等各项科技金融业务。

园区发展部　负责统筹下属子公司进行园区内土地开发整理，探索完善产业定位、区域规划、开发建设、产业服务、园区管理的园区发展模式，进行中关村国家院所通州产业园、中关村电子商务产业园、大兴高端医疗器械产业园等专业园区开发。负责人：范德虎（部长）。

党群工作部　负责开展党的组织建设、纪委组织建设、工会组织建设、共青团及妇联等方面日常工作，开展各项党组织、工会活动。负责人：王清山（部长）。

人力资源部　负责集团人力资源规划、招聘录用、员工培训、薪酬福利、绩效考核、劳动人事等人力资源管理工作，为集团发展提供人力资源保障。负责人：王清山（部长）。

2014年，第二次调整优化　增设董事会办公室；将投资部和重大项目部整合为产业投资部，统一负责政府股权投资和自有资金投资项目；成立2个事业部（金融业务部、园区发展部分别调整为科技金融事业部、园区发展事业部）；规划发展部更名为战略发展部；新设海外业务部。

调整后的组织架构，共设12个一级部门。其中，职能部门共8个，包括董事会办公室、党群工作部、集团办公室、人力资源部、资金财务部、战略发展部、资本运营部和风险管理部。业务部门共2个，包括产业投资部和海外业务部。事业部共2个，包括园区发展事业部和科技金融事业部。其中，园区发展事业部内设规划与工程管理部和产业发展部2个二级部门，科技金融事业部内设金融业务发展部、监测风控部和系统开发部3个二级部门。

2014年新设或调整部门职能如下：

董事会办公室　负责集团“三会”事务、股东关系管理、信息披露、协助董监事履职等相关工作。负责人：林剑华（主任）。

产业投资部 负责产业项目的挖掘、投资、管理及落地服务工作。负责人：朱平（部长）。

科技金融事业部 负责金融业务发展规划、业务协同、子公司绩效管理、业务风险监控、评估等管理工作以及金融业务信息系统建设与维护。负责人：李妍（总经理）。

园区发展事业部 负责园区发展规划、业务协调、绩效管理、园区规划管理、工程管理、招投标及成本管理、产业服务体系建设、项目招商组织。负责人：韩柏（总经理）。

战略发展部 负责集团战略制定，监督战略实施，编制年度经营计划，综合统计与机构绩效管理。负责人：陈忠敏（副部长，主持工作）。

海外业务部 发挥海外项目投资、基金管理、孵化器管理等职能。负责人：林珂（副部长，主持工作）。

2017年，第三次调整优化 新设纪检监察部、宣传部/品牌管理部、区域合作部3个部门；部门名称调整："集团办公室"更名为"党委办公室/集团办公室"，"人力资源部"更名为"组织部/人力资源部"，"战略发展部"更名为"战略管理部"，"园区发展事业部"更名为"科技园区事业部"。科技金融事业部下沉到中关村金服；产业投资部基金投资业务下沉到集团相关子公司北京中关村发展创业投资基金管理有限公司（简称中关村发展创投），进行市场化运作。

2017年，优化调整后共15个部门。部门职能如下：

党委办公室/集团办公室 集团党委和经营层的综合办事机构。承担集团总部办公体系运行、公共关系管理、会议管理、重大活动组织协调、信息化管理、综合文秘、督办、行政后勤管理与服务。负责人：郑宏（主任）。

组织部/人力资源部 集团党委组织及人力资源管理的职能机构。承担集团干部个人事项申报及教育培训，干部管理，人力资源的规划，岗位设置及编制管理，招聘及员工关系管理，薪酬福利管理，个人绩效管理，培训与开发，人事档案管理，博士后工作站管理等职能，指导子公司人力资源管理。历任负责人：王清山（部长）、郭鹏程（部长）。

党群工作部 党委职能部门和服务办事机构，承担党建、思想政治工作、统战、系统工会、共青团工作等职能，督导基层组织开展党建工作。历任负责人：王清山（部长）、黄洁（副部长，主持工作）。

宣传部/品牌管理部　集团党委宣传、品牌管理及企业文化建设的职能机构。承担宣传，品牌规划及推广，企业文化体系构建及推广、媒体关系维护等相关职能。负责人：项鹏（副部长，主持工作）。

纪检监察部　纪检、监察职能部门和纪委服务办事机构。承担党风廉政建设和反腐败工作、企业效能监察、案件查办与信访举报等职能，督导子公司开展相关职能。负责人：闫涛（部长）。

董事会办公室　集团董事会、监事会的日常办事机构。承担集团股东关系管理及治理架构研究，集团三会事务管理，董事会和专门委员会建设，协助董事、监事履职，信息披露及代管投资中心业务。负责人：杨彦文（主任）。

资金财务部　集团资金统筹及日常财务管理的职能机构。承担集团财务会计及分析，预算管理，资金管理，债务融资，税务统筹，国资管理（资产评估、产权登记与备案）等职能；代管党委、工会、投资中心及母基金财务管理，指导、监管子公司财务规范管理等。负责人：杨彦文（部长）。

战略管理部　集团战略管理与战略研究的职能机构。承担集团战略制定，监督战略实施，编制中长期规划和年度经营计划，综合统计，机构绩效管理，集团组织管控等职能。负责人：娄毅翔（部长）。

资本运营部　集团开展资本运作的职能机构。承担集团资本运作、融资、并购、战略投资、股权管理等相关职能。负责人：张健（部长）。

风险管理部　集团风险管理体系搭建及日常风险管理的职能机构。承担集团层面风险管理、法务、合规、内部审计等相关工作职能，指导和监督子公司开展风险管理与内控体系建设工作。负责人：张建（部长）。

产业投资部　集团统筹重大项目投资与产业组织服务的业务机构。承担重大项目的挖掘、投资、管理、组织服务、风险监控、集成电路基金管理等职能。负责人：张金辉（部长）。

科技金融事业部　集团统筹科技金融业务的机构。承担金融业务发展规划，业务协同，业务风险监控、评估，基金系的统筹管理，金融业务信息系统建设与维护等职能。历任负责人：李妍（总经理）、张书清（副总经理，主持工作）。

科技园区事业部 统筹集团科技园区发展业务的机构。承担园区发展规划、业务协调、园区规划管理、工程管理、招投标及成本管理、产业服务体系建设、项目招商组织等相关职能。负责人：储鑫（部长）。

海外业务部 统筹集团海外业务拓展及运营管理的机构。承担海外项目投资与管理、海外基金的设立与运营管理、海外孵化器运营管理、海外展示推广、国际合作、人才和技术引进等工作职能，受托管理中关村海外联络处。历任负责人：林珂（副部长，主持工作）、赵小鹏（部长）。

区域合作部 统筹集团区域合作业务的机构。承担区域合作发展规划与经营计划、业务协调等职能。负责人：范德虎（部长）。

2017年7月，集团批准在资金财务部内下设资金结算中心，由资金财务部一名副部长专职负责工作。

2017年12月，第四次调整优化 集团体系党建工作由党群工作部调整到组织部/人力资源部；依据相关文件精神要求把党办、组织、宣传、纪检、统战、群团人员编制分开计算并相应配置人员编制。

党委纪委工作部门“三定”方案调整后，党委、纪委工作部门的职能如下：

党委办公室 集团党委综合办事机构，承担集团党委重要方针政策及精神的传达和学习，党委会议及文件管理，党委重大活动及党委日常工作的组织协调等。负责人：郑宏（主任）。

组织部 集团党委组织工作、干部管理、人才工作的职能部门，承担集团党建及思想政治教育、干部管理、机构及编制管理等职能。历任负责人：王清山（部长）、郭鹏程（部长）。

宣传部 集团党委理论宣传和企业文化建设的职能部门。承担集团党委政治理论宣传、思想舆论引导、意识形态管理、企业文化建设等职能。负责人：项鹏（副部长，主持工作）。

党群工作部 集团党委负责群团、统战工作的职能部门，承担集团总部党建及工会工作，负责集团工会、共青团、妇联、统战等工作职能。历任负责人：王清山（部长）、黄洁（副部长，主持工作）。

纪检监察部 集团党委纪律建设部门和纪委办事机构。在集团党委、纪委的领导下，组织开展党风廉政建设和反腐败工作，党风党纪党规教育培训，信访举报与案件查办，执纪问责等工作。负责人：闫涛（部长）。

2018年，第五次调整优化　2018年4月4日，经集团2018年第六次党委会研究审议，集团2018年第六次总经理办公会研究，对资本运营部部门职能及人员编制进行优化调整。将非银行融资相关职能调整到资金财务部；将子公司“三会”管理相关职能，根据业务分类，调整到科技金融事业部、科技园区事业部、产业投资部、海外业务部、区域合作部等部门，进行归口管理。资本运营部保留上市、并购重组、资本管理等资本运营职能，派出董监事的业务管理、培训及履职考核职能，子公司“三会”管理制度统筹优化等职能。2018年调整后，集团总部15个部门。

表 1-3-7　中关村发展集团部门职能一览表（2019 年底）

序号	部门名称	部门职能
1	党委办公室/集团办公室	集团党委和经营层的综合办事机构。承担集团党委重要方针政策及精神的传达和学习，党委会议及文件管理，党委重大活动及党委日常工作的组织协调等职能，以及总部办公体系运行、公共关系管理、会议管理、重大活动组织协调、信息化管理、综合文秘、督办、行政后勤管理与服务等相关工作
2	组织部/人力资源部	集团党委组织及人力资源管理的职能机构。承担集团干部个人事项申报及教育培训，干部管理，人力资源规划，岗位设置及编制管理，招聘及员工关系管理，薪酬福利管理，个人绩效管理，培训与开发，人事档案管理，博士后工作站管理，党建及思想政治教育工作，机构及编制管理等工作职能，指导子公司人力资源管理工作
3	宣传部/品牌管理部	集团党委宣传、品牌管理及企业文化建设的职能机构。承担党委政治理论宣传，思想舆论引，意识形态管理，品牌规划及推广，企业文化体系构建及推广，媒体关系维护等相关工作职能
4	党群工作部	党委职能部门和服务办事机构。承担总部党建及工会工作，负责集团工会、共青团、妇联、统战等工作职能
5	纪检监察部	纪检、监察职能部门和纪委服务办事机构。在集团党委、纪委的领导下，组织开展党风廉政建设和反腐败工作、党风党纪党规教育培训，信访举报与案件查办、执纪问责等工作
6	董事会办公室	集团董事会、监事会的日常办事机构。承担集团股东关系管理及治理架构研究、集团“三会”事务管理、董事会和专门委员会建设，协助董事、监事履职、信息披露及代管投资中心业务等工作
7	资金财务部	集团资金统筹及日常财务管理的职能机构。承担集团财务会计及分析、预算管理、资金管理、债务融资、税务统筹、国资管理（资产评估、产权登记与备案）、融资、资金结算中心管理等工作职能；代管党委、工会、投资中心及母基金财务管理工作，指导、监管子公司财务规范管理等相关工作

续表

序号	部门名称	部门职能
8	战略管理部	集团战略管理与战略研究的职能机构。承担集团战略制定、监督战略实施、编制中长期规划和年度经营计划、综合统计、机构绩效管理、集团组织管控等相关工作职能
9	风险管理部	集团风险管理体系搭建及日常风险管理的职能机构。承担集团层面风险管理、法务、合规、内部审计等相关工作职能，指导和监督子公司开展风险管理与内控体系建设工作
10	资本运营部	集团开展资本运作的职能机构。承担集团资本运作、并购、战略投资、股权管理等相关工作职能，以及派出董监事的业务管理、培训及履职考核职能
11	产业投资部	集团统筹重大项目投资与产业组织服务的业务机构。承担重大项目的挖掘、投资、管理、组织服务、风险监控、集成电路基金管理等工作职能
12	科技金融事业部	集团统筹科技金融业务的机构。承担金融业务发展规划，业务协同，业务风险监控、评估，基金系的统筹管理，金融业务信息系统建设与维护等工作职能
13	科技园区事业部	统筹集团科技园区发展业务的机构。承担园区发展规划业务协调、园区规划管理、工程管理、招投标及成本管理、产业服务体系建设、项目招商组织等相关工作职能
14	海外业务部	统筹集团海外业务拓展及运营管理的机构。承担海外项目投资与管理，海外基金的设立与运营管理，海外孵化器运营管理，海外展示推广，国际合作，人才和技术引进等工作职能，受托管理中关村海外联络处
15	区域合作部	统筹集团区域合作业务的机构。承担区域合作发展规划与经营计划、业务协调等工作职能

第四节　子公司

2010年，集团成立之初共重组二级子公司11家，多数是从事中关村科技园区各分园、专业园建设的企业。集团成立之后，为整合园区和产业基地建设资源，统筹开发建设和运营服务，这些企业陆续划入集团，作为集团的子公司，其中包括一批区企共管的子公司。随着集团业务发展的需要，又新设立一批子公司。截至2019年底，集团共有控股二级子公司（含按照二级子公司管理的三级子公司）33家，参股二级子公司（含代管北京中关村发展投资中心参股子公司）6家，三级子公司68家。

一、北京中关村软件园发展有限责任公司

北京中关村软件园发展有限责任公司（简称中关村软件园）成立于2000年8月7日，2010年加入中关村发展集团，位于北京市海淀区东北旺西路8号中关村软件园信息中心C座。公司注册资金5亿元。成立之初，股东为北科建集团（持股50%）、首钢总公司（持股46%）、海科建（持股4%）；2010年6月，股东变更为中关村发展集团（持股97%）和海科建（持股3%）。截至2019年底，公司员工391人，其中党员72人。历任董事长潘守文、李保欣、周放、刘克峰、杨楠，历任总经理杨培捷、郭再斌、周放、佘京学、刘克峰、杨楠、张金辉。

图1-4-1 中关村软件园

二、北京中关村生命科学园发展有限责任公司

北京中关村生命科学园发展有限责任公司（简称中关村生命科学园）成立于2000年8月18日，2010年加入中关村发展集团，位于北京市昌平区生命园路20号院6号楼。公司注册资金4.5亿元。成立之初，股东为北科建集团（持股66%）、兴昌高科（持股30%）、海科建（持股4%）；2010年6月2日，股东变更为中关村发展集团（持股66%）、兴昌高科（持股30%）、海科建（持股4%）。截至2019年底，公司员工61人，其中党员26人；孵化器公司员工23人，其中党员5人。历任董事长潘守文、周玉臣、李保欣、袁曙光、韩柏，历任总经理周玉臣、白廷全、郭利、韩柏（代行总经理职责）、王文礼。

图1-4-2　中关村生命科学园生物医药中心

三、北京光谷科技园开发建设有限公司

北京光谷科技园开发建设有限公司（简称光谷科技园）成立于2001年10月10日，2010年加入中关村发展集团，位于北京市通州区中关村科技园区通州园光机电一体化产业基地政府路2号。公司注册资金2.55亿元。成立之初，股东为北京联成房地产开发有限公司（持股9.8%）、北京通州区次渠建筑集团有限公司（持股19.61%）、北京金通资产经营管理有限公司（持股70.59%）；2002年8月，股东变更为京东产业基地（持股50.98%）、市国资公司（持股49.02%）；2005年9月，股东变更为京东产业基地（持股58.74%）、工业投资公司（持股41.26%）；2010年5月，股东变更为中关村发展集团（持股100%）。截至2019年底，公司员工201人，其中党员25人。历任董事长石幼文、张艳青，历任总经理王晨、尹春生、李志杰、苏礼华、孔仲福。

图1-4-3　光谷科技园

四、北京中关村电子城建设有限公司

北京中关村电子城建设有限公司（简称中关村电子城）成立于2002年4月23日，2010年加入中关村发展集团，位于朝阳区容达路21号楼。公司注册资金12.1亿元。成立之初，股东为北京电子城有限责任公司（持股30%）、望京综开公司（持股28%）、北京朝阳城市建设综合开发公司（持股22%）、北京中关村信息工程股份有限公司（持股20%）。2010年，股东变更为中关村发展集团（持股51%）、望京综开公司（持股45.07%）、北京市朝阳城市建设综合开发公司（持股3.93%）。截至2019年底，公司员工262人，其中党员23人。历任董事长王洪福、汪洋、张维刚、张克斌、张维，历任总经理佟克克、张维刚（兼任）、张克斌（兼任）、张维（兼任）、王忠。

图1-4-4　中关村电子城西区

五、北京金桥科技产业基地开发有限公司

北京金桥科技产业基地开发有限公司（简称金桥科技园）原名北京金桥绿园环保投资发展有限公司，成立于2002年11月2日，2010年加入中关村发展集团。公司注册资金2998万元，位于北京市通州区景盛南四街22号。成立之初，股东为金桥伟业（持股67%）、通政国资（持股33%）；2006年，北京国家环保产业园区纳入中关村科技园区，并更名为中关村科技园区金桥科技产业基地，北京

金桥绿园环保投资发展有限公司名称随之变更为北京金桥科技产业基地开发有限公司。2010年，股东变更为中关村发展集团（持股100%）。截至2019年底，公司员工43人，其中党员5人。历任董事长张增然、周东振、郭洪涛、王学营，历任总经理张增然、周东振、郭洪涛、王学营。

图1-4-5　金桥科技产业基地

六、北京中关村石景山园发展有限公司

北京中关村石景山园发展有限公司（简称中关村京石发展）原名北京京石科园置业发展有限公司，成立于2007年7月20日，2010年加入中关村发展集团，位于北京市石景山区实兴大街30号院10号楼311房间。公司注册资金3.07亿元。成立之初，公司注册资金1000万元，股东为石景山促进中心（持股100%）；2010年5月，石景山促进中心以中关村京石发展全部股权出资中关村发展集团；2011年4月26日，中关村发展集团以资本公积金转增注册资本1.26亿元，注册资金增至1.36亿元。2016年2月，北京京石科园投资发展有限公司出资1.5亿元，中关村发展集团出资3000万元，注册资金增至3.07亿元，股东变更为中关村发展集团（持股53.67%）、北京京石科园投资发展有限公司（持股46.33%）。截至2019年底，公司员工23人，其中党员13人。董事长刘长余，历任总经理韩娜、夏军、刘长余。

七、北京东方雍和文化创意投资有限公司

北京东方雍和文化创意投资有限公司（简称东方雍和）成立于2008年5月5

日，2010年加入中关村发展集团，位于北京市东城区东方文化大厦。公司注册资金8200万元，股东为中关村发展集团（持股100%）。截至2019年底，公司员工13名，其中党员3人。董事长冯炜，总经理田浩。

八、北京海开房地产集团有限责任公司

北京海开房地产集团有限责任公司（简称海开地产）原名北京市海淀区城市建设开发公司、北京市海淀区房地产经营开发总公司、北京海开房地产集团公司，成立于1982年5月3日，2011年加入中关村发展集团，位于北京市海淀区海淀南路21号。公司注册资金4亿元。1978年3月30日，海淀区革委会通知，成立区统建办公室；1982年5月3日，北京市海淀区城市建设开发公司成立，该公司在原区统建办公室基础上组建，区统建办撤销；1984年11月28日，海淀区政府同意将原区城市建设开发公司改建为北京市海淀区房地产经营开发公司；1993年3月20日，公司更名为北京市海淀区房地产经营开发总公司；2000年6月28日，公司更名为北京海开房地产集团公司；2011年，公司更名为北京海开房地产集团有限责任公司，股东变更为中关村发展集团（持股100%）。截至2019年底，公司员工103人，其中党员81人。历任董事长杨建侯、董殿毅、赵小健、周有建，历任总经理王敬孚、陈英、卢永林、何砚峰、党忠孝、潘守文、杨建侯、孙继光、芦江省、魏晓东、马光华。

图1-4-6 北京海开房地产集团有限责任公司

九、北京实创高科技发展有限责任公司

北京实创高科技发展有限责任公司（简称实创高科）原名北京实创高科技发展总公司，成立于1992年3月12日，2011年加入中关村发展集团，位于海淀区上地信息路22号。公司注册资金7.12亿元。2010年11月8日，注册资本由7亿元增加至7.12亿元；2010年12月28日，北京实创高科技发展总公司改名为北京实创高科技发展有限责任公司；2011年6月20日，股东由北京市海淀区人民政府国有资产监督管理委员会变更为中关村发展集团（持股100%）。截至2019年底，公司员工1448人，其中党员182人。历任董事长姚志宇、陈晓智，历任总经理王思红、潘守文、赵凤桐、廖国华、周培芳、陈晓智、孙腾。

图1-4-7　北京实创高科技发展有限责任公司

十、北京兴昌高科技发展有限公司

北京兴昌高科技发展有限公司（简称兴昌高科）原名北京兴昌高科技发展总公司，成立于1992年6月19日，2011年加入中关村发展集团，位于北京市昌平区科技园区超前路9号。公司注册资金13.62亿元。2010年10月，北京兴昌高科

技发展总公司由全民所有制改制为有限责任公司，更名为北京兴昌高科技发展有限公司，注册资金由初始3000万元变更为13.62亿元，股东为昌平创服中心（持股100%）；2011年6月，股东变更为中关村发展集团（持股50.54%）、昌平创服中心（持股49.46%）；2018年11月，昌平创服中心将所持全部股份转让至昌发展公司，股东变更为中关村发展集团（持股50.54%）、昌发展公司（持股49.46%）。截至2019年底，公司员工333人，其中党员108人。董事长王海岭，总经理王海岭。

图1-4-8　北京兴昌高科技发展有限公司

十一、北京丰台科技园建设发展有限公司

北京丰台科技园建设发展有限公司（简称丰科建）成立于2000年11月16日，2011年加入中关村发展集团，位于丰台区海鹰路2号。公司注册资金5亿元。成立之初，公司注册资金6000万元，股东为中关村科技园区丰台园产业基地办公室（持股29.25%）及丰科创（持股70.75%）；2008年3月12日，以资本公积转增注册资金44，000万元，转增后注册资金为5亿元；2011年6月15日，股东变更为中关村发展集团（持股75%）、丰台区国有资本管理公司（持股25%）。截至2019年底，公司员工71人，其中党员34人。历任董事长汪洪、段海波、王赤宇，历任总经理汪洪、段海波、王赤宇。

图1-4-9　中关村丰台科技园

十二、北京中关村科技融资担保有限公司

北京中关村科技融资担保有限公司（简称中关村科技担保）原名北京中关村科技担保有限公司，成立于1999年12月16日，2012年加入中关村发展集团，位于北京市海淀区西三环北路甲2号院7号楼2-4层。公司注册资金29.13亿元。成立之初，公司注册资金1.83亿元，主要股东为北京市新技术产业发展服务中心（持股54.64%），市国资公司（持股27.32%）；2002—2008年共经过五次增资后，注册资金达到4.53亿元，主要股东为北京市新技术产业发展服务中心（持股77.18%），市国资公司（持股14.97%）；2009年，北京市新技术产业发展服务中心将所持股份转让至中关村金服，主要股东变更为中关村金服（持股77.18%），市国资公司（持股14.97%）；2010年，注册资金增至6.03亿元；2012年11月，中关村发展集团和市国资公司共同对中关村科技担保注入11亿元资金，注册资金增至17.03亿元，主要股东变更为中关村金服（持股33.5%），中关村发展集团（持股30.86%），市国资公司（持股32.21%）；2019年，注册资金增至29.13亿元，主要股东变更为中关村金服（持股51.12%），北京市融资担保基金（有限合伙）（持股23.3%），市国资公司（持股23.14%）。截至2019年底，公司员工241人，其中党员88人。历任董事长张利胜、段宏伟、杨荣兰，历任总经理谭左亭、张琦。

十三、北京中关村科技创业金融服务集团有限公司

北京中关村科技创业金融服务集团有限公司（简称中关村金服）成立于

2009年2月24日，2012年加入中关村发展集团，位于北京市海淀区西三环北路甲2号院7号楼9层。公司注册资金12.4亿元。成立之初，股东为高促中心（持股75.81%）、北京海淀国有资产投资经营公司（持股24.19%）；2011年5月，北京海淀国有资产投资经营公司将所持股份无偿划转至海淀国资中心；同年6月和12月，海淀国资中心和高促中心分别将所持股份转让给中关村发展集团，股东变更为中关村发展集团（持股100%）。截至2019年底，公司员工14人，其中党员8人。历任董事长陈里、张兴胜、蒋苏生、段宏伟，历任总经理庄海、寇作鹏、李妍、段宏伟。

十四、中关村医疗器械园有限公司

中关村医疗器械园有限公司（简称中关村医疗器械园）原名北京中科兴仪高端医疗器械产业投资有限公司，成立于2012年10月30日，位于北京市大兴区生物医药基地永旺西路26号院。公司注册资金为2.9亿元。股东为中关村发展集团（持股68.97%）、中国交通建设股份有限公司（持股31.03%）。2014年4月4日，经市工商局大兴分局批准，公司名称变更为中关村医疗器械园有限公司。截至2019年底，公司员工29人，其中党员11人。历任董事长范德虎、佘京学、付端禄，历任总经理付端禄、徐景泉。

图1-4-10　中关村高端医疗器械产业园

十五、中关村科技租赁股份有限公司

中关村科技租赁股份有限公司（简称中关村科技租赁）原名中关村科技租赁（北京）有限公司、中关村科技租赁有限公司，成立于2012年11月27日，位于北京市海淀区西三环北路甲2号院7号楼5—6层。公司注册资金为10亿元。成立之初，公司注册资金为5亿元，股东为中关村发展集团（持股60%），南山集团资本投资有限公司（持股10%），望京综开公司（持股10%），北京市朝阳区国有资本经营管理中心（持股10%），北京碧水源科技股份有限公司（持股6%），中关村金服（持股4%）；2017年，南山集团资本投资有限公司将其所持0.01%的股权转让给北京碧水源科技股份有限公司，是年9月，各股东按照股权比例向中关村科技租赁增资5亿元，增资后注册资金达到10亿元；2019年8月，中关村科技租赁进行股份制改革，名称变更为中关村科技租赁股份有限公司；2020年1月21日，中关村科技租赁于香港联合交易所主板上市并开始买卖。此为中关村发展集团旗下首家上市企业，股份代号：1601.HK。截至2019年底，公司员工110人，其中党员50人。历任董事长盛紫瑾、周云帆、张哲、段宏伟，总经理何融峰。

图1-4-11　2020年1月21日，中关村科技租赁股份有限公司在香港联合交易所上市

十六、北京知识产权运营管理有限公司

北京知识产权运营管理有限公司（简称北京IP）成立于2014年7月11日，位于北

京市海淀区海淀南路21号中关村知识产权大厦4层。公司注册资金1.42亿元。成立之初，股东为中关村发展集团（持股60%），北京市海淀区国有企业资本经营管理中心（简称海淀国资中心）（持股20%），亦庄国际投资公司（简称亦庄国投）（持股10%），中国技术交易所（持股10%）。2019年，北京IP获得中央财政专项资金股权投资7000万元，注册资金增加至1.42亿元，股东变更为中关村发展集团（持股42.2%），华智众创（北京）投资管理有限责任公司（持股29.7%），海淀国资中心（持股14.1%），亦庄国投（持股7%），中国技术交易所（持股7%）。截至2019年底，公司员工49人，其中党员17人。历任董事长于军、邵顺昌、张建，历任总经理邵顺昌、何敏刚。

十七、北京集成电路产业发展股权投资基金有限公司

北京集成电路产业发展股权投资基金有限公司（简称北京集成电路基金）成立于2014年7月29日，位于北京市丰台区丽泽路18号院1号楼801-32室。公司注册资金60.06亿元。成立之初，注册资金为90.09亿元；2018年，注册资金变更为60.06亿元。股东为中关村发展集团（持股99.9%），北京盛世宏明投资基金管理有限公司（持股0.1%）。截至2019年底，公司员工5人，其中党员3人。历任董事长李妍、贾一伟，历任总经理李妍、贾一伟。

十八、北京中关村延庆园建设发展有限公司

北京中关村延庆园建设发展有限公司（简称中关村延庆园公司）成立于2014年8月19日，位于北京市延庆区东外大街97号。公司注册资金2亿元。股东为中关村发展集团（持股85%），北京金川永佳国有资产管理发展中心（持股15%）。2017年5月，延庆方股东由北京金川永佳国有资产管理发展中心改制变更为北京中关村延庆园投资发展有限公司。截至2019年底，公司员工22人，其中党员14人。历任董事长韩柏、魏晓东，历任总经理陈忠敏、杨俊。

十九、中关村（国际）控股公司

中关村（国际）控股公司（ZGC Capital Corporation）[简称中关村国际（美国）]成立于2014年10月27日，位于美国加利福尼亚州圣克拉拉市大美大道（Great America Parkway）4500号。公司注册资金3000万美元。股东为中关村发

展集团（持股100%）。截至2019年底，公司员工23名，其中党员2名。历任董事长许强、张哲，历任总经理邵顺昌、张哲。

二十、北京中关村微纳能源投资有限公司

北京中关村微纳能源投资有限公司（简称中关村微纳能源）成立于2014年11月22日，位于北京市怀柔区雁栖经济开发区杨雁路88号。公司注册资金8.24亿元。成立之初，注册资金为1亿元，股东为中关村发展集团（持股90%），北京市怀柔区国有资产经营有限公司（简称怀柔国资公司）（持股10%）。2016年，中关村发展集团增资5.82亿元，怀柔国资公司增资1.42亿元，注册资金增至8.24亿元，股东为中关村发展集团（持股81.54%），怀柔国资公司（持股18.46%）。截至2019年底，公司员工26人，其中党员10人。历任董事长佘京学、王慧、佘京学，历任总经理佘京学、王慧、佘京学。

二十一、北京中关村信息谷资产管理有限责任公司

北京中关村信息谷资产管理有限责任公司（简称中关村信息谷）成立于2014年11月，位于北京市海淀区西北旺东路10号东区一号楼云计算创新中心。公司注册资金2000万元。成立之初，股东为中关村软件园（持股100%）。2018年12月25日，中关村信息谷完成混合所有制改革，完成与中关村领创空间科技服务有限责任公司（简称中关村领创空间）的重组，股东变更为中关村发展集团（持股93.02%），软通动力信息技术（集团）有限公司（持股4.66%），旭天（北京）投资咨询有限公司（持股2.32%）。截至2019年底，公司员工253人，其中党员72人。历任董事长姚胜利、王清山，总经理石七林。

二十二、北京中关村集成电路设计园发展有限责任公司

北京中关村集成电路设计园发展有限责任公司（简称中关村集成电路设计园）成立于2015年2月5日，位于北京市海淀区丰豪东路9号院2号楼D座6层。公司注册资金2.2亿元。股东为中关村发展集团（持股比例40%）、北京首置房地产企业管理有限公司（持股比例50%）、中关村软件园（持股比例10%）。截至2019年底，公司员工39人，其中党员16人。董事长苗军，历任总经理刘克峰、燕山、裴潽。

图1-4-12　中关村集成电路设计园

二十三、中关村协同发展投资有限公司

中关村协同发展投资有限公司（简称中关村协同发展）成立于2015年9月23日，位于北京市海淀区学院路51号首享科技大厦9层。公司注册资金5亿元。股东为中关村发展集团（40%）、招商局蛇口工业区控股股份有限公司（30%）、中国交通建设股份有限公司（30%）。截至2019年底，公司员工174人，其中党员34人。董事长高中成，历任总经理韩冬。

图1-4-13　2015年9月25日，中关村协同发展投资有限公司揭牌仪式举行

二十四、北京中关村协同创新投资基金管理有限公司

北京中关村协同创新投资基金管理有限公司（简称中关村协同创新基金）成立于2015年12月25日，位于北京市海淀区学院南路62号中关村资本大厦A2座8F。公司注册资金2000万元。股东为中关村发展集团（持股30%），中关村科技担保（持股25%），中关村科技租赁（持股15%），北京中关村创业投资发展有限公司（简称中关村创投）（持股15%），中关村协同发展（持股15%）。截至2019年底，公司员工26人，其中党员12人。董事长姚胜利，总经理孙次锁。

图1-4-14 2015年9月25日，中关村协同创新投资基金签约仪式举行

二十五、北京中关村前沿技术产业发展有限公司

北京中关村前沿技术产业发展有限公司（简称中关村前沿技术）成立于2015年12月18日，位于北京市房山区窦店镇弘安路85号。公司注册资金4.5亿元。股东为中关村发展集团（持股30%）、房山国资公司（持股30%）、中关村生命科学园（持股30%）、中关村软件园（持股10%）。截至2019年底，公司员工16人，其中党员10人。历任董事长朱平、陈忠敏，历任总经理朱平。

图1-4-15 中关村新兴产业前沿技术研究院

二十六、中关村芯园（北京）有限公司

中关村芯园（北京）有限公司（简称中关村芯园）成立于2015年12月21日，位于北京市海淀区中关村创业大街4号楼。公司注册资金5000万元。股东为中关村发展集团（持股52.38%），中关村科技园区海淀园创业服务中心（持股34%），中关村集成电路设计园（持股10%），陈大同（持股2%），北京京芯合创投资管理中心（有限合伙）（简称京芯合创，持股1.62%）。其中，京芯合创为中关村芯园员工持股平台公司。截至2019年底，公司员工20人，其中党员10人。董事长苗军，总经理李军。

二十七、北京中关村发展创业投资基金管理有限公司

北京中关村发展创业投资基金管理有限公司（简称中关村发展创投）成立于2016年10月17日，位于北京市海淀区西三环北路甲2号院7号楼10层01室。公司注册资金2000万元。股东为中关村发展集团（持股100%）。截至2019年底，公司员工11人，其中党员8人。历任总经理张金辉、庄海。

二十八、石家庄中关村协同发展有限公司

石家庄中关村协同发展有限公司（简称石家庄公司）成立于2016年11月11

日，位于河北省石家庄正定新区商务中心B区12楼。公司注册资金1亿元。股东为中关村发展集团（持股30%）、海开地产（持股20%）、石家庄发展投资有限责任公司（持股20%）、正定高新技术产业开发区建设投资有限公司（持股20%）、中关村协同发展（持股10%）。截至2019年底，公司员工14人，其中党员5人。董事长高中成，总经理寇作鹏。

图1-4-16　2016年11月16日，石家庄中关村协同发展有限公司成立启动仪式举行

二十九、北京中关村京西建设发展有限公司

北京中关村京西建设发展有限公司（简称中关村京西发展）成立于2016年12月29日，位于北京市门头沟区莲石湖西路98号院7号楼403室。公司注册资金3亿元。股东为中关村发展集团（持股60%），门头沟区政府代表北京京西文旅科技投资基金管理有限公司（简称京西文旅基金）（持股40%）。截至2019年底，公司员工23人，其中党员13人。历任董事长苗军、李彪，历任总经理苗军、李彪、周瑞。

三十、中关村国际控股有限公司

中关村国际控股有限公司（ZGC International Holding Ltd.）[简称中关村

国际（香港）］成立于2018年3月26日，位于香港湾仔港湾道25号海港中心21楼2103室。公司注册资金1亿美元。股东为中关村发展集团（持股100%）。截至2019年底，公司员工7人，其中党员3人。董事长宣鸿，总经理张哲。

三十一、北京中关村海外科技园有限责任公司

北京中关村海外科技园有限责任公司（简称中关村海外科技园）成立于2003年1月15日，2018年加入中关村发展集团，位于北京市海淀区中关村南大街9号理工科技大厦。公司注册资金1250万元。成立之初，股东为高促中心（持股40%），科学技术部火炬高技术产业开发中心（简称科技部火炬中心）（持股40%），济南高新控股集团有限公司（简称济南高新）（持股20%）；2014年10月，高促中心将所持股份划转至投资中心；2018年4月，投资中心将所持股份划转至中关村发展集团。2019年10月，中关村发展集团收购济南高新所持20%股份，股东变更为中关村发展集团（持股60%）、科技部火炬中心（持股40%）。截至2019年底，公司员工29人，其中党员5人。历任董事长裴夏生、戴康勤，历任总经理刘晓民、戴康勤、李立维。

三十二、北京中关村国际环保产业促进中心有限公司

北京中关村国际环保产业促进中心有限公司（简称中关村环促中心）成立于2003年3月17日，2018年加入中关村发展集团，位于北京市海淀区中关村南大街1-1号信息谷。公司注册资金3400万。成立之初，股东为高促中心（持股73.53%）、北京实创环保发展有限公司（持股11.77%）、华夏长城环境工程有限公司（持股8.82%）、上海太比雅科技有限公司出资额（持股2.94%）、北京仁创科技集团有限公司（持股2.94%）；2014年9月26日，高促中心将所持股份划转至投资中心；2018年，投资中心将所持股份划转至中关村发展集团，股东变更为中关村发展集团（持股73.53%）、北京实创环保发展有限公司（持股11.77%）、华夏长城环境工程有限公司（持股8.82%）、上海太比雅科技有限公司出资额（持股2.94%）、北京仁创科技集团有限公司（持股2.94%）。截至2019年底，公司员工14人，其中党员4人。历任董事长徐云、范德虎，张健，历任总经理王彤，张健。

三十三、北京市工业设计研究院有限公司

北京市工业设计研究院有限公司（简称工业院）原名北京冶金设计公司、首钢设计院城区院、北京市工业设计院、北京市工业设计研究院，成立于1961年11月，2019年加入中关村发展集团，位于北京市西城区广安门外大街甲275号。公司注册资金3.72亿元。1973年2月，并入首都钢铁公司，更名为首钢设计院城区院；1983年10月，更名为北京市工业设计院，隶属于北京市经济委员会（简称市经委）；1984年7月，更名为北京市工业设计研究院，隶属于市经委；2013年10月，划归市国资委管理；2015年12月，由事业单位转为国有独资公司，更名为北京市工业设计研究院有限公司；2016年2月，转企改制成为国有控股的多元有限公司，北京汽车集团有限公司（简称北汽集团）为控股股东。2019年，股东变更为中关村发展集团（持股38.75%）、北汽集团（持股24.5%）、中关村发展投资中心（持股12.25%）、北京同仁堂（持股12.25%）、北京电控（持股12.25%）。截至2019年底，公司员工1002人，其中党员216人。历任董事长沈安东、杨维志、韩柏，历任总经理沈安东、付军。

图1-4-17　北京市工业设计研究院有限公司

三十四、北京中关村大街运营管理股份有限公司

北京中关村大街运营管理股份有限公司（简称中关村大街公司）成立于2016年1月29日，位于北京市海淀区西四环北路9号鑫泰大厦A515。公司注册资金1亿元。股东为中关村发展集团（持股42.5%）、启迪控股股份有限公司（持股42.5%）和北京市海淀区国有资产经营有限公司（持股15%）。截至2019年底，公司员工15人，其中党员5人。董事长林屹，总经理杜朋。

三十五、北京领创精准医疗健康产业投资有限公司

北京领创精准医疗健康产业投资有限公司（简称中关村领创医疗）原名北京领创精准医疗健康产业投资股份公司，成立于2016年12月27日，位于北京市海淀区北四环西路67号中关村前沿创新技术中心。公司注册资金1亿元。成立之初，股东为中关村发展集团（持股30%）、北京国际信托有限公司（持股30%）、北京劳尔德投资基金管理中心（持股30%）、山东荣德投资集团有限公司（持股10%）。2019年3月11日，北京领创精准医疗健康产业投资股份公司变更为北京领创精准医疗健康产业投资有限公司，股东变更为北京京工弘元创业投资中心（有限合伙）（持股35%），中关村发展集团（持股30%），山东荣德投资集团有限公司出资（持股30%），上海朴弘资产管理中心（有限合伙）（持股5%）。截至2019年底，公司员工22人，其中党员9人。历任董事长贾一伟、王乐乐，总经理盛紫瑾。

三十六、西藏神州瑞霖环保科技股份有限公司

西藏神州瑞霖环保科技股份有限公司（简称瑞霖环保）原名北京神州瑞霖环保科技有限公司，成立于2007年1月，2019年加入中关村发展集团，位于北京市丰台区南四环西路186号汉威国际广场2区4号楼9层。公司注册资金5286万元。2016年1月，成功在新三板挂牌；2019年12月，中关村发展集团认购瑞霖环保定向增发股份757.57万股，认购后注册资金变更为6043.57万元（目前尚待办理工商注册资本变更）。股东为吴盟盟（持股37.23%）、中关村发展集团（持股12.54%）、张春晖（持股12.41%）、田宁宁（持股12.41%）。截至2019年底，公司员工160人，其中党员25人。历任董事长吴盟盟、张健；总经理吴盟盟。

表 1-4-1 中关村发展集团二级子公司名单一览表

序号	子公司名称	加入集团时间	成立时间	控股情况
1	北京中关村软件园发展有限责任公司	2010	2000.08	集团控股
2	北京中关村生命科学园发展有限责任公司	2010	2000.08	集团控股
3	北京光谷科技园开发建设有限公司	2010	2001.10	集团控股
4	北京中关村电子城建设有限公司	2010	2002.04	集团控股
5	北京金桥科技产业基地开发有限公司	2010	2002.11	集团控股
6	北京中关村石景山园发展有限公司	2010	2007.07	集团控股
7	北京东方雍和文化创意投资有限公司	2010	2008.05	集团控股
8	北京海开房地产集团有限责任公司	2011	1982.05	集团控股
9	北京实创高科技发展有限责任公司	2011	1992.03	集团控股
10	北京兴昌高科技发展有限公司	2011	1992.06	集团控股
11	北京丰台科技园建设发展有限公司	2011	2000.11	集团控股
12	北京中关村科技融资担保有限公司	2012	1999.12	集团控股
13	北京中关村科技创业金融服务集团有限公司	2012	2009.02	集团控股
14	中关村医疗器械园有限公司	2012	2012.10	集团控股
15	中关村科技租赁股份有限公司	2012	2012.11	集团控股
16	北京知识产权运营管理有限公司	2014	2014.07	集团控股
17	北京集成电路产业发展股权投资基金有限公司	2014	2014.07	集团控股
18	北京中关村延庆园建设发展有限公司	2014	2014.08	集团控股
19	中关村(国际)控股公司	2014	2014.10	集团控股
20	北京中关村微纳能源投资有限公司	2014	2014.11	集团控股
21	北京中关村信息谷资产管理有限责任公司	2014	2014.11	集团控股
22	北京中关村集成电路设计园发展有限责任公司	2015	2015.02	集团控股
23	中关村协同发展投资有限公司	2015	2015.09	集团控股
24	北京中关村协同创新投资基金管理有限公司	2015	2015.12	集团控股
25	北京中关村前沿技术产业发展有限公司	2015	2015.12	集团控股
26	中关村芯园(北京)有限公司	2015	2015.12	集团控股
27	北京中关村发展创业投资基金管理有限公司	2016	2016.10	集团控股
28	石家庄中关村协同发展有限公司	2016	2016.11	集团控股
29	北京中关村京西建设发展有限公司	2016	2016.12	集团控股
30	中关村国际控股有限公司	2018	2018.03	集团控股
31	北京中关村海外科技园有限责任公司	2018	2003.01	集团控股
32	北京中关村国际环保产业促进中心有限公司	2018	2003.03	集团控股

续表

序号	子公司名称	加入集团时间	成立时间	控股情况
33	北京市工业设计研究院有限公司	2019	1961.11	集团控股
34	北京中关村大街运营管理股份有限公司	2016	2016.01	集团参股
35	北京领创精准医疗健康产业投资有限公司	2016	2016.12	集团参股
36	西藏神州瑞霖环保科技股份有限公司	2019	2007.01	集团参股
37	中关村股权交易服务集团有限公司	—	2013.01	集团参股
38	北京产权交易所有限公司	—	2003.01	投资中心参股
39	北京地铁十号线投资有限责任公司	—	2003.12	投资中心参股

注：投资中心即北京中关村发展投资中心，其参股子公司北京产权交易所有限公司、北京地铁十号线投资有限责任公司由中关村发展集团代管。

表 1-4-2　中关村发展集团三级子公司名单一览表

序号	子公司名称	成立时间
1	北京国际工程咨询有限公司	1985.01
2	中山市京创科技开发有限公司	1991.05
3	北京实创科技园经营服务有限责任公司	1992.07
4	北京实创房地产开发有限责任公司	1992.09
5	北京实创科技产业发展有限责任公司	1993.02
6	北京海建工程建设监理有限责任公司	1993.02
7	北京京龙工程项目管理有限公司	1993.03
8	昌黎黄金海岸海开旅游度假有限公司	1994.05
9	北京昌科热力有限公司	1994.11
10	北京昌科物业服务有限公司	1995.02
11	北京实创酒店管理有限公司	1996.10
12	北京中关村创业投资发展有限公司	1998.10
13	北京首建项目管理有限公司	2000.04
14	北京中关村国际孵化器有限公司	2000.12
15	北京昌科航星科技开发有限公司	2001.03
16	北京阳昊科技发展有限公司	2001.04
17	北京鹏腾竣达科技发展有限公司	2001.04
18	北京数字东方信息技术有限公司	2001.05
19	北京龙兴生物科技有限责任公司	2001.11
20	北京中关村软件园孵化服务有限公司	2001.11

续表

序号	子公司名称	成立时间
21	北京海开房地产股份有限公司	2001.12
22	北京市京东开房地产开发有限公司	2002.03
23	北京市京东开投资咨询服务有限公司	2002.04
24	中关村兴业(北京)高科技孵化器股份有限公司	2002.09
25	北京市京东开绿化工程有限公司	2003.03
26	北京市京东开物业管理有限公司	2003.03
27	北京中关村生命科学园生物医药科技孵化有限公司	2003.07
28	北京金桥绿园物业管理有限公司	2003.11
29	北京中关村鸿嘉物业服务有限公司	2004.12
30	北京市海淀区中关村软件园人才基地培训中心	2005.01
31	北京振邦承基开发建设有限公司	2006.05
32	北京顺城兴业劳务服务有限责任公司	2006.09
33	北京梦幻管理咨询有限公司	2008.05
34	北京丰科建科技发展有限公司	2009.02
35	北京市中关村小额贷款股份有限公司	2009.06
36	北京慧谷兴业企业管理有限公司	2009.09
37	北京丰科世纪科技孵化器有限公司	2010.05
38	北京丰科建文化传播有限公司	2010.05
39	北京丰南嘉业房地产开发有限公司	2010.05
40	北京丰科建投资有限公司	2010.05
41	北京市中金小额贷款股份有限公司	2010.12
42	北京金科建投资开发有限公司	2012.06
43	BIDRI MALAYSIA SDN BHD	2012.09
44	北京兴昌顺通汽车租赁有限公司	2012.10
45	北京丰科建酒店管理有限公司	2012.11
46	4500 Great America Parkway LLC	2015.02
47	中关村领创空间科技服务有限责任公司	2015.06
48	北京中关村领创金融信息服务有限公司	2015.07
59	保定中关村信息谷科技服务有限责任公司	2015.07
50	徐州信息谷资产管理有限责任公司	2015.10
51	南宁中关村信息谷科技服务有限责任公司	2016.06
52	南阳中关村协同创业投资基金管理有限公司	2017.04

续表

序号	子公司名称	成立时间
53	北京融创智汇股权投资管理有限公司	2017.05
54	天津中关村科技园运营服务有限公司	2017.06
55	ZGC Boston Innovation Management LLC	2017.08
56	银川中关村信息谷科技服务有限责任公司	2018.02
57	北京中关村智酷双创人才服务股份有限公司	2018.03
58	ZGC INTERNATIONAL LIMITED	2018.04
59	北京保融置业发展有限公司	2018.05
60	长春中关村信息谷科技服务有限责任公司	2018.06
61	ZGC US General Partner, LLC	2018.06
62	MILLIONPLE INVESTMENT LIMITED	2018.07
63	滁州中关村信息谷科技服务有限责任公司	2019.05
64	北京中关村软件园投资管理有限公司	2019.09
65	新泰中关村信息谷科技服务有限责任公司	2019.09
66	青岛中关村信息谷科技服务有限责任公司	2019.09
67	南阳中关村信息谷科技服务有限责任公司	2019.10
68	ZGC INTERNATIONAL INVESTMENT LIMITED	2019.12

第二章　战略与规划

为了更好地完成集团在推进北京全国科技创新中心建设、加快中关村国家自主创新示范区发展中所承担的使命，进一步明晰自身战略定位和发展方向，规划好服务创新发展的蓝图，集团自成立之初便启动战略规划的研究制定，结合不同时期的形势变化和使命任务要求，共发布4版战略规划方案。2010年，开始研究制定集团发展战略框架性方案，并于2011年发布执行。2011年和2015年分别启动集团“十二五”“十三五”发展规划的编制，并分别于2012年、2016年发布执行。2018年，结合科技创新发展新趋势和全国科技创新中心建设新要求、新使命、新任务，组织力量研究制定集团综合改革方案，科学谋划集团在新时期深化改革、转型发展的方向和实施路径，于2019年获得北京市委、市政府通过并实施。

第一节　发展战略框架性方案

2010年，集团启动发展战略框架性方案编制。经过5个多月的调研分析、研讨论证，广泛征求科技部相关司局，北京市相关委办局，中关村的资深科学家、企业家、行业专家和北大、清华等院校学者及各控股子公司意见，经市领导同意，中关村管委会、集团董事会、集团股东大会批准，形成集团发展战略框架性方案。2011年，集团成立一周年大会上，发布集团发展战略框架性方案。

图2-1-1　2010年12月16日，中关村发展集团发展战略框架性方案征求意见会召开

一、规划背景

自1988年成立，经过30多年的发展，中关村形成一套独特的管理模式，其基本特征是园区分布在多个区县，从而形成市级层面统筹协调、区县层面担当主体的跨行政区域的一区多园的发展模式，增强了高新技术产业在全市的辐射带

动力，实现了从“海淀的中关村”到“北京市的中关村”，再到“国家的中关村”的跨越，迈入了通向“世界的中关村”的轨道。

中关村在园区建设和产业促进手段上存在不足之处，问题主要表现为：园区建设资源分散，难以有效突破行政区划分割，园区整体形象还需要提升，产业承载能力还需加强；科技成果产业化还有不足，重大项目落地缺乏快速有效机制，产业集群和集聚效应需进一步提升；政府资金促进科技创新和产业化的投入方式需要不断创新，手段需更加丰富，效用需进一步放大。

中关村要解决以下两方面问题，一方面要在跨行政区域基础上，真正实现一体化的产业功能区布局；另一方面要通过市场方式和资本运作，放大国有资本的产业促进效应。为此，需要在在政府层面不断加强跨层级、跨部门的协调和协作，继续完善园区管理体制、政策支持体系和行政调控手段的同时，强化市场手段，通过市、区资源整合，搭建推进中关村示范区建设的强有力的市场化实施和服务平台，开展新一轮、更高水平的园区建设和产业促进。

在上述背景下，一个市级层面统筹运作的市场化平台呼之欲出。2010年4月1日，经过详细论证和精心筹划，集团应运而生。集团成立的基础是对中关村示范区“一区十园”开发建设公司进行股权（资产）重组和业务整合，其历史使命是通过整合资源、统筹运作、创新手段，探索一条从市场角度配合行政手段统筹推进科技产业和园区发展的新路，从而加快中关村示范区建设。这样的战略背景是集团构建整体发展战略框架的基础。

二、战略定位

发展战略框架性方案明确，集团承担的历史使命是“创新发展、引领未来”，以创新的工作方式，加快发展中关村国家自主创新示范区，推动形成创新驱动发展格局，引领首都和中国未来发展前景；集团的发展愿景是成为具有全球影响力的科技投资（控股）集团；企业定位是自主创新体系的市场化集成运营平台、示范区和高新技术产业发展的推动者，概括而言，即“市场平台、产业推手”。

三、战略目标

社会责任目标 在首都创新资源平台的工作框架下，以市场化手段推动中关村示范区科技创新资源的聚焦及高效互动，配合市政府相关部门，不断完善中关村示范区“产学研用”自主创新体系，加快建设中关村示范区。同时，通过促进高端产业集群集聚，带动区域经济发展，推动北京市经济发展方式转变与产业结构优化升级。

企业发展目标 实现资产与收入翻一番，总资产由2010年的400亿上升到2015年的1000亿，净资产由2010年的100亿元上升到2015年的150亿元，主营业务由2010年的40亿上升到2015年的100亿。形成治理结构规范、控制有力、运作高效的中关村发展集团管控体系。人员专业化水平高，员工能力素质处于国内同行业前列。2013年，通过增发[①]、发行企业债等方式扩大融资规模，提升融资能力。在全国范围的园区发展运营领域拥有较高品牌影响力和知名度，不断形成国际影响力。

四、业务布局

发展战略框架性方案明确，集团实施“3+N”的业务组合，即产业投资、园区发展和科技金融三项核心业务，高新技术产业实业投资、产业促进服务等多项辅助性业务，未来根据发展的需要不断优化和调整业务组合。

产业投资业务 代持政府财政资金和中关村发展集团自有资金开展股权投资，开展创业投资，未来可考虑设立政府引导基金，形成多品种的科技投资业务。

园区发展业务 统筹协调园区子公司开展园区一级开发。联同子公司开展基于项目的载体建设，合理配置孵化器和加速器，扩大自持物业，进一步优化产业发展环境，提升园区可持续创新发展能力。

科技金融业务 围绕战略性新兴产业对科技金融的需求，以并购、整合、业务合作为手段，搭建金融服务平台，开展创业投资、融资担保、小额贷款、投资管理咨询、并购重组和私募股权基金等业务。在建设国家科技金融创新中心的过程中，利用中关村的区位优势和创新资源优势，努力探索和积极参与中关村科技园区非上市股份有限公司代办股份报价转让系统（新三板）的扩容和运营，

---

① 增发：是指上市公司为了再融资而再次发行股票的行为。

促进包括股权、产权、版权等多种形式的场外交易日趋活跃，使中关村发展集团的科技金融业务与金融交易市场形成良好的互动。针对创业期、成长期和具有一定规模企业的特点和需求，建立覆盖企业不同发展阶段，集小额贷款及融资担保、创业投资、产业投资及并购重组为一体的科技金融服务体系。

高新技术产业实业投资 通过对战略性新兴产业关键环节的核心企业开展实业控股投资，提升集团对战略性新兴产业发展的影响力，推动战略性新兴产业的不断发展。

产业促进服务 基于战略性新兴产业对产业促进服务的需求，集团自身或联同下属园区公司开展资源运营业务，并推动中介服务活跃、升级。

未来，将集中在产业投资、科技金融、控股实业投资、园区经营与服务业务，一级开发业务的比重将逐步下降，逐步发展成为集投资、实业、园区经营与服务为一体的科技投资（控股）集团。

五、实施策略

在产业投资方面，以“三个聚焦、两个推动”为指导原则，围绕产业投资方向，实践“股权投资四大理念”，实施“四项稳健投资策略”，培养“五项股权投资能力”。“三个聚焦”方针是指围绕战略性新兴产业，聚焦大院大所大学、聚焦央企与军民融合项目、聚焦国内外有影响力的高端项目。“两个推动”是指围绕“十百千工程”，推动并购重组；围绕产业布局，推动集群落地。“股权投资四大理念”是指经济效益与社会效益并重；“股权投资+增值服务”并行；推动产学研互动为基础，坚持主动引导与挖掘；以成长期项目为主，兼顾种子期与成熟期项目。“四项稳健投资策略”是指针对战略性新兴产业重点领域，以集群方式投资，抢占产业制高点；采取联合投资策略，发挥中关村发展集团国有资本投资引领作用，带动社会资本联合投入；采取分批投资策略，根据企业发展阶段，分批投入、降低风险；重点投资3—5年周期的项目，以“委托贷款+认股权”为主，未来单一股权投资比重将上升；集团开展战略性新兴产业企业兼并与重组，推动整体产业竞争实力的提升。“五项股权投资能力”是指加强合作，提升产业研究专业能力；建立投资项目储备库与合作网络，提升项目挖掘、储备能力；加强与国内外领先创投机构合作，提升项目评估、决策能力；加强投资后管理与服务，提升项目的综合服务能力；通过兼并收购，引进股权投资团队，全面提升股权投资能力。

在园区发展方面，坚持“五大标准”和“五高一快”，全面实施三项载体开发策略，深入开展三项载体建设模式创新。“五大标准”即环境清新优美、基础设施完善、产业高度聚集、自主创新活跃、推动区域发展。“五高一快”即高水平规划、高水平建设、高水平管理、高水平服务、高水平运营、加快园区建设和发展。三项载体开发策略是指积极参与中关村示范区总体规划，合理安排土地资源开发时序和空间布局；围绕产业集群的形成和发展，开展载体建设，引导产业链上下游企业入驻；采用代建、租赁、先租后售等方式，支持重大项目承担单位建设产业化基地。三项载体建设模式创新是指以项目为主体推动载体建设，集成项目批量落地，先有项目后建载体，如围绕国家院所通州产业园建设，开展“园中园”等产业促进载体的创新；以客户为中心开展定制化载体建设，如围绕昌平电子商务园开展载体建设创新模式的探索；以满足园区公共服务平台需求为目的，集中开展一批载体建设。

在科技金融方面，实现“两个对接”，服务两个层面企业。“两个对接”是指通过上市、发行企业债，以及设立产业基金及资产证券化等金融创新，实现与货币市场和资本市场的对接。服务两个层面企业是指服务集团下属控股园区公司，就“一区十园”开发企业资金短缺的问题，与各家金融机构积极探索，发挥融资平台作用；以中关村园区科技创业企业和投资机构、银行等相关金融机构为主要服务对象，致力于建设中关村科技金融服务平台，通过整合区域金融服务资源，实现资源共享、业务协同、工具创新和效率提高。

第二节　“十二五”发展规划

2011年初，集团启动“十二五”发展规划的编制。2011年12月22日，集团2011年第二次临时股东大会审议通过《中关村发展集团“十二五”发展规划纲要》。2012年，《中关村发展集团“十二五”发展规划纲要》发布。

一、规划背景

国家“十二五”规划把科技创新作为战略重心，强调要加快建设国家创新体系，着力提高企业创新能力，促进科技成果向现实生产力转化，推动经济发展更多依靠科技创新驱动。北京市在国家创新战略格局中提出要率先形成创新驱动发展格局，在北京市“十二五”规划中，突出强调要将资源聚焦到中关村，赋予中关村更多的重任，对中关村建设国家自主创新示范区作出系统部署。国务院批复的《中关村国家自主创新示范区发展规划纲要（2011—2020年）》，描绘了示范区的宏伟蓝图，提出将中关村定位于“深化改革先行区、开放创新引领区、高端要素聚合区、创新创业集聚地、战略产业策源地”，用10年时间建成具有全球影响力的科技创新中心和高技术产业基地。

经过一年多的发展，集团基本形成以股权投资为重点推进重大科技成果产业化的工作格局，扎实推进了以多层次资源要素为支撑的融资平台建设，初步探索以资本纽带为基础的园区规划建设统筹机制。原有的发展战略框架性方案亟须进一步深化，以适应形势发展的需要。

二、战略定位

规划明确集团战略定位是“自主创新体系的市场化集成运营平台，中关村示范区和高新技术产业发展的驱动器”。自主创新体系的市场化集成运营平台是指通过搭建统筹整合平台，集成资本、载体等资源，进行市场化运作，有效配合行政和政策手段，优化创新、创业环境，活化创新、创业要素，推动构建“政产学研用”高效协同的自主创新体系，支撑国家创新体系建设。中关村示范区和高新技术产业发展的驱动器是指作为促进重大项目落地与重大科技成果产业化的驱动器、统筹“一区多园”建设发展的驱动器、推进科技金融创新的驱动器，加快建设发展中关村示范区，全方位推动高新技术产业，特别是战略性新兴产业的跨越式集群发展。

三、战略目标

规划明确集团“十二五”期间的指导思想是：深入贯彻落实科学发展观，紧紧围绕中关村国家自主创新示范区发展建设任务和体制机制创新要求，牢牢把握市场化集成运营平台和驱动器的战略定位，坚持“双维”战略目标，秉承“整合资源、搭建平台、引领发展”工作理念，以产业投资为主线、以园区发展为基础、以科技金融为突破，全面进行三大主业战略布局，实现对接资本市场，推进科技成果产业化机制大突破和“一区多园”快速发展大整合，成长为在全国具有影响力、在全球具有一定知名度的科技投资（控股）集团，推动中关村向实现有全球影响力的科技创新中心目标的实现。

集团发展实施“双维”战略目标，即以中关村示范区发展目标为先导，以公司发展目标为支撑，坚持中关村示范区和公司同步发展，到2015年，推动中关村示范区发展建设，促进形成有利于自主创新的体制机制，加快培育产业集群和创新型企业，探索形成园区规划建设统筹新机制，构建统一高效的科技金融服务体系；实现公司跨越式发展。股东价值充分保证，管理水平显著提高，优质资产整合上市，员工价值有效体现，主要财务指标明显改善。

四、业务布局

规划明确“十二五”期间，集团围绕北京市委市政府赋予的三项核心任务，坚持为科技成果产业化和科技企业成长提供全链条服务，采取“3+N”业务组合，即以产业投资为主线、以园区发展为基础、以科技金融为突破，全面布局三项核心业务，同时择机开展控股型实业投资、知识产权商用化等辅助业务。

引领产业投资 通过国有资本的直接支持和引领带动，成批快速地推进重大科技成果产业化，在示范区形成若干战略性新兴产业集群，发挥策源地作用，培育一批“十百千企业”和创新能力强的中小企业。以股权投资为主要方式推进重大科技成果产业化是集团工作的一条主线，提升投资运作能力，引导社会资本，突出杠杆效应。业务模式主要包括：一是代持北京市重大科技成果产业化项目统筹资金股权投资，积极发挥对社会资本的带动作用，直接体现集团的政府投资平台功能和在示范区产业促进工作体系中的重要作用，同时对自有资金投资业务产生正面带动作用；二是通过直接股权投资、附认股权的债权投资（债转股）和参股基金等方式，带动社会资本联动支持科技成果产业化项目和高成长创新型企业。

统筹园区发展 着眼园区管理体制改革，创新园区开发建设模式，改变当前示范区各园区开发建设力量“多、小、散”局面，破解园区规划建设目标分散、产业规划难以落实、产业聚集效应不突出、载体建设融资困难等问题。整体推进园区开发建设、强化融资支持、创新园区服务，统筹各子公司积极承接示范区扩区资源，高标准规划园区、高水平建设园区、高质量项目聚集园区、高效益运营园区，推动形成“两城两带”产业格局。业务模式主要包括：在土地开发整理方面，以各子公司为主体，在空间规划、企业准入标准、重大项目引进落地等方面加强统筹指导；在载体建设和运营方面，统筹协调各子公司，并以直接投资等方式，适当扩大自持载体的规模，提升对园区产业布局的引导和调控能力，支撑产业发展；建设形成的载体通过出售或出租方式为园区企业提供服务。

创新科技金融 通过打造中关村示范区统一的科技金融服务平台，与金融机构、准金融机构、投资及中介机构广泛合作，推出一系列中关村示范区创新型企业需要的金融工具和创新产品，以解决科技型中小企业融资难题为突破口，建立并完善政府资金与社会资金、产业资本与金融资本、直接融资与间接融资有机结合的科技金融服务体系，有力支撑中关村国家科技金融创新中心建设。业务模式主要包括：重点发展科技担保、小额贷款、投资银行、融资租赁、产业基金等多项业务，适时开展科技保险等创新业务。

拓展辅助业务 着眼远景目标进行提前布局，根据外部环境和具体条件，择机开展辅助业务，奠定“投资、实业、园区运营和服务”一体化的科技投资（控股）集团发展基础。主要包括：高新技术实业投资、知识产权商用化、专业服务等。

五、保障措施

规划明确通过建立多元融资结构、提升核心发展能力作为规划实施的支撑保障。具体包括：通过加强股权融资、整合资产推进上市、拓展债务融资、强化内部资金统筹等满足集团发展资金需求；围绕业务发展和管理提升，尽快形成自身的核心能力，即创新驱动能力、资源整合能力、业务协同发展能力、国际化拓展能力、风险管理能力、财务管理能力，实现可持续、跨越式的发展，在中关村示范区发展中切实发挥好驱动器作用。

第三节 “十三五”发展规划

2015年，集团在系统总结“十二五”发展的成绩与不足的基础上，结合北京市“十三五”发展规划编制要求，全面谋划集团“十三五”发展新蓝图，强化规划的实操性和对各项工作的指导性，启动“十三五”发展规划编制。为夯实规划研究基础，在集团总部各部门和子公司两个层面开展规划前期研究，形成3册29项“十三五”发展规划研究成果汇编，为完成规划编制打下坚实的基础。规划吸收了政府有关部门、有关专家和中关村企业的意见，与专业部门、业务板块多次沟通，研究重点项目、财务指标、业务指标和投融资需求，最后形成《中关村发展集团“十三五”发展规划》。2016年，集团“十三五”发展规划经集团第二届董事会第24次会议和2016年度第2次临时股东大会审议通过。

图2-3-1 2016年4月，中关村发展集团“十三五”发展规划编制阶段性成果汇报会召开

一、规划背景

“十二五”期间，集团确立了在推动中关村示范区发展中的主体平台地位，圆满实现经营管理资产、投资规模、提供融资“三个千亿”的规划目标。创造性提出“双维目标”战略理念，把推动中关村示范区发展作为首要目标，实现服务支撑中关村示范区发展能力和自身发展能力的双提升、双促进。构建“三大业务”，围绕服务科技创新各维度、各环节，构建了以产业投资、科技金融、园区发展为核心的三大业务体系。推动“四大创新”，推动模式创新、产品创新、机制创新、管理创新，探索了国有资本驱动科技创新的中关村之路。作出“五大贡献”，为首都构建“高精尖”经济结构，中关村“一区多园”统筹协同发展，推动大众创业、万众创新，推动京津冀协同创新发展做贡献，推动中关村国际化作贡献。

“十三五”时期，是集团发展的重要战略机遇期。创新已成为国家核心战略和全社会共识，集团服务科技创新的事业正迎来前所未有的历史性机遇。科技革命新趋势，为聚焦目标抢占新兴产业制高点带来新机遇。供给侧改革新方向，为创新体制机制增强发展动力和活力带来新机遇。

图2-3-2　2016年7月，中关村发展集团“十三五”发展规划专题研讨会召开

创新创业新生态，为整合资源打造开放共享的创新创业生态平台带来新机遇。创新战略新支点，为集中力量支持产生一批重大原创性科技成果带来新机遇。创新全球化新趋势，为链接全球创新资源布局创新高地带来新机遇。区域协同新布局，为拓宽战略发展空间带来新机遇。中关村示范区发展新态势，为汇聚力量实现做强做优做大带来新机遇。同时应看到，要实现更大作为还面临不少挑战：新一轮全球科技革命下，中关村示范区不进则退；中国经济进入结构调整阵痛期和新旧动力转换关键期，对集团产业组织和经营管理能力提出了更高的要求；中关村示范区到2020年要建成具有全球影响力的科技创新中心，集团与之要求还存在一定差距等。

综合判断，集团发展处于重要战略机遇期，未来五年将是集团业务全面腾飞的五年，是管理机制深化提升的五年，是品牌美誉度深入拓展的五年。

二、战略定位

规划明确集团战略定位是北京市推动中关村示范区发展的市场化配置资源的主体平台；发展愿景是成为具有全球影响力的服务科技创新的大型企业集团。规划还明确了集团发展的价值取向，即“双维目标”和“三项标准”。“双维目标”是指推动中关村示范区建成具有全球影响力的科技创新中心，推动集团发展成为具有全球影响力的服务科技创新的大型企业集团。“三项标准”是指以有没有推动中关村示范区的领军企业成为世界级的大企业、有没有推动中关村示范区产生世界水平的科技创新成果、有没有推动中关村示范区成为世界一流的创业创新中心作为工作标准。

三、战略目标

规划明确集团“十三五”期间的指导思想是：围绕北京建设全国科技创新中心和中关村示范区建设具有全球影响力的科技创新中心，按照“一个定位、双维目标、三项标准”的要求，深化“整合资源、搭建平台、产融结合、引领创新”的理念，搭建开放共享的创新创业生态平台，以科技产业为根本、科技园区为载体、产业投资和科技金融为两翼、区域合作和海外业务为战略支点，资产经营与资本运营相结合，全面提升服务科技创新的综合能力，加快建设具有全球影响力的服务科技创新的大型企业集团，为构建“高精尖”经济结构、推动中关村示范区“一区多园”统筹协同发展、加快中关村示范区国际化、助推京津冀协同创新发展、促进大众创业万众创新作出新的更大贡献。

集团“十三五”期间的规划目标是：到2020年，支持中关村示范区形成以研究型大学、创新型企业、国家实验室为核心的创新网络，产生一批原始创新成果，形成2—3个拥有技术主导权的产业集群，建成具有全球影响力的科技创新中心，为北京构建原始创新高地、前沿技术创新高地、协同创新高地和制度创新高地提供有力支撑。集团实力进一步壮大，核心能力进一步提升，支撑服务中关村示范区发展的作用充分发挥，优化后的资产总额超过1000亿元，资产实力大幅提升，实现经济效益、投融资服务能力“两个翻番”。

四、业务布局

规划提出，集团“十三五”期间，集团业务布局要瞄准世界科技前沿、经济主战场和国家重大需求，立足中关村示范区“高精尖”产业优势，聚焦下一代互联网、集成电路、人工智能、生物制药和医疗器械、新能源、智能制造、新材料以及军民融合等领域5—8个细分产业。在大信息产业领域，支持以下一代互联网、集成电路、人工智能、大数据等为重点的大信息产业发展。依托中关村软件园打造世界级互联网创新中心，推动云计算、大数据、量子通信等领域前沿技术转化及产业化，支持培育以“互联网+”为核心的科技服务业、创业服务业等新兴服务业，积极构建下一代互联网产业生态。在大健康产业领域，支持以生物制药、高端医疗设备、精准医疗等为重点的大健康产业发展。依托中关村生命科学园、中关村生命科学园三期、中关村高端医疗器械产业园，加强高端项目的投资和孵化加速服务，推动形成国际一流的生物制药产业集群，培育高端医疗器械产业集群。在大环保产业领域，支持以新能源、环境保护和新能源汽车等为重点的大环保产业。依托中关村微纳能源公司，打造以纳米能源为重点的新能源产业集群。支持建设大气研究院，推动除霾技术的研究和应用。培育支持新能源汽车关键核心技术的研发应用和转化落地，聚力打造新能源电池专业园区。在大智造产业领域，支持以石墨烯、智能机器人等为重点的大智造产业。积极支持北京航空材料研究院推进关键共性技术研制开发，投资打造以石墨烯为重点的新材料产业集群。投资参与智能机器人核心零部件产业化，支持工业机器人、智能工厂、工业大数据等在航空航天、电力电子、新能源汽车等领域的创新应用。

为此，规划对集团业务体系和业务模式进行了优化，提出以科技产业为根本，构建以科技园区为载体、产业投资和科技金融为两翼、区域合作和海外业务为战略支点的“五位一体”业务架构。

做强产业投资业务　通过代持政府股权投资、“高精尖”项目投资、项目落地服务、创业孵化加速、知识产权服务等，构建“投资+并购+服务”的投资模式，形成股权投资与资本运作相结合的产业组织服务体系，打造中关村示范区投资品牌，成为国内一流的产业投资机构。为此，规划提出要创新“高精尖”重大项目支持机制；搭建集团主导的市场化投资平台；设立一批市场化投资基金；投资控股一批企业；加大创业孵化加速力度；创新知识产权服务模式；探索云投资模式。

做大科技金融业务　通过科技担保、科技租赁、科技信贷、母基金、互联网金融及争取银行、证券、财务公司等金融（类金融）新业务，发挥国有资本引领放大作用，构建以债权融资为核心、债股联动为特色、综合金融服务为亮点、银行、证券业务等为突破的一体化金融服务模式，提升集团金融资产和存量资产市场价值，打造分工明确、功能互补的一体化科技金融服务体系，成为国际知名、国内一流的科技金融综合服务提供商。为此，规划提出要完善战略布局，壮大资本实力，提升创新能力，提高服务能力，健全管理体系。

做专科技园区业务　通过园区统筹规划建设、特色载体建设运营、创新平台服务运营、品牌输出与轻资产运营、孵化与产业投资服务，通过“一园一平台、一园一基金”，构建“载体+孵化+投资+服务”的科技园区发展新模式，形成与高科技企业共成长的园区价值链，打造科技园区新标杆，成为国内外最专业的科技园区综合运营商。为此，规划提出要统筹园区开发建设和运营管理；按照“一园一平台”的方向，搭建一批创新平台；打造一批专业产业园；推动孵化投资联动，形成“孵化+导师+创投”的模式；建设绿色智慧园区；促进园区发展向综合运营商升级。

做活区域合作业务　按照整合资源、市场运作的方向，构建“平台+基地

+基金”的业务模式，通过合作园区统筹开发与运营、基金投资、产业综合体开发与运营、轻资产运营、规划咨询服务，打造国内具有较高知名度和影响力的区域协同创新平台，围绕国家区域战略节点及京津冀“4+N”产业合作格局，推动形成区域协同创新网络。为此，规划提出要统筹推进区域合作；探索合作园区统筹开发运营模式；提升区域金融环境；开展轻资产运营；加强重点区域布局。

做优海外业务 按照“引进来、走出去、在当地”的思路，以“一司一金一中心”[①]为平台，构建“投资+孵化+引入”的业务模式，通过海外顶尖人才团队和项目引入、海外孵化加速、海外基金、海外创新中心、海外并购、海外园区等，打造以硅谷为中心的海外创新网络，紧盯海外新技术、新模式、新趋势，为中关村引进一流的人才和技术，推动中关村企业全球布局，加快中关村国际化。为此，规划提出要提升硅谷业务，拓展海外布局，打造中关村海外基金系，开展海外并购。

五、保障措施

规划提出要立足战略目标，抓住制约短板，深化体制改革和机制创新，举全力推动实施资本运营、人才强企、管控优化、品牌运营四大战略。实施资本运营战略，坚持资产经营、股权运营与资本运营相结合，积极对接资本市场，强化投融资统筹，用资本运营来整合资源、优化结构、完善治理、提升实力。实施人才强企战略，坚持人才优先发展，把人才作为第一资源，建立符合国际化、专业化和现代企业制度要求的人才工作机制，打造结构合理、素质优良、能力突出、作风过硬、活力彰显的人才队伍，为集团战略目标实现和各项事业发展提供人才保证。实施管控优化战略，按照战略升级和业务升级方向，完善现代企业治理结构，发挥原有组织优势，推动组织形态升级，优化总部部门职能，优化母子公司管控模式。实施品牌运营战略，以提升品牌知名度和美誉度为重点，进一步挖掘品牌内涵和价值，建立并完善集团品牌架构。

① “一司一金一中心”：一个公司，一个基金，一个创新中心。

第四节　综合改革方案

为推动集团转型发展，加快打造国际一流的创新生态集成服务商，助力北京建设具有全球影响力的科技创新中心，2018年，集团结合科技创新发展新趋势和全国科技创新中心建设新要求，组织力量进行深化改革方案研究。5月29日，北京市市长陈吉宁召开市政府专题会后，研究形成《中关村发展集团深化改革工作方案》及《中关村发展集团深化改革核心思路和初步设想》。6月22日，得到北京市政府专题会审议同意后，启动改革方案研究制定工作。2019年9月2日，中共北京市委全面深化改革委员会第七次会议审议通过《关于推进中关村发展集团综合改革的方案》(简称《综合改革方案》)。11月7日，北京市政府批复同意《关于推进中关村发展集团综合改革的方案》。

一、改革背景

随着北京发展进入新阶段，落实"四个中心"城市战略定位，建设具有全球影响力的全国科技创新中心，要求打造中关村先行先试改革升级版；在减量发展下实现高质量发展，要求在十大"高精尖"产业垂直细分领域进行深化，提供高品质、精准化、专业化的科技服务。对标新形势、新要求，集团存在资产结构偏重、服务能力不强、企业机制不活等不相适应的地方，亟须深化改革、转型发展，轻资产、强服务、活机制，在服务创新发展战略中发挥"突破、示范、引领"作用，为北京建设具有全球影响力的全国科技创新中心作出新的更大贡献。

中共北京市委、北京市政府高度重视集团综合改革工作。2017年，中共北京市委书记蔡奇调研时指出，中关村发展集团要发挥好平台作用，并适时纳入国有资本改革试点。2018年，北京市《政府工作报告》提出，要发挥中关村发展集团在整合创新资源方面的市场化平台作用。2018年5月以来，北京市市长陈吉宁四次主持市政府专题会，研究推进中关村发展集团转型改革工作。2019年

7月5日，北京市政府专题会原则同意综合改革方案。9月2日，中共北京市委全面深化改革委员会第七次会议审议通过了《关于推进中关村发展集团综合改革的方案》。11月7日，北京市政府批复同意《关于推进中关村发展集团综合改革的方案》。

二、改革目标

方案明确，集团承担的使命是助力建设具有全球影响力的全国科技创新中心，发展愿景是“打造国际一流的创新生态集成服务商”，战略定位是“汇聚创新资源、服务创新生态的市场化平台”。改革的总体目标是构建全周期、一站式、管家式的专业服务体系，轻资产、强服务、活机制，实现由“开发商”向“服务商”转变，全面提升成果转化、创新孵化、空间服务、产业投资、金融服务、资本服务等平台功能，打造国际一流的创新生态集成服务商，助力北京建设具有全球影响力的全国科技创新中心。

三、改革任务

加快园区发展模式转型　一是推动园区资产轻量化。坚持“一园一企一策”，有序退出各区园区一级开发；做好已开发土地的产业规划、空间规划。加强园区物业的集约化管理。通过多种方式，降低资产负债率。二是理顺区企共管公司管理体制，落实主体责任，实现管人、管事、管资产相统一。三是支撑中关村“一区十六园”协同发展。加强“一区十六园”统筹协同，延伸创新链、产业链和园区链，促进各分园高端化、特色化、差异化发展。发挥平台作用，深耕“三城”，辐射中关村“一区十六园”，根据各区产业定位和创新需求，高品质规划建设运营专业化创新园区，推动打造各具特色的区域创新运营平台，引导科技成果在“三城”创新孵化，重点在城市副中心和五个新城及各特色园区承接转化，促进“高精尖”产业项目落地。根据怀柔科学城管理体制要求，做好支撑“百年科学城”运营工作。四是协同联动降低创新创业土地空间成本。着眼于解决北京创新生态中低成本空间不足、租金偏高的问题，通过市区协同、政企联动，多措并举降低创新创业土地空间成本。聚焦“三城一区”，覆盖中关村“一区多园”，专注打造若干个产业组织服务平台，规划建设运营高品质的产业空间，提升园区综合配套设计服务能力，为“双创”主体提供优质优价的服务。强化集团的平台专业化服务优势，弥补区域产业服务短板。

提高科技服务能力　一是加大资源垂直整合力度。聚焦科技成果转化落地，围绕十大“高精尖”产业的垂直细分领域，以股权为纽带，从全球全国发现、遴选、引导优质创新企业、“高精尖”产业项目和科技服务机构在北京落地生根，配套产业专业服务和产业综合服务，构建垂直细分领域的良好创新生态，促进“高精尖”产业发展。二是建设中关村科技服务平台。加大对公益性特征科技服务的公共投入，通过引入外资企业、民资企业活跃北京科技服务市场，形成错位发展、良性互动的局面，提升专业服务能力。围绕技术、孵化、信息、人才、金融和配套服务建立圈层服务体系，打造全国科技服务旗舰企业，多层次建设和引入若干专业科技服务机构，着力提供高水平的规划、设计、咨询、孵化等服务。强化知识产权服务，构建与国际接轨的知识产权服务体系，打造全国有影响力的、专业化的知识产权运营服务商。提升科技成果转化服务，打造集成电路设计等共性技术服务平台，建立一对一的企业管家制度，为科学家、企业家提供一站式、全链条、专业化服务。整合升级创新企业孵化服务，链接全球一流的孵化器、加速器，孵化一批高成长、深科技的“独角兽”企业。加强“高精尖”产业研究咨询服务，组建或合作建设产业研究院，培育一批懂产业、懂技术的专业服务队伍，打造科技与产业咨询专业智库。培育科技大数据服务，充分运用先进的智能化技术，联通全球科技创新数据资源，打造“数字中关村”。培育科技论坛会展服务，承接办好“中关村论坛”，打造国家级、国际化的创新论坛。加强人才服务，为“双创”主体提供全方位的人才解决方案。加强与专业化社会中介机构的合作，不断提升创业辅导等配套服务能力，提升服务质量和水平。三是做大中关村科技金融服务平台。以着力解决创新型中小企业融资难、融资贵问题为导向，建立以政府投入为主、以社会资本为辅的保障机制，构建担保、租赁、小贷等功能齐全的中关村科技金融服务平台。将中关村科技担保公司打造成为具有全国影响力的科技担保龙头企业，不断扩大中关村科技金融服务平台的增信规模。积极引入社会资本，增强市场融资能力。四是增加“耐心资本”供给服务。围绕解决市场化投资机构的“耐心不足”问题，整合市级基金资源，建立战略基金长期培育扶持机制，积极争取“耐心资本”政策。积极联合市场化专业团队，构建多层次、内容丰富的中关村股权基金系。探索搭建私募股权基金二手份额交易服务平台，为“耐心资本”提供流动性和退出通道。五是建设国际化、区域化协同创新网络。瞄准北京创新生态中国际化创新要素不足的短板，通过国际国内战略协同、差异化布局，为企业做长产业链拓展发展空间，不断增强创新要素在北京的汇聚效应。发挥海外创新平台的交流窗口作用，坚持“走出去、引进来”，积极稳妥开展海外业务布局，通过基金等形式，引入海外创新人才、项目、服务要素在北京落地。立足国家区域发展战略，建立差异化品牌和运营模式，形成“让适宜的种子在适宜的环境中开花结果”的协同创新效应。

加快推进体制机制改革创新 一是优化现代企业治理和中关村发展集团分类管控。加快混合所有制改革，多层次引入社会资本，优化股权结构，提高企业国际化、市场化、专业化运作水平，切实发挥资本放大器作用。通过引入独立董事，组建战略发展委员会等相关专业委员会，完善董事会、监事会治理结构，提高董事会科学决策水平。对业务进行合理分类，根据二级公司的行业性质、资本结构等因素，建立适应创新生态服务体系和不同业务的组织架构，建立健全集团对子公司的分类管控模式。推动管理扁平化，优化中关村发展集团总部职能，打造服务管理型总部。二是深化国有资本授权经营体制改革。在集团进行北京市国有资本投资公司试点。按照国有资本改革要求，以管资本为主推动国有资本授权经营体制改革。进一步简政放权，先行先试，明确中关村发展集团党委会、董事会和经营层的自主审批权，提升改革效率、激发改革活力。改革和完善集团的国有资产监管体制，健全风险防控体系和容错纠错机制，完善绩效考评制度，落实各项主体责任。三是建立市场化用人体制和激励机制。建立战略导向的人才规划与盘点机制，建立人才地图，面向全球猎聘优秀人才，调整人才结构，推动人才队伍的国际化、市场化、专业化、年轻化。分阶段开展职业经理人试点，推行市场化用人制度，匹配市场化的薪酬与考核机制。建立员工内生动力机制，在二级及以下公司试点开展员工持股、跟投、分红权（虚拟股权）等激励约束机制改革，充分调动员工积极性；在服务型企业建立以知识密集型为特点、创新型人才为核心的资本结构和管理架构，打造中关村发展集团合伙人团队，鼓励员工发扬“二次创业”精神，增强竞争意识，树立强服务的企业文化。在二级公司改革全面铺开基础上及时总结经验，加快在集团层面进行相关改革。建立与改革转型目标任务相适应、符合科服企业特点的绩效考核指标体系。

四、保障措施

为了确保改革目标顺利实现，方案明确了以下工作原则：坚持党的领导，切实履行各级党组织的领导责任，妥善处理改革、发展、稳定的关系，凝聚改革共识，汇集改革动力。坚持目标和问题导向，从建设科技创新中心的使命和目标出发，从补齐服务短板、解决痛点难点问题出发，聚焦主业，明确改革方向和实现路径。坚持先行先试，发挥中关村示范区的创新引领作用，在国资国企改革、科技体制改革、园区投资运营机制等方面积极探索先行先试政策。坚持国际视野，对标全球顶尖科技与产业服务机构，以全球视野在世界创新高地进行布局，深度整合全球创新资源要素在北京聚集。坚持协同联动，以“三城一区”为主平台、“一区多园”为主阵地，形成市级相关部门、各区产业规划、配套政策等对接机制，共同打造市级创新平台，合力优化提升北京创新生态和创新环境。

第三章　资本运营与管理

集团资本运营与管理坚持战略引领，突出价值导向，通过债券融资、股权并购、重组整合等手段"盘活存量，优化增量"，完成高促中心以中关村金服股权向集团增资，中关村信息谷与中关村领创空间重组等重大企业并购、增资、重组项目，实现中关村创新资源的统筹集聚和产业对接，实现国有资本优化配置与保值增值，促进集团持续、快速、健康发展。按照市国资委、中关村管委会要求出台一系列规范、规定，依规进行国有资产评估和产权登记，规范国有资产管理，并按规定备案，避免国有资产流失。不断完善对子公司的管控模式，推动各子公司建立现代公司治理架构，加强对子公司"三会"事项审批管理及派出董监事管理，夯实集团股权管理工作。

第一节　资产评估及国有资产管理

2011年，集团完成2010年度企业年检。7月，启动国有产权登记。根据市国资委要求，集团向16家股东发出协助办理函件，取得所有股东出资批准文件等相关备案审核材料。12月中旬，取得出资完毕后的营业执照。配合中关村管委会出台《财务决算报告管理办法》《国有资产评估管理暂行办法》《国有产权转让管理暂行办法》《国有资产监督管理暂行办法》《监管企业资产损失责任追究暂行办法》等制度初稿。组织资产评估，从专业角度对评估过程及结果进行把控，增选一家评估机构，全年资产评估项目共16个，其中出具报告项目15个。向市国资委及中关村管委会报送评估事项，2011年底，向中关村管委会报送第一批5个项目（自有资金股权投资）评估备案资料。

2012年，集团开展实创高科收购北京实创科技园开发建设股份有限公司股权工作，收购完成后实现并表，并于年底获得市国资委核准。

2013年，集团完成旗下二级子公司和三级子公司的国有资产产权登记。完成中关村电子城、北京中关村瞪羚投资基金管理有限公司等旗下子公司股权转让的国资管理流程。集团开展52个项目的评估，开展资产评估培训，邀请相关人员就资产评估的法规要求、业务流程及方法进行详细解读，对高新技术企业资产评估的重点难点作系统分析。

2014年，组织资产评估项目共27个。包括集团整体增资、“非转经”并划转资产、出资权利义务转让、海外置业、房山收购股权、认股权行权、破产清算评估。随着集团的发展，评估对象目的日益多样化，项目特点突出，对履行国资监管程序提出了更高的要求。按业务需要，在原3家资产评估机构基础上，增选3家，解除1家，合作评估机构5家。2014年8月6日，为进一步规范集团及子公司的资产评估行为，提高工作效率，统一操作流程，集团印发《中关村发展集团股份有限公司资产评估流程指南（试行）》。此后集团总部及子公司需要进行资产评估的经济行为可参照该指南及《北京市企业国有资产评估管理暂行办法》中的相关规定，集团总部所发生的需要进行评估的经济行为，由资金财务部负责评估的申请、组织以及评估报告的核准和备案申请工作；子公司发生需要进行评估行为时，一般由子公司自行组织。涉及需要核准备案的评估项目，由各子公司负责向集团资金财务部提交相关核准、备案所需资料，资金财务部进行审查合规后转报国资监管部门申请核准、备案。

2015年，组织资产评估项目9个。随着集团的发展，相关资产评估的“新、特、难”进一步显现，其中，中关村硅谷创新中心项目涉及的境外购置物业是市属国企第一家，且相应海外子公司尚未设立、标的地处境外、评估标准需依据美国当地规定，工作难度较大。集团利用境内外机构联合，解决国内机构赴美勘查，现场学习美国评估准则的问题。出具评估咨询报告，为董事会审议决策提供参考，保证合规性、及时性。紫光展锐项目涉及的认股权转让在交易实务中不常见，鉴于项目公司上市的整体需求，经多轮沟通及集体研究，确定全部认购股权后，再对拟转让的股权进行转让程序，重新进行整体评估，履行国资核准程序，申请产权确权证明，实现股权转让目标。

2016年，通过中关村管委会核准的集团及所属企业涉及的评估范围资产总额或评估值在1亿元以上的项目共计12项。办理集团及所属企业涉及的评估范围资产总额或评估值在1亿元以下的备案项目共计5项。为进一步健全国有产权管理制度，集团印发《国有产权管理办法》，在集团总部、旗下子公司实施。按照市国资委部署，集团对产权登记进行梳理，共计151家各级子公司。对集团总部直投项目下属部分子公司的历史遗留问题进行原因分析，论证出资定价的合理性，确认是否出现国有资产流失的情况。

2017年，通过中关村管委会核准的集团及所属企业涉及的评估范围资产总额或评估值在1亿元以上的项目共计12项，包括集团转让紫光展锐股权。办理集团及所属企业涉及的评估范围资产总额或评估值在1亿元以下的备案项目共计7项，均已获得备案。中关村管委会国有产权登记系统上线。开展规范执行中关村管委会颁布的产权登记暂行办法，安排产权登记及国资交易相关法规、实务工作的培训，进一步强化产权登记。

2018年，集团向中关村管委会办理核准项目15项，办理并获得备案项目5项。

2019年，已完成的项目如下：对中关村生物医药基地股权转让的评估项目，集团拟投资的北京水木中晖科技发展有限公司的评估项目，对瑞霖环保、中关村环促中心的评估项目，中关村信息谷增资评估项目，中关村科技担保增资评估项目，海外版块4500 Great America Parkway LLC评估项目，按北京市政府安排无偿划转怀柔科学城公司股权涉及的集团整体评估项目。11月20日，中关村管委会下发《中关村科技园区管理委员会关于中关村发展集团股份有限公司国有资产评估项目核准备案管理暂行办法》，将资产评估备案权限下放到集团。

第二节　企业并购、增资、重组

集团成立后，为整合资源，打造为创新创业型企业服务的平台，在集团层面及子公司层面完成了多次增资和重组，其中较大规模的有：2011年，高促中心以中关村金服股权向集团增资；2017年，投资中心以中关村国际孵化器等3家公司股权向集团增资；2018年，中关村信息谷与中关村领创空间重组；2019年，集团对工业院增资及对瑞霖环保第一阶段的增资。

一、高促中心以中关村金服股权向集团增资

为打造中关村国家自主创新示范区统一的、专业化的投融资平台，推动科技金融业务的快速发展，更好地实现科技金融对重大科技成果转化和产业化的支持与促进作用，为园区建设和项目落地发展提供更便捷、更有力的金融支持，2011年，在中关村管委会的直接领导和支持下，集团提出了重组中关村金服的方案并获得北京市的批准。2011年12月23日，高促中心以中关村金服股权对集团增资的议案获得集团董事会、股东会通过，随后签署有关协议，并与市工商局沟通准备股权过户相关文件。2012年6月，中关村金服完成工商变更，并入中关村发展集团。

图3-2-1　2011年12月5日，北京中关村科技创业金融服务集团有限公司股权托管工作会召开

二、投资中心以中关村国际孵化器等 3 家公司股权向集团增资

2016年9月，中关村管委会向北京市政府上报《关于中关村发展集团股份有限公司增资有关事项的请示》，拟以投资中心下属中关村国际孵化器73.65%的股权、中关村环促中心73.53%的股权、中关村海外科技园40%的股权向集团增资。11月，北京市政府批复同意集团增资的相关事项。2017年5月，投资中心对集团增资的议案获得集团董事会、股东大会审议通过。中关村国际孵化器、中关村海外科技园、中关村环促中心3家公司分别于2018年3月、2018年4月、2018年5月完成股东工商变更后，成为集团子公司。

三、中关村信息谷与中关村领创空间重组

2018年，为整体推动提升园区建设与空间利用的运营服务水平，加快实现"建用并举"，发挥中关村创新资源的统筹集聚，集团制定中关村信息谷与中关村领创空间的重组整合方案，打造以中关村信息谷为主体的"轻资产"服务平台。2018年8月，中关村信息谷从中关村软件园剥离，成为集团全资子公司；集团将持有中关村国际孵化器部分股权转让给中关村软件园，完成资产置换。

2018年12月，在北京产权交易所完成中关村信息谷与中关村领创空间重组的增资项目交易鉴证。2019年1月，完成此次重组的工商变更相关手续。

四、集团对工业院增资

为提升集团服务科技产业的能力，根据集团党委会、总办会及董事会审议通过的增资控股工业院的方案，集团对工业院进行增资。2019年，集团按照国有企业增资进行交易流程完成增资事项，工业院成为集团控股子公司，实现了并表和相关工作的平稳对接。

图3-2-2　2019年9月17日，北京市工业设计研究院有限公司加入中关村发展集团后的第一次股东会合影

五、集团对瑞霖环保增资

按照集团“十三五”发展规划要求，设立大环保产业服务平台对接资本市场，2019年集团增资重组新三板挂牌企业瑞霖环保，组织实施对该项目的法律、财务尽调及资产评估、技术论证，编制可行性研究报告，形成工作方案，履行内部决策程序。12月，集团完成对瑞霖环保第一阶段的增资并购。

第三节 债券融资

2010年，集团与多家金融机构进行沟通，就企业债券、中期票据和短期融资券等多种融资工具进行深入的对比分析，鉴于债券融资工具能以较低成本为集团筹集并锁定较长期的资金，有利于优化资本结构和降低财务成本，集团计划有序启动各项债券融资工具项目。

2011年7月20日，集团向中国银行间市场交易商协会申报发行非公开定向债务融资工具（私募债券PPN）。12月31日，集团首期非公开定向债务融资工具募集资金9亿元，募集资金用于中关村人才公租房的建设，成为国内首支专项用于人才公租房建设的私募债。

2012年11月29日，集团发行中关村国家自主创新示范区项目建设债券5亿元。该支债券的发行开创了“集团提供担保、子公司联合发行”的新模式，在发行期限、发行规模上均有所突破，获得超额认购，是集团首次公开面向资本市场融资的有益尝试。

2014年初，集团向中国银行间市场交易商协会申报注册发行短期融资券和中期票据，并于6月9日和13日分别获得中国银行间市场交易商协会颁发的短期融资券和中期票据注册通知书。11月19日，集团成功发行首期中期票据5亿元。

2015年5月，集团获得国家发展改革委发行公司债券核准的批复。8月12日，集团在中国银行间市场和上海证券交易所（简称上交所）双市场成功发行11亿元企业债券。

2016年，集团获得中国证监会关于集团面向合格投资者公开发行面值总额不超过70亿元公司债券的核准批复。6月27日，成功发行首期公司债券，规模20亿元，票面利率3.38%；6月28日，集团召开新闻发布会，向社会公众通报公司债券发行相关情况。12月7日，成功发行二期公司债券，规模11.5亿元，票面利率3.8%。公司债券的发行得到国内债券市场的充分认可，投资者申购踊跃，发行利率创下集团历年来债权类融资成本的最低水平，同时也创下上交所同期限公司债券发行票面利率的当月新低，有力地支持了集团科技金融、科技园区、股权投资等板块的业务开展。

图3-3-1　2016年6月28日，中关村发展集团公司债券发布会召开

2017年11月，集团成功获得中国证监会核准批复的100亿元可续期公司债券的批复。

2018年7月13日，集团成功发行首期可续期公司债券40亿元，期限“3+N”年，积极推动了集团“一区多园”统筹协调发展，满足集团发展的资金需求。

债券简称	发行规模	债券期限	发行利率	主体/债项评级	认购倍数
18中关Y1	40亿元	3+N年	5.79%	AAA/AAA	1.34

发行人	中关村发展 ZGC GROUP	牵头主承/簿记管理人/受托管理人	CMS 招商证券
联席主承	光大证券 EVERBRIGHT SECURITIES	会计师事务所	瑞华会计师事务所 RUIHUA CERTIFIED PUBLIC ACCOUNTANTS
律师事务所	嘉源律师事务所 JIA YUAN LAW OFFICES	评级机构	联合信用评级有限公司 United Credit Ratings Co.,Ltd.

图3-3-2　2018年7月13日，中关村发展集团发行可续期公司债券

2019年，集团向国家发展改革委申报优质企业债券30亿元，向中国银行间市场交易商协会申报发行60亿元双创中期票据和20亿元超短期融资券。根据国家发展改革委债券申报要求，集团依托AAA主体评级及资产优势，被认可作为优质主体申报企业债券。优质企业债券和双创中期票据的申报发行，为集团开辟了新型投融资模式，符合集团战略转型要求，为改革转型提供了强有力的资金保障。2019年，集团依托旗下中关村国际（香港）申报发行境外美元债券，为海外业务的发展提供资金支持。

2020年2月4日，集团向全球成功发行3亿美元高级无抵押债券，期限为3年，债券评级为惠誉A。募集资金将用于全球创新中心建设、科技股权投资、资本运营等用途。汇丰银行、星展银行、广发证券以及丝路国际担任本次债券发行的联席全球协调人，汇丰银行同时担任独家信用顾问，工银国际担任联席账簿管理人。本次债券票息利率2.875%，创下了2019年下半年以来地方国企海外发债的最低票息。

图3-3-3　2020年1月15日，中关村发展集团投资者午餐会举行

第四节 子公司股权和“三会”统筹管理

为规范集团与各控股子公司的管理关系，明晰集团与控股子公司的工作界面，明确集团对控股子公司的管理权限、管理程序和管理工作细则，经集团董事会和股东大会批准，2010年8月，集团印发实施《北京中关村发展集团股份有限公司控股子公司管理办法（暂行）》（简称《子公司控股管理办法》）。按照《子公司控股管理办法》，集团督导中关村软件园、中关村生命科学园、中关村电子城和中关村京石发展4家旗下子公司完成公司章程修订和董（监）事会改组，指导子公司建立现代公司治理架构。

为规范集团旗下子公司的股东会、董事会和监事会相关运行工作，进一步加强对子公司重大事项的管理，经集团董事会批准，2010年8月，印发实施《北京中关村发展集团股份有限公司派出董监事管理办法》（简称《董监事管理办法（2010）》）。

2011年，集团共收到中关村电子城、中关村软件园、中关村生命科学园、东方雍和、中关村京石发展、兴昌高科、中关村金服等子公司“三会”材料34份，涉及议案55项。集团对以上34份会议材料进行审议，并要求子公司补充完善相关材料和法律手续，集团派出子公司的董事、监事签署相关决议。

2012年，集团下属子公司有15家。集团继续推动5家子公司的“三会”改组。就丰科建、实创高科、海开地产、金桥科技园、光谷科技园5家子公司的“三会”改组事宜，多次赴子公司实地调研，了解“三会”改组中存在的困难和障碍。已完成“三会”改组的控股子公司按要求组织召开2011年度“三会”，审议年度重大事项。

2013年，集团下属子公司数量相比2012年再次增加5家，达到20家，其中控股子公司16家。集团审议子公司“三会”事项的议题超过50项。是年，为进一步完善旗下子公司“三会”管理制度，保障高效、协调、规范地完成对子公司的股权管理，解决部分子公司提出的内部审批流程环节较多，批复时间较长，影响工作效率的问题，集团制定《集团子公司“三会”事项审议流程优化细则》，细化子公司“三会”事项审议流程的初步审查、审批和审批意见执行等三个步骤，逐步提高审议子公司“三会”事项的效率，对不同的事项分类管理，减少不必要的审批环节。

2014年，集团及投资中心下属子公司的数量达到30家，其中控股子公司20家。共处理子公司“三会”议案数超过240件。持续规范子公司的法人治理结构，顺利完成金桥科技园、实创高科和海开地产的“三会”改组。

2015年，集团及投资中心下属子公司的数量达到33家，其中控股子公司26家。集团顺利推进丰科建、光谷科技园的“三会”改组，协助其完善“三会”治理结构。同年，集团修订《集团子公司“三会”事项审议流程优化细则》。

2016年，集团及投资中心下属子公司的数量达到40家。集团修订《集团控股子公司管理办法》，优化“三会”管理的审批流程，子公司“三会”管理工作的效率和质量得到进一步提升。

2017年，集团及投资中心下属子公司的数量达到41家。子公司按照集团要求履行年度“三会”事项以及其他专项“三会”议案报批程序。为进一步完善集团投资企业的“三会”管理制度，保障高效、协调、规范地完成对子公司的管理，2018年1月，集团制定《中关村发展集团投资企业“三会”事项审批流程和权限管理细则（试行）》（简称《“三会”细则》）。《“三会”细则》经集团2018年第四次党委会审议，第四次总经理办公会研究通过，于2018年3月19日印发实施。优化子公司“三会”议案审批流程和权限后，议案审批效率显著提高，集团总办会集中决策议题比例由47.2%下降至25.6%。

2018年，为进一步加强对集团子公司和参股公司重大事项的管理，规范集团下属子公司“三会”相关运行工作，培养和提高集团派出董监事的履职能力，集团修订《中关村发展集团股份有限公司派出董事监事管理办法》（简称《董监事管理办法（2018）》）。该办法经集团2018年第十八次党委会审议，第二十次总经理办公会研究通过，于2018年12月19日印发实施。《“三会”细则》和《董监事管理办法（2018）》印发实施后，《子公司管理办法》和《董监事管理办法（2010）》同时废止。

2019年，集团组织各业务部门“三会”经办人、子公司董秘、集团派出董监事进行年度“三会”专题培训；组织三批次派出董监事培训，集团总部和下属子公司共计210余人次参加培训；集团开发“国有资本运营监管系统”OA模块，子公司在系统上完成股权信息填报，集团派出董事在系统上提交了履职报告。

第四章　科技园区

集团自成立以来，围绕北京“三城一区”和中关村“一区多园”，拓展产业发展空间，创新园区发展模式，降低开发建设成本，不断提升园区的规划建设、管理、运营、服务水平，为创新创业主体提供高品质的空间运营服务，业务覆盖土地一级开发、园区二级建设、园区运营与服务等园区全生命周期链条。以“多规合一”规划体系为引领，高标准规划、高质量建设科技园区。构建集团层、园区管理层、项目实操层、第三方机构层等多层次管控体系；推动质量、安全、进度、成本等多维度过程管理。落实“空间+服务+投资”的园区运营模式，搭建基础设施支撑平台、智能管控中心及多维度综合服务平台，构建涵盖空间服务、产业服务、政策服务、金融服务等内容的“基础服务+增值服务”的立体化园区服务体系，园区建设与发展成效显著。截至2019年底，园区累计实现开发投资额约1143亿元，二级载体竣工约500万平方米；累计京内自持与托管空间达到196.6万平方米，累计新增落地项目3400多个。

第一节　中关村软件园

中关村软件园由北京中关村软件园发展有限责任公司建设运营。园区位于海淀区东北旺，东临上地信息产业基地，南靠规划绿化带及北大生物城，西接东北旺苗圃，北至东北旺北路，占地面积260万平方米。园区是中关村示范区中的新一代信息技术产业高端专业化园区、北京建设世界级软件名城核心区，是北京市唯一同时拥有国家软件产业基地、国家软件出口基地称号的国家级双基地，拥有由国家部委、北京市授予的产业园区荣誉几十项，集聚了能源、交通、通信、金融、国防等国民经济重要领域的行业应用领军企业，在云计算、移动互联、大数据、人工智能、量子科学、新型IT服务产业等方面率先形成全国领先的特色产业集群，呈现出典型的现代服务业高端形态。

一、园区规划

1999年，北京市政府提出将重点规划建设“一路、一城、一园、一网”，其中的“一园”即国家级软件园——中关村软件园。

2000年，根据国务院《关于建设中关村科技园区有关问题的批复》精神，中共北京市委、北京市政府决定集中力量建设中关村软件园。4月10日，北京市计划委员会下发《关于进行中关村软件园一期工程土地统一开发工作的批复》。是月，中关村软件园项目公开招标，机械工业部设计研究院参加投标的以“浮岛”为主题的《中关村软件园修建性详细规划设计方案》中标。5月，《中关村软件园修建性详细规划设计方案》完成。

园区按照“浮岛”式设计理念，企业孵化和综合管理服务部分设置于园区边缘东、南两侧，呈带状分布；软件研发区形成组团化的自然形态，围绕中心绿地和水面呈自由状分布，组团岛状的形态以一种近人的居住感与线型的综合管理服务区形成对比，从分区到形态都给予两大主体功能以明确的界定。研发组团是园区的主要功能，这些组团漂浮于林海之中，“岛屿”的占地面积在6000—

24,000平方米，相应的建筑面积在7000—27,000平方米。支撑体系为公共空间，包括企业孵化、商贸洽谈、金融法律、园区治理、水电系统等综合设施，是园区对外交流的主要部分，具有城市型的特征。规划用地的东、南两侧各有两个出入口，北侧有一个出入口。内部有三条主要干道，支路可联系所有的地块。为形成保持园区优美的环境，降低能源消耗，在建设之初，园区采用多种先进的节能环保新技术，应用于园区的供电、供暖、制冷、供水等各方面的基础设施。

2008年，取得《北京市海淀区人民政府关于授权中关村软件园进行中关村软件园二期（西扩）东区土地一级开发的批复》。2011年，取得《北京市国土资源局关于中关村软件园二期（西扩）项目西区土地一级开发项目授权有关问题的批复》。

截至2019年底，园区地上地下总建筑面积约320万平方米。一期规划用地面积139万平方米，建筑面积73万平方米，容积率0.53，绿地率54.68%；二期规划总用地面积121万平方米，建筑面积133万平方米，绿地率30%。一、二期容积率平均为0.8，绿化率平均为43%。园区建筑高度自北向南逐渐升高，一期为12—21米，二期为24—36米。

二、开发建设

2000年12月20日，园区一期工程举行开工典礼。一期工程拆迁由海科建负责，园区建设由北京中关村软件园发展有限责任公司负责。拆迁自2003年开始至2013年结束，历时11年，总计迁出2144户。2001年6月8日，孵化器项目开工建设，用地面积2.95万平方米，建筑面积2.86万平方米。2002年2月25日，信息中心项目开工建设，用地面积1.62万平方米，建筑面积2.14万平方米。是年，孵化器项目建成投入使用。2003年，信息中心项目建成投入使用。2004年6月28日，国际软件大厦项目开工建设，用地面积3.69万平方米，建筑面积7.36万平方米。2006年1月，国际软件大厦项目竣工。

2010年，园区二期工程启动建设。

2011年，聘请北京工业大学首都发展与规划研究所编制完成《二期自持载体规划与配置方案》。是年，园区一期剩余市政道路全部实施完成，东北旺西路通车。完成园区二期全部规划审批，批准北京中关村软件园发展有限责任公司承担园区二期土地一级开发建设。园区二期东区基本完成道路及市政管线施工。

2012年8月22日，由于控规路网优化和西区新增征地范围，重新办理取得西区74万平方米立项批复及用地预审、土地规划调整。11月22日，取得园区二期西区规划条件和钉桩成果。是年，园区一期移交给海淀区市政市容委员会维护管理。完成三联供室外绿化工程、内部路绿化改造工程、西南林带（拆迁影响区域除外）实施。完成立思辰项目土地交接。完成园区二期自持产业载体策划方案。

2013年8月，园区建设用地范围内居民拆迁结束。是年，完成园区二期土地一级开发手续。完成园区二期东区市政工程收尾。展开绿化工程三个标段的施工，三家绿化总包单位入场。供电工程KB2开闭站开始发电，KB3开闭站完成设计招标及图纸。完成园区二期5个自持产业载体策划及设计方案，按照计划推进开工建设。

2014年，完成园区二期西区的市政道路及综合管线工程，B、D标段13.35万平方米绿化工程，入园企业能源接驳预留，KB3、KB4开闭站等工程的施工。

2015年，园区二期西区路灯施工完成，A、C绿化标段完成90%，E、F绿化标段完成70%，KB4开闭站如期发电，6个出口实现通车，一级开发共完成投资1.4亿元。完成20.89万平方米代征绿地和海淀区园林局的移交手续。园区二期燃气外线工程实施完成。

2016年3月30日，信息中心项目获得“绿建”证书。4月22日，国际交流与技术转移中心项目地上连廊钢结构主体合拢。是年，园区二期自持载体全部建设完成。

图4-1-1　国际交流与技术转移中心

三、运营服务

2001年10月24日，第一家签约入园企业——大洋科技公司入驻。

2003年1月，美国甲骨文（ORACLE）公司北京开发中心入驻。6月，IBM（国际商业机器公司）入驻。6月27日，红钻大厦开工。12月18日，大洋科技公司研发中心总部入驻。

2004年1月，德国西门子研发中心开业。12月30日，美国甲骨文（ORACLE）公司再次斥资在园区内自建研发楼。

2005年7月25日，IBM中国研究中心正式入驻红钻大厦。

2006年8月31日，英国路透集团中国研发中心挂牌。

2010年11月，“北京—赫尔辛基新一代信息技术转移合作论坛暨企业对接会”在中关村软件园举办，中关村软件园与芬兰赫尔辛基投促局签署合作协议，设立中芬金桥（北京）创新中心，为芬兰来华企业提供国际企业孵化服务；设立中芬金桥（赫尔辛基）创新中心，为中国企业提供落地服务。是年，腾讯与中关村软件园签订协议书，落户园区二期。

2011年1月，获得中关村管委会“北京中关村云计算产业基地”认定。2月，获得科技部“国家国际科技合作基地”认定，成为软件与信息服务领域唯一一家国际科技合作基地。3月，获得科技部“国家火炬计划软件产业基地”认定。4月，获得科技部“北京国家现代服务业软件产业化基地”认定。5月，获得科技部“北京国家云计算高技术产业化基地”认定。6月，商务部“中国服务贸易交易促进平台”上线。11月，获得中关村管委会“中关村软件园公共技术服务实验室”授牌。12月，获得北京市经济和信息化委员会（简称市经信委）“北京祥云工程（中关村）基地”和教育部“国家级工程实践教育中心”认定。是年，园区企业北京君正、汇冠股份、网秦天下3家上市，融资规模共计14.97亿元。百度、联想、网易签约落户园区二期。中关村软件园信息中心等自持物业平均出租率达到99%，年度另租、续租、新签约面积1.54万平方米。

图4-1-2　联想集团

2012年8月1日，与以色列施拉特公司签订共建合作协议，共同建设“中以国际技术创新合作转移中心”。是月，为进一步促进中芬两国在技术、人才与市场方面的交流与合作，在芬兰艾斯堡Technopolis园区设立芬兰分公司——“中关村软件园芬兰创新与技术转移合作中心”。11月13日，在芬兰赫尔辛基举行“中关村软件园芬兰创新与技术转移合作中心”揭牌仪式。是年，在移动互联网领域获得4项授牌，即科技部火炬中心“移动互联网产业集群”，北京市科学技术委员会（简称市科委）“4G工程创新应用产业基地”“北京市战略性新兴产业科技成果转化基地”，中关村管委会“中关村移动互联网产业基地”。与浦东软件园等园区和单位联合发起设立中国软件园区发展联盟。成立“上市公司沙龙”，启动中小企业“信用托管工程”。举办北京石油化工学院学生实训营，200名学生参加实训。中关村软件园软件人才培养基地成为“百度营销大学首批授权培训中心”。以中关村开放实验室为依托，为园区及周边用户提供包括通信业务、数据中心等公共技术服务。全年新增托管主机近1000台，新增网络专线100条以上。北京中关村云计算产业基地入驻软件广场C座，入驻云系企业、中国云产业联盟企业达到15家。未名视通、新浪和太极公司入驻园区二期。年度另租、续租企业签约面积2.80万平方米，企业主要集中于移动互联、云计算、金融信息等领域。

2013年，先后获得科技部火炬中心“国家创新型产业集群试点”、国家外国专家局“国家软件与集成电路人才国际培训基地”、工信部首批“智慧园区试点单位”、中关村管委会首个“中关村信用示范基地”认定。启动中芬国际合作创新平台，与北京芬华创新中心正式签约。发起成立中以创新发展基金，总规模3000万元。与教育部合作完成“计算机专业高校体系认证评估”项目。完成国家级工程实践教育中心建设，成功启动“国家软件园与集成电路人才国际培训基地”的建设。与北医三院合作，建立“北医三院—中关村软件园健康服务中心”。推进园区企业信用档案建设，实施信用托管工程，开展信用园区体系研究，启动“园区企业全景信息增信金融服务计划”，建立园区企业信用体系，已有85家企业使用信用评价报告、65家企业建立信用档案、23家企业进行信用托管，获得总额逾1.36亿元的融资。软件广场云计算机房对外提供服务，具备230个标准服务器机架空间的服务能力。全年新租、续租签约面积11，618平方米，平均出租率90%。

图4-1-3　2013年4月8日，中芬国际创新平台启动暨北京芬华创新中心签约仪式举行

2014年，获得首批“国家级文化和科技融合示范基地”认定，孵化器获评“优秀（A类）国家级科技企业孵化器”。推动商务部与芬兰经济就业部签署“中芬技术贸易交流与合作活动合作备忘录”，建立中芬技术贸易合作机制。与北

航启动共建“学生社会实践基地”；与北医三院合作打造的健康服务中心正式落地。编制完成智慧园区总体规划，搭建“三横两纵一个核心”的总体架构，建立可复制与输出的智慧化管理服务核心体系。全年新增网络专线60条以上，累计专线数量达到300条，新增语音服务160门以上，语音专线数量已达到300门。全年实现IT运营收入3000万元，获得政府资金支持500万元。是年，成功促成园区企业广联达公司以1800万欧元并购芬兰Progman公司，东方汇富公司以150万欧元投资芬兰Jolla公司。引进数字政通、汉华网科、量子通信等优质客户40余家，续签客户70余家。全年新签、续签租赁面积共计5.6万余平方米，孵化企业数量新增34家。中关村软件园信息中心、国际软件大厦出租率100%，孵化器出租率98%。

2015年，获得商务部“国家电子商务示范基地”、科技部等5部门首批“国家级文化和科技融合示范基地”、科技部“创新人才培养示范基地”等认定。与芬兰SLUSH建立关键战略合作伙伴关系，成功承办“SLUSH CHINA 2015”国际创新创业大赛，举办“中芬携手·创新共赢”中芬合作论坛。与西北师范大学等10余家院校签订合作办学框架协议，开展移动互联、大数据等方向的专业共建。承办外部大中型活动53场。组织360家企业、共计1300人次参加中国云计算大会、移动开发者大会、人工智能大会等40余次行业会议、论坛及各类培训。启动集成软件开发、产品推广、人才培训等线上平台的“创融e家”服务，启动“创融e家”新型孵化品牌并注册商标，“创融e家”场地建设完成。国软大厦、孵化加速器、云计算中心新引进餐饮服务单位——如家和颐酒店重装完成并开业运营，成为园区商业配套升级的标志之一。是年，中关村软件园引进创业投资型、专业服务型等新兴孵化项目，众筹、投资协会、互联网金融机构等入驻。微元数据、丁丁优房等软件和互联网企业入驻。园区14家孵化器企业累计获得融资4.5亿元。可出租载体面积近11万平方米，存量载体签约面积达到100%，新增签约面积4.4万平方米，年末物业总体出租率95%。

2015年10月，与市教委签约共建“北京高校大学生创业园(软件园)”，该创业园成为市教委建设“一街三园”市级大学生创业园孵化体系中的第二个创业园。是年，完成中关村软件园云计算服务平台建设，可提供200个计算节点及100T存储空间以上的云资源租用服务。园区分布式数据中心的建设实现了规模化数据中心运营，使中关村软件园公司成为互联网接入及互联网数据中心双重服务商。园区内光纤对芯长度达到1000公里，实现园区内楼宇的全覆盖。园区二期云计算数据中心投入运行，与中关村软件园信息中心、软件广场机房形成分布式数据中心，可容纳1200个标准服务器机柜。

2016年，参加“以色列总理商业创新论坛”，与以色列商会及施拉特公司、中关村海淀园管委会共同签署中以创新花园合作协议。与市教委共建的“北京高校大学生创业园（软件园）”运营。中关村大数据产业园在中关村软件园挂牌成立，三一智造、蓝玛星际、红象云腾、网众共创等十几家大数据企业入驻。中国科学技术大学“1+2”平台落地园区。新引进多家科技金融、创投基金的企业入驻合作，为企业提供网上创客空间、创业云、创业社区、创新工具库等线上共享资源。打造共享服务驿站，为初创企业提供一站式服务。建成基于IPV6（互联网协议第6版）的中小企业服务平台，促进中小企业及“双创”类企业快速发展。三大分布式数据中心全面投入运营。实现园区GIS管理系统、实景展示系统与智慧园区门户系统的融合对接，实现园区线上展示可视化。多方位提升信息基础环境，完成园区光缆环网一期工程、云计算数据中心二期工程建设，800个标准服务器机柜全面投入运行。全年新增服务落地项目17家、新增孵化企业46家，存量载体入驻率达到97%。

2017年，北京高校大学生创业园（软件园）获“北京市众创空间”认定，并作为国家级众创空间候选单位上报科技部。围绕国家发展下一代互联网的战略部署，打造北京市下一代互联网工程实验室。打造孵化网络体系，形成“众创空间+孵化器+加速器”的全生态产业链条，园区拥有10家创新型孵化器，其中软件园孵化器位居全国2017科技孵化企业首位。完成园区一期、二期新一轮大物业服务机构招标，实现园区管理的平稳运行。互联网创新中心完成品牌餐饮项目招商，陆续开业运营。国际软件大厦商业改造实施完成，智云足球场和附属设施投入使用。启动“zpark@生活”商业社区微平台。完成智慧园区线上TOC服务平台的开发工作并上线运行，为园区从业人员提供资讯、商业、活动等多种线上服务。协同海淀“智享出行”共同推进园区共享单车电子围栏技术并组织实施，实现共享单车的有序进出停放。是年，成功推动北京量子信息科学研究院落地园区，引进一点科研、医联蓝卡、华图弘扬等25家重点企业产业项目。

图4-1-4　北京量子信息科学研究院

2018年，与芬兰罗阿约应用技术大学签订合作协议，引进创业课程体系；与巴西科技创新孵化器开展合作；与德国工程院、澳大利亚工程院等多个国家相关机构建立合作联系。发起设立组建创新型服务机构——北京中关村智酷双创人才服务股份有限公司，先后与吉林、重庆、天津等地共建“创新创业人才高端培训平台”。与国内30所高校开展合作育人项目。北京高校大学生创业园（软件园）入驻大学生创业团队163支，成为国内大学生创业服务的领跑者。与河南林州共建“红旗渠—中关村智酷创新创业干部学院”，探索面向全国党员干部及创业者的“红旗渠（艰苦创业）+中关村（科技创新）”的新培训模式。中关村软件园“师徒创业”科技成果转化新模式入选国家发展改革委《大众创业万众创新典型经验汇编”（全国100项）》。编制面向未来5—8年的“中关村软件园未来产业规划”，站在全球视野规划园区未来产业发展、产业组织形态、发展目标和实施路径。构建园区大数据应用平台，建设完成北京市政府折子工程“IPV6创新应用示范平台”，并投入试运营。构建园区企业信息大数据平台（V1.0），升级优化IT服务体系，为上千家客户提供服务。园区光纤网络对芯长度超过3000公里，互联网出口带宽20G以上，托管服务器数量超过10，000台，初步实现规模化运营。获得工信部互联网服务提供商（ISP）与互联网数据中心（IDC）经营性资质认证。云计算数据机房取得国标A类机房认证。

截至2018年底，园区企业总数为687家。新引进能科股份、仰联倍通、泰禾光电、快快网络、大恒图像、联想智慧医疗、小兰科技等企业。全年实现总产值逾2500亿元，园区单位密度产出居于全国领先地位。园区上市企业（新三板企业除外）总市值为37，113.4亿元，上市企业平均市盈率为71.03。园区大信息产业结构中，智能终端与电子信息产品收入占40.1%，软件与信息服务业收入占59.6%。在软件与信息服务业收入中，互联网信息服务的收入占40.9%。行业应用及系统集成的收入占32.2%。软件和信息服务业企业数量最多，占比为44.1%。科技服务业企业数量占14.9%，新一代信息技术企业数量占14.4%，人工智能企业数量占8.0%。园区28家企业被认定为国家规划布局内重点软件企业；成功上市或新三板挂牌67家；销售收入过亿的企业71家；入选瞪羚计划企业53家、展翼计划企业16家、中国软件百强企业有15家、中国互联网百强企业7家、留创企业63家。企业共拥有分支机构873家。其中，大陆分支机构617家，港澳台地区分支机构31家，国外分支机构225家。园区超过30家企业获得各种不同类别的国际资质认证。

园区内企业研发投入296亿元。设有研发部门的企业数量所占比例为68.2%，开展产学研项目合作的企业数量占12.8%。知识产权数量达46，964项，其中专利23，319项，注册商标14，147项，软件著作权9498项。申报的专利数量为8770项，授权的专利数量为4925项，PCT国际专利申请量1087项。发明专利占专利授权数的比例约为43.1%，为2123项。园区企业完成科技成果转化448项。

园区从业人员7.79万人。园区企业员工中，学士学位占63.7%，硕士占15.6%，博士占4.2%，专科占13.1%，其他占3.4%，学士及以上学历员工占所有员工的83.5%。高端人才数量101人。年度园区外籍员工3818人，其中非华裔外籍员工为605人。

2019年，获得市教委大学生创业园“一街三园”运营权，辐射北京20多所高校。北京高校大学生创业园（软件园）入驻团队清华大学交叉双旋翼复合推力尾桨无人直升机项目获中国“互联网＋”大学生创新创业大赛冠军。在教育部指导下，建设和运营“中国国际互联网+大赛交流与展示中心”，负责全国高校优质项目（如师生共创类项目）的产业化和国际化。开发完成中关村软件园大数据应用平台，打造大数据平台2.0，以数据为共享资源，有效连接园区产业、企业、公众、服务资源，助力园区精细化管理。建设运营创新应用平台，结合企业需求，上线八大服务模块、49项服务产品，实现服务方式突破及工作效率成倍提升。建设特色政务服务平台，开发具有自主知识产权的政策智能匹配系统。举办园区品牌活动第10届“繁花绽”才艺大赛；配合组织实施中国国际服务贸易交易会（京交会）海淀分会场暨上地美食节活动；园区文化剧场举行6场优秀少儿剧目演出、“红壶相声专场”演出季等优质商业演出活动。是年，与园区95家科技创新企业及金融机构签订《优先认股权投资协议》，以优先认股权为纽带，积极实践“房东+股东”的创新园区发展之路。园区企业科大国盾量子技术股份有限公司已经在量子保密通信底层核心技术的产品化、工程化等方面取得突破性进展，成为中国最大的量子通信设备制造商和量子安全解决方案供应商。全年自持载体新签、续签面积5.7万平方米，其中，新签约1.5万平方米，重点引入达佳互联、思路创新、贝壳、天赋通等企业，园区企业实现营业总收入2869.8亿元。截至2019年底，总部在园企业占87.2%。

2020年2月4日，中关村软件园“企业创新服务平台”联合中关村领创精准医疗向社会大众推出7*24小时[①] 免费视频咨询服务。来自北大国际、朝阳中西医结合医院、北京中医药大学东直门医院、北京老年病医院、北京第一康复医院等医院的医生提供服务，足不出户就能“面对面”与医生进行沟通咨询。

第二节　中关村生命科学园

中关村生命科学园由北京中关村生命科学园发展有限责任公司建设运营。园区位于昌平区，东起京藏高速公路，西至京新高速公路，北到南沙河，南到回

① 7×24小时：一周7天，一天24小时。

南北路，一期、二期占地面积249万平方米。园区专注于生命科学基础研发和原始创新，率先在科技园区产业规划建设、产业组织服务、科研项目转化、孵化服务等方面探索出创新发展新路径，形成以基础研究为核心，从研发、中试、生产到临床应用的生物医药体系完整的产业链、创新链、服务链。园区以北京生命科学研究所、北京市药品检验所为基础支撑平台，以北大国际医院为临床试验平台，依托生物芯片北京国家工程研究中心、蛋白质药物国家工程研究中心等7个国家级工程化产业项目和美国健赞、瑞士先正达、丹麦诺和诺德等8家国际著名生物技术企业的研发中心，是集生命科学研究、企业孵化、中试与生产、成果评价鉴定、项目展示发布、风险投资、国际交流、人员培训于一体的国际一流的生物技术园区。

图4-2-1　中关村生命科学园

一、园区规划

2000年初，科技部、北京市政府为落实《国务院关于建设中关村科技园区有关问题的批复》，决定建设中关村生命科学园。8月17日，园区建设单位公开招标修建性详细规划（含控制性详细规划）方案。10—11月，北京土人景观规划设计研究所及北京大学城市规划设计中心编制修建性详细规划（含控制性详细规划）。

2003年8月，中关村国际生命医疗园（二期）修建性详细规划设计方案公开招标。10月15日，中元国际工程设计研究院的设计方案被确定为最终实施方案。2003年10月至2004年3月，中元国际工程设计研究院与中关村生命科学园签订园区一期用地规划调整设计合同，并对方案进行调整修改。

规划构思来自于生命细胞概念，即把中关村生命科学园看成整个中关村地区的一个活细胞，生命科学园园区中的湿地系统犹如生命细胞的细胞液和细胞基质。其中的功能建筑群如同细胞核及胞间体；流通网络犹如细胞的信息及物质交换的通道；边界犹如细胞膜，是园内各功能区之间及其与外界联系与隔离的界面。

2019年11月20日，北京市政府召开关于研究推进中关村生命科学园建设发展有关工作的专题会。会议明确，为进一步打造中关村生命科学园的品牌形象，同时集中解决园区公共服务配套短缺的问题，拟将园区一期剩余的4块地（14-3、14-6、19号地块连同沿海公司的18号地块）建设为城市综合体，地上总建筑面积由原来的13万平方米调整为约20万平方米，总建筑面积约32万平方米。

截至2019年底，园区一期工程用地面积130万平方米，建设用地面积103.49万平方米，建筑面积52万平方米，平均控制高度为15—18米，建筑密度18%，容积率0.42，绿化率大于55%，定位为研发、中试及产业基地。园区二期工程用地面积119万平方米，建筑面积83万平方米，定位于医疗服务及产业基地。园区三期核心区规划面积占地4.7平方公里，规划建设面积超过360万平方米，主要为一期、二期提供配套服务和产业提升，其余用于绿化、河湖、水系、道路以及景观等建设。

二、开发建设

2000年11月，园区一期建设启动。是年，基本完成园区市政道路（除生命园西路工程外）、绿化景观工程及配套工程。生物技术研发中心一期工程于2010年底实现项目主体结构封顶，并获得“2010年度北京市结构长城杯金质奖”。先正达、健赞、泰康人寿、中国地质科学院、博知轩、北大国际医院、碧水源、北大方正研究院、博雅A-5、宝日医、维通达、新时代等12个入园企业项目实现开复工。

2011年8月19日，与国家人口计生委研究所签订国家人类遗传资源中心项目《宗地开发建设合同》，实现项目落地。是年，园区二期拆迁结合海淀山后地区拆迁腾退计划制订拆迁控制节点，争取到园区二期海淀部分行政属地（西北旺镇东玉河村）进入首批腾退名单，并于10月启动，中关村生命科学园与腾退实施主体和安置房开发销售主体分别前置签署协议。完成园区二期全部主体结构工程。

2012年，完成中关村生命科学园西路道路及给水管线工程。除剩余零星工程外，一级开发主要任务全面完成。与北京生命科学研究所完成其三期项目的土地签约。园区企业新时代集团、博晖创新等11个项目实现开复工。自建二级配套项目生物技术研发中心二期工程——2#楼等4项工程，6#研发楼等3项工程完成四方验收，同时获得“2012年北京市结构长城杯金质奖”。生物技术研发中心二期1#连廊、2#楼、3#楼完成竣工验收备案。

2013年，重点实施园区主入口和湖区的绿化改造工程，包括园区主入口、主体楼周边、中心湖区、东侧林带、西侧林带、行道树、北大医院周边绿化及迈瑞周边绿化8个部分。10月24日，生物技术研发中心二期2#连廊、6#、7#研发楼、地下室及辅助用房完成竣工验收备案。11月21日，生物技术研发中心三期工程——1#楼主体工程实现结构封顶，荣获“2013年北京市文明安全工地”和“2014年北京市建筑（结构）长城杯金质奖”荣誉。

2014年，园区一级开发已近尾声。生物技术研发中心三期工程1#综合研发楼工程全面完成工程施工。

2015年，园区二期燃气工程完成整体验收。9月28日，生物技术研发中心三期工程——1#楼主体工程完成竣工验收备案。

2016年12月，医药科技中心项目正式动工建设。该项目位于昌平区回龙观镇中关村国际生命医疗园东北部，是园区公共服务支撑系统的重要组成部分。项目总用地面积7.75万平方米，其中建设用地面积5.67万平方米，建筑面积19.58万平方米，代征绿地面积1.37万平方米，代征道路面积7105.50平方米。

2017年，国际会议中心开始改造建设，建设总面积约1万平方米，是为园区内从事生命科学研究、生物技术开发及其产业化的研究机构和企业，提供的会议、住宿、餐饮、康体等专业化配套服务设施。12月29日，医药科技中心项目结构封顶。是年，医药科技中心项目2#楼等4项工程获得“2017年北京市绿色安全样板工地”荣誉。

2018年7月23日，回迁房项目部启动，北四村安置房项目复工。医药科技中心项目完成屋面工程、室内砌筑工程、机电安装工程、幕墙工程、小市政工程建设，具备四方验收条件。8月7日，医药科技中心项目2#楼等4项工程、1#楼等7项工程均获“2018年北京市建筑（结构）长城杯金质奖”荣誉；医药科技中心1#楼等7项工程获“2018年北京市绿色安全样板工地”荣誉。是年，创新创业服务中心建成，中心集科技孵化、科技金融创投、政府机构驻场办公、科技人员生活和交流服务于一体，总面积2200平方米。开展园区B-2地块南侧7000吨地下污水处理设施规划建设，实施静思湖区景观提升工程，组织实施“闫家洼”排水渠的规划建设，将排水渠打造为蓄排结合、景观优美的湿地公园。推进“智慧园区”建设，编制“园区环境评估报告”“智慧消防系统”“智慧交通方案”“园区资产地理信息系统建设”“实施污水在线检测系统”“编制园林绿化评估方案”等。

2019年1月21日，医药科技中心的1、3、4、5、6项目及地下工程获得二星级绿色建筑设计标识证书；医药科技中心项目2#楼获得三星级绿色建筑设计标识证书、美国LEED绿色建筑认证金奖预认证证书。3月29日，国际会议中心完成竣工备案。是月，医药科技中心项目智慧建造信息平台建造的《工程资料数字化在工程项目管理中的应用》通过市住建委组织的科技成果鉴定。5月30日，国际会议中心正式投入使用。7月2日，医药科技中心项目通过市住建委科技处组织的“北京市建筑信息模型（BIM）应用示范工程”的验收。8月21日，医药科技中心项目2#楼（研发实验办公楼）等4项工程完成竣工备案。8月28日，医药科技中心项目1#楼（研发实验中试楼）等7项工程完成竣工备案。

三、运营服务

2011年，园区企业推出一批有市场前景的新产品。海燕药业苏黄胶囊，万泰柯萨奇病毒A16型抗体检测试剂盒（酶联免疫法），博奥生物最新研发的甲胎蛋白（AFP）测定试剂盒及4个化学发光系列产品，瑞奇外科的REACH®RLC系列直线切割吻合器等创新产品，成为园区产业发展的重要支撑。

2012年9月24日，诺和诺德中国新研发中心在园区落成。是年，获得中关村生命科学园留学人员创业园、首都科技条件平台、北京市战略新兴产业孵育基地、国家高新技术创业服务中心、先进科技工作者之家、北京市中小企业公共服务平台、北京留学人员创业园、优秀留学人员创业园、国家中小企业公共服务示范平台等9项基地类授牌。

图4–2–2　诺和诺德中国新研发中心

2013年5月31日，通过招标方式重新确定两家社会专业化物业管理公司，顺利完成物业管理单位的更换与交接。是年，完成800平方米干细胞平台服务中心改造。运营维护“生命园资源网络同盟”，整合科技资源2亿元，向园区140家企业提供仪器共享服务；“生命园资源网络同盟”成功推荐协和建昊申报市科委公共服务平台项目——疫苗非临床安全性评价研究技术服务平台，并获得资金支持；推荐或联合16家企业或项目参加各类政府重大项目申报，其中12家共计获得各类政府资金1500余万元。园区自持载体物业面积达13.22万平方米。

2014年，与中国科学院文献情报中心合作建设的“中关村生物医药科技信息交流中心”建设完工。园区实施直接管理保安公司的管理方式；完成园区物业改造、青年公寓及创新大厦部分物业改造；制定实施《生命园物业管理手册》等三个新的物业管理制度。组织完成中小企业创新基金、科技成果转化基地创新项目、中关村海创资金等多项政府资金申报，共计获得各类政府资金800余万元。全年新增孵化企业百诺奇、合生基因、本元生物等11家。

2015年12月9日，获得“北京市绿色生态示范区”荣誉。12月18日，中关村生命科学园北平台——中关村生物医药进出口公共服务平台开通。是年，启动园区大物业管理。

2016年，中关村生命科学园众创空间、中关村生物医药云中心和中关村生命科学园高通量测序平台等公共服务平台建成并开展服务。为入孵企业举办精品项目路演会，募集创投资金7000万元。通过开展生命科学园大讲堂，建立产业发展专家库等，为园区企业提供各类专题培训，办理工商注册、项目立项、企业询证、争取政府补贴等多元化产业服务。完成青年公寓装修改造，有效解决了北京生命科学研究所等入园企业人员住宿困难问题。全年清退发展不佳的老企业38家，腾出面积4600多平方米。新入园入孵企业34家，其中，“新源长青生物标志物试剂项目”落地园区，该项目是老年痴呆性疾病研究与治疗领域前沿项目；“中关村生物银行项目”涵盖除脐血干细胞之外所有类型的干细胞、组织、血液等人类样本，形成样本数据库，为精准医疗提供充足的样本资源；华辉安健项目以北京生命科学研究所在乙肝病毒领域内原始科学创新成果为基础，研发抗乙肝病毒新型药物，并为北京生命科学研究所等科研机构提供研究成果向实际应用转化的实验路径。

图4-2-3　北京生命科学研究所

2017年，筹建生物医药产业母基金；注册设立中关村生命科学园产业发展基金。中关村发展集团一站式金融服务模式——科技金融超市在中关村生命科学园投入使用。中关村生物银行、中关村生命科学园基因组编辑技术平台等技术服务平台建设完成并开展服务。设立生命科学计量标准创新支撑平台，为园区企业提供科研、生物制品及服务标准支撑，开展仪器设备校准检测、培训和咨询服务等方面服务。启动创新大厦优化改造，统筹园区已建项目闲置空间资源，共整合7000平方米产业发展空间。改造创新大厦餐厅，实现24小时营业。引入中信书店，共同构建融合精选书店、咖啡馆和文化沙龙为一体的多维度文化体验空间。专项对接意向合作项目和考察团体调研园区200余次。

2018年，完成公共技术服务平台品质提升项目建设，完善孵化服务体系，建立"孵化+创投"的全流程创业孵化模式，形成"8+3+1"孵化服务体系①。顺利通过开放实验室CNAS第二周期复评的现场评审。中关村生物医药产业联盟法人注册完成材料上报。园区"12330"知识产权工作站正式挂牌成立。组织完成中小企业创新基金、科技成果转化基地创新项目、中关村海创资金等多项政府资金申报，共计获得各类政府资金800余万元。27家投资公司和第三方平台入驻科技金融超市，累计协助园区企业融资2.1亿元。中关村生命科学园设立专职大物业管理服务综合办公室，代行园区大物业管理权，组织召开园区大物业业主委员会4次。北京脑科学与类脑研究中心作为国家"脑科学与类脑研究"重大项目的实施主体正式入驻园区。北京科技大学与市科委联合筹建的北京精准医疗与健康研究院注册落地园区。中关村生物银行投入使用。是年，孵化器新增入孵企业32家，出孵企业10家，入孵企业总数达150家。

---

① "孵化"包括"8+3+1"创业服务体系。"8"是指物业服务、金融服务、创业咨询服务、知识产权服务、政策政务服务、国际业务服务、科研技术服务、媒体宣传服务等8个创业服务板块；"3"是指3个创业服务套餐，即无忧服务套餐、优享服务套餐、尊享服务套餐；"1"是指整合8个服务板块和3个服务套餐向园区外输出的创业服务超市。"创投"指创业投资。生命园孵化器充分利用公司可经营性资源，推出创业服务超市品牌，并完成创业服务超市的相关机制和套餐设计，在企业中推广，并实现营收。

图4-2-4　北京脑科学与类脑研究中心

截至2018年底，园区企业总数为484家，其中生命健康领域上市企业22家，G20企业14家，瞪羚企业36家，“十百千”工程企业8家，中关村独角兽企业2家，高新技术企业169家，“金种子”[①]企业19家。园区企业中，生物制药企业数量最多，共129家；医疗器械企业共97家；医疗服务企业共73家；基础研究机构共10家。园区内有“三资”企业52家，其中百济神州、坤奥基、保诺科技在制药领域，迈瑞在医疗器械领域，宝日医在生物工程领域，诺德在糖尿病药物领域均处于领先地位。

园区内有国家工程中心和重点实验室及国家重点项目共计8个，院士工作站5个，博士后科研工作站18个，省部级研发中心13个。研发经费投入35.24亿元。累计申请知识产权8703项，其中专利3865项，注册商标4096项，软件著作权742项。园区企业累计获得医疗器械产品注册证622项。企业共承担各类课题275

① “金种子”简介：“金种子工程”是为进一步营造中关村创新创业的环境，形成针对不同发展阶段企业的政策支持体系，在深入实施“十百千工程”和“瞪羚计划”重点培育工程等的基础上，由中关村管委会推出专门针对初创期企业特点，通过遴选“金种子”企业，整合资源，强化服务，促进初创期企业快速发展的培育工程。

项，完成200项，共计投入研发经费13.46亿元。企业参与制定国家标准59项，行业标准20项，地方标准57项。园区企业实现技工贸总收入1974.53亿元，实现利润总额64.37亿元。

截至2019年底，园区从业人员2.15万人，硕士及以上员工占25.37%；研发人员人数最多，占33.22%；工作年限为5年以上员工占35.25%。园区共有高端人才185人，其中院士19人，长江学者4人，国务院特殊津贴获得者42人。

第三节　中关村生命科学园（三期）

中关村生命科学园（三期）即中关村生命科学园生物医药产业园，又名中关村科技园生物医药基地，2019年之前，由北京中关村生物医药产业投资发展有限公司开发建设，核心区规划占地面积4.7平方公里。2019年4月，完成集团及中关村生命园对该公司持有全部股权的转让，转由北京未来科学城置汇建设有限公司（简称置汇公司）负责开发建设。

一、园区规划

2011年，昌平区二拨子地块北侧80亩划入中关村生命科学园（三期）开发范围，将永旺商城以北700亩商业用地确定为“待定地块”。委托中建设计集团和北京工业大学建筑与城市规划学院分别编制《空间布局研究》和《产业规划》；委托北京国际工程咨询公司对以征地拆迁为主的开发成本进行多轮测算，确定客观准确的前期开发成本。是年，中关村生命科学园（三期）新资源拓展已落实土地规模与范围,《空间布局研究》和《产业规划》完成。

2012年5月，面向全球进行概念性规划方案征集。园区用地面积466万平方米，是中关村北部研发服务和高技术产业带及昌平TBD（电子商务企业）建设的重要组成部分。

2013年，委托中建设计集团进行方案优化整合，从满足生物产业发展和绿色生态园区建设特质出发，统筹中关村生命科学园一期、二期、三期现状用地布局，着重研究重要交通节点和起步区地块，细化与TBD区域规划的衔接。对方案进行再调整：回迁居住与回迁商业分阶段、分区域安置；先期启动基础好、见效快的二拨子、西店等地块开发；同步启动街区控规和重点地块控股编制。启动街区控规研究，各地块规划用途及主要指标编制完成初稿。

2014年，委托北京市城市规划设计研究院完成项目范围内TBD03、TBD05街区控规和西店、二拨子、东店工业大院、城北市场四个启动地块控规的编制。

2015年，列入北京市棚户区改造项目后，项目控制性详细规划进入新一轮调整阶段。在北京市城市规划设计研究院的配合下，完成1803、1805街区以及城北市场地块控规的编制，12月初方案成果得到市政府原则同意，12月15日开始公示。规划建筑面积约350万平方米，可出让面积约240万平方米，其中产业面积约160万平方米。依据规划阶段性成果，先期启动《生命园三期及北四村棚户区改造和环境整治项目实施方案》的编制。

2016年，启动综合规划，包括城市设计、市政综合管网、交通体系、景观、地下空间等，完成规划体系。取得1803、1805街区控规批复，完成两个地块控规编制。街区及城市市场地块控规正式获批。同步开展市政专项及综合规划、交通规划、交通影响分析研究、综合管廊研究、编制规划实施方案等专项研究。

2017年9月，建设方案经市发展改革委正式批复生效。项目预计5年内建设完成，8—10年内全部投入使用。其中，规划建设面积超过360万平方米，其余将用于绿化、河湖、水系、道路以及景观建设。

2018年，围绕解决中关村生命科学园发展面临的突出问题，编写《中关村生命科学园优化提升方案（2018—2020）》。配合中关村管委会，完成中关村生命科学园（三期）项目“六位一体”规划编制。三期项目完成A地块项目市政管线设计，取得道路方案批复。C、D地块控规通过北京市规划和国土资源管理委员会（简称市规土委）技术审查，完成C、D地块范围内市政专项规划编制。

二、开发建设

2014年，参与昌平区政府针对回龙观镇东半壁店村工业大院非住宅房屋的腾退，拆除房屋面积30余万平方米。

2015年，取得“中关村生命科学园三期及‘北四村’棚户区改造和环境整治项目”整体授权。3月底，完成东店工业大院约46万平方米（含毗邻的定福皇庄2000余平方米）腾退，全部拆除完毕，实现场清地平。12月底，城北市场东侧8230家商户完成腾退。

2016年，完成城北市场地块腾退拆除、启动征地。二季度完成城北市场地块腾退拆迁。二拨子地块腾退拆除正式启动。

2017年，完成城市设计整合和生态规划。拆除地上物面积92.5万平方米；二拨子地块拆除18万平方米；东店地块拆除417万平方米。

2018年，因昌平区土地开发政策调整，自8月以来启动办理棚户区改造项目移交。项目E、F、G、H、B地块集体非宅腾退测绘、评估基本完成，进行腾退、拆除。基本完成项目范围内全部集体土地非宅腾退拆除，共拆除地上物160.03万平方米，支付腾退补偿补助款32.32亿元。

2019年4月，完成股权转让，转由北京未来科学城发展集团有限公司负责开发、建设及管理运营。

第四节　中关村集成电路设计园

中关村集成电路设计园由北京中关村集成电路设计园发展有限责任公司建设运营。园区位于海淀区北清路中关村壹号南区，占地面积6万平方米。园区承担着国芯发展重任，以集成电路设计企业为主，是涵盖上下游协同发展的泛集成电路设计园。自2018年底开园以来，兆易创新、兆芯、比特大陆、豪威、广利核、地平线等诸多行业龙头企业入驻。

图4-4-1 中关村集成电路设计园（效果图）

一、园区规划

2015年5月21日，集团与首创集团签订合作协议，双方在中关村北部核心区共同打造中关村集成电路设计园，由北京墨臣工程咨询有限公司进行园区建筑规划设计。是年，园区建筑规划设计基本结束，启动园林景观设计。

2016年，建筑规划方案得到北京市规划委员会（简称市规划委）的认可，并于3月取得方案复函。园区规划建设16栋建筑，融合孵化器、企业总部、商务办公、产业平台及生活服务配套为一体，打破传统产业园区模式，强化商务性、交流性、互动性与现代化，以全方位的功能组团，诠释新科技园区理念，建成兼具工作、生活、休闲、居住等功能的综合化新生态3.0产业基地。10月，获得国家级“精瑞科学技术奖可持续社区（建造阶段）金奖”。

2017年，完成景观设计、建筑智能化设计、幕墙二次深化设计、泛光照明设计、公区精装修设计、能源监测系统设计、智慧园区顶层设计等33项设计。8月，园区9号楼获得国家级“健康建筑设计标识”证书。

2018年，完成主入口北广场景观效果提升设计、地下食堂精装修设计、智慧园区门户网站、智慧园区第一批系统深化设计等重点设计方案及图纸28项。10月，获得北京市“二星级绿色建筑设计标识”证书，并通过中关村管委会评审，成为中关村生态示范园区。

2019年5月，中关村集成电路设计园2号楼A座获得北京市“三星级绿色建筑设计标识”证书及美国LEED（cs）金级认证证书。

二、开发建设

2015年9月29日，中关村集成电路设计园开工建设，被列为北京重点工程和中关村科学城重大项目。是年，施工配套设施搭建完毕，展示中心基本竣工。临时道路修建、基坑降水施工、基坑支护、土方开挖等各项施工相继展开，完成293个降水井施工和69根护坡桩施工。

2016年8月底，一期工程完成第一批独栋部分主体结构封顶。9月，二期工程建设启动结构施工。12月26日，中关村集成电路设计园一期工程主体结构成功封顶。是年，二期工程地下结构全部施工完成。

图4-4-2　2016年12月26日，中关村集成电路设计园一期工程主体结构封顶

2017年，园区二次结构、装饰装修、外幕墙工程、市政园林工程等陆续展开施工。年底，一期工程基本达到竣工条件，二期工程整体施工完成90%以上。二期工程获得“北京市结构长城杯工程金质奖”及“北京市绿色安全样板工地”。

2018年6月30日，园区竣工交付。11月，园区正式投入使用和运行。

三、运营服务

2016年1月15日，中关村集成电路设计园展示中心投入试运行，正式对外开放。2月2日，与大唐创新港投资公司签订合作框架协议。6月13日，与国家示范微电子学院签订人才、项目、培训合作协议。是年，先后组织包括“613”双创平台发布会、CCIC年会、美国硅谷招商推介会在内的大中型活动20余场；参与“中国集成电路设计业2016年会暨长沙集成电路产业创新发展高峰论坛（ICCAD 2016）”“中国国际半导体博览会（IC CHINA）”等重大行业活动，获得“2017年中国集成电路设计业年会（ICCAD）”主办权；参加“SEMICON Taiwan 2016国际半导体展”；赴美国硅谷举办“中美集成电路产业创新发展研讨会”。与IC咖啡联合主办的产业沙龙在园区展示中心成功举办9期，累计500余人参加。完成意向签约额9.32亿元，包括中航天电子、中庆科技、九思泰物联网等9家集成电路设计及上下游企业。

图4-4-3　中关村集成电路设计园展示中心

2017年，举办具有中关村特色的中国集成电路设计年会，1000余家企业机构、2000余人出席会议，成为中国集成电路设计年会（ICCAD）有史以来规模最大、具有中关村特色的行业年会。全年在园区展示中心共举办20余场行业沙龙、论坛等活动。完成北京中关村芯创集成电路设计产业投资基金设立。构建“一平台三节点”（即一个产业服务平台，人才、孵化、投融资三个节点）产业服务体系，启动中关村集成电路产业园产业服务平台，与50多家机构建立平台合作关系，推出十大服务包和服务管家工作机制。是年，委托北京万科物业服务有限公司为物业服务公司。完成租赁意向面积1.02万平方米，租赁企业15家。兆易创新、北京兆芯等重点龙头企业签约入驻。

2018年，举办“芯动北京”第二届中关村IC产业论坛。先后组织入园企业参加北京微电子国际研讨会暨IC WORLD大会（北京亦庄）、中国集成电路设计年会（ICCAD）（珠海）、中国国际半导体博览会IC CHINA（上海）等行业知名峰会10余次。建成北京市唯一一个IC科技馆。策划并组织高端客户招商大会、银行企业交流会、入园企业植树活动、“军芯、民芯、中国芯”军民融合活动、“创业芯贵”招商活动等十余场各种形式的营销活动。为提升园区形象，对园区10，000余平方米的商业进行包装美化，园区路灯安装挂旗，对园区井盖、挡墙等位置进行艺术涂鸦。是年，行业知名企业比特大陆、兆芯、永信至诚等入驻园区。

2019年11月27日，中关村集成电路设计园产业服务平台（IC-PARK ISP）正式启动，代表着“一平台三节点”产业生态体系正式落地。该体系倡导服务差别化，根据企业发展阶段的不同需求，提供公益性、必需性、增值性三类差别化的服务方案。是年，世界先进数字成像系统及解决方案的开发领导者豪威科技、人工智能自动驾驶国际领导者地平线、国内核电数字化控制系统企业广利核先后入驻园区。截至2019年底，园区芯片企业50余家，实现总收入167亿元，企业研发投入总额达14.45亿元，知识产权总量达7999项，共主导或参与国际、国家、行业或地方标准制修订9项。

第五节　中关村高端医疗器械产业园

中关村高端医疗器械产业园由中关村医疗器械园有限公司建设运营。园区位于大兴生物医药产业基地三期生物医药国际企业花园用地范围内，东至宝参街，西至明川大街，南至庆丰路，北至永旺西路，占地面积19.17万平方米。园区重点发展高端医疗器械研发总部、新型高端医疗器械生产制造、医疗器械企业孵化成长、医疗器械支撑服务等四大产业。

图4-5-1　中关村高端医疗器械产业园一、二期（效果图）

一、园区规划

2011年，园区一期规划设计方案由华通设计顾问工程有限公司设计。2013年，启动园区的建筑方案设计，确定园区建筑方案。2015年，园区一期规划获得“2015年度北京市优秀城乡规划设计”三等奖。2017年，开展园区二期规划设计前期调研，并完成项目概念性方案设计。2019年，园区二期规划设计方案由工业院设计。

根据打造高端医疗器械产业集群的定位，中关村高端医疗器械产业园（一期）园区规划产业服务中心、员工服务中心、孵化器、标准厂房和小型研发中心等5个物业类型。中关村高端医疗器械产业园（二期）园区规划以生产为主，主要建设标准化生产厂房，承接“一期”毕业项目。园区规划用地面积19.17万平方米，一期约8.73万平方米，二期约10.44万平方米；建筑面积为38.24万平方米，一期约18.47万平方米，二期约19.77万平方米。

园区规划秉承三大理念：谷、中国元素、非正式交流空间。通过引入“智慧谷”和“中国庭院”的概念，以大尺度的中央开放空间作为园区的主要交流空间和景观中心，充分利用地下空间与屋顶花园，通过连廊形成立体式的步行网络，提高空间使用的整合度。通过室内中庭、咖啡厅、下沉式庭院、观景平台等非正式交流空间，创造轻松自由的氛围，打造创新社区，并为企业提供一站式服务、社区化服务和全周期服务。

园区一期项目共分为五大功能区：标准化生产基地、小型生产研发中心、中小企业孵化器、园区产业服务中心及员工服务中心。标准化生产基地位于园区西侧，庭院式定制化研发生产，采用模块化功能组合设计，灵活组合，实用性强。柱网标准化，单栋面积约为4000平方米，组合面积为8000平方米或12，000平方米。小型生产研发中心位于园区中部，单栋面积约为4000平方米。可独栋使用，也可连栋拼接，适合一般的园区研发办公。中小企业孵化器位于园区东侧，配置超级前台、公共物业等设施，为中小企业提供研发、办公、生产的工作空间。

园区二期项目主要建设标准化生产厂房，产品按体量进行模块化设计，共分为4种类型，即：大型标准化生产厂房、中型标准化生产厂房、小型标准化生产厂房及叠拼厂房。厂房可分可合，大小适中，为客户提供个性化的生产空间，体现标准化、现代化、灵活性、可变性的设计特点。

二、开发建设

2011年8月，集团与大兴生物医药基地管委会签订《合作备忘录》，双方共同建设中关村高端医疗器械产业园。该园区是集团成立后运作的第一家科技园区项目。

2012年3月，正式启动北京中科兴仪高端医疗器械产业投资有限公司筹建，10月30日，正式完成注册，由集团出资2亿元作为资本金，注册在大兴生物医药基地内，同时引入中国交通建设股份有限公司（简称中国交建）作为战略投资者。12月27日，集团与中国交建就园区功能区基础设施投资建设及区域综合开发建设签署战略合作协议。

2013年5月，北京中科兴仪高端医疗器械产业投资有限公司与大兴生物医药基地签订进驻协议，取得大兴生物医药基地0501–18地块，明确目标地块、价格、税费及土地市政条件等，完成土地挂牌前各种手续的办理。10月，取得国有建设用地使用权挂牌出让成交确认书。11月，签订0501–18地块国有建设用地使用权合同及土地建设补偿协议，同时完成土地价款的支付。

2014年4月4日，北京中科兴仪高端医疗器械产业投资有限公司正式更名为"中关村医疗器械园有限公司"。8月18日，园区一期工程举行开工仪式。12月底，园区一期9号楼主体结构封顶。

2015年11月12日，园区一期结构全部封顶。

2016年，园区一期1—9#标准化厂房及1#地库实现竣工。

2017年5月，园区一期工程实现全部竣工。10月，红线外热力工程顺利完成。是年，园区一期获得中关村管委会"2017年中关村生态园区建设专项资金"，专项基金支持范围涵盖中关村医疗器园建筑节能工程、海绵园区、基于BIM系统的园区智慧管理信息系统、可再生能源利用示范、环境与建筑能耗监测系统、污水处理工程、慢行交通系统、光导管自然采光系统等8个子项目。

2019年1月，取得园区二期项目用地，实现园区一、二期联动。2月，引入北京生物医药产业基地发展有限公司作为战略投资者，双方以大兴生物医药产业基地0501街区23号产业用地10.44万平方米二级开发项目作为合作起点，共同发展高端医疗器械产业。9月，取得园区二期项目用地的建设工程规划许可证。

三、运营服务

2013年，收集北京市二、三类医疗器械生产企业目录共996家企业，从中筛选30家企业进行走访、洽谈，初步确定拟入园企业名录。与北京天智航、蝶和谊安等10家医疗企业签订《企业进驻意向性框架协议》。

2014年，获批“2014年度北京市战略性新兴产业科技成果转化基地认定及项目”，成为年度北京市获得认定的三家基地之一。组织拟入园企业北京热景生物技术有限公司申报创新技术项目，助其获得60万元资金支持。115家企业进入招商项目储备库。

2015年，搭建中关村医疗器械成果转化产融促进平台，并通过市科委验收，该平台是大兴区第一个全方位金融线上服务平台。凯莱天成（超声诊断）、汇影互联（高端影像）、阿迈特（心脏支架）、恒福思特（急救设备）、欧迪诊断（诊断试剂）等11家企业成功签约。有效储备意向客户近100家。

2016年10月17日，与大兴生物医药产业基地等单位共同举办“2016美国医疗健康创新企业中国巡回路演对接会（北京站）”，来自中美两国政府、投资机构、企业等100余名代表出席。国家人类遗传资源中心项目、奥精医药、阿迈特等8家企业成功签约，租售面积达3.7万平方米，销售合同额超过2.64万元，签约企业项目覆盖高端影像设备、IVD、微创介入、新材料等几大高端医疗器械领域，引入国内领先的动物实验平台与具有重大影响力的国家级项目。自持物业可租面积的签约入驻率达到20%以上。有效储备意向客户152家。

2017年5月23日，生命智谷孵化中心正式筹建，具备企业入驻条件。6月18日，中关村高端医疗器械产业园开园。是年，园区实现全面运营管控，为入园企业提供物业、供暖、网络、电话、移动信号、就餐等全方位基础服务。与北京工业大学、新发现资本和ITTN（国际技术转移网络）共建中关村医疗器械产业园国际技术转移中心，签署战略合作协议并揭牌。通过互访机制，对接斯坦福大学Biodesign中心，建立“1+1+N”（市科委+国内工作组+多所大学）的工作机制，推动医疗器械创新创业人才培养与项目孵化体系落地，持续增强园区国际化实力。在科技金融、专业技术、人力资源、信息服务、政策服务和公共服务等方面对接几十家服务商，集中与20多家产业服务机构签署战略合作协议，园区产业服务联盟初步形成。是年，面向创客建立产品试制工装平台；面向心血管医械领域，引入万峰医疗集团、北工大院士工作站、妙慈科技、万心医疗、中国医师学会心血管外科医师分会等组织和机构，构建心血管医疗器械创新服务平台；面向口腔医疗器械领域，引入中国医疗器械协会口腔专业委员会及机构，共建口腔创新医疗器械服务平台；面向精准医疗、康复医疗领域，引入在外骨骼机器人领域技术领先的尖叫智能、在司法鉴定领域领先的溯远基因科技。阿迈特、启慧、热景、华脉泰科等4家企业装修完成并进驻办公。

图4-5-2　2017年11月28日，首届世界医疗器械设计（中国）大会举办

2018年3月31日，联合中国医疗器械行业协会、大兴生物医药产业基地共同举办“2018中国医疗器械行业政策年会暨2017中国医疗器械行业协会六届二次会员代表大会”。4月27日，举办主题为“医疗器械·引领创新”中关村前沿技术沙龙系列活动第二期活动。8月31日，承办“2018中国医疗器械创新创业大赛”北方赛区决赛。12月10—12日，承办并携园区企业参加“第二届世界医疗器械设计（中国）大会（DMD China 2018）暨首届中国国际医疗器械创新技术展览会”。是年，中关村医疗器械园有限公司加入中国医学装备协会，成为常务理事单位。作为中国医学装备人工智能联盟发起单位，依托行业知名服务机构，集中与20多家产业服务机构签署战略合作协议，推进线下6大服务平台建设。协助园区20余家企业申报项目，享受政策支持。其中，安脉通获得科协金桥工程支持；阿迈特、奥精医药、热景生物通过中关村“高精尖”重大科技成果及产业化项目评审；启慧、万洁天元、奥精医药、雅果科技、华钽、帝康6家企业通过中关村特色园区和创新创业社区产业集聚发展项目评审。共计为企业申请项目支持额度达2266万元。对接恒福思特、圣医耀、术客高鑫、雅果科技、中科博康等一批企业，与31家企业签署优先认股权。

园区集聚九芝堂美科、热景生物、术客高鑫、阿迈特、华科精准等高端医疗器械企业，在影像设备、医疗机器人、新材料、微创、诊断试剂等高端医疗器械细分领域的产业布局初现规模。在科技部发布的《创新医疗器械产品目录（2018）》名单中，入园企业奥精医药“人工骨修复材料”、圣医耀“海藻酸钠微球血管栓塞剂”入选国际原创产品，华脉泰科“腹主动脉覆膜支架系统”入选国内首创产品。园区企业万洁天元被认定为“北京市知识产权试点单位”，热景生物被认定为“2018年北京市知识产权示范单位”。园区孵化器获得市科委“众创空间”认定，签约24个入孵项目，其中，昆迈生物、领健医疗等企业在细分领域拥有领先优势；“生命智谷孵化中心”经过国家商标局审核，获得四类注册申请。入园企业中聚集院士3人，院士工作站1个，重点实验室1个。

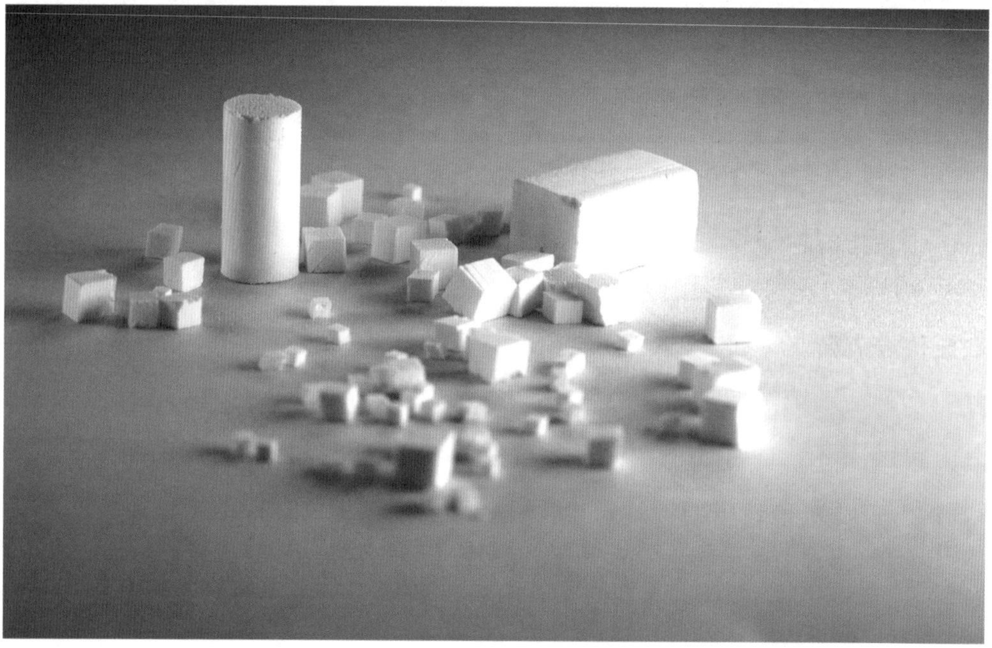

图4-5-3　北京奥精医药科技有限公司人工骨骼修复产品

2019年2月26日，与北京IP携手共建知识产权服务平台。7月30日，园区企业北京热景生物技术股份有限公司在科创板上市。是年，与园区企业共建医疗器械共享实验室。组织20余家企业先后参加“2019第三届国际生物治疗大会暨展览会”“第四届血管创新论坛”“全降解植入器械与组织工程产品评价与临床转化论坛”等。与北京IP共同举办“2019中关村高端医疗器械产业园企业知识产权运营实操培训”。截至2019年11月底，园区企业总数69家，新签约企业17家。

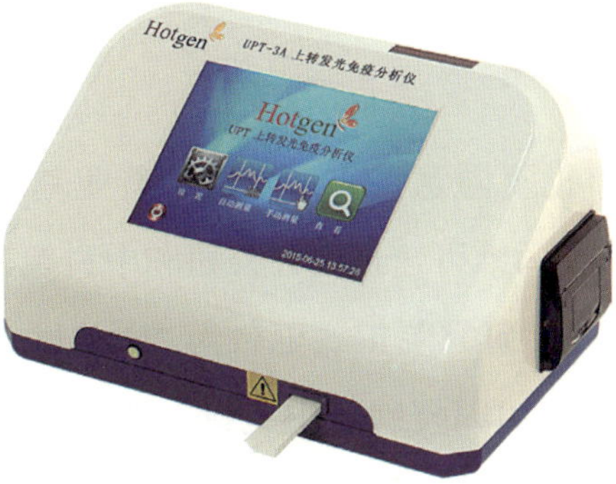

图4-5-4　北京热景生物技术股份有限公司产品——UPT-3A上转发光免疫分析仪

第六节　中关村新兴产业前沿技术研究院

中关村新兴产业前沿技术研究院由北京中关村前沿技术产业发展有限公司建设运营。研究院位于房山区北京高端制造业基地核心区，用地面积19万平方米，研究院产业定位以工业4.0与互联网跨界融合为主方向，聚焦新能源、新材料和智能制造技术，适时兼顾其他类新技术项目。

图4-6-1　中关村新兴产业前沿技术研究院（效果图）

一、园区规划

2013年2月，北京市批复同意在北京高端制造业基地建设新材料和产业技术北京研究院。9月，由美国维可建筑设计公司和中科院建筑设计院共同完成研究院建筑设计。12月20日，研究院正式更名为“中关村新兴产业前沿技术研究院”。12月26日，中关村房山园授牌暨中关村发展集团与房山区政府战略合作签约仪式举行，根据协议，双方共同开发建设中关村房山园。

研究院一期用地面积12万平方米，建筑面积16.88万平方米，共12栋单体建筑，由北京高端制造业基地投资开发有限公司投资建设运营；研究院二期用地面积7万平方米，建设用地面积6万平方米，容积率1.2，建筑面积10.27万平方米，建筑控高24米，建筑密度40%，绿地率15%。

二、开发建设

2013年10月16日，研究院一期开工建设。

2015年2月15日，集团与北京高端制造业基地管委会在房山CSD举行合作意向签约仪式，双方共同出资成立平台公司，购买并运营基地核心项目“中关村新兴产业前沿技术研究院”。7月，研究院一期竣工。12月，集团与房山区共同发起设立北京中关村前沿技术产业发展有限公司。

2016年6月19日，集团与房山区政府、北京航空航天大学共同签署《共建医工交叉创新研究院合作框架协议》，重点在医工结合、医用机器人等领域大力开展医工交叉创新研究，打造具有国际先进水平的医学科研创新平台、技术研发中心和成果转化基地；明确将研究院一期16.88万平方米空间作为北航医工交叉创新研究院建设地和运营载体，免费提供给北航医工交叉创新研究院使用。8月20日，集团与房山区政府、北京航空航天大学共同召开三方会议，同意启动研究院首轮装修工程。8月23日，北京航空航天大学原则同意装修方案后，研究院首轮装修工程正式启动。该工程规模为5.77万平方米，分为两个标段进行招标与装修施工。11月，研究院二期项目启动。11月14日，参与北京高端制造业基地03街区F区工业用地（即二期南地块）竞价，并成功摘地。

2017年1月17日，研究院一期一标段2号楼、4号楼地下餐厅、地下车库南区装修工程竣工。4月1日，召开研究院二期概念性方案专家评审会，确定深圳建科院承担研究院二期整体概念性方案设计。6月22日，启动研究院二期项目初步设计和施工图设计。8月，启动研究院二期项目施工总包、监理单位招标，确定北京建工集团有限公司为研究院二期项目南区地块施工总包单位，中咨工程建设监理公司为研究院二期项目南区地块施工监理单位。

2018年，启动研究院二期项目建设，与工商银行珠市口支行达成融资意向，并于3月7日获得工商银行北京市分行审批。3月22日，研究院二期项目正式开工。6月30日，集团与房山区政府、北京航空航天大学三方进行会谈，明确研究院资源归属房山区政府平台公司，北航医工交叉创新研究院作为项目入驻2号楼、5号楼，中关村前沿技术协助负责产业招商。7月31日，研究院二期项目通过北京市“绿色安全文明样板工地”复审。10月28日，研究院二期项目提前1个月完成主体结构封顶。11月3日，研究院二期项目通过“北京市结构长城杯工程”专家复审。

图4-6-2　2018年3月22日，中关村新兴产业前沿技术研究院二期开工仪式举行

2019年12月23日，在前期已取得相关部门园林、消防、规划、档案等专项验收通过的意见后，由施工、监理等参建单位组成的5方验收组同意研究院二期项目正式通过竣工验收，并于12月30日正式完成工程竣工验收备案。

三、运营服务

2015年，结合房山区资源禀赋及中关村示范区发展态势，确定了“以工业4.0与互联网跨界融合为主方向，聚焦新能源、新材料和智能制造技术，适时兼顾其他类新技术项目”的研究院产业定位。

2016年，房山区政府与国内领先智能驾驶研发公司——驭势科技（北京）有限公司签订智能网联汽车产业发展战略合作协议，驭势科技公司成为首个入驻研究院的企业。11月4日，与全球首家云端智能机器人运营商——达闼科技公司签订《项目落地协议》。

图4-6-3　驭势科技（北京）有限公司机场无人物流车

2017年2月4日，由2013年诺贝尔生理学及医学奖获得者美国国家科学院、美国国家医学院、美国文理学院院士托马斯·聚德霍夫教授牵头设立的Thomas北京研究院挂牌。5月12日，Thomas北京研究院首个项目即“中枢神经损伤修复临床应用项目”启动。11月17日，中关村前沿技术与房山区人力社保局共同举办智汇中关村南部创新城暨“中国制造2025”发展研讨会，25家智能制造类、互联网类科技企业走进房山。是年，为了承接首都核心区的外溢人才，研究院在生活配套方面为科研员工创造一个“科学家的社区”，建设2栋专家公寓。与市保障房建设投资中心协调对接，为园区入驻企业争取到位于窦店镇于庄村的漫缇家园公租房配租名额，配租房源近400套，进一步解决园区部分人才“职住分离”问题。通过房山区、中关村及北京市积分落户多种渠道，为研究院内科研人员解决进京指标。配合北航医工交叉创新研究院推动北航“高精尖”项目入驻。北航生物医学工程、大数据精准医疗、大数据科学与脑机智能三个“高精尖创新中心”正式在研究院挂牌。

2018年9月18日，北航医工交叉创新研究院首批行政人员正式入驻研究院一期办公。10月，北航医工交叉创新研究院生物力学、生物医用材料、医学信息与仪器、医用光学、航空航天医学与康复等实验室科研人员入驻研究院一期。9月19日，中关村前沿技术与中国移动公司、北京高端制造业基地管委会共同举办5G自动驾驶峰会，利用国内首个5G自动驾驶开放道路进行自动驾驶直播，发布中国移动“和路通”智能ETC。10月19日，在“2018中关村新经济发展论坛”上，策划组织“AI+智慧交通”分论坛。11月，推动北理工无人机所研发成果转化公司恒天云端、工业级无人机制造商航景创新与高速自动驾驶解决方案提供商奥特贝睿公司，分别与北京高端制造业基地管委会签署落地协议，入驻研究院一期。是年，举办中关村前沿技术系列沙龙活动暨智能制造产业研讨会。研究院为入驻企业开通5条到市内的通勤班车。

图4-6-4　2018年9月19日，5G自动驾驶峰会自动驾驶直播场景

2019年5月26日，中共北京市委书记蔡奇到研究院调研，指出研究院要保持定力，精心选择入驻企业，同时积极为企业科技研发创造更多应用场景。6月，方岱宁院士先进材料研究院入驻研究院一期。7月，以中关村前沿技术为主体申报市科委“市区两级重大关键任务科技支撑专项”的《5G自动驾驶专业测试公共服务平台》课题，获得市科委支持资金390万元；以研究院一期为主体申报中关村国家自主创新示范区特色园区支持资金项目，获得中关村管委会批准政策资金178万元。8月，北京掘悟科技有限公司签订入驻研究院二期协议，成为研究院二期项目首家入驻企业。9月，完成研究院二期项目融资置换，向北京银行窦店支行借款2.7亿元，利率维持在央行基准利率；以研究院二期为主体申报“中关村新建产业载体项目”，获得中关村管委会批准项目支持资金433万元。10月24—27日，研究院携正兴鸿业、航景创新、奥特贝睿等入驻企业参加中关村特色园区展，亮相第22届科博会。11月2日，北京市市长陈吉宁召开会议研究房山、大兴等五区产业发展，要求房山区在布局“高精尖”产业方向上要重点发展新材料和高端制造产业。11月12日，与工业级无人机研发企业正兴鸿业公司签署研究院二期房屋租赁合同，签约面积约2200平方米。11月21日，集团与房山区政府就双方进一步深化合作进行座谈，并在产业组织、产业生态打造，科技创新集成服务平台打造，公司装修垫资8700万元及研究院一、二期入驻企业统一政策等问题的解决及深化合作等方面达成共识，房山区政府于12月31日正式印发了会议纪要。截至2019年底，共有北航医工交叉创新研究院、北理工无人机项目组、中国移动所属的车联网公司等10余家科研机构和企业入驻研究院。研究院一期完成签约面积4.3万平方米；研究院二期开发投资总额完成2.56亿元。

第七节　中关村·长城脚下的创新家园

中关村·长城脚下的创新家园由北京中关村延庆园建设有限公司建设运营。园区以延庆区康庄镇中心区和原八达岭经济开发区部分区域为核心，占地面积约5平方公里。园区一期定位为新能源节能环保、体育科技、园艺科技为产业特色的特色科技园区，建设面积0.82平方公里。

图4-7-1 中关村·长城脚下的创新家园启动区（效果图）

一、园区规划

2014年6月，筹备组开展园区一级开发前期咨询，统筹推进“产业规划、生态规划、空间规划、人口规划、投资运营规划、投融资规划”多规合一的规划体系前期工作。

2015年9月，开展生态规划编制。10月，启动概念规划方案征集。11月，开展投融资规划编制。

2016年2月29日，召开“长城脚下的创新家园”空间规划中期成果汇报会。4月15日，召开概念规划方案征集专家评审会，中国城市规划设计研究院提交的规划方案被评为第一名。5月，开展概念规划方案整合和城市设计，同时启动控制性详细规划和修建性详细规划编制。10月，生态规划形成初稿。

2017年2月，新版控规上报市规土委。3月2日，创新家园规划发布会在中关村展示中心召开，同时延庆区政府、海淀区政府、中关村管委会和中关村发展集团共同签署合作共建协议。3月，产业规划经过两年多的反复研究调整，经延庆区委区政府审议通过。8月，开展修建性详细规划编制。11月，投融资规划形成初稿。同月，启动市政专项及市政综合规划方案编制。

图4-7-2　2017年3月2日，中关村·长城脚下的创新家园空间规划发布暨项目签约仪式举办

2018年2月7日，地块控制性详细规划获得市规土委正式批复。7月，生态规划经专家评审会评审并编制终期研究报告。

二、开发建设

2014年，为满足土地一级开发授权相关要求，按照中关村延庆园存量土地利用和增量土地开发相结合的要求，对延庆经济开发区和八达岭经济开发区现有资产闲置情况和存在问题开展一系列摸底调查。

2015年1月5日，中关村延庆园公司取得房地产开发资质。5月20日，取得延庆区政府关于八达岭经济开发区北区84.14万平方米工业用地土地一级开发授权。8月，开展已授权地块一级开发实施方案编制。12月18日，取得已授权地块一级开发立项批复。

2016年7月21日，已授权地块土地一级开发实施方案经区政府审议通过。9月，开展征地拆迁前期准备工作。12月19日，取得延庆区发展改革委关于已授权地块一级开发立项的批复。

2017年2—6月，起步区征地拆迁工作总方案及一系列专项方案先后获得区政府审议通过并启动实施。4月，启动征地拆迁现场入户清查登记。7月20日，为解决一级开发耕地占补平衡指标问题，延庆区政府安排中关村延庆园公司承担沈家营、大榆树、张山营3个镇的土地整治项目。同月，启动已授权地块内110KV、10KV高压线迁改。7月28日，启动一街村征拆签约。11月9日，启动二街村征拆签约。

2018年，完成项目范围内地上物拆除。4月，启动中心公园建设。9月12日，取得起步区市政工程规划方案综合批复。10月12日，取得起步区道路工程设计方案批复。10月22日，沈家营土地整治项目完成验收，取得新增耕地指标33.3万平方米。12月，取得审计机构出具并经北京市规划和自然资源委员会（简称市规自委）延庆分局确认的土地一级开发项目成本审计报告。12月22日，天佑路东侧项目取得市政府征地批复。

2019年5月，取得延庆区税务局关于土地一级开发业务适用老项目简易征收政策认定，完成备案手续。8月19日，光谷三街南侧项目取得市政府出具的征地批复。8月，10KV高压线迁改项目全面完工，为土地上市及后续市政工程建设提供条件。10月，中心公园建设基本完成。11月2日，市政道路及综合管线开工建设。同月，取得110KV高压线迁改项目所需前期手续，并启动35KV高压线迁改项目。11月5日，大榆树土地整治项目完成验收，取得新增耕地指标9.02万平方米。

三、运营服务

2015年，初步搭建包括政府、集团内部、产业联盟、合作园区、平台机构等5个项目来源的良性招商工作体系。举办中关村延庆园无人机产业发展论坛。对接重点企业34家，储备意向性入园企业20家，与博天环境、时代桃源、中科宇图、航景创新、奥腾岩石、航天中为、上阳流体等7家企业签订意向入驻协议书，协助奥源科技公司办理完成工商注册手续。

2016年3月，先后举办新能源和能源互联网产业专场对接会和现代服务业产业专场对接会，11家企业在延庆注册。是年，形成《2015—2016年产业对接情况分析》报告。

2017年9月20日，组织全国工商联环境服务业商会嘉宾参加“清空净水　共谋绿色发展盛举”——全联环境服务业商会环保企业家、专家走进延庆、走进延庆园主题活动。是年，对接高新企业、科研院所、协会联盟及平台机构70余家，12家企业在创新家园规划发布会上进行签约，新洽谈入驻企业10家。

2018年5月18日，在中关村延庆园企业之家举办“科技冬奥·汇智延庆”体育科技产业沙龙，奥运冠军、专家学者、企业家代表等50余人参加活动。12月，完成中关村·长城脚下创新家园项目策划案。是年，对接企业、科研院所、协会联盟及平台机构60余家，新洽谈入驻企业10家。与中关村延庆园管委会、中关村延庆园服务中心建立起联合招商工作机制，搭建统一招商平台。

2019年9月，推动一批有意向落地园区的重点项目签约。11月，研究制定分阶段符合中关村延庆园特色的园区服务清单。是年，针对园区配套住宅项目，稳步推进引进战略投资者工作。

第八节　中关村（京西）人工智能科技园

中关村（京西）人工智能科技园由北京中关村京西建设发展有限公司建设运营。园区毗邻北京长安街西延线，西山脚下，永定河畔，占地面积54.5万平方米。园区结合门头沟新城承担首都西部综合服务功能的总体定位，致力于建设成为以人工智能重点实验室和技术平台为支撑、行业龙头企业引领、与中关村科学城融为一体、具有世界影响力的人工智能科技创新中心。

图4-8-1　中关村（京西）人工智能科技园（效果图）

一、园区规划

2017年，编制完成产业及人口规划、生态规划和空间规划。5月，启动空间规划编制，编制完成城市设计任务书，在召开城市设计任务书专家评审会后，选定中建院、清华院、深建院等5家单位参与城市设计。园区以传承区域历史文脉的“卧龙饮水”水体景观和小街区密路网的空间结构为支撑，充分利用地下空间和架空平台打造三层地表体系，营造服务创新创业人群的多种非正式共享交流空间。

2018年1月2日，《中关村（京西）人工智能科技园建设方案》发布。根据方案，园区将构建包括基础科学支撑、基础数据支撑、基础设施支撑等三项基础支撑，智能基础产业、智能核心技术产业、“智能+”产业等三级产业体系，产业服务平台、生活服务平台、生产性服务业等三类配套服务在内的完善人工智能产业生态。12月，编制完成《中关村（京西）人工智能科技园先导园建设经营项目建议书》，初步确定租用并改造金龙泉泵业旧厂房，打造主园区先导区，重点培育人工智能产业。

二、开发建设

2015年9月18日，中关村管委会、门头沟区政府、中关村发展集团签署战略合作协议，统筹规划中关村门头沟园功能定位和产业发展方向，搭建合作平台，促进产业转型升级，推动门头沟园成为中关村示范区西部的重要增长极。

2016年12月29日，集团与门头沟区政府共同出资成立北京中关村京西建设发展有限公司作为石龙五期开发建设主体。

2017年3月16日，取得石龙五期土地一级开发项目授权批复。7月7日，取得石龙五期土地一级开发项目立项核准批复。

2019年3月1日，门头沟区委区政府授权中关村京西发展对中关村门头沟园内老旧厂房——金龙泉泵业公司旧厂区进行升级改造，打造成为具有孵化、加速、联合办公、展示及产业服务等复合功能的“中关村（京西）人工智能科技园先导园”。3月26日，中关村京西发展与金龙泉泵业公司厂房进行租赁签约，门头沟区第一家老旧厂房改造项目正式启动。金龙泉泵业厂区位于门头沟区石龙经济开发区，距离中关村（京西）人工智能科技园主园区500米，厂区总占地面积10，854平方米，用地性质为一类工业用地（M1），总建筑面积7075平方米。4月底，金龙泉泵业原厂房拆除。5月5日，先导园改建施工方案确认。6月21日，先导园装修改造工程主体结构封顶。7月，位于石龙高新技术产业用地土地一级开发项目范围内的规划地块，门头沟新城21号街区MC00-0021-0003、6003等地块控制性详细规划获批复，总用地面积约36.51万平方米，地上规划总建筑面积约54.99万平方米，规划建筑高度24米、60米、80米。10月23日，“中关村（京西）人工智能科技园先导园”正式命名为智能文创园，并举行揭牌及启用仪式。年底，完成土地一级开发。

三、运营服务

2018年1月2日，人工智能科技园项目推介会举行。6月，园区网站正式上线。10月11日，2018年“双创周”京西创新论坛举行。是年，先后参与承办集团AI行业沙龙、门头沟区人工智能双创周及“未来之门”产业论坛等活动。

2019年10月23日，中关村（京西）人工智能科技园·智能文创园正式启用，他山科技、精诚工坊、明创开元、小村瑨科技、金永源、微链科技、六易智能成为首批入驻企业。

截至2019年底，招商拓展及对接企业超过400家。引进一览众智、华电智联、中研华飞、华清智芯、中科创新云、中金银通、陌拜科技等15家注册园区企业；储备嘉楠耘智、奥飞数据、天翼智慧、竞业达、神导科讯、航天加、中联云港等7家具备购地意向企业；储备中科视语、精诚工坊、无人系统联盟、库猫智能、深远世宁、理工华汇、中研华飞、优利威、煜邦科技、中金银通等12家租赁入驻中关村（京西）人工智能科技园·智能文创园意向企业。

图4-8-2　2019年5月6日，首届“未来之门·中关村（京西）人工智能产业化论坛”举行

第九节　怀柔科学城

怀柔科学城由北京怀柔科学城建设发展有限公司建设运营。科学城以怀柔区为主体，并拓展到密云区的部分地区，占地面积100.9平方公里，定位为世界级原始创新承载区、综合性国家科学中心核心承载区、生态宜居创新示范区。2020年1月，集团不再持有北京怀柔科学城建设发展有限公司股权，将其转让至北京中关村发展投资中心。

一、园区规划

2016年9月，国务院印发《北京加强全国科技创新中心建设总体方案》，明确提出要统筹规划建设中关村科学城、怀柔科学城和未来科学城。

2017年3月29日，怀柔科学城公司在市工商局怀柔分局注册，作为怀柔科学城开发建设、成果转化和运营服务的主体。5月，国家发展改革委、科技部联合批复《北京怀柔综合性国家科学中心建设方案》，明确指出，怀柔科学城作为北京怀柔综合性国家科学中心的核心承载区。由北京市城市规划设计研究院、北京市建筑设计研究院有限公司、深圳市城市规划设计研究院、怀柔科学城管委会、怀柔科学城公司组成国际方征集成果整合工作营，启动方案整合。5月15日，形成整合方案1.0版本。6月20日，北京市城市规划设计研究院牵头对整合方案进行集中深化、调整、修改，形成方案2.0版本。7月，《怀柔科学城总体城市设计方案》编制完成。9月，党中央、国务院批复《北京城市总体规划（2016—2035年）》，指出怀柔科学城要建成与国家战略需要相匹配的世界级原始创新承载区。9月30日，怀柔科学城总体城市设计发布国际方案征集公告，共有来自美国、法国、德国、新加坡、加拿大、意大利等10余个国家和地区的近40家机构、联合体报名并提交相应材料。

图4-9-1　2017年3月13日，集团与怀柔区签署《怀柔科学城项目合作框架协议》

2018年7月，由市规土委牵头的《怀柔科学城总体城市设计方案》编制完成。同年，市发展改革委、市科委分别牵头编制完成《怀柔科学城规划（2018—2035年）》和《怀柔科学城科学规划（2018—2035年）》。

2019年，市规自委、怀柔科学城管委会按照“指标引领、多规融合、怀密联动、战略留白”原则，牵头编制《怀柔科学城控制性详细规划》和《城市设计导则》，以及综合交通、市政基础设施、综合防灾和地下空间、科学田园和土地增效、城市风貌和景观、海绵城市、水影响、国际化公共服务配套设施等8个专项规划和专题研究，形成了初步研究成果。

科学城围绕物质、空间、地球系统、生命、智能等五大科学方向的成果孵化，着力培育科技服务业、新材料、生命健康、智能信息与精密仪器、太空与地球探测、节能环保等“高精尖”产业，构建“基础设施—基础研究—应用研究—技术开发—成果转化—高精尖产业”的创新链。

科学城规划范围，其中怀柔区范围内约68.4平方公里，规划城市集中建设区主要包括怀柔新城的04、05、06、09、10、11、12、13街区，以及怀北镇中心地区和雁栖小镇组团；密云区范围内约32.5平方公里，规划城市集中建设区主要包括密云区的云西组团（含《密云新城规划》确定的发展备用地约1.5平方公里）。科学城总体城市设计方案以“指标引领、多规融合、怀密联动、战略留白”为原则，按照“一芯聚核、怀密联动、一带润城、林田交融”进行空间布局。

一芯聚核。“一芯”即打造尖端功能集聚的科学城中心区。主要依托怀柔新城09、10、11、12、13街区和雁栖小镇组团，规划面积约20平方公里。主要布局基础研究、科技服务、创新转化、综合服务等功能。“聚核”即打造原始创新集聚区，主要依托怀柔11街区和雁栖小镇，形成约6平方公里的科学聚核，主要布局大科学装置、前沿交叉研究平台、国家实验室、基础和应用研究机构、国际顶尖学院、研发孵化等科学链条的主要环节，辅以国际交往及文化交流、科技服务和高端人才社区等城市服务功能。

怀密联动。在科学城北区、南区和东区打造三片职住相宜、功能互补的活力创新城区。其中，科学城北区主要依托怀北镇中心区打造怀柔小镇，规划面积约5.7平方公里，围绕中科院大学，完善科学服务功能，建成重要的智力集中区。科学城南区主要依托怀柔新城04、05和06街区打造创新融合发展区，规划面积约10平方公里，主要布局创新服务、顶尖学院、文化艺术、体育健身、医疗康养和综合居住等功能。科学城东区主要依托密云新城云西组团打造科学创新发展区，规划面积约7平方公里，主要布局综合性大学、大科学装置、前沿交叉研究平台、创新转化、科学服务和综合居住等功能。

一带润城。打造一条延展山水文脉、纵贯古今的雁栖滨水活力带，实现燕山怀纳、雁水润养。主要激活雁栖河两岸、杨雁路—怀丰公路沿线功能，缝合塑造走廊两侧沿线品质空间，北望万里长城，南抵怀河北岸，构建体现山水气韵、历史文脉、未来科技的国际滨水活力走廊。雁栖滨水活力带长度约20公里，两侧辐射范围约20平方公里。

林田交融。打造一方绿韵天然的科学田园。主要以怀柔、密云两区间的大尺度农田作为回归自然、放松身心、激发灵感的源地，植入科学交流、创新服务、科普旅游、田园观光、农业体验等功能。科学田园总面积约33平方公里，规划保留并提升改造村庄10个。

二、开发建设

2017年5月16日，第一批5个交叉研究平台材料基因组研究平台、清洁能源材料测试诊断与研发平台开始建设。5月26日，空间科学卫星系列及有限载荷研制测试保障平台开工。5月31日，先进光源技术研发与测试平台开始建设。8月21日，正式启动永乐庄等四个村宅基地拆迁，总签约户数1260户。8月30日签约率100%。9月7日，搬迁工作全部完成，基本实现场清地平，中共北京市委书记蔡奇批示“堪称怀柔速度”。9月28日，综合极端条件实验装置开工建设。12月6日，经北京市政府批准，怀柔科学城核心区及周边土地一级开发项目正式获得市规土委批复，授权怀柔科学城公司为土地一级开发项目主体。委托长城伟业公司负责拆迁。

图4-9-2　材料基因组、清洁能源交叉研究平台（效果图）

2018年5月10日，怀柔科学城核心区及周边土地一级开发项目面积6075亩，涉及3个镇、7个村的810个宅院、1260户，取得A-E地块立项批复。9月28日，地球系统数值模拟装置开工建设。

2019年4月25日，怀柔科学城核心区域及周边土地一级开发项目获得北京市政府建设用地批复，项目涉及3个镇，占地面积405万平方米，包括高能同步辐射光源在内的国家重大科技基础设施、交叉研究平台、科教基础设施等建设项目提供用地。6月29日，多模拟跨尺度生物医学成像设施、高能同步辐射光源开工建设。7月29日，空间环境地基监测网（子午工程二期）开工。同月，材料基因组研究平台、清洁能源材料测试诊断与研发平台、空间科学卫星系列及有限载荷研制测试保障平台、先进光源技术研发与测试平台、先进载运和测量技术综合实验平台等第一批5个交叉研究平台项目土建工程全部完工。其中，怀柔科学城公司参与建设的有清洁能源材料测试诊断与研发平台、材料基因组研究平台、先进光源技术平台等3个交叉平台。国家动力电池创新中心建设的动力电池协同攻关、动力电池测试验证、科技成果孵化与转化、行业共性工作组织等4个平台的硬件设施完成。下半年开工40个重点项目，包括科学设施和研发平台项目14个，城市基础设施项目10个，公共服务配套设施项目16个，投资额约198亿元。12月28日，介科学与过程仿真交叉研究平台、北京分子科学交叉研究平台、北京激光加速创新中心等第二批3个交叉平台项目建设启动。

三、运营服务

自成立开始，科学城建立高效运行体系，坚持院市共建、专业运营、属地保障、社会参与的原则，由中科院和北京市共同搭建专业运营机构负责科学城核心区运营保障，由怀柔区政府作为属地服务保障主体，吸引社会力量参与科学城建设运营。建立由理事会领导的重大科技基础设施建设运行机制，建设资金由国家有关部门、北京市和项目主管单位共同承担，运行资金由国家有关部门和项目主管单位共同保障。建立科技成果转移转化机制，研究建立院市共同参与的科技成果转移转化服务体系，设立成果转化基金。统筹科技基础设施共享、研发服务外包、知识产权交易与展示、成套技术转移、高新技术产业孵化等五大科技服务平台建设。充分利用孵化器、众创空间、留学人员创业园等创新创业基地，加快科技成果转化孵化。

2018年7月12日，怀柔科学城公司与北京市工程咨询公司签署战略合作协议。是年，怀柔科学城公司与瀚海集团就国际孵化达成战略合作，承办“第二届怀柔综合性国家科学中心研讨会”；在美国硅谷、芬兰中芬国际合作创新平台设立怀柔科学城工作站。

图4-9-3　2018年10月，北京怀柔科学城建设发展有限公司承办第二届国际综合性科学中心研讨会

2019年5月，作为科学城助力科技成果转化的重点项目——怀柔科学城创新小镇开始对外运营。创新小镇占地面积120亩，建筑面积约8万平方米，包括创客们入驻的创新中心，以及政务中心、众创街区、创新广场、创客公寓、科学公园等配套功能区。截至2019年9月底，创新小镇的创新中心共引进企业102家，涵盖信息技术、生命健康、节能环保、智能制造、新材料、文化创意、科技服务业等多个领域。

是年，启动“科学行动计划”，对100余个事项逐一成立专班。继续推进一批大科学装置及交叉研究平台建设，101中学怀柔校区二期项目、北京怀柔医院二期扩建工程等一大批公共服务配套项目。启动怀柔科学城2020年“100·365”科学行动计划。园区机构中国科学院电工研究所研究员、中科院院士王秋良团队成功研制出中心磁场高达32.35特斯拉（T）的全超导磁体。此项研究成果将服务于世界一流水平的综合极端条件实验装置用户，为中国物质科学探索新物态、新现象、新规律等基础研究和应用研究提供最先进的强磁场实验条件。截至2019年底，科学城已布局的创新主体有中国科学院大学、中国科学院国家空间科学中心、中国科学院电子学研究所、中国科学院力学研究所、中国科学院北京纳米能源与系统研究所、国联汽车动力电池研究院有限责任公司、中国科学院计算机网络信息中心（北京超级云计算中心）等。

2020年1月，集团不再持有怀柔科学城公司股权，将其转让至北京中关村发展投资中心。

第十节　中国科学院北京纳米能源与系统研究所园区建设项目

中国科学院北京纳米能源与系统研究所（简称纳米能源所）园区建设项目由北京中关村微纳能源投资有限公司建设运营。园区位于怀柔雁栖经济开发区（怀柔科学城），占地面积约5.57万平方米。园区主要为纳米能源所提供研发、转化、展示和交流载体。

图4-10-1 中国科学院北京纳米能源与系统研究所园区建设项目

一、园区规划

2012年，为落实对王中林院士及其创新团队的支持，经北京市与中国科学院双方共同协商，决定联合共建以王中林院士为核心的纳米能源所，共同启动微纳能源研发及产业化项目。集团代持统筹资金，与怀柔国资公司共同组建中关村微纳能源，作为纳米能源所的项目建设实施主体。

2014年，纳米能源所选址雁栖经济开发区办公。中关村微纳能源协助一级开发企业完成土地控规编制和报批。9月24日，北京市规划委正式批复地块控制性详细规划，明确纳米能源所园区建设项目建筑规模8.05万平方米，容纳科研人员共计900人。

2015年5月13日，中关村微纳能源落户中关村怀柔园。是年，中关村微纳能源完成园区设计方案整合、固化设计指标，提供可研报告编制依据，提交市发展改革委审核，完成项目可行性研究报告的初审。评选出第一名方案设计联合体公司PW+深圳建科院设计概念方案，对设计联合体整合方案成果进行验收。启动项目开工前的各项准备，对交评、环评、节能评价、水评价报告进行编制。为缩短产业化周期，明确将原233号文中定于二期建设的中试孵化基地等用于产业化的基础设施建设提到一期建设。

二、开发建设

2015年，园区选址于北京雁栖经济开发区东南侧地块。中关村微纳能源协同推进土地入市方式、路径、模式的确定，协助长城伟业办理土地入市前的行政批复，11月11日，在土地交易市场公开发布挂牌公告。12月15日，以底价竞得土地。

2016年，取得《不动产权证》《建设用地规划许可证》《建设工程规划许可证》《建筑工程施工许可证》。8月底，规划设计方案初步设计基本完成。9月29日，举行“中国科学院北京纳米能源与系统研究所科研进展汇报、合作签约暨园区建设项目开工仪式”，项目正式启动。10月底，施工图设计完成，场地平整完成。11月，开始土方及基坑施工，年底完成基坑施工。

图4-10-2　2016年9月29日，中国科学院北京纳米能源与系统研究所科研进展汇报、合作签约暨园区建设项目开工仪式举行

2017年，实现全部主体工程结构封顶。5月，完成地下部分建设，实现科研楼、中试楼正负零施工。8月，实现中试楼主体结构封顶。9月，实现科研楼主体结构封顶、宿舍楼正负零施工。是年，科研楼、中试楼、宿舍楼、食堂主体结构均已封顶。通过“北京市文明安全绿色样本工地”验收。

2018年，获得“2017年度北京市绿色安全样板工地”“2017—2018年度北京市建筑结构长城杯金奖”，成为怀柔科学城样板工程。

2019年上半年，室内装饰装修工程、外墙饰面工程基本完成；室外市政工程管线，园区道路路基、基层完成，园区工程预验收完成。7月30日，完成全部工程施工，同步启动各专项验收及竣工验收。8月30日，在怀柔区建委的组织下，顺利完成竣工联合验收，成为怀柔区第一个完成竣工联合验收的项目。园区建筑面积10.79万平方米，主要建筑包含科研楼（6.25万平方米），中试孵化楼（2.32万平方米），宿舍楼（2.22万平方米）、食堂、气体站、门卫室等附属科研及生活设施。

三、运营服务

2015年，逐步建立健全运营体系。5月12日，配合集团组织“产业服务专题活动微纳能源技术专场”。

2016年，考察成熟的产业园、孵化器、大学科技园的运营模式，与专业的物业管理公司洽谈物业前期介入，及项目建成后物业运营管理、费用测算等相关问题。进一步商讨与纳米能源所的合作模式与机制，按照“四位一体”的方式探索科研成果产业化的路径，共同推进单项科技成果的产业化，7月15日，联合成功举办“NENS 2016 第二届纳米能源与系统之产业应用论坛”。是年，召开“汽车尾气净化系统研讨论证会”。中关村微纳能源与纳米能源所以“摩擦电汽车尾气颗粒物去除技术”单项科技成果为现行试点，初步达成共同成立产业化工作小组，共同完成成果转化的意愿。

2017年4月，展示中心开工。8月，展示中心竣工验收。是年，对接北汽集团，与纳米能源所就“摩擦电汽车尾气颗粒物去除技术”的汽车尾气净化项目，以工作组方式与北汽集团共同推动其“摩擦电汽车尾气颗粒物净化器”项目产业化。持续跟进并研究纳米能源所的“自供电智能鞋”项目，以研究员自然人股东出资的形式在怀柔区注册北京中科启林科技有限公司，纳米能源所授予北京中科启林科技有限公司18个月的免费专利使用权。中关村微纳能源被中关村管委会评定为中关村高新技术企业。

2018年10月9日，园区中关村纳米成果孵化平台获得中关村管委会授予的第一批“中关村硬科技孵化平台”。是年，初步建立支撑科技成果转化和科技企业孵化金融服务超市。以服务王中林院士及其团队“高精尖”科技成果孵化为基础，大力探索科技成果“前孵化”与市场化对接过程中原始创新转化服务体系的新模式、新机制，筹划成立“北京中关村先进材料创新基金”，基金总规模计划为3亿元。逐步集聚以纳米技术为主导的系能源、信息、环境、健康等领域的成果转化和科技研发项目，包括纳米能源所的“摩擦电机动车尾气处理技术”“自供电足压监测系统”“摩擦纳米发电机的电源管理模块及应用”“摩擦发电织物”“摩擦电空气净化器”“光聚合材料”“新型先进防水材料”“纳米薄膜材料”等项目。

2019年，园区打造怀柔科学城科技创新服务模式先行示范基地，初步形成“一园区、一平台、一超市、一基金”为核心的科技创新服务体系。围绕以纳米技术为核心的新材料、新能源技术的产业聚集效应正逐步形成。

图4-10-3　2019年10月10日，北京纳米能源与系统研究所怀柔园区竣工暨签约仪式举行

第十一节　中关村永丰产业基地（新）

中关村永丰产业基地（新）由北京实创高科技发展有限责任公司开发建设。园区位于海淀区，占地面积458.52万平方米，致力于打造集研发、中试、孵化、技术服务、技术交易、总部、展示、高端生产于一体的国际一流导航与位置服务和新材料产业中心，重点推进航海导航产业、北斗二代导航系统、位置服务、地理信息系统、新材料等五大产业集群以及其他相关产业的发展。

图4-11-1　中关村永丰产业基地（新）

一、园区规划

2010年，依据已批复的街区层面控规，结合中关村永丰产业基地（新）的现状特点，与规划设计院沟通优化土地使用规划、交通规划、提高土地集约利用效率，完善功能布局，合理分配土地使用比例。完成4-1街区深化方案备案、永丰产业基地（新）城市设计。

2012年，完成城市设计和生态规划编制、轨道交通永丰南站一体化初步设计。初步完成能源规划、市政规划、产业规划和空间布局研究、4-1街区G、H地块的指标调增和控规编制及市政管线设计。

2013年，重点完善等级体系、优化空间布局、提升功能定位三个方面，建立“中心—副中心—多中心”公共服务中心等级网络格局，明确园区内加速器和公共服务平台等各个公共中心的供应建设安排、空间形态设计等。按照园中园的布局模式，结合公共设施应有的合理服务半径，打造研发服务的聚集平台。重点完成F地块项目创意策划，以边缘生态、湿地文化的生态主题，北斗导航、太空科技的文化主题，产城融合、多元融合的产业主题，实现金融商务、科研创新、企业孵化、会议会展、互动体验等创新特色的主题城市功能策划。以生态规划为控制技术指标，根据以人为本和生态设计原则，启动景观规划；根据服务功能布局和优化绿色交通组织原则，启动交通规划；根据河道功能定位和提升环境品质原则，启动水系规划。在此基础上提出综合水体、景观、交通的总体规划方案，实现融合统一。根据“智慧、生态、艺术、高效”的园区建设核心理念，完成智慧园区的顶层设计框架方案。

2014年，启动生态环境景观设计，提出“水依林伴，活力丰盈”的设计理念，打造“绿色生态新城”。C4、C5公租房项目采用雨水收集系统、多层次植物群落复合绿化体系、太阳能光伏发热等先进的设计理念和技术，构建绿色生态体系，示范引领北京乃至全国绿色居住区的推广。联合工信部电信研究院共同完成北部生态科技新区智慧园区顶层设计，统筹谋划智慧园区平台搭建。

2015年，进一步深入研究产业规划、空间布局和特色产业基地支撑体系，优化园区功能布局。

2016年，北部生态科技新区进一步完善园区综合规划，以功能定位约束空间规划、约束开发强度、约束用途用量，推进“多规合一”，科学布局生产空间、生活空间和生态空间。

2017年，进一步深化产业规划、生态规划、空间规划、人口规划、开发运营规划、投融资规划，科学布局生产空间、生活空间和生态空间，加快重点项目实施。

2018年，对标全球顶尖科技创新中心，科学统筹产业、生态、空间、人口、功能规划，合理布局科技园区创新要素和配套服务功能。推进中关村永丰产业基地（新）供地，取得J、F1、F2地块一级规划条件批复。

二、开发建设

2010年8月，实创高科开始中关村永丰产业基地（新）的开发建设。园区占地面积458.52万平方米，建设用地233.63万平方米；建筑面积381.23万平方米。园区坚持“用地集约、产业集群、设施配套、生态良好、城乡一体”的原则，注重“生态、艺术、智慧、高效”的建设理念，打造集研发、中试、孵化、技术服务、技术交易、总部、展示、高端生产于一体的国际一流导航与位置服务和新材料产业中心，重点推进航海导航产业、北斗二代导航系统、位置服务、地理信息系统、新材料等五大产业集群以及其他相关产业的发展。

2011年5月23日，北京市国土资源局正式批复园区一级开发项目组团授权，实创高科正式成为中关村永丰产业基地（新）土地一级开发的主体。9月15日启动宅基地腾退。12月31日，大牛坊等四村签约拆除面积30万平方米，安置面积23万平方米。12月，开始启动六里屯、小牛坊及东玉河三个村的宅基地腾退及大牛坊村庄集体土地内非宅基地类房屋的腾退。是年，取得先期启动地块及市政道路的权属调查和勘测定界的测绘成果。完成永丰北环路和辛店东路的设计及工程招投标。

2012年11月，永丰北环路、辛店东路、永丰西滨河路实现开工建设。累计完成大牛坊、东玉河、皇后店、小牛坊及六里屯等村庄拆迁宅基地3933户、腾退人口10，501人，拆除宅基地面积104万平方米，安置购房面积85万平方米。完成G、H地块及永丰北环路、辛店东路建筑面积35万平方米企业腾退。

2013年，G、H、C地块全部取得规划意见书和市发展改革委项目核准批复。截至11月底，支付拆迁腾退款10.78亿元，累计支付拆迁腾退款73.78亿元。

2014年，完成园区开发建设投资22.9亿元。10月初，投资3000余万元建设的上地云中心正式启用。11月14日，正式点火供暖，改建后的实创上地能源中心总供热面积为由原来的260万平方米增加至480万平方米。永丰西滨河路、辛店东路、永丰北环路达到验收条件。

2015年，推进土地一级开发建设，4-2、4-3街区控规批复取得重大进展，完成街区深化备案。

2016年，永丰基地新园重点项目实施。G、H地块签订入库协议，有序实现11宗土地供地，建设用地面积29.4万平方米。政府投资项目大牛坊中街、永丰东环路北延、唐家岭路、皇后店中街7.05公里城市次干路建设进展顺利，其中大牛坊中街、永丰东环路北延、唐家岭路年内达到使用条件。

2017年，全年完成一级开发建设投资10.77亿元。C4、C5公租房项目作为北京市最大的住宅产业化社区和绿色三星建设示范工程入选"砥砺奋进的五年"成就展，实现主体结构封顶。永丰东环路北延、唐家岭路3.54公里城市次干路建设全面完工，园区路网骨架基本成型。

2018年，全年完成一级开发建设投资50，251万元。青棠湾项目作为北京市最大的住宅产业化社区和绿色三星建设示范工程，年底达到入住条件，完成投资7.65亿元。皇后店中街2.29公里城市次干路和G、H、C地块7.01公里支路建设进展顺利，全年完成建设投资15，741万元，园区路网骨架基本形成。

2019年，园区F1、F2、J地块取得立项批复。青棠湾项目A、B、C、D四个组团竣工交房，配套幼儿园装修加快推进。辛店东路等9.3公里城市次干路、支路进展顺利，园区路网骨架基本形成。

第十二节　上地信息产业基地

上地信息产业基地由北京实创高科技发展有限责任公司建设运营。园区位于海淀区，以信息路为主轴，范围南至上地南路、北至后厂村路，西至上地西路、东至上地东路，占地面积243.2万平方米。园区是中国第一个以电子信息产业为主导，集科研、开发、生产、经营、培训、服务为一体的具有可持续创新能力的综合性高新技术产业园区。基地建成后，联想、百度、用友、神州数码、浪潮、华为等高科技企业先后入驻，分别设立研发中心或公司总部。

图4-12-1　上地信息产业基地

一、园区规划

1991年，国家科委和北京市政府批准成立北京上地信息产业基地，是中国第一个以电子信息产业为主导，集科研、开发、生产、经营、培训、服务为一体的高新技术产业园区。

2019年，编制细化上地信息产业基地城市提升三年行动计划，完成上地信息路及沿线地区城市提升概念设计方案。

二、开发建设

1991年10月12日，上地信息产业基地奠基。南区破土动工。

1992年3月26日，"北京市高新技术产业开发试验区上地信息产业基地土地使用权有偿出让、转让新闻发布会"举行，宣布市政府将上地土地使用权出让给实创高科，实创高科可以向中外投资者转让，期限为50年。这是北京市第一次实行土地使用权转让。

1998年，南区市政设施全部完成九通一平。

2000年，南区基本建成，北区开始建设。北区是南区的延伸，总征地面积51.1万平方米，规划面积43.93万平方米，工业用地28.94万平方米，总建筑面积53.07万平方米。北区建筑密度25%，绿地率53.33%。

2003年，北区一级开发全部完成。

2005年，百度公司拍得园区最后一块地后，上地信息产业基地成为国内第一个建成的产业基地。

图4-12-2 百度

2019年，实施联想地块、宏源首著等示范节点街景重构，其中联想地块示范项目荣获“2019年园冶杯专业金奖”。

三、运营管理

2001年，通过ISO 14001环境管理体系认证，成为北京市第一个具有环境管理体系认证标志的绿色科技园。联想电脑公司，美国安那络（中国）有限公司、神州数码（中国）有限公司等企业与实创高科签署了进驻上地信息产业基地北区的协议，成为到上地信息产业基地北区创业的第一批科技企业。园区创造每万平方米土地3.65亿元产值的“钻石效应”，土地利用率居全国之首。

2002年，园区入驻企业546家，累计创造工业总产值864.3亿元，上缴税金28.14亿元，出口创汇4.68亿美元。产业项目涵盖电子信息、光机电一体化、生物工程与新医药、新材料及能源环保等国家重点发展领域。基地内拥有一流的规模化生产线、一批有自主知识产权的从事高精尖技术研发的名牌企业。IBM、北大方正、华为、联想、诺和诺德、清华同方、科利华、用友、三菱四通、东方电子等一批名牌企业形成了基地的支柱产业。

联想作为最早入驻的第一批企业之一，在20世纪90年代初，联想发展之初，实创高科放宽价格，联想入驻。2002年，联想在上地信息产业基地的物业面积已经由原来的800平方米增加到3万平方米。在实创高科的支持下，联想的职能总部、研发、服务、生产、制造全部搬进了基地，其北方厂年产电脑达到了200万台以上，产值高达100多亿。

2005年，园区获得信息产业部“国家计算机与网络产品产业园”认定。

2007年，园区入驻企业1800余家，实现工业总产值362.6亿元，上缴税费42.2亿元，实现利润42.8亿元，出口创汇4.2亿美元。

2013年，园区注册企业10，365家，其中国家级高新技术企业1078家。园区从业人员约16.81万人。

2019年，制定智慧社区管理解决方案，参与“智慧海淀”项目建设，协同推进上地街区和西北旺镇新型城市指挥平台建设顶层设计。启动上地地理信息系统（GIS）平台建设，一期工程重点围绕园区基础数据、框架数据及企业、楼宇等专题数据采集加工，搭建园区企业产业分析系统，建成后可实现园区产业布局分析、楼宇经济分析、企业发展情况分析等功能。以海淀区“创新发展16条”为支撑，建立“空间+服务+投资”的业务运营新模式，引入原始创新科技企业、北京科创基金和三峡资本等金融、中介机构入驻“硬科技”“独角兽”两大创业孵化基地，形成人才、技术、服务、资本四位一体创新创业生态环境，入驻企业项目数量持续增加。

第十三节　中关村电子城西区和北区

中关村电子城西区和北区由北京中关村电子城建设有限公司建设运营，是中关村电子城科技园的一部分。中关村电子城科技园位于朝阳区，包括东区（酒仙桥）、西区（望京）、北区及健翔园，占地面积16.8平方公里。园区定位为发展新一代移动通信、光电显示、计算机与网络三大产业的重要基地。

一、园区规划

2002年8月9日，中关村科技园区规划建设协调会，通过电子城西区控制性详细规划。8月26日，建设中关村领导小组办公室发文，通过电子城西区控制性详细规划。

2003年6月16日，北京中关村电子城建设有限公司从市规划委取得一、二期规划意见书。

2006年1月17日，经国务院批准、国家发展改革委公告，电子城西区北扩276.2万平方米，正式纳入中关村科技园区政策区范围。

2007年初，委托北京市城市规划设计研究院详细规划所进行规划设计。年底，规划方案初步成果完成。

2009年6月，北扩规划（一期）2.02平方公里的控制性详细规划获得市政府批准，一期范围规划总建筑规模达230万平方米。

2010年，爱立信二期项目容积率调整获批，完成设计方案。E5三期完成初步方案设计，申请规划用地指标。望京国际研发园三期（原北电网络）完成立项审批。中材集团研发基地和望京研发创新基地项目完成初步方案设计。大唐电信项目在签订土地开发补偿协议后，协调土地协议出让正式批复文件，完成项目初步设计方案。

2011年，E5三期完成设计方案。

图4-13-1　E5三期（效果图）

2012年4月，市规划委动态维护会同意可先行启动电子城北区局部区域控规调整，审议通过局部区域（44.34万平方米建设用地）控规调整方案。建设规模从84.89万平方米调整到127.63万平方米，新增约43万平方米，提高幅度超过50%。

2013年，电子城北区启动整体控规调整。陆续完成节能评估、地震安全性评价、水资源论证和交通影响评价等专项。6月，E5三期取得项目立项批复，取得环评、规划设计方案审查意见，完成土地出让合同签署。望京研发创新基地B12－2和C3项目通过市规划委动态维护会，容积率由1.6调整到2.5，增加地上建筑面积6万平方米。

2015年，电子城北区一期2－6号地道路管线设计综合全部完成。

2016年，电子城北区土市政工程前期手续同步报批。2017年，电子城北区规划5、6、12路前期手续取得全部规划许可证。规划2、4、14、15、16路取得道路规划条件、管线规划条件，道路及雨污水设计已经完成。完成电子城北区6－2地块规划调整。完成电子城北区2－4、2－5地块规划调整，调整为F1住宅混合用地。2018年，电子城北区高压线入地工程取得入地工程规划条件，落实费用来源，进入五评阶段；沈干渠公园方案征集完成。

二、开发建设

2003年8月14日，朝阳区东湖路市政工程开工。

2004年2月19日，中关村电子城公司与中材恒和科技园开发有限公司签订土地合作开发协议，明确了中材恒和科技园的用地范围及合作方式。6月30日，中关村电子城公司与华商投资有限公司签署土地合作开发协议，建设“欧洲汽车电子加工组装中心”“宝马汽车技术研发中心”。8月，东湖路段建设全部完成，全长1451.57米。8月23日，中关村电子城公司与爱立信（中国）有限公司签署项目开发合同，建设爱立信中国研发总院大厦及中国地区总部。10月，朝科三号路段建设完工，全长790米。11月12日，宝马汽车项目及SINOC汽车电子研发中心开工。

2006年5月12日，北电网络一期工程竣工。是年，随着爱立信南侧F路及东北侧五环辅路、北电网络东南侧望京新干道通车，实现了电子城西区五环以内部分的全部道路建设及各研发中心周边主次干道全部投入使用。与东湖办事处合作，共同完成沿五环路的绿化工程、广顺北大街景观大道工程和望京北路绿化提升工程。

2008年6月，电子城科技广场顺利竣工。科技广场位于摩托罗拉和北电网络及规划中的五星级酒店附近，占地面积约1.4万平方米。是年，电子城西区二、三期征地取得市政府的批复。电子城西区二、三期征地范围内的转工转居工作全面启动，征地范围内的拆迁启动。重点项目杰华生物开工。

2009年3月6日，电子城西区国际研发园监控系统建成并投入使用。5月14日，崔各庄变电站和基础设施建设开工。10月，电子城西区二、三期拆迁工作全面展开，贯穿电子城西区二、三期区域并将连接五环内望京地区的又一条主要干道。来广营中街（一期）开工建设。

2010年，北扩拆迁基本完成。在北扩区域401平方公里范围内（北扩一期和二期同步拆迁），住宅拆迁完成97%，约69万平方米；非住宅拆迁完成96%，约164万平方米，基本完成拆迁。重点项目陆续启动。崔各庄110KV电站和来广营中街、电子城西区六号路、电子城西区二号路、电子城西区一号路等4条道路竣工。恒基伟业研发中心项目开工建设。杰华生物研发生产基地项目竣工。中石油寰球工程设计研发基地项目主体结构完成。F1五星级酒店主体结构封顶。

2011年，推进电子城西区征地，五环外基础设施建设任务完成过半。电子城西区一号路、二号路完成建设。爱立信二期开始建设。恒基伟业项目（代建出售）主体结构封顶。昆泰酒店投入运营。

2012年，电子城北区实现拆迁总面积231.74万平方米。望京国际研发园三期结构封顶。二期市政建设基本完成。新开工四号路完工，五环北辅路、三号路、四号路、五号路等4条道路开工基本完成。

2013年是电子城北区和西区开发建设的关键之年。电子城北区市政设施启动建设。电子城西区四期启动集体地上物拆迁，完成集体企业腾退。电子城西区五环北辅路和三、四号路等3条道路全部完工。爱立信二期项目完成总体工程量的80%，E8-2项目完成总体工程量的99%。望京国际研发园三期项目完工，望京研发创新基地1#楼、3#楼开工建设。

2014年，爱立信二期土建工程完成。

2015年，电子城北区1-10号地住宅拆迁完成98%，非住宅拆迁完成94%。西区在建项目陆续竣工交付。爱立信二期项目于年底正式入驻。

2016年，完成电子城西区D1、D3、G1、G3地块考古勘查。电子城西区E5三期开始建设。

2017年，自持项目建设稳步推进，项目用地类型调整完成。E5三期项目完成护坡、开槽、基础防水施工、底板浇筑，完成工程建设投资约1.3亿，完成总工程量的12%。电子城西区东北铁路环内侧路一段、二段，电子城西区八号路、九号路、十号路8月开工建设。东北铁路环内侧路开工建设，标志着电子城西区二、四期道路内循环体系初具规模。

2018年，电子城西区基础设施建设有序实施。八号路、九号路及十号路道路施工完成80%；七号路、朝科三号路、东北公路环北侧辅路已启动施工招投标。电子城西区二级项目建设稳步推进。E5三期项目主体结构施工全部完成，夺得“结构长城杯金杯”与“朝阳杯金杯”奖项。

2019年，电子城西区八、九、十号路完成91%，进入道路命名阶段；铁路环内侧路一段工程基本完成，二段工程施工完成80%。基本完成E5三期项目各类工程的验收。

三、运营服务

2003年6月10日，北京华商投资有限公司入驻电子城西区。10月9日，与北电网络签订入驻电子城西区的项目开发协议，成为电子城西区最早引进的世界五百强地区总部和研发中心。11月19日，在望京科技园二期成功组织“MOTOROLA国际研讨会”。12月25日，与摩托罗拉正式签约。摩托罗拉将在电子城西区建立北亚总部、中国总部和研发中心。

2004年10月，索尼爱立信移动通讯产品（中国）有限公司签约入驻望京科技园A座，包括地区总部和研发中心。11月1日，朗讯科技（中国）有限公司正式签约入驻电子城西区。11月11日，三星电子（中国）服务总部和三星数据系统（北京）有限公司正式签约入驻电子城西区。

图4-13-2　爱立信大厦

2006年8月，北电网络正式入驻。2007年4月20日，安捷伦研发中心及总部启用。5月，爱立信大厦全面启用。11月8日，摩托罗拉中国创新园落成。6月19日，与大唐电信、恒基伟业、翔鹰集团等三家企业入驻电子城西区签约。10月，电子城西区无线宽带网络覆盖工程完成并投入使用，在北京市高科技园区中第一个实现无线宽带网络覆盖。

2009年12月，世界五百强企业施耐德电气正式签约入驻电子城西区。

2010年，提出系统化、立体化、品牌化的“三化”模式，重点突出中国“移动谷”品牌。根据新移动通信、新能源和新生物医药产业（简称“三新”产业）发展方向，分世界五百强、重点央企和民营企业三个板块。电子城西区及北扩区域已签协议和在接洽产业项目共计45个，其中签协议产业项目5个、入驻意向协议项目10个。引进握奇数据、华锐风电、新能源产业园、第一视频、奥莱梯尼科技等新项目，落实大唐电信、七星华创和时代凌宇（含佰能电气）等项目。共洽谈“三新”产业等高技术产业项目近60个。签订正式协议项目9个，签订合作意向协议项目17个。签订正式协议与合作意向的24个项目，总需求建筑规模约150万平方米。望京科技园共有握奇数据等9家大中型企业入驻。

2011年，引进全球第二大生物医药企业——默沙东公司。通过合作共建模式引进湘电新能源总部、研发中心及销售中心。在新移动通信产业聚集基础上，以信息服务和运营等产业环节为重点，进一步完善新移动通讯产业链，引进惠普公司、中国移动北京公司验证测试平台、中国电信云计算互联网运营中心项目。

2012年，新接洽“三新”产业项目20多个。与神州通科技、和运集团、康佳集团等3个项目签约。联想移动互联业务集团、康佳集团北京公司、思科研发北京分公司迁入园区办公，落实部分公司在园区的注册登记和纳税关系转入。

2013年，与世纪互联、宇龙通信、精进电动等11家企业签署合作意向协议。爱立信二期、望京国际研发园三期、望京研发创新基地等项目陆续开发建设并投入使用，赛仕软件、中交金卡、拉手网、锤子科技等企业入驻。

2014年，中关村朝阳园建设项目管理联席会研究审议了引进庆华能源、迪信通集团、中国建筑节能减排产业集群、叶氏企业集团新能源项目和大众汽车等5家总部及研发中心项目，原则性通过审议。亿策、京磁新材料等企业入驻。望京国际研发园三期美团网和奔驰公司实现入驻办公。

2015年，叶氏企业集团、和运集团、京奥港、南山集团与公司签订入驻电子城西区意向协议；神州通集团、迪信通、阿里巴巴等新移动通信产业项目意向入驻电子城北区，大众集团、华锐风电和七星华创等几家新能源产业公司的总部和研发中心意向入驻电子城北区。

2017年2月15日，完美世界股份有限公司正式签约电子城E5三期项目；8月16日，中护航（北京）信息科技有限公司入驻E2研发中心一期项目，租赁面积2.4万平方米。

2018年，自持物业租赁经营良好，出租率和单位租金均有所提高，各项目总计新增36家注册公司，主要以人工智能、“互联网+”、传媒等行业为主，出租率96%。

2019年，E5三期项目完成竣工验收。B12－1地块2号楼结构封顶，幕墙封闭。自持物业租赁面积19.4万平方米，出租率93.68%，其中续租面积共计9656.87平方米，新增租赁面积5526.02平方米。

第十四节　南口三一产业园

南口三一产业园由北京兴昌高科技发展有限公司开发建设。园区位于昌平区南口镇西部，东至南雁路，南至白花路，西至规划九路，北至规划二路，占地面积136.33万平方米。

一、园区规划

2008年，“三一北京制造中心”作为北京市高端制造业项目选址南口工业区，昌平区政府授权兴昌公司为南口三一产业园前期开发主体。

二、开发建设

2011年4月，园区一期地块完成入市交易。2012年，南口三一产业园三期授权北京振邦承基开发建设有限公司作为实施主体，兴昌高科负责协助完成项目一级开发前期手续。2013年12月，园区二期地块完成入市交易。2016年3月14日，三期项目取得北京市政府关于昌平区2016年度批次建设用地的批复。2017年，完成转非安置。2018年4月，完成征地结案。7月17日，取得二级钉桩成果。成本审核申请报送至北京市规自委昌平分局待办理后续手续。

第十五节　中关村昌平园西区和东区

中关村昌平园西区和东区是中关村昌平园的一部分，由北京兴昌高科技发展有限公司开发建设。昌平园西区是中关村昌平园发展建设的起步区，东至龙水路，南至白浮泉路、京密引水渠，西至京藏高速，北至振兴路，占地面积435.9

万平方米，分五期开发建设。昌平园东区东至滨河西路、振昌路，南至京密北路、凯创路，西至南丰东路、滨河东路，北至昌怀路，占地面积476.3万平方米，分六期开发建设。

一、园区规划

昌平园西区　2011年，昌平园西区化庄地块进行控规编制。2012年，西区一期、二期土地全部出让完毕；三期大部分产业用地与企业签订协议。2013年，五期因规划调整导致开发范围及用地指标发生变化，需要重新办理项目规划意见书并立项。2018年，重新取得西区五期立项批复。

昌平园东区　2011年，昌平园东区四期取得授权批复、土地预审、发展改革委立项、规划意见书、规划许可证、林地审核同意书；东区五期完成立项申请报告初稿修改。进行孟祖河西滨河路道路定线，以确定开发面积；东区六期完成立项申请报告初稿，办理规划条件手续。2014年，按规划部门无缝隙覆盖的征地要求，昌平园东区五期范围由27.16万平方米扩大调整为57.07万平方米。2015年6月，完成《中关村科技园区昌平园东区四期联合储备开发项目土地利用总体规划空间布局落实方案》；东区五期因规划范围调整，重新办理地块定桩工作。2017年，东区六期因范围变化，前期手续需重新办理。

二、开发建设

昌平园西区　2011年，昌平园西区三期土地一级开发基本结束，共完成征地面积36.11万平方米。2012年，昌平园西区三期0208−71−3工业用地、四期配套住宅项目完成入市交易；2015年，完成城南街道凉水河村、山峡村的回迁安置。

昌平园东区　2010年，启动昌平园东区南邵镇南邵村、纪窑村、金家坟村、景文屯村拆迁工作。昌平园东区应征土地349.96万平方米，累计完成征地325.61万平方米，涉及安置人口1649人（其中已取得用地批复211.60万平方米，安置转非农业人口1100人）。累计共完成拆迁1144户，累计拆迁面积116.35万平方米。地铁昌平线南邵站小汽车P+R停车场（换乘停车场）及公交停车场，完成公交场站95%的场地工程及公交场站办公楼施工。昌平园东区一期各地块陆续入市交易。三块工业建设用地完成挂牌竞价。昌平园东区二期部分地块启动入市交易手续；昌平园东区三期、四期联合储备开发项目累计申请联储资金10.4亿元。

2011年，昌平园东区二期、四期、六期共征用南邵村、鑫实路桥土地12.45万平方米。累计拆迁1454户，拆迁总面积127.65万平方米。京密北路、南中路和中心路实现全线通车。2012年，累计完成土地一级开发面积611.57万平方米，出让土地面积484.2万平方米。拆迁1496户，拆迁总面积130.97万平方米。昌平园东区五期、六期土地一级开发启动。

2013年，累计拆迁1505户，拆迁总面积131.22万平方米。昌平园东区先后启动14条市政道路建设，道路总长约19.5公里，总投资7.3亿元。昌平园东区三期三条道路南丰东西小街（东段）、南丰东小街、景文屯中街（东段）全面开工。地铁昌平线南邵站停车场工程全部完工。兴昌佳苑回迁小区竣工，完成回迁934户，交付回迁房2037套，安置3053人。昌平园东区一期全部完成入市交易；二期、三期项目完成全部土地一级开发，二期0303-16文化娱乐用地入市交易，土地面积2.23万平方米；三期的0303-32-1、3地块，0303-41-1、2地块，0303-03地块完成入市交易。

2014年，昌平园东区拆迁1508户，累计拆迁总面积131.28万平方米。南丰东小街道路通车。2015年，昌平园东区累计拆迁1514户，拆迁总面积131.41万平方米。7条道路通车，总里程10公里。10月，昌平园东区二期0303-07、0303-54地块入市交易。2016年，东区累计拆迁1519户，拆迁总面积131.56万平方米。完成中铁建公司负责建设的兴昌佳苑二期5万平方米的回迁工作，回迁179户，交付回迁房595套，安置834人。2017年，昌平园东区累计拆迁1520户，拆迁总面积132.04万平方米。昌平园东区范围内道路通车总里程12.5公里，在建道路5条。2018年，完成京密引水渠北路配套污水管网与昌平园东区污水处理厂外管网衔接工程，东区范围内污水主管线工程正式贯通。

2019年，昌平园东区累计拆迁1522户住宅，累计拆迁总面积132.09万平方米。累计回迁1123户，交付回迁房2649套，安置3916人。昌平园东区具备施工条件的主要市政道路及配套市政设施基本建设完成。

第十六节　马池口埝头工业区

马池口埝头工业区由北京兴昌高科技发展有限公司开发建设。园区位于昌平区马池口镇中部，以京包铁路为界分东西两部分，占地面积8.81万平方米。西半部为工业区，东至京包铁路，南至昌流路改线，西至神牛路，北至水南路，占地面积4.5万平方米；东半部是与工业区配套的仓储区、住宅区，占地面积4.31万平方米。

图4-16-1　马池口埝头工业区

一、园区规划

2008—2015年，受铁道部选址埝头工业区物流中心的影响，园区控规调整多年无法深入推进。2015年，完成《昌平新城1-1街区控制性详细规划深化》方案，将东部配套区和西部工业区纳入整体规划。依据昌平区“十三五”整体规划，马池口镇定位为绿色文化发展示范区，埝头工业区随之明确新的发展方向，由传统制造业园区转变为新型科技、新能源研发业基地。西区（1-1街区）为高科技的绿色文明研发园区，东区（1–2街区）为文化宜居区。

二、开发建设

兴昌高科作为园区前期开发实施单位，在对原“美国工业园”有关债务清算的基础上，进行园区的土地一级开发。2012年，工业区内的孵化器1、2号楼完工，总建筑面积2.48万平方米。2015年，北京天途航空技术发展有限公司正式入驻孵化器。

第十七节　北京通用航空产业园

北京通用航空产业园由北京兴昌高科技发展有限公司负责开发建设。园区位于昌平区百善镇，东至孟百路及规划绿化带，南至百沙路，西至流研所路及规划五路，北至百葛路（百善镇段）及百善镇区南街，占地面积55.4万平方米。

一、园区规划

2016年，兴昌高科与百善镇政府、昌房公司共同委托北京市弘都城市规划建筑设计院编制百善镇镇域规划实施方案。2017年，年初取得《百善镇规划实施方案及镇中心区控规深化方案》成果。

二、开发建设

2011年4月，昌平区政府与北京航空航天大学签订《战略合作框架协议》，启动北京通用航空产业园建设。

2013年7月，昌平区政府委托兴昌高科代建的中航激光成型研发基地201厂房辅楼交付使用。中航激光成型研发基地，位于北京通用航空产业园西南侧，规划建设用地约12.6万平方米，总建筑面积约6.9万平方米。10月，206动力站完成发电。11月，供暖设备投入使用。

图4-17-1　中航激光成型研发基地

2014年9月17日，中航激光公司、兴昌公司、监理单位、施工单位共同对206动力站进行验收。11月，园区产业用地范围内初步确定拟入驻企业，入驻企业将对意向地块单独进行一级开发。昌平区政府批准调整园区产业用地项目一级开发范围，由原来的64万平方米调整为55.4万平方米。

2016年6月19日，原授权批复（昌政函〔2013〕149号）过期，向昌平区政府重新提交关于授权兴昌公司对产业用地项目进行土地一级开发的请示。2017年10月，重新取得授权批复。一期已办理取得的手续有钉桩成果、规划条件、土地权属告知书、用地预审、地灾报告、立项批复。

第十八节　北京·银行保险产业园

北京·银行保险产业园，原名北京保险产业园，由北京中关村石景山园发展有限公司开发建设。园区位于中关村科技园区石景山园北一区、南区和新首钢高端产业综合服务区，占地面积约100万平方米。园区是中国银保监会和北京市政府共同推出的全国首家以银行保险产业为核心的国家级金融创新示范区。

图4-18-1　北京·银行保险产业园

一、园区规划

2006年，北I区地上控规为36.91万平方米。

2009年，北I区地上控规调整为48.9万平方米，调增约12万平方米。取得立项批复、建设用地规划许可证和拆迁许可证。北I区项目占地面积65.3万平方米，总投资不低于20亿元。

2012年，北I区地上控制规模调整为56.3万平方米，同时调整项目用地东侧八大处沟的蓝线位置。基本完成北I区控规及项目用地东边界调整，将规划绿地（1605-072地块）与规划教育科研用地（1605-611地块）置换。随着石景山区发展空间优化，北I区原产业定位为高端产业总部基地。

2013年，保监会与北京市政府正式签署《战略合作备忘录》，明确保险产业园落户石景山区。7月，北京市发布《关于加快推进石景山区国家服务业综合改革试点区发展的意见》，提出“推动现代金融业集聚发展，加快长安街西延线金融创新要素聚集，推动国家保险产业园重大项目落地，吸引全国各保险公司总部、数据中心、外包中心等各类新型金融机构聚集石景山区”。8月15日，石景山区启动《北京保险产业园发展规划纲要》编制。11月18日，市政府召开专题会，同意在石景山园北I区等建设北京国家保险产业园。取得市规划委《关于中关村科技园区石景山园北I区控制性详细规划调整的函》，明确项目总建筑规模调增至56.3万平方米。

2014年，北京保险产业园建设列入石景山区政府十项重点工程，项目落户于北I区，占地面积65万平方米。委托专业造价咨询机构完成北I区定向安置房用地及地上物、农工商物业还建的评估，完成定向安置房项目各市政条件的设计概算。

2016年，统筹推进“七通一平”方案设计、手续办理、开工建设等，完成北京保险产业园市政管线设计综合方案，完成规划二号路、三号路、实兴东街、实兴西街、石河村东路市政工程设计综合方案并取得了立项审批，取得一号路燃气管线和过河热力管线的立项批复和节能审查批复。

2017年，统筹规划，落实石景山区《北京保险产业园2016—2018年开发建设行动计划》。完成636、651地块文物勘探，道路、绿地、河道用地手续移交，取得项目二级规划条件，通过土地一级开发成本报告审定、地价评估。2018年，项目“637+641”项目建设进展顺利，先后制定完成幕墙、园林、热力等专项设计。

二、开发建设

2009年和2010年，累计融资12.3亿元，用于北I区开发建设。

2010年，北I区一级开发。协调石景山区住建委、石景山国土分局，落实拆迁安置房房源5万平方米，与刘娘府综合改造项目同步启动拆迁。新媒体基地（135亩地块）项目中区竣工，南北区主体结构封顶。

2011年，融资资金3.26亿元全部用于北I区一级开发。解决拆迁安置房5万平方米，完成非住宅拆迁80%，居民住宅拆迁90%。

2012年，北I区一级开发项目完成北京市城市河湖管理处等8家单位的国地收购、林地征占的相关审批手续，取得市园林局使用林地的批复。与刘娘府农工商公司和八大处农工商总公司签署征地协议。北Ⅰ区拆迁已进入尾声，全年完成5个院落约1200平方米的拆迁。

2013年，住宅拆迁累计完成92%。累计发放拆迁款约2.87亿元。基本完成项目企业搬迁。

2014年，完成项目东侧占地面积8300平方米所有院落的签约，实现场光地净。完成其中一个地块的文物勘探。北I区定向安置房项目纳入全市保障房计划，成为“绿色通道”项目，为保证居民按时回迁“上楼”，项目提前开工。安置房项目共有5栋住宅楼及1栋配套公建，全面开工，其中1#楼（15层）主体结构封顶。地下车库完成全部施工，年底实现主体结构全部封顶。

2015年，实现园区首宗土地上市交易。累计取得土地上市前重要批复20项。安置房项目是拆迁居民定向安置用房，位于中关村石景山园北二区创业园内。5月18日实现结构封顶，楼内工程量完成超过90%。

2016年，实现4宗土地挂牌上市并以底价竞得“637+641”地块国有土地使用权。实现637、641、639、649地块在北京市土地整理储备中心挂牌上市。全面完成土地一级开发，完成定向安置房建设。针对体量达45，000平方米的神农庄园，采取“实物+货币”补偿相结合的方式，签署拆迁腾退协议。完成项目所有居民拆迁及非住宅拆迁，面积分别为4.88万平方米和12.20万平方米。启动三号路雨水管线施工。

2017年，有序推进一级开发。完成项目全部拆迁，拆除总面积5万平方米。突破刘娘府土地一级开发瓶颈，仅用3个月时间完成项目内8个点位、16个相对人约4000平方米违建拆除和51个宅基地院落、两套公房楼房共11，437平方米住宅的拆迁。637、641地块总建筑面积约18.71万平方米，全部实现主体结构封顶。交付第二批55套安置房，完成刘娘府项目92套房屋交房。

2018年，“637+641”项目建设组织消防、配电箱、幕墙等5个专业分包工程，共9个标段的专业工程招标。通过评审取得绿色三星建筑设计标识。两个项目年底实现全部竣工。完成刘娘府东街，石景山园北Ⅰ区一、二号路，1604−654、1604−667、1604−678三处建设用地的全部地上物拆迁，拆迁房屋面积28，462平方米。北京保险产业园更名北京·银行保险产业园并正式开园。是年12月，“637+641”项目完成竣工验收。

第十九节　中关村丰台园东区二期、东区三期和西区I

中关村丰台园东区二期、东区三期和西区I，由北京丰台科技园建设发展有限公司建设运营。东区二期南侧是万亩绿色旅游区，其中包括世界公园、大葆台汉墓；北侧毗邻四环路；东边是万寿路南延线；西边是铁路保温车辆段。东区三期南至五圈南路、四合庄三号路、五圈路、四合庄二号路、六圈路，北至五圈南路、四合庄西路、南四环路，东至张新路，西至规划万寿路南延。西区I用地范围南至小喇叭河、园博园一路，北至京周公路新线，东至梅市口路，西至长辛店北一路。

一、园区规划

东区二期　1993年，首都规划建设委员会办公室批准中关村丰台园产业基地一、二期（即丰台园东区一期、二期）2.89平方公里的控制性详细规划。东区二期共有土地1.65平方公里。

2000年，中关村科技园对东区二期进行公开招标，对原有控制性详细规划进行深化和调整。东区二期设置以生物医药、软件及新材料三大高新技术领域为主，以电子信息、光机电一体化、航空航天、环保领域为辅的产业结构布局。

东区三期　2011年，完成东区三期樊羊路以西控规调整，调整后的建筑规模为117万平方米。

2012年，东区一级开发项目在完成低端置换、产业升级的同时，全面对接国际先进的城市功能和城市形态设计理念，通过国际方案招标完成东区三期城市设计，对用地功能、建筑形态、地下空间等方面提出了具体要求，构建了东区三期“两轴一带双中心”的空间格局，成为北京市首个《中心城城市设计导则编制办法（试行）》试点示范区。

2015年，东区三期完成樊羊路以东1516-44、45、60三宗商业金融用地，1516-47、48、54、59、66五宗研发用地及1516-61号代征绿地的现场考古勘探，并取得土地勘探报告及可上市函。东区三期大市政11条道路及管线建设，取得所有道路的共计63项规划许可证。

西区I 2012年，西区I的《生态城规划》以低碳生态和功能混合为主要原则，获得多个国际奖项，成为中国第一个可实施的生态示范区。

2013年，西区I在控规批复的基础上开展市政规划手续办理，在城市设计方案中融入生态城建设元素。

2016年7月8日，取得长辛店生态城FT00-0203-6001-6025等地块（原C地块，D地块局部）控规批复。组建绿色生态技术研究院，为西区I建设从控规到实施提供技术支持与服务。

2017年，完成西区I项目D地块现场考古勘探。完成部分地块修建性详细规划。已完成生态城建设综合管廊、能源中心专项研究。配合中直机关项目完成规划调整的现场公示。

2018年，西区I市政工程设计取得智慧城市演示方案的初稿；取得1#能源站可行性研究报告及方案设计；西区I临时电力工程规划方案通过供电局会议。

二、开发建设

东区二期 东区二期共有总部基地、总部国际、汉威广场、国美商都等重点项目，其中总部基地项目为丰科建公司与道丰集团合作开发，打响了“总部经济”的名片。

2002年5月，丰科建在第五届科博会上与道丰集团、北京道丰数码园公司签署合作开发合作书，共同投资30亿元，建设总面积65万平方米的“商务花园”。

2003年6月19日，东区二期奠基开工。12月18日，总部基地一期85栋总部楼全部封顶，并开启招商认购。

2004年6月，与道丰集团签订总部基地二期西区（公建）项目17B1、18A2地块，定位于“总部花园”；签订东区32、33、34号地块合作合同，定位于“总部基地金融港”，总建筑面积约66万平方米。

图4-19-1　中关村丰台园“总部花园”

2005年4月，北京国美置业有限公司以挂牌底价8.05亿元竞得公建地块。

2006年4月，中关村丰台园科技大道被列为“2006年北京市环境整治样板大街”。该科技大道作为连接西南四环的重要交通枢纽，是中关村丰台园的交通干道，也是通往世界公园的必经之路。8月，丰科建与香港AJK公司、北京世纪星空影业有限公司签约汉威广场项目，标志着东区二期土地招商全部完成。

2008年7月10日，丰台科技园文化广场工程通过竣工验收。

2009年，金融港项目正式开工。

2010年，东区二期所有项目全部完工。

东区三期　2010年，东区三期开发建设全面启动。实现四合庄定向安置房的提前开工。东区三期469个宅基地院落完成拆迁，占总院落的99.6%。企业拆迁完成26万平方米。汽博中心项目土地入市。

2011年，完成约500个宅基地院、总面积13万平方米、总人数2078人的住宅拆迁及结案。签订拆迁协议企业85家，共计41万余平方米，完成比例为87.2%，东区三期整体拆迁完成比例达90%。

2013年，继续推进“东扩西进”项目的开发建设。东区三期大市政完成总工程量的70%，初步达到“七通一平”。实现开复工面积162.9万平方米。土地上市完成出让面积5.39万平方米。

2014年，完成东区三期樊羊路以西1516−43、62−65、35号宗地，汽博城12、21、28号宗地现场考古勘探，取得土地勘探报告及可上市函。四合庄安置房工程竣工，完成10万平方米的安置房工程建设。

2015年，东区三期土地上市及土地出让进展顺利。完成樊羊路以西共计10宗地块以及汽博中心项目剩余的1516−21、12A、12B、28A、28B全部土地出让。可施工段道路结构层全部完成。东区三期大市政11条道路及管线建设，取得所有道路的共计63项规划许可证。四合庄安置房启动回迁。

2016年，东区三期的开发建设有序进行。完成9条道路及专业管线的施工，完成工程总量的98%。樊羊路以西地块全部完成出让。

2017年，东区三期剩余樊羊路以东10宗地块进行土地出让手续。完成东区三期所有研发用地出让公示，确定用地主体。样板路四合庄五号路完成市政道路竣工验收。东区三期大市政建设基本完成。

2018年，东区三期47地块完成出让，进场开工；48地块签订《土地出让合同》。东区三期完成可施工段步道铺设和各地块规划道路开口。

西区I　2015年，完成西区I E地块征地。

2016年，完成西区I D地块征地。7月8日，取得长辛店生态城FT00−0203−6001−6025等地块（西区I C地块，D地块局部）控规批复，组建绿色生态技术研究院，为西区I建设从控规到实施提供技术支持与服务。

2017年，西区I完成首钢青年公寓全部楼宇的拆除。完成D地块现场考古勘探。完成部分地块修建性详细规划。完成生态城建设综合管廊、能源中心专项研究。配合中直机关项目完成规划调整的现场公示。

2018年，西区I土地取得市发展改革委对A、B地块的立项批复；确定A、B地块指界及权属。

2019年，完成西区I征地。

截至2019年底，丰科建累计完成土地一级开发面积512万平方米，规划可建筑面积619万平方米，建设完成丰台东区二期近300万平方米的产业空间，打造总部基地经济群；完成东区三期1.81平方公里的一级开发，全面升级总部基地新形态；完成西I区生态城1.66平方公里的征地拆迁。累计完成投资额210亿元，累计实现上缴税收14.37亿元。

三、运营服务

东区二期　2003年7月5日，举行首届招商会。15家企业初步确定入驻园区意向。

2004年5月21—26日，举行以拉动中国新经济引擎为特征的第7届北京科技产业国际博览会。

2005年，吸引包括中国诚通控股有限公司、中国汽车技术研究中心、中华通信系统有限公司等大型企业集团在内的150余家总部企业入驻。

2006年4月7日，博鳌亚洲论坛北京沙龙在总部基地举办，并正式落户总部基地。沙龙每月举办一期，成为总部基地入驻企业和园区外企业交流互动的平台。

2008年8月6日，北京奥运祥云火炬在丰台区唯一传递点——丰台园进行传递。

2009年上半年，共引进70家企业，其中注册资金千万以上企业12家，亿元以上企业2家。

东区三期　2011年，旭阳集团、国家知识产权局专利审查协作中心、光大银行、海格通信集团、茂名乙烯公司、迪信通公司等10余家企业及单位提交明确的购地或合作方案。完成汽博中心5宗地、总建筑面积约80万平方米的土地出让，实现土地成交额约51亿元。引入中国中铁集团、中国华电工程集团、三洲隆徽实业公司等大型知名企业。

2012年，按照东区三期重点发展新材料新能源、新一代信息技术及轨道交通的三大产业方向。出让3宗土地，实现北京通信导航园、国家知识产权局专利审查中心、通号科技研发产业园等重大项目的落地。

2013年，围绕樊羊路片区开展土地出让，出让2宗研发用地，引入国高新技术企业旭阳化学研究院及海格通信导航产业园项目。

2014年，出让土地6宗，其中3宗经营用地项目实现东旭国际中心、诺德三期及四合庄还建商业项目的落地，同年出让的3宗研发用地，引入中国通号轨道交通研发中心(北区)及丰台园自持开发的丰台园创新中心项目。

2015年，东区三期樊羊路以西片区出让全部完成，成交5宗商业金融用地，引入丰科万达广场、丰科中心、金茂广场、保利佫悦大都汇、中铁置业总部等项目，园区商业配套设施全面提升。

2016年，东区三期被评为“北京市绿色生态示范区”。

2016—2019年，启动樊羊路以东片区土地出让，完成所有研发用地协议出让公示，确定用地意向单位。完成中国城市轨道交通运行控制系统研究与产业化中心及丰台区军民融合产业创新基地项目2宗研发用地的出让。

图4-19-2　中关村丰台园东区三期

第二十节　光谷科技园

光谷科技园(光机电一体化产业基地)由北京光谷科技园开发建设有限公司建设运营。园区位于北京市东部发展带台湖镇中关村科技园通州园，环渤海经济发展圈的核心位置，紧邻通州新城核心区，与亦庄经济技术开发区一路之隔，占地面积7.9平方公里。园区定位于发展高新技术产业研发和高端制造业（成立之初，定位为发展总部经济和创新科技型产业），逐步形成以李宁、天宇朗通为代表的总部型企业集聚区，以岱摩斯、比亚迪模具等为代表的现代制造业集聚区，以北京经开国际企业大道III、枢密院、北京总部等园中园项目为代表的园中园企业集聚区的三大产业格局。

一、园区规划

2001年，园区成立。2010年，优化调整土地规划，推进园区基础设施及配套环境建设。新控规方案获批，原部分工业用地性质调整为混合用地，土地利用率大幅提升。

2012年，兴光三街取得水土保持批复，环评批复，立项、规划意见书及建设用地规划许可证批复等前期手续，兴光二街、兴光三街、兴光四街、支路二及嘉创一路五条道路的建设工程规划许可证。

2013年，北京五洲环球置业有限公司工业厂房及附属设施——五洲科技园办理人防手续。

2015年，岱摩斯7速双离合（DCT）变速器工厂项目取得市民防局关于该项目初设的审批。

2016年，北京光辉华兴地块工业厂房及配套设施项目，取得工程规划许可证。推进104、109地块开发建设，取得立项、环评、规划用地证，设计方案根据通州新政进行调整重新选定。

2017年，与城建兴华合作开发建设104、109项目。取得104、109两地块立项、环评、规划用地证、设计方案规划意见复函，地勘完成。通州区嘉创二路4号地定向安置房项目，取得深化设计方案。

2018年，取得104、109项目3#、9#楼施工许可证。

2019年，取得104、109项目1#、2#、4#、5#、6#、7#、8#、10#、11#、12#、13#、14#、15#、16#楼及1#车库、2#车库等施工许可证。北京光辉华兴地块工业厂房及配套设施项目，取得工程施工许可证。

二、开发建设

2010年，启动北神树村非住宅拆迁工作，需拆迁非住宅总数为62户，拆迁总面积7.2万平方米。是年，完成非住宅签约31户，协议补偿总额3420万元。完成B、C、J、K、G、H等地块征地工作，完成光谷创新置业地块、经开光谷置业D地块上市。

2011年，完成科创三街、科创七街及嘉创五路的绿化工程，东北侧兴光二街、兴光三街及嘉创一路的路灯亮化工程。B、C地块54.73万平方米土地一级开发手续全部完成。8月启动北神树村住宅拆迁安置工作，截至年底签约率达95.5%，北神树村拆迁进入扫尾阶段。

2012年，北神树村住宅拆迁已签约742户。摩比斯南地块、104地块、109地块等地块上市。启动北神树组团地块内北神树村剩余非住宅及董村非住宅的评估测绘。与中国移动公司携手免费为园区范围内企业提供信息化服务，共同打造无线台湖WLAN工程。该工程首期于9月对园区范围内摩比斯、卓越亚马逊、金辉印务等24个网络布点进行同步施工，带宽容量为500M，年底竣工。

2013年，启动6条道路建设，总长度4631米，投资总额1.06亿元。6条道路分别为：科创八街、兴光三街、嘉创一路、兴光二街、兴光四街及支路二。兴光三街和嘉创一路北延段和科创八街东段竣工验收。开复工项目共6个，分别为：经开G130（二期）、经开G135（一期）、枢密院（二期）、丽源二期、卫星导航厂房（二期）、润枫领尚居住项目。经开G130（二期）竣工验收完毕，丽源二期、卫星导航厂房（二期）、润枫领尚居住项目施工全部结束。

2014年，新建道路5条，分别为嘉创一路、支路二、兴光二街、兴光四街（局部可施工路段）以及科创八街，总长1739米，完工并完成交通划线。是年7月，北神树定向安置房项目开工，规划用地面积11.96万平方米。

2015年，完成住宅新签约4户，裁决6户。安置楼各项工程建设累计完成投资3.53亿元，主体施工阶段全面完成，全部进入二次结构、内外部装修、水电暖通等专业施工阶段，年内完成总工程量的80%。新建兴光一街（嘉创路至支路二）和经海六路（科创街至科创八街）等2条道路。

2016年，北神树安置房项目建设完成室内装修工程、小市政、室外综合管线施工项目建设。B-30地块内低压电杆、电信杆进行迁改，对整个地块场地进行平整，使B-30地块达到上市条件。推进丁庄、白庄、马庄、董村4村棚改。

2017年，以B-30地块为主、其他地块持续跟进为辅，大力推进地块上市。3月，B-30地块正式发布挂牌公告。上半年对"亚南气体"地块完成评估报告和审计报告；下半年对"高新利华"地块进行土地及地上附属物清登处理，评估报告完成。5月，北神树村定向安置楼项目完成安置房建设并交付居民使用。岱摩斯7速双离合（DCT）变速器工厂项目已竣工。

2018年，加快与北京城建合作推进104、109地块开发建设。104、109地块在建办公楼面积共计3万平方米。项目于6月取得3#、9#楼施工许可证。104地块9#楼开工建设，109地块3#楼延期开工获批。北神树村一期安置房产权确认基本完成。

2019年，完成B-25地块1户滞留户的签约，清除B-25地块所有滞留户。大力推进B-25地块上市，12月完成该项目所有上市前期手续办理，已在市规自委网站用地预申请专栏进行公告。园区内科创五街（经海路至嘉创路）和经海七路（科创街至嘉创二路）二条道路完成大修，道路全长约1915米，设计标准为城市主干路。104、109地块进入全面施工阶段，9#楼竣工待验收；3#楼二次结构施工完成；1#、2#、4#、5#楼及地下车库进行基础施工阶段；10#、11#、12#、15#、16#、1#车库、6#、7#、8#、13#、14#、2#车库完成主体结构的80%。北京恒泰致远房地产开发有限公司开发建设通州区台湖镇北神树村B-30地块R2二类居住用地项目（A1#住宅楼等11项目），进入基坑支护阶段。北京鑫博泰来房地产开发有限公司开发建设的B-07地块（配建"限价商品房"）竣工。

三、运营服务

2010年，引入"物联网"产业。协助企业争取各项资金支持近800万元。

2011年，充分发挥园中园总部型招商新模式，成功引进项目3个，投资总额4.6亿元。与国窖、中国品味、奥莱梯尼等三家企业签订入驻意向。1月，引进昆仑华港。3月，引进财富传媒、航美传媒。

2013年，园区企业完成工业产值178亿元，技工贸总收入288.7亿元，园区企业实现利润1.34亿元，实现税收15亿元。

2014年，为配合“京津冀”一体化协同发展，园区开展转型升级，推进园区内耗能多、污染大、不符合政策方向的企业停产限产及退出，带领园区转型升级企业对相关开发区进行实地考察，为园区产能退出企业牵线搭桥。引进15个项目，协议投资9.93亿元，其中，北京国际矿业城项目引入北京国际矿业交易所等7个项目；经开国际企业大道III项目引入兰普集团等6个项目；联东工业园引进北京丹大生物技术有限公司1个项目；枢密院二期引进中石集团项目10个项目。

2016年，完成红狮漆业、液化空气、亚南气体公司的转型退出。接手办理北京光机电一体化产业基地管理委员会下派的关于枢密院楼宇的产权手续，将其做实固定资产。

2017年，完成金宇通晖、联东模板厂的转型退出。通州留创园专家库首批入库专家16名。园区入驻企业482家，纳税千万元及以上的企业30家，累计实现税收11.4亿元，占基地整体税收的77%；实现工业总产值110亿元，技工贸总收入280亿元。

2018年1月，“通州留创园2018年项目评审会”召开。5月，“通州留创园2018年第二次项目评审会”召开。是年，建立中关村（通州）城市科技前沿技术创新中心，承办“2018年中关村前沿科技创新大赛——智慧城市及物联网分领域决赛”。

2019年，承办“2019年中关村前沿科技创新大赛——智慧城市及物联网分领域决赛”。中关村（通

图4-20-1 中关村（通州）城市科技前沿技术创新中心

州）城市科技前沿技术创新中心与10家城市科技前沿企业达成入驻意向，引入5家企业。航天长峰、普能正式入驻办公，华驰动能完成注册手续，宏城创新办理工商地址变更手续和装修设计。

第二十一节　金桥产业基地

金桥产业基地（北京国家环保产业园区）由北京金桥科技产业基地开发有限公司建设运营。园区位于通州区马驹桥镇，占地面积13.06平方公里。一期规划面积7平方公里，北至景盛北三街，西至环景西二路，南至景盛南四街，东至环宇东四路；二期规划面积6.06平方公里，北至景盛南四街，南至规划路，东至环宇东四路，西至规划环景西二路。

一、规划建设

2002年，园区成立。2011年，二期扩区控规深化方案初稿编制完成。2012年，润生、欣大西、中联光碟等多家企业取得规划部门批复，批复总建筑规模约20万平方米。结合亦庄新城街区控规对二期扩区方案进行深化，编制完成的深化方案上报市规划委专家会审核。

2013年，启动一座110KV变电站和一座污水处理厂（规划占地面积135亩、设计处理能力8万吨）建设前期规划。委托北京市城市规划设计研究院编制污水处理厂规划设计方案。

2014年，配合区水务局完成再生水厂一期（2万吨规模）工程的现场踏勘、调研及可研编制。启动一座10.3万吨再生水厂、一座220KV变电站和一座110KV变电站的前期规划。委托北京市城市规划设计研究院编制再生水厂选址规划和雨污管线规划方案。

2015年，委托北京市城市规划设计研究院开展VII－3、VII－4、VII－5街区深化方案的编制，加快推进二期规划调整，启动VII－5街区深化方案的编制，完成初步方案的编制。2016年，完成VII−3和VII−5街区深化方案初步方案的编制。2017年，完成再生水厂一期（2万吨规模）工程的建设，进入试运营阶段。

2018年，完善二期3325亩地的前期开发手续。亦庄新城0704街区ＹＺ00−0704−6002等地块控制性详细规划通过市规土委技术审查会，取得市规土委关于地块控制性详细规划的批复。一期地块天安活力港项目完成项目产业编制、规划前期调研及手续资料整理。二期地块天安世创园项目，办理二期用地土地一级开发手续。项目3325亩用地动态维护完成，取得调整后的土地利用规划。完成4个地块立项报告初稿编制和权属审查所需基础材料，一号地用地预审材料上报区规土委，取得用地预审批复。地块控制性详细规划通过市规土委技术审查会，取得市规土委关于亦庄新城0704街区ＹＺ00−0704−6002等地块控制性详细规划的批复，委托通州城乡测绘所完成普测。

2019年，被列入2019年北京城市副中心重大工程行动计划的改扩建项目3个，分别是智展汽车（利星行）2号厂房项目、诺飞项目、嘉通信瑞项目。完成二期管网项目包含基地内环宇东四路及环宇东一路中水管线约1442米的施工。

二、运营服务

2011年，新签约项目39个，吸引投资18.6亿元。

2012年，重点依托产业集聚平台招商资源，引进符合区域发展要求的总部和研发型项目，共引进项目37个，总投资额约9.3亿元。盘活闲置资产项目5家，盘活面积约3.5万平方米，项目总投资约3.7亿元；联东U谷项目32个，租售面积约5.6万平方米，项目投资总额约5.6亿元。为凯隆分析仪器、玲珑集团、婷美集团等30余家科技企业申办“火炬立项项目”“绿卡企业”等资质，为捷宸阳光、甘李药业等企业申请支持资金共计5000余万元。

2013年，依托联东U谷、远航京通工业园两个园中园项目，引进以北京圣德安讯科技发展有限公司、艾瑞姆医疗设备（北京）有限公司等为代表的科技研发、设备生产、高端医疗型项目48个，总投资约6.7亿元。利用一期剩余小地块引入项目5个，总投资10.6亿元。

图4-21-1 联东U谷

2014年，共引进联东物联网电子信息产业园、北京首科信通、康派特医疗器械等项目47个，项目总投资21.36亿元。其中利用腾退土地引入联东物联网电子信息产业园项目，占地面积292.6亩，总投资18亿元；园中园项目46个，总投资3.36亿元。

2016年，共引进各类项目90个，项目总投资约5亿元。2017年，围绕一期园中园招商资源，共洽谈审核项目110余个，共引入小型研发、生产型和商贸类企业83家，项目总投资约3.4亿元。

2018年，组织450余家企业开展工商营业执照网上年报、疏解一般制造业、优化营商环境、科技政策等相关培训活动11次。共审批项目约140余个，引入各类项目103个，其中新引入研发商贸类企业90家，租售面积3.78万平方米，项目总投资3亿元。盘活园中园项目闲置资源引入医疗器械、能源环保研发办公类企业12家，盘活总面积1.20万平方米；转型升级项目1个。利星行奔驰项目已扩建其2号厂房约1.9万平方米。引进卡特彼勒总部项目。为宏瑞汽车、华安鑫创申报人才引进名额3个。

2011—2018年，围绕园中园项目、一期剩余小地块及腾退土地共引进项目约452个，项目投资额约77.96亿元，其中依托联东U谷、纳尔特等园中园项目，引进以萌蒂（中国）制药有限公司、北京张一元金桥茶叶有限公司、北京信邦同安电子有限公司等为代表的一批符合基地产业定位的项目446个，投资额49.36亿元；利用一期剩余小地块及腾退土地引进项目6个，总投资28.6亿元。

2019年，引入符合要求的研发、销售类企业69家，租售面积约6.84万平方米。

第五章　产业投资

集团产业投资业务主要包括直接投资和基金投资。直接投资包括代持政府资金投资和自有资金投资。自有资金投资包括直接股权投资和委托贷款。基金投资分为母基金与直投基金两大类，直投基金又分为集团自有资金投资基金与集团受托投资基金。2010年，集团初步建立产业投资体系。2011—2014年，逐步形成股权投资、债权投资（委托贷款附认股权）等多种投资模式。2014年后，直投项目所占比重逐步下降，基金投资规模呈现快速增长趋势。截至2019年，集团累计投资项目2000余个，总投资额近500亿元。

第一节　代持政府资金投资

集团成立之初，产业投资业务以代持政府资金投资为主。代持政府资金主要来源于两部分：科技成果转化和产业化项目统筹资金（简称统筹资金）、中关村现代服务业试点扶持资金（简称现代服务业资金）。2010—2019年，集团经批准的代持统筹资金投资项目148个，实际完成出资项目118个，实现完全退出项目60个。经批准的代持现代服务业资金投资项目23个，实际完成出资项目12个，实现完全退出项目6个。绝大多数未完成出资项目因企业上市、股东方原因或自身管理问题已终止。

一、科技成果转化和产业化项目统筹资金

2010年，北京市在全国率先建立重大科技成果转化和产业项目统筹工作机制，依托中关村创新平台，组成由12个中央单位和16个市属单位参加的重大科技成果产业项目统筹联席会议（简称联席会）。联席会明确，“十二五”期间（2011—2015年）统筹500亿元财政资金（统筹资金），支持北京市重大科技成果转化和产业项目发展。北京市建立资金统筹机制，方式由补助贴息为主向政府股权投资、共有知识产权、创投引导基金等多种方式转变，实现政府财政资金的循环使用和滚动支持。随着政府统筹资金的介入，带动中央和市属企业、战略投资者、创业投资机构等社会资本投入，并在项目实施过程中集成全市相关部门在人才引进、技术研发、应用示范、融资上市、政府采购等方面的政策支持，发挥政府股权投资的引导和放大作用。

2011年，集团从项目发现、评估、筛选、方案设计、投后管理等方面，全面配合中关村创新平台政府股权投资统筹，完成北京市首批27个战略性新兴产业项目的遴选和投资方案设计。北京市支持重大科技成果转化和产业化项目的投入不断增加，统筹资金从最初的连续5年每年60亿增加到连续5年每年100亿，对应的所支持项目数量增加。全年代持统筹资金投资项目45个，投资金额7.86亿元。

2012年，集团产业化项目发现和挖掘机制进一步完善，继续坚持聚焦大院大所大学，聚焦央企与军民融合项目，聚焦国内外有影响力的高端项目，着眼于推动优势企业并购重组及产业集群落地，注重从源头发掘项目。全年新增储备项目433个，完成统筹资金投资项目决策47个，决策金额4.95亿元。

2013年，集团会同中关村示范区内高校院所、产业联盟、投资机构共同搭建重大成果产业化统筹工作平台体系，探索政府股权投资、共有知识产权等财政资金使用新模式，围绕中关村"641"战略性新兴产业重点领域，聚焦"十百千""瞪羚"等重点企业群体，加快推进重大科技成果在京转化和产业化。全年完成代持统筹资金投资项目决策19个，决策金额2.88亿元。

2014年，健全与北京市和区县政府相关部门共同支持项目的合作机制，简化代持统筹资金协议报告程序，畅通和市发展改革委、市财政局、中关村管委会、市科委等的沟通交流渠道，探索与区县投资促进局及商业银行的合作模式，互通项目，共享信息，多方支持企业落地。3月14日，集团代持统筹资金支持的中关村企业伟嘉人公司、神州泰岳公司和利时公司承担的3个重大科技成果产业化项目顺利完成目标，企业取得了良好的经济和社会效益，创新能力显著提升，经联席会批准，同意统筹资金退出。这是北京市重大项目统筹资金在促进重大科技成果实现产业化后的首次成功退出，首次实现了政府统筹资金对科技企业的滚动支持。集团通过代持统筹资金，实现下一代互联网、移动互联网、节能环保、生物健康等"641"重点领域行业关键技术突破和重点科技成果产业化，带动社会资本投入和企业做强做大。全年完成代持统筹资金投资项目立项3个，项目决策5个，决策金额4.37亿元。完成代持统筹资金投资项目退出9个，退出金额0.87亿元。

2015年，全年完成代持统筹资金投资项目立项2个，项目决策1个，决策金额0.35亿元。完成代持统筹资金投资项目退出21个，退出金额2.47亿元。

2016年，统筹协调集成电路产业领域的资源，打造国家级集成电路技术创新公共服务平台。支持小米公司手机芯片提升自研自供能力，以使其在新产品研发、专利纠纷等领域占有优势地位，协助小米（松果科技）项目以共享知识产权的方式申请市统筹项目，贴息支持小米（松果科技）项目。代持统筹资金支持微纳能源项目专项资金1.7145亿元。集团参与发起设立北京石墨烯技术研究院，代持统筹资金投资1.5亿元。全年完成代持统筹资金投资项目退出18个，退出金额1.635亿元。

北京日报

财政扶持资金开启循环利用模式

中关村发展集团：三大项目创政府资金股权投资退出先河

中关村发展集团代持政府统筹资金工作流程图

图5-1-1　2014年3月21日，北京日报刊发“中关村发展集团：三大项目创政府资金股权投资退出先河”

图5-1-2　北京石墨烯技术研究院实验室

2017年，全年完成代持统筹资金投资项目退出13个，退出金额1.135亿元。

2018年，全年完成代持统筹资金投资项目退出6个，退出金额0.87亿元。

2019年，全年完成代持统筹资金投资项目退出2个，退出金额0.3亿元。

2010—2019年，经市联席会批准集团代持统筹资金投资项目138个，2016年后经市经信局批准的投资项目10个，批准投资项目合计148个，批准金额共31.46亿元，实际拨付22.59亿元。集团实际完成项目出资118个，占批准项目数量的80%；出资金额19.71亿元，占实际拨付额的87%。有30个项目因企业上市、股东方原因或自身管理问题已终止，终止项目数量占批准项目总量的20%。累计有60个项目实现全部退出，另有国能风电、信威通信、中科九章及中搜网络为部分退出，收回本金7.04亿元。在投项目按投资方式统计，股权投资方式35个，投资金额4.94亿元，数量和金额分别占总数的60%和39%；共享知识产权方式23个，投资金额7.73亿元，数量和金额分别占总数的40%和61%。

表5–1–1　代持科技成果转化和产业化项目统筹资金投资总体情况统计表（2010—2019年）

单位：个、万元

委托单位	政府批准项目		完成出资项目		退出项目（含部分退出）		在投项目	
	个数	金额	个数	金额	个数	本金	个数	金额
中关村管委会	80	134,926	64	74,589	44	46,514	23	28,075
市科委	55	93,700	41	39,600	25	23,933	18	15,667
市经信委	20	86,001	20	82,931	—	—	20	82,931
合计	148	314,627	118	197,120	68	70,447	58	126,673

注：

1）集团代持统筹资金投资项目共148个，其中经联席会批准投资项目138个，2016年后市经信委批准项目10个（延续项目不重复计数）。

2）联席会批准项目和完成出资项目中，有7个项目由中关村管委会和市科委共同委托，分别为国智恒、国能风电、强新生物、恒原百炼、沙东生物、中交兴路和中科讯飞，已从合计中剔除重复数据。因此，合计数不等于各分项相加总和。

3）退出项目中包括部分退出项目4个，分别是中关村管委会部分退出项目中搜网络、国能风电、信威通信3个，市科委部分退出项目国能风电、中科九章2个，其中1个重复。此外，完全退出项目中有4个为中关村管委会和市科委共同委托项目，分别为中交兴路、中科讯飞、国智恒及沙东生物。

4）在投项目中，有3个项目由中关村管委会和市科委共同委托，分别为国能风电、强新生物和恒原百炼，已从合计数中剔除重复数据。

5）市科委出资和在投项目均不含航天科工军民融合基金。

表5–1–2　代持科技成果转化和产业化项目统筹资金在投项目投资方式统计表（2019年底）

单位：个、万元

委托单位	政府股权		共享知识产权		合计	
	个数	金额	个数	金额	个数	金额
中关村管委会	19	23,725	4	4350	23	28,075
市科委	18	15,667	—	—	18	15,667
市经信委	1	10,000	19	72,931	20	82,931
合计	35	49,392	23	77,281	58	126,673

注：在投项目中，有3个项目由中关村管委会和市科委共同委托，分别为国能风电、强新生物和恒原百炼，已从合计数中剔除重复数据。

表 5–1–3　代持科技成果转化和产业化项目统筹资金在投项目行业分布统计表（2019 年底）

委托单位	大信息	大健康	大环保	合计（去重）
中关村管委会	10	9	4	23
市科委	4	7	7	18
市经信委	19	—	1	20
合计（去重）	33	16	12	58

表 5–1–4　代持科技成果转化和产业化项目统筹资金退出项目统计表（2014—2019 年）

单位：万元

委托单位	序号	项目建设单位	支持方式	退出时间	本金
中关村管委会	1	神州泰岳	知识产权	2014.01	1126
	2	和利时	知识产权	2014.01	1500
	3	太极计算机	知识产权	2014.03	840
	4	伟嘉人	股权	2014.06	400
	5	天智航	股权	2014.09	2000
	6	东方通	知识产权	2014.12	1010
	7	信威通信（部分退出）	知识产权	2014.12	1000
				2015.12	1000
				2016.09	1000
	8	国智恒	股权	2015.01	500
				2017.08	250
				2017.10	250
	9	中航智	股权	2015.04	1371
	10	正益无线	股权	2015.04	500
	11	索为高科	股权	2015.04	800
	12	钱袋网	股权	2015.04	1000
	13	文安科技	股权	2015.05	500
	14	暴风科技	知识产权	2015.06	900
	15	科信必成	股权	2015.07	1000
	16	汉王科技	知识产权	2015.09	500
	17	先行科技	知识产权	2015.01	500
	18	健能隆	股权	2015.01	2500

续表

委托单位	序号	项目建设单位	支持方式	退出时间	本金
中关村管委会	19	安诺信	股权	2015.11	1000
	20	中交兴路	股权	2015.11	3000
	21	亿赞普	知识产权	2015.11	500
				2016.09	1000
	22	东方信联	股权	2016.02	1000
	23	科兴生物	知识产权	2016.02	1200
	24	爱国者数码	知识产权	2016.03	500
	25	精进电动	股权	2016.05	1500
	26	天地超云	股权	2016.06	700
	27	未名兴旺	知识产权	2016.05	500
	28	中科讯飞	股权	2016.05	300
	29	康比特	知识产权	2016.08	950
	30	神雾环能	知识产权	2016.08	300
				2017.09	900
	31	国能风电（部分退出）	股权	2016.12	167
	32	易美芯光	知识产权	2016.12	500
				2018.06	400
	33	钢研纳克	股权	2017.02	900
	34	金轮坤天	股权	2017.03	950
	35	联发利宝	股权	2017.03	500
	36	睿能世纪	股权	2017.05	800
	37	方正移动	知识产权	2017.07	500
	38	锐视康	股权	2017.08	500
	39	中搜网络（部分退出）	股权	2017.11	100
	40	中煤科工	股权	2017.11	1200
	41	友友天宇	股权	2017.11	1500
	42	沙东生物	股权	2018.01	1900
	43	博雅华录	股权	2018.04	1300
	44	综艺超导	股权	2018.07	1500
	总计		—	—	46,514

续表

委托单位	序号	项目建设单位	支持方式	退出时间	本金
市科委	1	爱博诺德	股权	2014.11	600
	2	华清卓克	股权	2014.11	700
	3	长城华冠	股权	2015.01	1000
	4	国智恒	股权	2015.02	500
				2017.08	250
				2017.10	250
	5	百济神州	股权	2015.03	1500
	6	汇能精电	股权	2015.06	1000
	7	北斗天汇	股权	2015.07	900
	8	中科九章(部分退出)	股权	2015.08	500
	9	朗视仪器	股权	2015.09	1400
	10	金日恒升	股权	2015.11	1000
	11	中交兴路	股权	2015.11	1000
	12	中科讯飞	股权	2016.05	700
	13	未名兴旺	知识产权	2016.05	500
	14	悦康凯悦	股权	2016.05	600
	15	方信立华	股权	2016.07	800
	16	资源亚太	股权	2016.09	1000
	17	华昊中天	股权	2016.11	1000
	18	国能风电(部分退出)	股权	2016.12	333
	19	榕科电气	股权	2016.12	800
	20	康蒂尼	股权	2017.02	1000
	21	沙东生物	股权	2018.01	1600
	22	大洋电机	股权	2018.08	1000
	23	普罗吉	股权	2018.11	1000
	24	亿马先锋	股权	2019.10	1000
	25	北控海创	股权	2019.12	2000
	总计		—	—	23,933
合计			—	—	70,447

代持统筹资金投资的部分重要企业

百济神州项目 百济神州的“靶向抗肿瘤新药的自主创新与成果转化”项目是2011年的政府股权投资支持的项目。2012年4月13日，集团与百济神州签订投资合作协议。集团以政府股权投资，支持百济神州的“靶向抗肿瘤新药的自主创新与成果转化”研究项目。该项目在两年建设期内，建立起国际一流的靶向抗癌新药开发平台。其中，BGB-283靶向抗癌新药的SFDA临床批件提交申请并获得受理通知，在技术平台的硬件设施方面初步达到跨国公司肿瘤研发事业部的规模和能力，形成强大的肿瘤新药科技创新能力，促进了创新成果在京转化落地。2013年，BGB-283及BGB-290两个项目与德国默克雪兰诺公司达成总金额4.65亿美元的国际合作开发协议。企业获得相应的首付款和里程碑付款。由于临床开发试验需要更多的资金投入，百济北京公司启动海外上市计划。集团代持的统筹资金在百济神州项目执行过程中发挥了突出的支持和引领作用，完成支持企业发展的目的，承担项目顺利结题并取得良好成果。2019年，完成统筹资金的退出。

图5-1-3 百济神州（北京）生物科技有限公司

中科虹霸项目 中科虹霸的“基于虹膜识别的新一代身份识别系统研发及产业化”项目是2012年的统筹资金支持的项目。2013年10月11日，集团以政府股权投资方式向中科虹霸出资，支持该项目建设。自2016年以来，实施“建设移动互联生态，实现行业应用突破”的年度战略规划，与蚂蚁金服、微信、银联等机构合作，共同推动虹膜支付应用。和印度合作伙伴参加印度政府STQC测试，以优异的成绩获得STQC证书，为印度市场的开拓奠定坚实基础。2018年，在军工和安防领域逐渐打开市场，涉足智能锁等领域。

海杰亚项目 海杰亚的“高低温复式消融肿瘤微创治疗系统研发”项目是2012年统筹资金支持的项目。2013年3月29日，集团以政府股权投资方式向海杰亚出资，支持该项目建设。2017年3月，海杰亚取得CFDA颁发的III类医疗器械注册证、医疗器械生产许可证，通过创新型医疗器械审批；企业完成物价谈判，在北京以新增医疗收费项目进入收费目录，为后续纳入医保夯实基础；相关产品进入以北京肿瘤医院为代表的顶尖医疗机构。完成新一轮融资，融资7000万元，投后估值6.7亿元。成功申报2017年“数字诊疗装备研发”试点专项，该项目由301医院牵头，联合北京市具备创新能力的医疗器械厂家和医疗机构共同申报，以推广国产高端创新医疗装备，课题承担和参与单位都必须使用相关医疗器械产品。海杰亚是项目中第四课题的支撑单位，该课题承担单位是北大肿瘤医院，参与单位有天津肿瘤医院、北大第一医院和307医院，均为国内肿瘤治疗领域的标杆单位，对“康博刀”的临床应用推广极具引领示范效应。

二、中关村现代服务业试点扶持资金

2011年7月13日，财政部、国家发展改革委、商务部、科技部与北京市政府联合签署中关村国家自主创新示范区现代服务业综合试点协议，率先在中关村启动中国现代服务业综合试点。根据试点协议，力争用3—5年时间，中央和地方财政投入不少于30亿元资金，用于支持中关村现代服务业综合试点，完善现代服务业统计评价体系，搭建大型公共服务平台，培育一批战略性现代服务产业，创新体制机制，推动北京市服务经济做大做强，带动现代服务业加快发展。

2012年，中关村现代服务业领导小组决定由集团代持现代服务业资金股权投资项目。集团向中关村管委会推荐2批15个项目供其考察，并辅导东润环能、中文在线等多家公司组织申报材料。全年完成代持现代服务业资金投资项目决策3个，金额4250万元，分别为航天传媒、清新视界、中海纪元。

2013年，全年完成代持现代服务业资金投资项目决策10个，金额30，770万元，出资项目5个，出资金额8040万元，包括城市一百、中包精力、富基标商、北医健康产业园、西塔网络项目。推荐蓝卫通、信力筑正等项目，通过市财政局组织的2013年现代服务业试点项目评审。

2015年，全年完成代持现代服务业资金投资项目立项7个；完成代持现代服务业资金投资项目决策4个，金额8800万元，因部分项目分批出资，当年出资额5600万元，出资项目包括中寰卫星、中物动产、梅泰诺、金鸿泰等。

2016年，全年实现中包精力、清新视界（部分退出）、北医健康产业园3个现代服务业项目退出，退出本金3960万元。

2017年，全年实现中物动产、清新视界、富基标商3个现代服务业项目退出，退出本金2100万元。

2018年，全年完成代持现代服务业资金投资项目云道智造的决策及出资，金额1000万元；实现城市一百、金鸿泰等2个代持现代服务业，项目部分退出，退出本金1220万元。

2019年，全年实现城市一百（部分退出）、中寰卫星2个现代服务业项目退出，退出本金3360万元。

截至2019年12月，集团代持现代服务业资金投资项目23个（其中终止项目7个，转亦庄国投代持项目1个，决定暂缓投资项目2个），实际收到代持现代服务业资金拨款13个，实际完成项目出资12个，出资金额1.774亿元。实现退出的项目8个，分别为北医健康产业园、中包精力、中物动产、富基标商、清新视界、城市一百（部分退出）、金鸿泰（部分退出）、中寰卫星等，退出投资本金1.06亿元。在投项目共计6个，金额0.71亿元。

表 5-1-5　代持中关村现代服务业试点扶持资金投资项目统计表（2019 年）

单位：个、万元

委托单位	上级拨款		完成出资		在投项目	
	个数	金额	个数	金额	个数	金额
中关村管委会	6	10,540	5	8590	2	2600
市商务委	4	7360	4	4960	1	310
市经信委	3	4190	3	4190	3	4190
合计	13	22,090	12	17,740	6	7100

第二节　自有资金投资

自成立以来，集团积极探索自有资金投资策略，特别是对于重点产业领域采取“族群节点式投资”，即选择投资产业链关键环节或投资一批产业链上下游紧密结合的创新企业群。多种投资模式的有效使用，创新国有资本与科技资源对接方式，加快对重大项目和高成长企业的支持，促进社会资本和金融资本与高科技企业的结合。在投资产品的形式上，主要采取直接股权投资和委托贷款两种形式，单个项目总投资不低于300万、不高于4000万。截至2019年底，集团自有资金投资项目54个，出资金额17.77亿元。实现退出项目42个（其中全部投资退出的项目共计35个，部分投资退出的项目7个），退出投资本金8.44亿元。在投项目22个，投资金额9.33亿元。在投及退出项目共计取得投资收益3.4亿元。

一、直接股权投资

2010年，集团通过各种渠道接触100多家高成长性企业（项目），其中105个被列入高成长性企业项目储备库。项目储备库中的项目覆盖了“一区十园”及密云县，含括新一代信息技术、节能环保、新能源、生物、高端装备制造、新材料、新能源汽车等七大战略性新兴产业。集团全年总立项项目68个项目库中36个项目，先后被批准成为第1—4批立项项目，约占全年总立项项目的53%。

集团建立股权投资管理体系，形成《集团自有资金股权投资策略研究报告》。发布《中关村发展集团股权投资管理办法（试行）》，从项目初选、项目立项、尽职调查、投资决策和项目交割以及投后管理等环节，整体上形成集团股权投资流程。截至2010年底，全年完成51个自有资金拟投资项目的投资建议，18个获得集团专题会决策批准，其中，17家与集团签订投资协议，合同投资金额为13，476.1万元，约占全年自有资金股权投资签约项目总金额（21，176.1万元）的64%。

图5-2-1　2010年7月12日，中关村国家自主创新示范区高成长企业股权投资及中关村发展集团与银行业银企合作签约仪式举行

2011年，实施“产业链工程”和“产业集群工程”，推进产业集群投资活动。10月18日，完成“北京智能交通集群投资签约活动”；12月27日，完成“中关村发展集团联合社会资本进行云计算产业集群投资及签约活动”。全年完成自有资金投资项目出资14，746.125万元，其中债权投资9500万元，股权投资5246.125万元。集团自有资金出资企业总数累计达到22个，投资金额为17，946.125万元，其中债权投资12，400万元，股权投资5546.125万元。带动社会投资178，000万元。

图5-2-2　深圳市建筑科学研究院有限公司

2012年，全年储备高成长性项目110个。全年新报自有资金项目立项30个，通过集团决策会自有资

金项目18个，包括蓝卫通、东润环能、深圳建科院、远方动力等，决策投资总金额16，567万元，其中股权投资10，567万元。全年实现自有资金投资项目出资10个，出资金额8209万元。6个自有资金投资项目退出。

2013年，集团对接中科院等相关科技成果源头单位，接触项目300多个，筛选出50家录入高成长性企业项目库。全年自有资金股权投资项目4个，合计2834万元。2个股权投资项目退出。

2014年，考察凯赛生物集团生物化工方法制造尼龙56的项目，委托清华大学进行专项技术咨询，为整合各方资源支持其产业化做前期准备。全年自有资金股权投资1600万元，投资收回810万元。累计完成自有资金投资额15.18亿元；完成项目退出15个。

2015年，共新挖掘入库92个项目，其中电子信息类25个，生物医药类32个，新能源新材料及高端制造类35个。全年自有资金决策6个项目，决策金额14，200万元；完成自有资金立项12个；完成自有资金股权出资项目3个，金额1600万元。完成自有资金项目退出6个，退出金额3310万元。

2016年，在人工智能领域，投资达闼科技，并协助企业落地房山园及中关村硅谷创新中心；在信息安全领域，推进北京奇安信科技有限公司投资；在大健康领域，长期跟踪并支持医养康公司发展，投资设立中关村领创精准医疗致力于精准医疗、健康养老、科技成果转化与投资。全年自有资金项目立项3个，决策2个；3个项目决策自有股权退出，出资1个项目。集团自有资金投资收入560万元。

图5-2-3 达闼科技（北京）有限公司迎宾服务机器人Cloud Pepper

2017年，为支撑石墨烯基础研究，协助科技成果产业化，集团参与北京石墨烯技术研究院的建设工作，首期完成出资150万元，一批产业化项目进展顺利，北京石墨烯创新中心挂牌。集团完成项目股权投资30，675万元，推动一批自有资金的成功退出。紫光展锐、中投视讯等5个自有项目退出实现投资收益2.51亿元，集团投资的深圳建科院、吉比特网络等10家企业实现上市。中关村领创医疗联合启航基金和京工弘元基金完成对百世诺（北京）医疗科技有限公司的投资，帮助其进一步拓展基因检测服务内容，搭建心脑血管及肿瘤分子检测技术支撑平台。

2018年，直投项目思比科被上市公司韦尔股份并购，投资支持的北京龙磐创业等7家公司实现IPO。

2019年，决策投资与服务商业航天龙头企业长光卫星项目，推动项目在中关村园区落地，搭建产业链布局。直投企业钢研纳克实现创业板上市，参与投资的安集科技、交控科技等6家企业成为首批登陆科创板企业。中关村领创精准医疗整合北京优质医疗资源，倾力打造医疗健康服务平台——“中关村首席健康官计划”，为北京市及中关村园区内的领军企业和创新人才提供全方位的医疗健康管理服务。

2020年，中关村领创医疗与百度、阿里健康、头条、京东健康、华为、好医生、海纳医信、和缓医疗、医渡云、东华医为等11家中关村互联网相关领域企业作为首批共建单位参与“北京市新型冠状病毒感染肺炎线上医生咨询平台”建设。2月1日，该平台正式上线。

重点项目

1.中芯北方项目

2013年6月3日，集团与中芯国际集成电路制造有限公司、中芯国际集成电路制造有限公司北京公司、北京工业发展投资管理有限公司就合资建设北京12英寸集成电路生产线项目签署合资协议，共同出资设立中芯北方集成电路制造（北京）有限公司。集团投资中芯北方集成电路制造（北京）有限公司约3.32亿元，投后股比为2.25%，其中自有资金投资2.32亿元。2017年8月，中芯控股、国家集成电路基金和亦庄国投签署24亿美元增资合同，首期出资6亿美元。2018年12月28日，中芯控股、国家集成电路基金和亦庄国投第二笔出资9亿美元到位。2019年12月31日，中芯控股、国家集成电路基金和亦庄国投剩余9亿美元出资全部到位，增资后集团持有中芯北方1.125%的股权。截至2019年3月底，生产线设备安装改造790台，月产能达到3.3万片，8纳米金属栅极工艺（HKMG）系列产品，5个产品进线验证。其中3个产品进入量产，2019年度累计出货量4.7万片。

图5-2-4 中芯北方集成电路制造（北京）有限公司

2.北京紫光展锐科技有限公司项目

北京紫光展锐科技有限公司（简称紫光展锐）是由紫光集团旗下展讯通讯和锐迪科合并而来。集团于2014年6月以10亿元人民币支持紫光集团收购锐迪科微电子有限公司，合并成立的紫光展锐是世界第三大拥有自主知识产权的手机基带芯片制造商。

3.深圳市建筑科学研究院项目

2012年12月，集团以自有资金股权投资深圳市建筑科学研究院股份有限公司（简称深圳建科院）3667万元，股改后持有深圳建科院1100万股，股权占比7.5%。深圳建科院主要从事建筑科学技术的研究、开发、应用，经过多年的发展，业务涉及科研、工程咨询、建筑设计、工程检测、信息工程监理、特种施工以及建筑文化的传播等多个方面。2017年7月19日，深圳建科院登陆创业板。2018年，深圳建科院年度营业收入为3.9亿元。

二、委托贷款

2010年,集团完成首批委托贷款附认股权项目投资,向兆易创新、西塔网络、威讯紫晶等3家公司合计出资2900万元,其中向兆易创新发放委托贷款2000万元。

2011年,新增委托贷款投资项目10个,出资9500万元。

2012年,新增委托贷款投资项目4个,出资2500万元。收回6家企业委托贷款本金6400万元,其中1家企业委托贷款600万元收回后已续贷。兆易创新项目成为集团首例认股权转让取得收益案例,集团将认股权折价出让给该经营团队以支持企业发展,获得500万元转让收益。

2013年,新增委托贷款投资项目5个,出资6000万元,续贷项目3个,出资额1800万元。收回9家企业委托贷款本金7100万元。至年底共收回项目委托贷款利息865万元。

2014年,新增委托贷款投资项目4个,金额149,300万元。其中向中芯北方发放4.5亿短期委贷,向紫光展锐发放10亿元委托贷款附认股权,并顺利行权。

2015年,集团逐渐转变投资方式,以参与基金的方式投资项目,减少自有资金项目直投及委贷。新增委托贷款投资项目1个,出资1000万元。钱袋网项目认股权转让实现收益。

2016年,取得珅奥基项目认股权转让收益。

2017年,取得易美芯光、诺诚建华项目认股权转让收益。

表5-2-1　委托贷款投资项目统计表(2019年)

单位:元

序号	被投项目名称	所属领域	出资		退出时间	退出本金
			出资时间	出资金额		
1	北京威讯紫晶科技有限公司	电子信息	2010.12.16	3,000,000	2012.07.03	1,500,000
					2012.08.02	1,500,000
2	北京西塔网络科技股份有限公司	电子信息	2010.12.07	6,000,000	2012.12.07	6,000,000
			2012.12.31	6,000,000	2013.12.31	6,000,000
3	北京兆易创新科技有限公司	电子信息	2010.12.02	20,000,000	2012.07.04	20,000,000

续表

序号	被投项目名称	所属领域	出资		退出时间	退出本金
			出资时间	出资金额		
4	北京九州大地生物技术集团股份有限公司	生物医药	2011.05.09	10,000,000	2012.12.24	10,000,000
5	北京昆仑海岸传感技术中心	电子信息	2011.11.30	5,000,000	2012.11.29	5,000,000
6	北京太空板业股份有限公司	新材料及应用技术	2011.11.11	20,000,000	2012.11.13	20,000,000
7	北京奥精医药科技有限公司	生物医药	2011.05.05	3,000,000	2013.05.06	5,000,000
			2011.09.29	2,000,000		
8	北京东方正通科技有限公司	电子信息	2011.02.18	10,000,000	2013.02.16	10,000,000
9	北京能高自动化技术股份有限公司	节能环保与新能源	2011.08.05	10,000,000	2013.08.05	10,000,000
			2013.12.04	6,000,000	2014.12.04	6,000,000
10	北京圣博润高新技术股份有限公司	电子信息	2011.11.11	4,000,000	2013.11.07	4,000,000
			2013.12.30	4,000,000	2014.12.30	4,000,000
11	北京天智航医疗科技股份有限公司	生物医药	2011.03.31	5,000,000	2013.03.29	5,000,000
12	北京中电达通通信技术股份有限公司	电子信息	2011.01.12	6,000,000	2013.01.11	6,000,000
13	国智恒北斗科技集团股份有限公司	电子信息	2011.03.25	20,000,000	2013.03.25	20,000,000
14	保罗生物园科技股份有限公司	生物医药	2012.05.03	5,000,000	2014.12.31	2,000,000
					2015.08.18	3,000,000
15	北京博朗环境工程技术股份有限公司	节能环保与新能源	2012.10.11	10,000,000	2014.09.28	10,000,000
16	北京科蓝软件系统有限公司	电子信息	2012.11.02	5,000,000	2013.12.12	5,000,000
17	北京锐步科技发展有限责任公司	电子信息	2012.07.26	5,000,000	2014.07.25	5,000,000
18	北京光耀能源技术股份有限公司	节能环保与新能源	2013.06.05	20,000,000	2014.12.26	20,000,000
19	钱袋网(北京)信息技术有限公司	电子信息	2013.04.28	10,000,000	2014.12.19	10,000,000

续表

序号	被投项目名称	所属领域	出资		退出时间	退出本金
			出资时间	出资金额		
20	北京睿能世纪科技有限公司	节能环保与新能源	2013.04.25	5,000,000	2015.04.24	5,000,000
21	北京珅奥基医药科技有限公司	生物医药	2013.04.23	20,000,000	2015.04.29	20,000,000
22	东润环能（北京）科技有限公司	节能环保与新能源	2013.06.24	5,000,000	2015.06.24	5,000,000
23	易美芯光（北京）科技有限公司	节能环保与新能源	2014.06.20	18,000,000	2016.12.31	18,000,000
24	中芯北方集成电路制造（北京）有限公司	电子信息	2014.09.27	442,584,000	2014.12.19	442,584,000
25	北京诺诚健华医药科技有限公司	生物医药	2015.12.24	10,000,000	2018.12.29	10,000,000
合计		—	—	695,584,000	—	695,584,000

第三节　基金投资

集团体系参设基金可分为母基金与直投基金两大类，直投基金可分为集团自有资金投资基金与集团受托投资基金。2013年，集团制定基金系设立方案，围绕行业领域、不同阶段、创新源头三个维度打造基金系的整体规划。2014年，全国掀起“双创”热潮，集团新设基金显著增长，新设基金22支，参设基金共计60支。集团新增认缴金额为235.47亿元。

2018年，集团参设的62支基金进入退出期。2019年底，集团基金体系已初步形成。截至2019年底，集团共参设基金139支，基金规模超过1300亿元。参设基金中，母基金5支，母基金投资子基金32支；直投基金103支，包括天使期24支、创投期72支、成长期7支。已经进入退出期的基金78支。

表 5-3-1　基金数量和基金规模增长情况统计表（2011—2019 年）

单位：亿元、支

规模 \ 年份	2011	2012	2013	2014	2015	2016	2017	2018	2019
新增基金规模	13.44	34.40	19.75	235.47	208.15	175.07	28.03	432.17	172.37
累计基金规模	69.37	103.77	123.52	358.99	567.14	742.21	770.24	1202.41	1374.78
新增基金数量	6	11	9	22	23	12	8	12	24
累计基金数量	18	29	38	60	83	95	103	115	139

一、母基金

2010—2019年，集团共参设5支母基金，分别为北京集成电路产业发展股权投资基金、北京中关村协同创新投资基金、北京中关村并购母基金投资中心（有限合伙）、中关村盛景美国母基金（ZGC Peakview US Fund I，LP）、北京市科技创新基金。

（一）北京集成电路产业发展股权投资基金

北京集成电路产业发展股权投资基金（简称集成电路母基金）是北京第一支、国家首个集成电路产业基金，注册资本60.06亿元。基金由北京盛世宏明投资基金管理有限公司负责管理。集成电路母基金下设4支子基金，基金规模240亿元，分别为北京集成电路制造和装备子基金（简称制造和装备子基金）、北京集成电路设计与封测子基金（简称设计与封测子基金）、北京集成电路尖端芯片子基金（简称尖端芯片子基金）、北京集成电路先进制造和高端装备子基金（简称制造和装备二期子基金）。

2014年，为进一步落实《国家新兴战略产业发展规划》，培育集成电路产业全产业链条，加快推进集成电路产业整体升级，北京市政府设立北京集成电路产业发展股权投资基金，采用母子基金（1+N）模式①，对集成电路行业中的一批骨干企业、重大项目和创新实体进行投资，打造中国集成电路产业的北部增长极。7月29日，集团和北京盛世宏明投资基金管理有限公司共同出资成立北京集成电路产业发展股权投资基金有限公司（集成电路母基金）。

① 母子基金（1+N）模式即1支母基金，N支子基金的模式。

是年，集成电路母基金正式运营。集成电路母基金认缴出资20亿元，参与设立制造和装备子基金；认缴出资5亿元，参与设立设计与封测子基金。社会投资包括中芯晶圆股权投资（上海）有限公司、北京紫荆华融股权投资有限公司、中关村科技园区海淀园创业服务中心、北京紫光通信科技集团有限公司等。

2015年，国家集成电路产业投资基金（简称国家大基金）和亦庄国投分别认缴制造和装备子基金10亿元。制造和装备子基金成为国家大基金入资的第一支基金。

是年，制造和装备子基金完成对全球顶级MEMS（微机电系统）代工厂商瑞典SILEX项目的股权收购，在京建设国内最高水平的MEMS生产线，实现MEMS先进制造国产化。4月30日，设计与封测子基金牵头社会资本对OV项目进行联合全额收购，总投资约19亿美元，签署并购协议，10月初通过美国CFIUS审核，11月底完成市发展改革委备案。收购完成后，OV公司成为中国最大的图像传感器设计公司，填补了中国在中高端图像获取技术领域的空白。设计与封测子基金联合社会资本共同投资全球领先的存储器企业矽成半导体美国上市公司ISSI项目，总投资规模8.48亿美元。其中，设计与封测子基金完成投资5750万美元。ISSI项目填补了中国本土公司在DRAM和SRAM市场供应以及中国高端存储器设计领域空白，进一步巩固了北京在核心芯片设计领域的优势地位。

2016年，推动制造和装备子基金、设计与封测子基金募资，全年共新增实缴20.79亿元。为配合投资北京豪威项目，集成电路母基金完成后续1.95亿元实缴出资。集成电路母基金与启航基金共同投资忆芯科技项目，并协助中芯北方完成国家大基金和亦庄国投的增资。制造和装备子基金与集团共同投资中芯北方项目。制造和装备子基金、设计与封测子基金共同投资集创北方。设计与封测子基金与集团共同投资忆芯科技项目。设计与封测子基金对全球第三大CMOS芯片公司美国豪威科技（OmniVision）成功私有化，并完成对豪威科技的收购。同年底，推进子基金所投项目豪威科技、忆芯科技、文安智能、兆易创新等落户集成电路设计园。

2017年，设计与封测子基金投资上海博通、恒玄科技，支持其成为国内显示驱动、射频、音频芯片领域的头部企业。1月6日，完成投资上海博通的出资。7月31日，完成投资恒玄科技的出资。

2018年，完成设立尖端芯片子基金、制造和装备二期子基金。设计与封测子基金投资的思立微定增到兆易创新，增强兆易创新在移动终端传感器SoC领域的实力，进一步稳固兆易创新的行业龙头地位。

2019年7月21日，集成电路母基金设计子基金投资企业安集微电子科技（上海）有限公司完成上市签约，并于22日正式上市。是年，继成功收购全球第三大CMOS芯片公司美国豪威科技后，再次主导韦尔收购豪威科技、思比科，实现产业链整合，提升中国在高端图像传感器设计领域的整体水平，合并后的韦尔在销售和技术方面都接近世界一流水平。

截至2019年，集成电路母基金通过4支子基金完成投资项目27个，基金出资约50亿元，撬动社会投资规模超过430亿元，拉动超过17倍的社会投资，实现政府资金有效放大，充分发挥政府资金的引导作用。所支持的企业中，已有3家企业IPO上市，3家企业被上市公司收购；集创北方已经成为国内显示驱动领域的头部企业，并对京东方形成了有效支撑；上海博通、恒玄科技也逐步成为国内在射频领域以及音频芯片领域的头部企业。集成电路母基金先后获得“融资中国2018年度中国最佳政府引导基金TOP 30”“CLPA2018—2019年度最佳省级政府投资基金5强”荣誉、中国证券报“金牛奖”、投中信息“2018年中国最佳私募股权投资引导基金TOP 10”“2018年中国最佳私募股权投资领域有限合伙人TOP 20”、CLPA中合会“CLPA十周年LP100案例”等荣誉。

图5-3-1　2019年7月21日，安集微电子科技（上海）有限公司上市签约仪式举行

（二）北京中关村协同创新投资基金

北京中关村协同创新投资基金（简称中关村协同创新母基金），基金规模20.01亿元，存续期为“8+2”。基金由北京中关村协同创新投资基金管理有限公司负责管理。中关村协同创新母基金下设12支子基金，分别是衢州中关村复朴协同创业投资基金（有限合伙）、泰安市茂榕清泽股权投资基金合伙企业（有限合伙）、保定基石连盈创业投资基金中心（有限合伙）、北京协同科创创业投资管理中心（有限合伙）、南宁水木愿景创业投资中心（有限合伙）、南阳中关村协同创新创业资产管理中心（有限合伙）、乌兰察布市高榕三期投资合伙企业（有限合伙）、天津中关村磐谷图灵股权投资基金合伙企业（有限合伙）、天津合勤科技智能制造产业创新投资合伙企业（有限合伙）、徐州云荷投资合伙企业（有限合伙）、德州两仪幂方康健创业投资合伙企业（有限合伙）、江苏中关村中诺协同投资基金合伙企业（有限合伙）。

2015年，集团联合乌兰察布、保定、秦皇岛、承德、宝坻、静海、东戴河、德州、新泰、南阳、衢州、徐州、金坛、溧阳、南宁共15家地方政府共同发起设立中关村协同创新母基金。2016年，中关村协同创新母基金正式成立。（详见第八章第二节“协同创新基金”）

（三）北京中关村并购母基金投资中心（有限合伙）

北京中关村并购母基金投资中心（有限合伙）（简称中关村并购母基金），基金规模119亿元，存续期为“4+3”。基金由北京中关村大河资本投资管理中心（有限合伙）负责管理。

2016年10月，中关村并购母基金成立，是国内规模较大的并购母基金。计划共募集三期，总规模达300亿元。中关村并购母基金出资方包括政府引导基金（海淀区产业并购引导基金）、海淀国资公司、清华控股有限公司、中关村发展集团，用友网络、华胜天成、三聚环保、利亚德、立思辰、神州高铁、神州数码、旋极信息、拉卡拉、佳沃集团、恒泰艾普等10余家中关村上市公司，以及浦发银行、北京银行、邮储银行、南京银行、华龙证券等金融机构。

2017年，中关村并购母基金协助上市公司华胜天成收购设计制造企业泰凌微电子83%的股份。泰凌微电子曾获得英特尔战略投资，是行业内迅速崛起的一匹黑马。华胜天成收购完成后，将在物联网芯片领域完成破局。

2018年，中关村并购母基金与全国社保基金、北京市政府、海淀区政府成立中关村龙门基金，基金规模100亿元。同年，中关村并购母基金与密云区政府共同成立规模20亿元的母基金——北京绿色科技产业发展基金。

（四）中关村盛景美国母基金

中关村盛景美国母基金（ZGC Peakview US Fund I, LP），基金规模3亿美元，存续期为“4+3”。基金由中关村国际（美国）与盛景嘉成美国子公司Peakview Capital共同管理。

2017年9月20日（美国当地时间），在北京市代市长陈吉宁、中国驻旧金山总领事馆总领事罗林泉、加州国会议员罗·康纳等近百位中美政商学界代表的共同见证下，中关村首支海外母基金——中关村盛景美国母基金（ZGC Peakview US Fund I, LP）在“北京市硅谷人才与科技峰会”上发布。（详见第九章第二节“海外基金”）

（五）北京市科技创新基金

北京市科技创新基金（简称科创母基金），基金规模200亿元，存续期为“6+9”，基金由北京科技创新投资管理有限公司负责管理。

2017年9月，北京市政府批复市科委、市财政局共同上报的《关于拟请审定〈北京市科技创新基金设立方案〉的请示》。为了更好地发挥政府引导作用，推动创新链、产业链、资金链深度融合，加强全国科技创新中心建设，北京市政府计划设立科创母基金。

2018年6月24日，科创母基金启动。10月，科创母基金成立。总规模200亿元，其中北京市政府投资引导基金出资120亿元，中关村发展集团、首都科技集团、北京国资中心、亦庄国投各出资20亿元。科创母基金旨在引导投向高端“硬技术”创新，避免投向商业模式创新或中低端技术；引导投向前端原始创新，及早跟踪并介入原始创新，提高原始创新能力，引导高端科研人才落地北京创新创业；引导适合首都定位的高端科研成果落地北京孵化，培育“高精尖”产业，为其发展营造良好环境。

表 5-3-2　母基金一览表（2019 年）

序号	母基金名称	管理机构名称	出资主体
1	北京集成电路产业发展股权投资基金有限公司	北京盛世宏明投资基金管理有限公司	中关村发展集团股份有限公司（自有资金）
2	北京中关村协同创新投资基金（有限合伙）	北京中关村协同创新投资基金管理有限公司	中关村发展集团股份有限公司（自有资金）
3	北京中关村并购母基金投资中心（有限合伙）	北京中关村大河资本投资管理中心（有限合伙）	中关村发展集团股份有限公司（自有资金）
4	ZGC Peakview US Fund I, LP	ZP Manangement LLC	中关村国际控股有限公司（自有资金）
5	北京市科技创新基金（有限合伙）	北京科技创新投资管理有限公司	中关村发展集团股份有限公司（自有资金）

表 5-3-3　母基金投资子基金一览表（2019 年）

（1）北京中关村协同创新投资基金（有限合伙）		
序号	子基金名称	管理机构名称
1	衢州中关村复朴协同创业投资基金（有限合伙）	广州复朴道和投资管理有限公司
2	天津合勤资本智能制造产业投资合伙企业（有限合伙）	北京合勤资本管理有限公司
3	江苏中关村中诺协同投资基金合伙企业（有限合伙）	北京中关村协同创新投资基金管理有限公司
4	泰安市茂榕清泽股权投资基金合伙企业（有限合伙）	北京茂榕投资有限公司
5	保定基石连盈创业投资基金中心（有限合伙）	北京基石创业投资管理中心（有限合伙）
6	德州两仪幂方康健创业投资合伙企业（有限合伙）	幂方资本管理（北京）有限公司
7	乌兰察布市高榕三期投资合伙企业（有限合伙）	北京高榕资本管理咨询有限公司
8	北京协同科创创业投资管理中心（有限合伙）	北京中关村协同创新投资基金管理有限公司
9	南宁水木愿景创业投资中心（有限合伙）	北京水木国鼎投资管理有限公司
10	南阳中关村协同创新创业资产管理中心（有限合伙）有限合伙	南阳中关村协同创业投资基金管理有限公司
11	天津中关村磐谷图灵股权投资基金合伙企业（有限合伙）	北京磐谷创业投资有限责任公司
12	徐州云荷投资合伙企业（有限合伙）	北京云和方圆投资管理有限公司

续表

(2)北京市科技创新基金(有限合伙)		
序号	子基金名称	基金三阶段划分
1	北京中科创星硬科技创业投资合伙企业(有限合伙)	原始创新阶段
2	北京联想智能互联网创新基金合伙企业(有限合伙)	原始创新阶段
3	北京龙脉得创业投资基金(有限合伙)	原始创新阶段
4	北京创新黑马投资管理合伙企业(有限合伙)	原始创新阶段
5	北京鼎峰新材料创业投资合伙企业(有限合伙)	原始创新阶段
6	北京荷塘生命科学原始创新基金(有限合伙)	原始创新阶段
7	北京英诺创易佳科技创业投资中心(有限合伙)	原始创新阶段
8	北京考拉鲲鹏科技成长基金合伙企业(有限合伙)	成果转化阶段
9	北京九合锐达创业投资合伙企业(有限合伙)	成果转化阶段
10	北京国同洪泰科技智能投资合伙企业(有限合伙)	成果转化阶段
11	北京元清本草股权投资中心(有限合伙)	成果转化阶段
12	北京雅惠乾沣股权投资合伙企业(有限合伙)	成果转化阶段
13	北京中关村发展前沿企业投资基金(有限合伙)	成果转化阶段
14	北京经纬创荣投资中心(有限合伙)	成果转化阶段
15	北京华盖信诚远航医疗产业投资合伙企业(有限合伙)	高精尖产业阶段
16	北京同辐创新产业投资基金合伙企业(有限合伙)	高精尖产业阶段
(3)北京集成电路产业发展股权投资基金		
序号	子基金名称	管理机构名称
1	北京集成电路尖端芯片股权投资中心(有限合伙)	北京中域拓普投资管理有限公司
2	北京集成电路先进制造和高端装备股权投资基金中心(有限合伙)	北京盛世宏明投资基金管理有限公司
3	北京集成电路制造和装备股权投资中心(有限合伙)	北京盛世宏明投资基金管理有限公司
4	北京集成电路设计与封测股权投资中心(有限合伙)	北京清芯华创投资管理有限公司

二、直投基金

集团直投基金的资金来源包括受托管理资金和自有资金（集团及下属子公司资金）两大类。截至2019年，集团直投基金共103支，总规模599.72亿元。其中，集团受托管理资金投资基金64支，规模367.79亿元，集团受托认缴出资16.79亿元；集团自有资金直投基金46支，基金规模231.93亿元，集团认缴出资25.53亿元。集团所直投的103支基金中，有11支基金为主导型基金。

（一）北京中关村瞪羚创业投资中心

北京中关村瞪羚创业投资中心（简称瞪羚I期），基金规模31，650万元，基金由北京中关村瞪羚投资基金管理有限公司负责管理。

2011年7月15日，中关村科技担保、中关村创业投资发展有限公司、北京国际信托有限公司共同出资成立北京中关村瞪羚投资基金管理有限公司。12月29日，瞪羚I期成立。

2018年5月30日至2018年8月27日，瞪羚I期退出北京天宜上佳新材料股份有限公司，退出金额38，703.73万，获得账面回报倍数9.98倍。

（二）北京瞪羚金石股权投资中心

北京中关村瞪羚创业投资中心（简称瞪羚II期），基金规模18，300万元，基金由北京中关村瞪羚投资基金管理有限公司负责管理。

2014年9月，瞪羚II期成立。该基金主要以股权形式投资于医疗健康、新能源、农业与食品、水资源、信息技术及教育领域等相关产业的高新技术企业。

（三）北京中关村发展启航产业投资基金（有限合伙）

北京中关村发展启航产业投资基金（有限合伙）（简称启航一期），基金规模为5亿元，基金由北京启航投资管理有限公司（启航投资）负责管理。

2016年12月30日，启航一期设立，出资方为中关村发展集团、杭州银行和雄越投资。到位资金5亿元，其中集团出资2.29亿元，占比45.8%。启航一期主要投资于TMT、智能互联网、医药健康、新能源与环保技术等领域的初创期、成长期项目。

2017年11月，启航一期资金全部实缴到位。启航一期全年储备项目70余个，已立项35个。全年完成决策项目18个，决策项目金额2.72亿元。其中已出资金额1.77亿元。全年实现营业收入617.48万元，利润总额199.79万元。已投资的知觉科技、羽医甘蓝、七鑫易维、忆芯科技、优乐复生、新博医疗共6个项目入围2017年中关村前沿科技创新大赛决赛。

截至2019年底，累计出资30个项目，出资金额4.02亿元；累计退出1个项目，退出本金1000万元，退出收益851.6万元，内部收益率35.34%。已投资的代表项目包括清智科技、亿华通、赛纳生物、亚虹医药等。

清智科技 清华大学李克强教授团队知识成果转化项目。该项目为2017年11月出资，2019年11月完成退出，实现内部收益率35.34%。该项目专注于商用车ADAS系统产品供应商，特定场景L4自动驾驶整车解决方案供应商，致力于成为卓越创新的中国智能网联汽车电子一级供应商（Tier1），国家级高新技术企业资质，正式取得IATF16949质量体系认证和国家军工三级保密资质认证。核心团队具备智能汽车、汽车电子领域10—20年从业经验，公司具备“感知—决策—控制—网联”全技术链，突出的底盘控制和系统集成能力。启航一期基金于2017年11月向企业投资1000万元。

亿华通 国内氢燃料电池汽车动力系统龙头企业，该项目已经申报科创板。公司拥有国内领先的汽车氢燃料电池核心技术，产业链布局完善，掌握了动力系统总成、电堆等核心技术，性能赶超国外竞品。与国内主流商用车企宇通、福田、中通、申龙、中植、金龙等建立深厚的合作关系，已为进入目录的数十款氢燃料新能源车型提供氢燃料电池发动机系统。启航一期基金于2019年2月向企业投资1000万元。

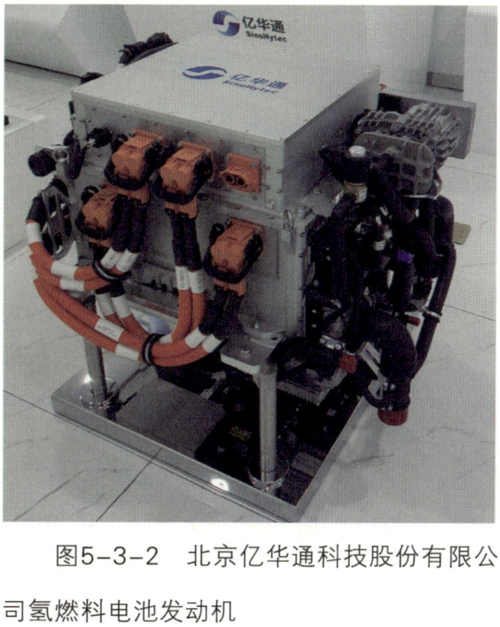

图5-3-2 北京亿华通科技股份有限公司氢燃料电池发动机

赛纳生物 谢晓亮院士带领的多学科交叉型技术团队研发的准确、快速、经济的创新型基因测序技术平台，基于测序仪底层原理的自主创新，在仪器设计、试剂、算法等各个环节都有自主研发的领先技术，处于国际领先水平，相关技术发表于国际顶级期刊Nature Biotechnology，属于完全自主知识产权。启航一期基金于2017年10月向企业投资2000万元。

亚虹医药 核心团队均拥有跨国药企十余年的新药开发经验；其核心项目APL－1202有望成为全球首款口服治疗非肌层浸润性膀胱癌药物，显著提高服药依从性和有效性，已完成全部三期临床入组。启航一期基金于2017年12月、2018年11月向企业投资1000万元。

（四）北京协同科创创业投资管理中心（有限合伙）

北京协同科创创业投资管理中心（有限合伙）（简称协同科创基金），基金规模为1.01亿，基金由北京中关村协同创新投资基金管理有限公司负责管理。

2018年2月24日，北京协同科创创业投资管理中心（有限合伙）注册成立。由北京中关村协同创新基金（有限合伙）、中关村协同发展、天壕投资集团有限公司、天津和悦谷雨股权投资基金合伙企业（有限合伙）、北京深点小爱信息技术有限公司、拉萨榕趣投资管理有限公司、北京科创知行科技中心（有限合伙）等7家联合成立。协同科创基金完成募集和登记备案，首期规模1亿元。

截至2019年11月底，累计储备项目2036个；新增立项项目8个，累计完成19个项目立项；完成投资决策项目3个，出资项目4个。累计出资项目8个，分别是北京忆芯科技有限公司（简称忆芯科技）、北京东远润兴科技有限公司、贵州中科汉天下微电子有限公司（简称中科汉天下）、北京微焓科技有限公司（简称微焓科技）、深圳纽迪瑞科技开发有限公司（简称纽迪瑞）、上海锋算计算机技术有限公司（简称上海锋算）、成都齐碳科技有限公司（简称齐碳科技）、天壕新能源有限公司（简称天壕新能源）。其中，领投“汉天下”滤波器芯片项目，团队来自中科院微电子所与清华大学，在IC和MEMS领域耕耘10多年，从事体声波滤波器的开发与生产。领投“齐碳科技”第三代基因测序仪项目，“齐碳科技”为国家项目，是一家从事基因测序技术与设备研发的创新型企业，荣获2018年中关村国际前沿科技创新大赛总决赛唯一的一等奖。

（五）南阳中关村协同创新创业资产管理中心（有限合伙）

南阳中关村协同创新创业资产管理中心（有限合伙），基金规模为2.42亿元，基金由南阳中关村协同创业投资基金管理有限公司负责管理。

2018年5月3日，南阳中关村协同创新创业资产管理中心（有限合伙）注册成立。由中关村协同投资和南阳中关村科技金融服务有限公司合作设立，并引入战略合伙人北京征和惠通基金管理有限公司。12月17日，南阳中关村协同创新投资基金在河南南阳揭牌，基金整体规模超过2.4亿。该基金是南阳当地第一支市场化政府引导股权投资基金，首期规模在2亿元至3亿元，优先投资南阳市和中关村的项目，兼顾其他区域优质项目，聚焦电子信息、节能环保、医疗健康等新兴产业。

（六）北京开元弘道创业投资中心（有限合伙）

北京开元弘道创业投资中心（有限合伙）（简称开元弘道基金），基金规模为5亿元，由北京开元成化创业投资中心（有限合伙）（简称开元成化投资中心）负责管理。

2018年5月7日，中关村创投组建市场化的基金管理人开元成化投资中心。6月5日，开元成化投资中心发起设立开元弘道基金，围绕人工智能、高端制造等新经济领域开展投资。截至2019年底，开元弘道基金已投资5家中早期科技企业。

北京水木中晖科技发展有限公司　为医疗器械生产企业提供产品研发过程中的工程化设计、医疗器械注册检测等高技术咨询服务，公司3000平方米实验室落户于北京经济技术开发区。以质子重离子项目为例，作为先进的放射治疗方法，对肿瘤进行精确集中爆破的同时，减少对健康组织的伤害。该项目是科技部的重点项目，首台国产质子重离子治疗装备的测试、整改工作由水木中晖技术团队负责完成。开元弘道基金于2018年11月投资1500万元。

江苏亚虹医药科技有限公司　成立于2010年3月，专注泌尿生殖系统疾病（特别是肿瘤）药物研发。公司产品的技术优势明显，两个国际III期临床产品：APL–1202（hMetAP2）——非肌层浸润性膀胱癌（与化疗联用）（国家一类新药）、APL–1702（光动力）——宫颈癌前病变（国家一类新药），多项新药项目准备开展国际临床及处于临床前开发阶段。开元弘道基金于2019年11月12日投资3000万元。

北京谦川科技有限公司　成立于2017年11月，主要经营安全可靠操作系统、安全虚拟化及安全计算底层硬件与芯片相关的业务，覆盖需要安全计算的众多行业领域，包括智能手机、智能POS、车载、军工、服务器等。公司与支付宝签署独家技术外包服务协议，由其为支付宝开发适应人脸支付环境的安全操作系统。该系统已在高通的“骁龙855”，联发科的“P60”等芯片上集成，是国内唯一一家跨高通和联发科平台的技术供应商。公司还与辉创科技、航盛电子等多家车载前装设备厂商签署合作协议，为客户实现无钥匙人脸识别开锁等多项功能。开元弘道基金于2019年1月21日投资700万元。

（七）北京中关村发展启航创新投资基金（有限合伙）

北京中关村发展启航创新投资基金（有限合伙）（简称启航二期），基金规模为6.76亿元，基金由启航投资负责管理。

2019年1月25日，成立启航二期。首次封闭日认缴出资5.53亿元，出资方包括中关村发展集团、上海信托、红塔创投、海开地产，其中集团认缴1亿元。6月24日，启航二期在基金业协会完成基金备案。9月，后续募资取得阶段性进展，北京市科创母基金完成对启航二期的增资，认缴金额1.69亿元，基金规模增为6.76亿元。截至2019年底，启航二期累计出资8个项目，出资金额8110万元。启航二期主要投资原始创新项目，围绕北京市十大“高精尖”产业方向，重点在新一代信息技术、医药健康、智能制造领域进行布局，已投资的代表性项目有遨天科技、蓝晶微生物等。

遨天科技 公司核心技术原始创新，技术指标国内领先，团队成员在产品设计，工艺流程等方面经验丰富。随着中国低轨星座迅速发展，低轨小卫星的姿态轨道控制和回收动力对电推进是刚需，未来市场规模超50亿元。VAT产品已经通过客户全部地面测试并于2019年8月在轨验证成功，实现中国小卫星电推进在轨验证零的突破。启航二期基金于2019年7月向企业投资1000万元。

蓝晶微生物 项目源自北大和清华教授的成果转化，是国内最早实现合成生物学产业化落地的团队，技术能力国际领先，通过搭建BT+IT的合成生物学平台，驱动创新材料、生物医药、农业等领域的产业升级，多项在研产品潜在市场规模达百亿量级，启航投资后公司与中化集团签署生物可降解塑料方向的战略合作协议。启航二期基金于2019年11月向企业投资1000万元。

（八）北京中关村发展前沿企业投资基金（有限合伙）

北京中关村发展前沿企业投资基金（有限合伙）（简称前沿基金），基金规模为10亿元，由北京中关村发展创业投资基金管理有限公司负责管理。

前沿基金是由集团作为基石投资人发起设立的创投基金。2019年4月26日，前沿基金完成工商注册。6月25日，在中国证券投资基金业协会完成私募投资基金备案。8月8日，完成10亿元规模交割。前沿基金重点围绕新一代信息技术、新能源智能网联汽车及医疗器械领域，先后投资了一批具有代表性的成果转化项目，如清华大学化工系赵劲松教授的清云智通，清华大学辆载学院杨殿阁教授的超星未来，清华大学倪维斗院士团队的暖流科技，北京大学物理学院欧阳颀院士团队的蓝晶微生物等。

（九）北京中发启航东土华盛专项投资基金（有限合伙）

北京中发启航东土华盛专项投资基金（简称启航东土），基金规模为1.5亿元，由北京中关村发展创业投资基金管理有限公司负责管理。

2019年2月，集团作为基石出资人与红塔创新投资股份有限公司共同设立该基金。是年，基金联合北京中关村发展启航产业投资基金、国开科技创业投资有限责任公司共同向上市公司东土科技的子公司东土华盛增资2.12亿元，助力东土华盛扩大经营规模，巩固和发展其在防务领域的市场地位和经营业绩。

（十）江苏中关村中诺协同投资基金合伙企业（有限合伙）

江苏中关村中诺协同投资基金合伙企业（有限合伙）（简称中诺基金），基金总规模2.4亿元，一期规模2亿元，由北京中关村协同创新投资基金管理有限公司负责管理。

2019年4月，中关村科技租赁、中关村协同创新基金、英诺基金及市场化投资人共同设立该基金，定位于服务中关村科技中小企业，结合中关村科技租赁“投租联动”商业模式，专注于大健康、大智造、大数据兼顾其他战略新兴行业成长期、成熟期项目的投资。

（十一）北京生命科学园创新投资基金（有限合伙）

北京生命科学园创新投资基金首期规模为5亿元，由北京中关村发展创业投资基金管理有限公司负责管理。

2019年9月，中关村生命科学园、科创母基金共同出资设立该基金，以中关村生命科学园为主要孵化基地，是专注于为生命科技领域科学家及连续创业者服务的早期股权投资平台。

（十二）国同汇智创业投资（北京）有限公司

国同汇智创业投资（北京）有限公司，基金规模为2.04亿元，由北京国同清源创业投资管理合伙企业（有限合伙）负责管理。该基金是集团重要的参设基金。

2015年12月11日，国同汇智创业投资（北京）有限公司成立，出资方为清华控股、中关村发展集团（占比24.5%）、市经信委和海鑫科金。该基金以信息技术、人工智能等行业为主要领域，投资阶段主要为A轮。已投资代表项目包括天眼查、木瓜移动、路石机器人等。截至2019年底，到位资金2.04亿元，其中集团出资5000万元。基金决策并出资25个投资项目，完成决策投资金额1.53亿元，完成出资1.39亿元。

天眼查 商业调查工具品牌，天眼查联合拉勾网、猎聘网、墨迹天气、饿了么、搜狗搜索等行业领先品牌，倡导“大开天眼”，致力于改变行业现状，推动传统行业注入升级力量，打造信息数据生态圈。基金于2017年1月投资800万元。

木瓜移动 作为出海广告推广平台，致力于为中国企业成功走出国门提供100%效果驱动的移动营销解决方案。依托Facebook（简称脸书）、Google、Twitter、Pinterest、Linkedin、Bing等顶级流量资源，凭借全球战略布局，核心技术驱动，为企业提供高ROI的海外广告投放解决方案。公司的全资子公司与脸书公司签署了《脸书网络联盟协议》，本协议签订后木瓜集团将成为脸书公司的Reseller（“一级分销商”），有权向广告主或其他广告代理出售脸书网站的广告库存。基金于2016年12月投资1940万元。

（十三）北京京工弘元创业投资中心（有限合伙）

北京京工弘元创业投资中心（有限合伙）（简称京工弘元基金），基金规模5亿元，由北京京工弘元投资管理有限公司负责管理。该基金是集团重要的参设基金。

2017年3月13日京工弘元基金成立，出资方为集团与北京理工大学校友企业（雄越投资、九城投资、朴珏资产、子复资产）、中关村科技园区海淀园创业服务中心、河南战新基金。主要投资方向为大健康领域。到位资金3.065亿元，其中集团出资0.32亿元。基金累计决策投资15个项目，出资12个项目，出资金额

15,100万元。已投资项目包括哈精准、安龙基因、理工亘舒等。

安龙基因　主营以基因测序和生物芯片为基础的基因检测、生物技术的转化应用以及分子诊断产品的研发和生产。设有合肥临检中心、银川安龙、重庆安龙、潍坊安龙、安龙智造等5家子公司。2018年销售额约2528万元，先后与齐鲁制药、海正制药建立起业务合作关系。实验室满分通过国家卫计委各项室间质评。已完成最新一轮融资，宣城火花科技创业投资有限公司、北京龙脉得创业投资基金（有限合伙）、刘颖共投资金额960万元，投后估值8124.7万元。京工弘元基金于2017年4月投资350万元。

百世诺　百世诺（北京）医疗科技有限公司成立于2013年6月，是集第三方医学检验服务、体外诊断产品研发和生产为一体的国家高新技术企业和中关村前沿技术企业，下设百世诺（北京）医学检验实验室、江苏百世诺医疗科技有限公司、熙睿诊所三大分支机构。公司聚焦心脑血管精准医疗与公共卫生分子诊断，在疾控领域有逾15年经验，2009年完成了国内首批H1N1、MERS等病毒检测试剂盒的研发、申报。拥有100余项病原体检测产品，累计服务千万人。在新冠肺炎疫情发生后，2020年2月，百世诺研发和生产的新冠病毒核酸、抗体检测试剂盒均通过国家法定机构注册检验，申报国家药监局和WHO应急审批，并且于3月份获得欧盟CE认证。京工弘元基金于2017年11月投资300万元。

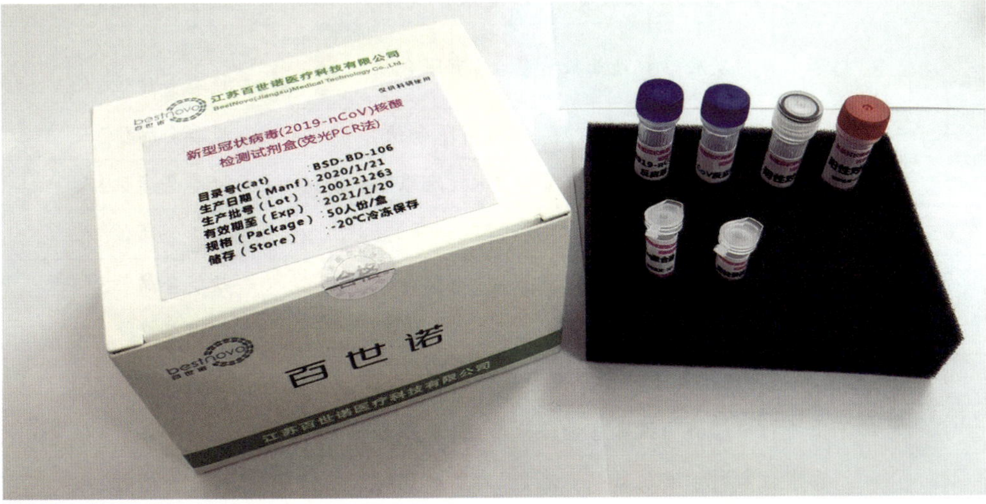

图5-3-3　百世诺（北京）医疗科技有限公司新型冠状病毒（2019-nCoV）核酸检测试剂盒

赛纳生物 主营业务是用于科研/临床诊断的新型高通量二代基因测序仪平台的研发生产。位于亦庄的厂房已正式启用。截至2019年第一季度，完成测序仪B2.2的合规摸底测试（EMC、环境、运输），测试结果显示基本能够满足国标要求。通过可靠性分析和改进，测序仪运行故障率得到大幅度降低，仪器已经能够进行内部使用。完成企业参考品制备，作为测序内参和仪器性能评估。入选中关村前沿技术企业，支持资金已经到位。京工弘元基金于2018年6月投资1000万元。

表 5-3-4 受托管理资金和自有资金参设基金情况统计表（2010—2019 年）

单位：亿元、支

基金类型	数量（支）	占比（%）	基金规模（亿元）	占比（%）	集团认缴出资（亿元）	占比（%）
受托管理资金	64	58.18	367.79	61.33	16.79	39.67
自有资金	46	41.82	231.93	38.67	25.53	60.33
合计（去重）	103	100	599.72	100	42.32	100

注：其中7支基金既有受托管理资金又有自有资金。

表 5-3-5 主导型基金派出投委会委员情况一览表（2010—2019 年）

序号	基金名称	集团派出投委会委员情况
1	北京中关村瞪羚创业投资中心（有限合伙）	投委会席位4人
2	北京瞪羚金石股权投资中心（有限合伙）	投委会席位3人
3	北京中关村发展启航产业投资基金（有限合伙）	董事席位1人 投委会席位6人
4	北京协同科创创业投资管理中心（有限合伙）	投委会席位2人
5	南阳中关村协同创新创业资产管理中心（有限合伙）	投委会席位2人
6	北京开元弘道创业投资中心（有限合伙）	投委会席位3人
7	北京中关村发展启航创新投资基金（有限合伙）	投委会席位3人
8	北京中关村发展前沿企业投资基金（有限合伙）	投委会席位4人
9	北京中发启航东土华盛专项投资基金（有限合伙）	投委会席位2人
10	江苏中关村中诺协同投资基金合伙企业（有限合伙）	投委会席位3人
11	北京生命科学园创新投资基金（有限合伙）	投委会席位2人

表 5-3-6　自有资金直投基金业务一览表（2010—2019 年）

序号	基金名称	管理机构名称	出资主体
1	北京启迪中海创业投资有限公司	启迪创业投资管理（北京）有限公司	北京中关村创业投资发展有限公司自有基金
2	光大新产业创业投资有限公司	光大三山创业投资管理有限公司	北京中关村创业投资发展有限公司自有基金
3	北京君慧创业投资中心	北京君联管理咨询有限公司	北京中关村创业投资发展有限公司自有基金
4	汇升永泰创业投资（北京）有限公司	汇升联华创业投资管理（北京）有限公司	北京中关村创业投资发展有限公司自有基金
5	北极光早期创业投资企业	北极光投资顾问（北京）有限公司	北京中关村创业投资发展有限公司自有基金
6	北京义云清洁技术创业投资有限公司	北京青云创业投资管理有限公司	北京中关村创业投资发展有限公司自有基金
7	北京德同长通投资中心（有限合伙）	北京德同长涛投资咨询有限公司	北京中关村创业投资发展有限公司自有基金
8	中关村兴业（北京）创业投资有限公司	中关村兴业（北京）投资管理有限公司	中关村兴业（北京）投资管理有限公司自有基金
9	北京启迪汇德创业投资有限公司	启迪创业投资管理（北京）有限公司	北京中关村创业投资发展有限公司自有基金
10	北京银汉创业投资有限公司	中关村兴业（北京）投资管理有限公司	中关村兴业（北京）投资管理有限公司自有基金
11	北京和谐成长投资中心（有限合伙）	和谐爱奇投资管理（北京）有限公司	北京中关村创业投资发展有限公司自有基金
12	北京龙磐创业投资中心（有限合伙）	北京龙磐投资管理咨询中心（普通合伙）	北京中关村创业投资发展有限公司自有基金
13	北京银汉兴业创业投资中心（有限合伙）	中关村兴业（北京）投资管理有限公司	中关村兴业（北京）投资管理有限公司自有基金
14	北京中关村瞪羚创业投资中心（有限合伙）	北京中关村瞪羚投资基金管理有限公司	北京中关村瞪羚投资基金管理有限公司自有基金 北京中关村科技融资担保有限公司自有基金
15	北京中关村国盛创业投资中心（有限合伙）	中关村三川（北京）股权投资管理有限公司	中关村发展集团股份有限公司自有基金
16	北京薪火科创投资中心（有限合伙）	中关村兴业（北京）投资管理有限公司	中关村兴业（北京）投资管理有限公司自有基金

续表

序号	基金名称	管理机构名称	出资主体
17	北京水木启程创业投资中心（有限合伙）	北京水木创信投资管理中心（普通合伙）	北京中关村创业投资发展有限公司自有基金
18	梅河口中关村产业发展投资有限公司	梅河口中关村产业发展投资有限公司	北京中关村创业投资发展有限公司自有基金
19	丹华资本有限合伙企业	丹华资本管理公司	北京中关村创业投资发展有限公司自有基金
20	北京金吾创业投资中心（有限合伙）	中关村兴业（北京）投资管理有限公司	中关村兴业（北京）投资管理有限公司自有基金
21	北京水木扬帆创业投资中心（有限合伙）	北京水木国鼎投资管理有限公司	北京中关村科技创业金融服务集团有限公司自有基金
22	北京中关村互金创新股权投资基金（有限合伙）	中金甲子（北京）投资基金管理有限公司	北京中关村创业投资发展有限公司自有基金
23	北京中关村软件园中以创新投资发展中心（有限合伙）	北京施拉特创业投资管理有限公司	北京中关村科技创业金融服务集团有限公司自有基金
24	北京中海实创投资管理中心（有限合伙）	北京中海实创投资管理中心（有限合伙）	北京实创高科技发展有限责任公司自有基金
25	北京瞪羚金石股权投资中心（有限合伙）	北京中关村瞪羚投资基金管理有限公司	北京中关村瞪羚投资基金管理有限公司自有基金
			北京中关村科技融资担保有限公司自有基金
26	北京吾金创业投资中心（有限合伙）	北京金吾兴业投资管理有限公司	中关村兴业（北京）投资管理有限公司自有基金
26	北京吾金创业投资中心（有限合伙）	北京金吾兴业投资管理有限公司	北京中关村生命科学园发展有限责任公司自有基金
27	北京富汇中科创业投资中心（有限合伙）	北京中科富汇创业投资管理有限公司	中关村发展集团股份有限公司自有基金
28	北京海聚助力创业投资中心（有限合伙）	北京海聚助力投资管理有限公司	北京中关村创业投资发展有限公司自有基金
29	国同汇智创业投资（北京）有限公司	北京国同清源创业投资管理合伙企业（有限合伙）	中关村发展集团股份有限公司自有基金
30	丹华资本美元二期基金	丹华资本管理公司	中关村发展集团股份有限公司自有基金
31	KiloAngel, L.P.	KILOWATT CAPITAL LLC	中关村发展集团股份有限公司自有基金

续表

序号	基金名称	管理机构名称	出资主体
32	北京中关村发展启航产业投资基金（有限合伙）	北京启航投资管理有限公司	中关村发展集团股份有限公司自有基金
33	北京龙磐健康医疗投资中心（有限合伙）	北京龙磐投资管理咨询中心（普通合伙）	北京中关村创业投资发展有限公司自有基金
34	北京京工弘元创业投资中心（有限合伙）	北京京工弘元投资管理有限公司	中关村发展集团股份有限公司自有基金
35	北京普丰云华新兴产业创业投资中心（有限合伙）	北京亦庄普丰国际创业投资管理有限公司	北京中关村创业投资发展有限公司自有基金
36	北京中海双创二期基金投资中心（有限合伙）	北京中海金岳投资管理有限公司	海开集团自有基金
37	北京翠微科创股权投资基金中心（有限合伙）	拉萨经济技术开发区百颐创业投资管理有限公司	海开集团自有基金
38	北京开元弘道创业投资中心（有限合伙）	北京开元成化创业投资中心（有限合伙）	北京中关村创业投资发展有限公司自有基金
39	Fuel Ventures Porfolio 3	Fuel Ventures Lmited	ZGC INTERNATIONAL LIMITED自有基金
40	ZGC US Fund, LP	ZGC US General Partner, LLC.	中关村国际控股有限公司自有基金
41	北京海国东兴支持优质科技企业发展投资管理中心（有限合伙）	北京中海长益投资管理中心（有限合伙）	海开集团自有基金
42	北京中关村发展启航创新投资基金（有限合伙）	北京启航投资管理有限公司	中关村发展集团股份有限公司自有基金
			海开集团自有基金
43	北京中发启航东土华盛专项投资基金（有限合伙）	北京启航投资管理有限公司	中关村发展集团股份有限公司自有基金
44	北京中关村发展前沿企业投资基金（有限合伙）	北京中关村发展创业投资基金管理有限公司	中关村发展集团股份有限公司自有基金
45	北京生命科学园创新投资基金（有限合伙）	北京中关村发展创业投资基金管理有限公司	中关村发展集团股份有限公司自有基金
46	北京中关村芯创集成电路设计产业投资基金（有限合伙）	北京启航投资管理有限公司	中关村发展集团股份有限公司自有基金

表 5–3–7　受托管理资金直投基金业务一览表（2010—2019 年）

序号	基金名称	管理机构名称	出资主体
1	北京创新工场投资中心（有限合伙）	创新方舟（北京）投资管理咨询有限公司	受托中关村管委会引导资金
2	北京汉能中宏投资中心（有限合伙）	北京汉联资本管理中心（有限合伙）	受托中关村管委会引导资金
3	北京厚德雍和新媒体版权投资有限公司	北京厚德雍和资本管理有限公司	受托中关村管委会引导资金
4	北京创动创业投资中心（有限合伙）	北京创动投资咨询有限公司	受托中关村管委会引导资金
5	北京基石创业投资基金（有限合伙）	北京基石基金管理有限公司	受托中关村管委会引导资金
6	北京中关村瞪羚创业投资中心（有限合伙）	北京中关村瞪羚投资基金管理有限公司	受托中关村管委会引导资金
7	北京红杉信远股权投资中心（有限合伙）	红杉资本股权投资管理（天津）有限公司	受托中关村管委会引导资金
8	北京市高特佳汇兴投资中心（有限合伙）	北京高特佳资产管理有限公司	受托中关村管委会引导资金
9	北京润信鼎泰投资中心（有限合伙）	中信建投资本管理有限公司	受托中关村管委会引导资金
10	北京中云融汇投资中心（有限合伙）	北京天云融汇企业管理有限公司	受托中关村管委会引导资金
11	北京航天科工军民融合科技成果转化创业投资基金（有限合伙）	航天科工投资基金管理（北京）有限公司	受托市科委引导资金
12	北京微创投投资中心（有限合伙）	金卓恒邦科技（北京）有限公司	受托中关村管委会引导资金
13	北京戈壁绿洲天使投资中心（有限合伙）	戈壁（北京）投资管理有限公司	受托中关村管委会引导资金
14	北京启迪银杏天使投资中心（有限合伙）	启迪天使投资管理（北京）有限公司	受托中关村管委会引导资金
15	北京马力天使投资中心（有限合伙）	清华科技园创业投资有限公司	受托中关村管委会引导资金
16	北京中伯创科投资中心（有限合伙）	北京赛伯乐创科投资管理有限公司	受托中关村管委会引导资金
17	北京天使汇投资管理中心（有限合伙）	北京盛邦天使投资管理有限公司	受托中关村管委会引导资金

续表

序号	基金名称	管理机构名称	出资主体
18	北京北软天使科技投资中心（有限合伙）	北京北软汇智投资管理有限公司	受托中关村管委会引导资金
19	北京天峰启航股权投资合伙企业（有限合伙）	北京天峰汇泉投资管理有限公司	受托中关村管委会引导资金
20	北京东方华盖创业投资有限公司	东方华盖股权投资管理（北京）有限公司	受托中关村管委会引导资金
21	北京华胜天成低碳产业创业投资中心（有限合伙）	北京华胜天成能源投资发展有限公司	受托中关村管委会引导资金
22	北京启赋创业投资中心（有限合伙）	北京启赋投资咨询中心（有限合伙）	受托中关村管委会引导资金
23	北京君联茂林股权投资合伙企业（有限合伙）	北京君联资本管理有限公司	受托中关村管委会引导资金
24	北京华创盛景天使投资中心（有限合伙）	北京华创嘉成投资管理有限公司	受托中关村管委会引导资金
25	北京睿创投资管理中心（有限合伙）	北京智谷睿拓技术服务有限公司	受托中关村管委会引导资金
26	北京蓝晶文创科技创业投资中心（有限合伙）	北京蓝晶投资管理有限责任公司	受托中关村管委会引导资金
27	北京水木扬帆创业投资中心（有限合伙）	北京水木国鼎投资管理有限公司	受托中关村管委会引导资金
28	北京未名雅集燕园创业投资中心（有限合伙）	北京未名雅集燕园创业投资管理中心（有限合伙）	受托中关村管委会引导资金
29	北京中关村互金创新股权投资基金（有限合伙）	中金甲子（北京）投资基金管理有限公司	受托中关村管委会引导资金
30	北京中关村软件园中以创新投资发展中心（有限合伙）	北京施拉特创业投资管理有限公司	受托中关村管委会引导资金
31	北京金信华创股权投资中心（有限合伙）	北京金信融达投资管理有限公司	受托中关村管委会引导资金
32	北京中关村北斗股权投资中心（有限合伙）	北京北斗融创股权投资管理中心（有限合伙）	受托中关村管委会引导资金
33	北京科创文华创业投资中心（有限合伙）	北京科创文华投资管理有限公司	受托中关村管委会引导资金
34	北京龙磐生物医药创业投资中心（有限合伙）	北京龙磐投资管理咨询中心（普通合伙）	受托中关村管委会引导资金
35	北京梅花天使成长创新创业投资有限公司	中企汇安资产管理有限公司	受托中关村管委会引导资金

续表

序号	基金名称	管理机构名称	出资主体
36	北京创金兴业投资中心（有限合伙）	创金合成投资管理（北京）有限公司	受托中关村管委会引导资金
37	北京珞珈天壕投资中心（有限合伙）	北京珞珈天壕投资管理有限公司	受托中关村管委会引导资金
38	北京仙瞳芳晟投资基金（有限合伙）	北京仙瞳芳晟投资管理中心（有限合伙）	受托中关村管委会引导资金
39	北京富汇理化科技投资合伙企业（有限合伙）	北京富汇理化投资管理有限公司	受托中关村管委会引导资金
40	北京水木华清投资中心（有限合伙）	水清木华金种子（北京）科技孵化器有限公司	受托中关村管委会引导资金
41	北京创业邦投资中心（有限合伙）	北京爱科创成投资管理中心（有限合伙）	受托中关村管委会引导资金
42	北京亿联投资中心（有限合伙）	北京亿联财富投资管理有限公司	受托中关村管委会引导资金
43	北京洪泰启航创业投资中心（有限合伙）	北京洪泰同创投资管理有限公司	受托中关村管委会引导资金
44	北京富汇中科创业投资中心（有限合伙）	北京中科富汇创业投资管理有限公司	受托中关村管委会引导资金
45	北京基石仲盈创业投资中心（有限合伙）	北京基石创业投资管理中心（有限合伙）	受托中关村管委会引导资金
46	北京创新工场创业投资中心（有限合伙）	北京互联创新工场投资管理有限公司	受托中关村管委会引导资金
47	北京中关村九鼎军民融合投资中心（有限合伙）	北京惠通九鼎投资有限公司	受托中关村管委会引导资金
48	北京国仟共赢创业投资中心（有限合伙）	北京国谦投资咨询有限公司	受托中关村管委会引导资金
49	北京景创投资中心（有限合伙）	北京盛景嘉成投资管理有限公司	受托中关村管委会引导资金
50	北京追远财富资本合伙企业（有限合伙）	北京追远创业投资有限公司	受托中关村管委会引导资金 受托房山政府引导资金
51	北京光荣联盟半导体照明产业投资中心（有限合伙）	光荣半导体照明投资基金管理（北京）有限公司	受托中关村管委会引导资金
52	北京亚杰天使二期投资中心（有限合伙）	亚杰天使投资管理（北京）有限公司	受托中关村管委会引导资金

续表

序号	基金名称	管理机构名称	出资主体
53	北京红杉濂德股权投资中心（有限合伙）	红杉资本股权投资管理（天津）有限公司	受托中关村管委会引导资金
54	北林生态创投基金（有限合伙）	北京北林生态发展投资管理有限公司	受托中关村管委会引导资金
55	北京拉卡拉互联网产业投资基金（有限合伙）	北京拉卡拉投资管理有限公司	受托中关村管委会引导资金
56	北京国科瑞华战略性新兴产业投资基金（有限合伙）	中国科技产业投资管理有限公司	受托中关村管委会引导资金
57	北京一八九八友创投资中心（有限合伙）	北京一八九八创业投资基金管理中心（有限合伙）	受托中关村管委会引导资金
58	北京中域昭拓股权投资中心（有限合伙）	北京中域嘉盛投资管理有限公司	受托中关村管委会引导资金
59	北京复朴长鸿投资中心（有限合伙）	北京复朴道和投资管理有限公司	受托中关村管委会引导资金
			受托房山政府引导资金
60	北京汉新成长投资中心（有限合伙）	北京汉新行胜投资管理中心（有限合伙）	受托中关村管委会引导资金
61	北京协同创新京福投资基金（有限合伙）	北京协同创新京福投资基金（有限合伙）	受托中关村管委会引导资金
62	北京国杰乾盛投资管理中心（有限合伙）	北京乾盛投资有限公司	受托中关村管委会引导资金
63	北京博雅盛景投资中心（有限合伙）	北京博雅盛景投资管理有限公司	受托中关村管委会引导资金
64	北京龙磐健康医疗投资中心（有限合伙）	北京龙磐投资管理咨询中心（普通合伙）	受托中关村管委会引导资金

第四节　服务重大项目落地

2010年，集团与清华大学、北京大学、中科院、农科院等11家大学、大院和大所签订框架合作协议，支持清华大学人工骨项目、中科院激光显示大屏项目及大型激光工业设备项目、农机院涡轮叶片热障涂层产业化项目等多个项目。集团利用中关村示范区优惠政策平台，以战略投资者的身份参与目标企业的改制重组和增资扩股，通过帮助设立规范的公司、股权激励、科技经费使用、高端人才引进、帮助选址及代建厂房等多种方式实现分类指导，调动科技骨干和经营层的积极性，促进院所高校推荐的各类重大科技成果、企业改制及国家级创新基地建设等项目实现在京转化和产业化。10月26日，集团参与投资项目的中央企业院校重大科技成果在京转化落地项目签约落地。集中推介来自中科院、中央转制院所、国防科技工业集团公司、高校及其他在京中央企业的25个正在实施的科技成果转化项目，并为4个科技成果承接及转化平台、12个新认定的在京中央企业院校所属工程技术研究中心、重点实验室揭牌。

集团结合政府股权投资、园区土地供给和相关配套设施服务业等方面，引导和推进中央转制院所和境外引进的重大项目落地。集团与各区县政府合作，在确定产业园定位的基础上划定区域，由集团帮助开发和引资。中关村国家院所通州产业园由集团组织中国建材院、农机院等5个中央院所建成，13个现代制造业项目集体入驻。广泛挖掘重大项目，初步形成重大项目发现和投资促进机制，理清重大项目的标准和程序，逐步建立相应的流程和制度。初步明晰标准，对不同行业和处于不同发展阶段的企业，在技术创新性，项目投资规模和产出、行业市场空间，产业的带动性等方面形成初步量化性指标。

2011年，启动“中关村战略性新兴产业功能区规划建设管理创新”课题研究，调研外省市园区建设的新进展、新举措。配合中关村管委会制定《中关村国家自主创新示范区优化产业布局指导意见》，共同研究制定项目受理审核流程、产业布局方案和项目准入标准等。推动示范区各项先行先试政策，通过项目投资与科研院所多层次合作，落实股权激励等新政策，推荐符合条件的投资项目进入政府采购。

集团与中科院北京分院签订深化项目合作协议；与北京师范大学、北京科技大学、北京交通大学、中国铁道科学研究院等院所高校对接并梳理出一批项目；与航天科工集团，航天二院、三院、五院，国家气象局等中央企业和单位接洽，启动一批央企与军民融合项目。赴英国、芬兰、印度、以色列、美国、马来西亚等国考察交流，瞄准一批国外有影响力的项目，与国外政府、投资机构积极探索基于项目的合作机制。

服务落地项目14家。集团参与大兴高端医疗器械园的筹建和设计。同时，完成昌平电子商务园筹建，推进中关村国家院所通州产业园建设。其中，北京金轮坤公司和中国建筑材料研究院同通州区签署入园协议，实现项目供地。

2012年，投资落地了中投视讯、信威通信、健能隆、北大先行等一批重大科技成果产业化项目。根据北京市部署对中芯国际等重点项目进行投资支持，产业化项目发现和挖掘机制进一步完善。年内对接86家项目源头单位，挖掘116个科技成果产业化项目。

集团先后赴台湾地区、大连、合肥、长沙等地挖掘、考察项目。借助集群创新平台，围绕“641”①，筛选一批有潜力的项目进入项目储备库。完成快评项目9个，服务国承万通公司落地中关村海淀园。建立集团与北京市相关部门、区县政府项目合作投资机制，与海淀区管委会合作，向其推荐远方动力等4家企业，得到海淀区政府股权投资支持；接受中关村管委会和市经信委推荐项目，对锐士康等项目进行投资服务；向房山区高端制造基地落地美景科技等7个项目，房山区向集团推荐嘉昌电机等3个企业，实现落地与投资服务联动格局。

2013年，集团改变以往“广撒网”的做法，重点围绕中关村“641”产业，有针对性地寻找前沿性、颠覆性技术项目或关系民生的项目。对接单位新增23家，挖掘项目新增124个。搭建项目引进平台，推动海外领先技术成果与国内企业“对接”。集团与美国明尼苏达大学医疗器械中心合作，采用“1+1”模式，将海外医疗器械领先技术成果与中关村企业进行“嫁接”，推动技术成果快速转化和产业化。协调服务南山集团、绿能高科等一批外埠龙头企业在中关村示范区实现落地发展。与华润、华录等央企合作，面向房山、海淀落地高端装备制造、集成电路重点企业。

是年，集团为已立项投资的北斗天汇、航峰科伟等一批投资企业提供落地增值服务，支持企业扩址建厂；对已服务落地的牧风科技等企业启动投资程序。中芯国际二期完成工商注册和立项，首期2.4亿美元出资到位，厂房封

① “641”即支持移动互联网、节能环保、下一代互联网、生物、轨道交通、卫星及应用6大优势产业引领发展；推动新材料、高端装备制造、新能源、新能源汽车4大潜力产业跨越发展；促进现代服务业高端发展。

顶。8个海外原创性项目入孵集团硅谷、渥太华等孵化中心。政企联动促进项目落地，向海淀园、电子城、石景山园、房山园等园区推荐项目57个，服务落地项目18个，涉及高端装备制造、节能环保、生物医药、新材料等行业领域，项目金额达18.39亿元。吸引外埠企业来京发展，推动绿能高科集团、瑞健生物等企业在中关村示范区落地；吸引4个战略性新兴产业项目入驻房山高端制造业基地。

2014年，集团落地项目总投资7.57亿元。协助中煤科工水煤浆环保项目落地中关村电子城，配合集成电路设计与封测子基金落地海淀园，参与中船重工718所电解水制氢和北京生命研究所HBV乙肝病毒防治研发等项目的技术成果转化和公司设立。多渠道吸引留创团队落地示范区发展。协助可穿戴智能健康医疗、智能语音系统产业化、无铅防辐射环保材料产业化等6个留创团队在示范区内设立公司并对接留创优惠政策。持续关注国承万通，为其提供延伸服务；协助绿能集团取得中关村科技租赁1亿元融资租赁。发挥集团综合化服务优势，向中关村科技租赁、北京市中关村小额贷款股份有限公司等先后推荐博朗环境、东方永传等一批融资项目，推动北京银行、工商银行、兴业银行等对爱博诺德、库蓝科技、中交机电等集团投资服务企业进行授信协同服务。

图5-4-1　中煤科工水煤浆环保项目

2015年，集团重点服务企业和项目106个，服务重大项目落地30个。行业涉及电子信息、智能制造、生物医药、新能源新材料等，落地项目总投资8.38亿元。深度服务“高精尖”项目。帮助北京生命科学研究所HBV疫苗研发项目落地，协助剑桥大学的可穿戴诊疗设备、麻省理工的医药晶型预测项目在示范区设立公司，组织一批项目在房山、延庆和门头沟等中关村分园落地。

2016年，集团将落地服务工作重心向郊区分园转移，并向京津冀辐射。完成项目落地37个，其中14个落地在房山等郊区分园。与新成立的中国航空发动机集团公司深入合作，全面支持其石墨烯产业化项目。联合北大、清华等高校和中航发航材院、中科院化学所等科研院所，牵头成立中关村石墨烯产业联盟，集团担任理事长单位。

截至2016年底，北京市教委共认定21个“高精尖”创新中心。对其中12个以科技创新为核心的高精尖中心进行走访与对接，持续跟踪服务和投资一批由各领域知名学者或专家担任领军人物的项目。对尚未设立产业化公司的项目，密切跟踪并提供落地服务等支持。在人工智能领域，研究投资达阀科技，协助企业落地房山园及美国硅谷创新中心；在大健康领域，协助中关村领创精准医疗对接“清华大学生物医学影像研究中心”；推进36Kr、车库咖啡、创新工场、天使汇等孵化和投资平台在中关村示范区相关园区落地。

2017年，集团为中关村“一区多园”服务落地项目35个。中关村生命科学园全力承接北京脑科学与类脑研究中心、国家药品审评中心等选址及入驻，设立产业发展基金，引入生命科学计量标准平台、中关村生物银行、基因组编辑技术平台，打造免税直供快速通道。加快三期开发建设，可建面积将达到280万平方米。中关村软件园智慧园区建立企业数据管理平台，引入一点科研等25个产业项目。中关村集成电路设计园一期达到竣工条件，与兆易创新等11家知名集成电路企业签订入驻协议。中关村国际孵化器引进优秀企业35家，孵化毕业企业38家。在集成电路领域，形成较为完善的IC协同方案。组织中芯北方以及中关村芯园联动，向中关村集成电路设计园推荐12个项目及配套相关服务；推动欧洲微电子研究中心（IMBC）落户园区；协助国家集成电路基金入资集成电路设计园；推动中芯北方获得国家集成电路基金投资。

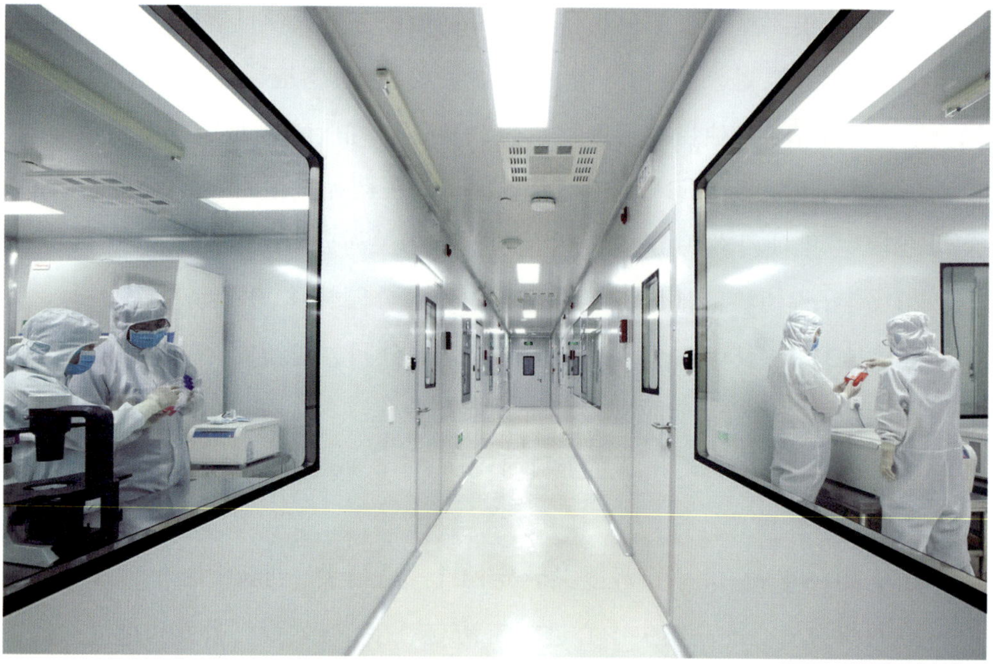

图5-4-2　中关村生物银行

图5-4-3　2017年11月10日，中国计量科学研究院合作框架协议签署仪式暨“生命科学计量标准创新支撑平台”揭牌仪式举行

2018年，集团完成帝亚一维、普乐思望、翰思泰生等40个项目落地。向中关村管委会推荐项目15个，纳入前沿项目储备库。北京IP智能传感器国家专项实现落地，获国家专项资金7000万元股权投资，形成知识产权资产证券化试点方案，IP-Online线上推出可供交易与投资专利3.1万件，“智融宝”质押发明专利44件。中关村芯园“芯火”双创基地项目获工业和信息化部（简称工信部）好评，新增签订客户138家，服务项目280余项。

2019年，与丰原集团合作，将国家发酵工程中心技术成果引入北京，设立北京丰创泰富生物科技有限公司，开展生物新材料聚乳酸的下游应用研发、销售、展览展示。服务中城智安、清行智能、图灵生物、清云智能等入园项目。投资支持了美国科学院院士、北大基因测序“高精尖”创新中心谢晓亮教授领衔的新型测序仪项目赛纳生物，并配合其落地中关村生命科学园；支持中国工程院院士李骏、清华大学李克强教授等专家发起设立国家智能网联汽车创新中心，协助其在中关村园区落地；配合海博创源完成工商注册，海博思创房山产业化基地在房山设立了独立法人；服务奥特贝睿无人驾驶汽车研发项目，该项目由特斯拉无人驾驶团队、中国人民解放军军事交通学院无人驾驶团队组成，核心人员有10余年无人驾驶系统开发经验和设备列装经验，该公司已完成在房山的工商注册；推进软体机器人、天拓数信落地长阳智慧大厦；支持配合宣武医院建立医疗科技技术平台，并落地中关村海淀园；支持国内顶尖互联网海外游学机构青青部落落地中关村软件园。

表 5-4-1　服务重大项目落地统计表（2010—2019 年）

单位：年、个

年度	2010	2011	2012	2013	2014	2015	2016	2017	2018	2019	合计
项目数量	10	10	8	20	25	29	37	31	40	55	265

第五节　投后服务

2010年，集团加强投资项目的系统化管理，细化项目发掘、筛选、立项、投资决策和后续管理，探索快速发现与决策项目机制。同时，关注成熟期项目和孵化期项目，突出项目成长性和行业示范作用。对医药企业通过代建GMP（药品生产质量管理规范）标准车间、标准厂房等方式投资，并在后续管理上“扶上马、送一程”，加强各项配套支持和服务。逐步建立层次清晰、目录完善的项目储备库。

2011年，加强对被投企业的调研走访，优化增值服务，支持凯英信业、九恒星等企业并购重组，帮助被投企业做强做大。加强对被投企业重大事项的监控，及时协调处置有关重大事项，加强投后综合分析，定期提出投后分析报告，系统追踪投资成效。制定《股权投资企业投后管理办法》《专题档案管理细则》《投后管理业务手册》和股权代表履职规范，建立投后管理规程。以被投企业数据报送为基础、股权代表项目分析报告为支撑，形成2010年集团投资项目的年度投后综合分析报告。

集团从零起步接收并开始管理项目20个。建立被投资企业项目档案及电子信息共享文档库，缓解项目信息“孤岛”问题。派出股权代表（含董事、监事、观察员）31人次，办理被投资企业参会意见22项、重大事项签报5项。除处理企业常规议案外，组织应对企业九州大地的变更投资款用途、国智恒的债权担保物置换、奥精医药的投资对价调整及投资补偿、兆易创新的期权行权、威讯紫晶的企业外埠投资及知识产权转移、北斗天汇的后续融资事项、中搜的快速出资及与中关村创投对接等重点、难点事项，高效响应企业需求，有效防控投资风险，维护集团利益。

2012年，加强投后管理，帮助被投企业解决发展问题，提供战略、组织架构设计等支持，并为部分企业提供代为申请补贴、融资筹划、财务与税务服务、上市辅导等增值服务。以定期的年报、半年报与不定期专报为基础，健全项目分析和披露体系。借鉴上市公司和同业管理经验，年内在有关股权代表（董事、监事、观察员）的支持下，编制全面反映投资情况的《2011年度股权投资项目投后分析年度报告》和《2012年半年度股权投资项目投后分析年度报告》。定期的年度报告和中期报告，与动态专项签报结合，形成完整的内部报告和信息披露体系。

以分类分级为基础，健全出资项目的评价体系。探索以初创期、成长期和成熟期的3类阶段划分，从财务指标、经营管理风险、重大事项、集团投资强度4个维度，将财务评价和非财务评价有机结合，对被投企业实行3级风险管理，并据此做出投资持有或退出对策。处理涉及出资企业“三会”、投资合同补充与变更、企业改制与上市、集团所持股份调整与转持、追加投资、投资退出等近70项重大事件或突发事项。

以产权代表（股权代表）与投资管理经理双位制为基础，探索投前与投后衔接、跨部门、管人与管事结合的项目管理体系。为应对股权投资周期较长、集团股权投资项目差异化较大的局面，建立管人和管事相结合的项目管理格局。年内共推荐以产权代表（股权代表）44人次，开展对产权代表（股权代表）的1次集中培训，并结合具体案例开展对以产权代表（股权代表）履职服务。

通过对在投项目的投资行为分析、被投企业经营情况分析、投资合同履行及管理的实际，先后起草《关于集团自有资金投资策略的建议》《集团自有资金股权投资有关情况的报告》《投后管理项目与决策项目数量差异分析报告》，总结并评价投资过程中的规律和经验，提出集团自有资金的投资策略建议，形成对全链条业务闭环和反馈机制。

2013年，研究推进129家被投企业各类事项近200次。配合中关村创新平台开展机制创新，研提代持项目分类管理、退出等方面的制度建议，推动伟嘉人、和利时、神州泰岳等项目结题，实现政府统筹资金回笼。

建立产业化投资项目投后管理专题会制度。起草《现代服务业委托代持协议（修订版）》《重大项目委托协议（修订版）》《投后管理工作格局方案》《投资管理经理综合评价方案》《投后管理工作细则（修订稿）》。

2014年，对项目投资和投后管理优化整合，实现投前投后管理一体化。通过投后管理帮助被投企业解决实际问题已经成为集团投资的亮点。通过股权投资，集团支持一批企业实现快速发展，一批项目逐渐进入投资中后期和退出阶段，经济和社会效益开始全面显现。伟嘉人、和利时、神州泰岳等9个政府统筹资金代持项目达到预期效果和目的，顺利退出。集团投资的项目中，超过四成的企业实现了再融资，九恒星、中搜网络等9家企业在新三板挂牌。

2015年，完善并发布实施《产业投资业务不良资产管理暂行办法》《产业投资业务损失类资产责任认定及追究管理办法》。完成集团产业投资信息化系统建设，系统全面上线。启动投后管理工作外包。起草《聘请专业机构协助开展产业投资业务投后管理工作》的方案。及时处理并妥善解决一批项目的投后问题。对自有资金投资风险项目及不良资产，开展处置尽职追索、调查、追索和优化处置。

2016年，集团召开投后专题会29次，处理投后签报218项，研究21个项目的股权退出事项，32个项目的投后管理事项，办理易美芯光、华禧联合2个自有资金委贷项目的延期，中止项目1个，退出项目21个。

2017年，集团完成16个代持项目退出和风险处置。其中统筹资金项目实现钢研纳克等13个项目退出，现代服务业项目实现中物动产、清新视界等3个项目退出。

图5-5-1　钢研纳克检测技术股份有限公司

2018年，集团加强代持项目的退出和风险处置。修订《中关村发展集团股权投资投后管理工作细则》《中关村发展集团股权投资业务专题档案管理工作细则》。与市财政局、市科委、市经信局、中关村管委会沟通，落实北京市领导关于统筹项目后续管理新要求，起草《关于做好重大科技成果转化和产业项目投后管理工作的实施方案》。完成沙东生物、博雅华录等8个代持政府股权投资项目的退出。

2019年，集团完成基金信息系统搭建，基金系的统计已经全部由基金信息系统实现。

第六章　科技金融

集团科技金融服务主要依托科技担保、科技租赁、科技信贷、科技投资等多元化的金融产品，为解决科技型中小微企业“融资难、融资贵”的问题，提供一体化的科技金融综合服务体系。2012年，中关村金服、中关村科技担保并入集团，中关村科技租赁注册成立，形成集团“保、租、贷、投”一体化的科技金融综合服务体系。截至2019年底，科技金融板块累计为企业提供金融支持超过3500亿元，服务科技企业超过52,000家（次），为科技企业成长壮大创造良好的金融服务环境。2020年1月，中关村科技租赁在港交所成功上市，正式登上国际资本市场的舞台，成为集团首家上市子公司。

第一节 科技担保

集团科技担保业务主要依托旗下子公司中关村科技担保开展，以贷款担保、债券担保、信托计划担保、保函担保、票证担保等多种形式为科技及现代服务业中小微企业提供担保服务。1999年12月16日，中关村科技担保正式成立。2010年，新增担保规模首次突破100亿元。2012年，中关村科技担保正式并入中关村发展集团，成为集团科技金融板块的重要组成部分。2013年，新增担保规模突破200亿元。2015年，新增担保规模突破300亿元。经过20多年探索实践，形成了“一二三中关村模式”①，成为国内科技融资担保行业的领军企业和国内政策性担保机构的龙头企业，多次获得主流媒体和权威机构颁发的“全国最具公信力中小企业信用担保机构（2012年）”“最佳融资担保公司（2016年、2017年）”“最具竞争力担保公司（2018年）”“年度最佳普惠金融服务担保公司（2019年）”等荣誉称号。截至2019年底，集团科技担保业务累计为5万多个项目提供近2800亿元的担保服务，年担保客户3000多家，其中，95%以上为中小微企业，75%以上为科技及现代服务业企业，服务的客户中有近900家在国内外资本市场（含新三板）挂牌上市。

一、贷款担保

2000年，中关村科技担保正式开展担保业务。3月，中关村科技担保向和利时、北陆药业、二十一世纪科技、凯思软件、中科大洋、锦绣大地6家企业提供首笔贷款担保。当年新增政策性贷款担保规模8140万元，分布在生物医药、电子信息、机电一体化、精细化工、新材料、高科技农业等领域，均为符合政策优先支

① “一二三中关村模式”：聚焦服务科技型中小微企业的“一个中心”，集中体现政策要求；以差异化风控体系和服务产品持续创新为“两个基点”，为政策目标实现提供有力保障；坚持市场化自主经营、专业人才激励约束和以融资担保为核心的综合金融服务“三项机制”，为政策落地提供有效支撑。

持的高科技行业。

2001年，中关村科技担保在风险控制、化解、补偿等方面逐步建立起一套行之有效的、科学的管理与控制体系，当年新增政策性贷款担保规模4亿元。通过一年半的担保服务，中关村科技担保用1.83亿元的担保本金，直接带动了8.4亿元的银行信贷，信用额度放大超过了4倍，初步形成“中关村科技担保”的品牌。根据对54家还款企业经济效益指标的统计分析，被担保企业在担保前后的技工贸总收入同比增长51%，上缴税费增长143%，出口创汇增长25%，各项经济效益指标均有较大幅度的提升。

2002年，新增政策性贷款担保规模10.57亿元。自中关村科技担保成立以来，前三年的业务品种基本是贷款担保。为使担保公司、企业与商业银行三方主体良性互动，与15家商业银行的120家支行建立合作关系，与4家银行建立全辖合作关系。“中关村科技担保”的信誉和资质在金融机构中获得了普遍认可。4月，为首创网络有限公司代偿256万元，是中关村科技担保发生的首笔代偿。全年共有4家企业出现代偿，总额为1708.65万元，代偿率为1.5%。9月，首批留学人员创业企业小额担保贷款“绿色通道”项目落地，为20家企业提供1310万元的贷款担保。

2003年，新增政策性贷款担保规模22.83亿元。设计并实施“软件外包”“集成电路”“瞪羚计划”专项担保绿色通道，为37家瞪羚企业提供4亿元的担保规模。自2003年起，中关村科技担保为处于初创阶段的中国第一个商业遥感卫星运营/应用服务商企业——二十一世纪空间技术应用股份有限公司持续提供10余次融资担保服务，满足其在不同发展阶段的融资需求。4月，中关村科技担保为科兴生物等生产防控“非典”相关医药、设备的高科技企业提供有效、快捷的融资支持。

2004—2010年，政策性贷款担保规模从25.17亿元上升到55.55亿元。集合债券、集合信托、集合票据等融资担保业务规模进一步扩大。在被保企业中，科技类企业占80%以上。2007年，科技部、中科院和北京市政府公布了首批“中关村科技园区百家创新型试点企业名单”，中关村科技担保积极跟进政府的政策，适时启动“园区创新型试点企业融资促进计划”，当年向23家“百家创新型试点企业”提供了总计6.97亿元的贷款担保。支持包括华旗资讯、亚都、新奥特和康比特威创等18家参与2008年北京奥运会建设的企业，担保金额总计2.6亿元，项目涉及绿色奥运环保工程、奥运会运动营养食品、空气净化器、奥运会重要场馆景观设计等。

2011—2013年，新增政策性贷款担保规模由68.39亿元上升到100.08亿元，首次突破百亿元规模。2011年12月16日，推出“小微企业融资担保服务通道”等一系列金融创新产品，包括“留学绿通”“小瞪保”“创新保”等产品，专项服务于贷款担保500万元以下的首次融资的小微企业，产品特点是服务标准化、下放审批权限、优惠担保费率、简化业务流程，让更多的中小微企业实现首次融资，扩大客户服务范围。2012年，在累计为500余家企业提供近50亿元知识产权质押融资担保服务的基础上，面向示范区科技企业推出包括知识产权评估、质押、担保、融资、变现等全流程的“知识产权质押融资担保”创新产品。

2014年，新增政策性贷款担保规模118.18亿元。针对小微企业典型特征设计的“小微小额”“见贷即保”等标准化产品，得以推广实施并取得积极效果。为105个“展翼企业”提供3亿元规模的融资担保；帮助495家小微企业获得首次融资19.26亿元，占新增客户的65.84%。

百济神州　百济神州是一家2011年成立的高新技术企业，致力于新型抗肿瘤药物的研发，该企业初创之际，中关村科技担保曾给予200万元信用担保支持。2014—2015年，中关村科技担保帮助其完成两轮融资，融资金额分别为4.5亿元、6亿元。2016年初，百济神州成功登陆纳斯达克。2019年11月15日，百济神州宣布其自主研发的抗癌新药“泽布替尼”通过美国食品药品监督管理局（FDA）加速批准，以“突破性疗法”的身份，“优先审评”获准上市。这标志着“泽布替尼”成为第一款完全由中国企业自主研发，并在FDA获准上市的抗癌新药。

清流技术　清流技术是2008年成立的一家高新技术企业，长期致力于水资源管理软硬件产品。2014年中关村科技担保通过“见贷即保”给予该企业100万信用担保支持，2016年该公司在新三板挂牌，2017年该企业半年报披露，当期收入3044万元。

2015—2017年，新增政策性贷款担保规模由116.31亿元上升至131.99亿元。2015年，中关村科技担保作为全国8家担保机构之一，正式入围阿里“招财宝”合作名单，获得93亿元“见保即贷”授信额度。2016年，参与中关村投贷联动试点工作。是年，在“双创周”期间推出了全国首款“零保费”融资担保产品“创易保”，探索为小微企业服务的商业新模式。2017年，担保业务客户和服务范围聚焦节能环保、新一代信息技术、生物、高端装备制造、新能源、新材料、新能源汽车等战略性新兴产业与现代服务业企业，服务客户中该类企业占比85%以上。

2018年，新增政策性贷款担保规模为182.62亿元。7月，推出“智融保”，服务企业数量23家，业务额度13，450万元。

梦之墨 北京梦之墨科技有限公司是依托中国科学院理化技术研究所、清华大学建立的高科技企业，主营业务是液态金属电子增材制造，已申请并拥有国内专利、PCT专利300余件，具有完整自主知识产权体系业务主要在成果转化阶段，年收入规模从2017年的不到千万元向2019年的数千万元阶段迈进。该公司在尝试股权融资的同时，准备开展债权融资，中关村科技担保针对该公司“轻资产、新技术”，核心资产是其知识产权的特点，与北京IP合作，为该公司设计了使用知识产权质押的“智融保”产品，解决了该公司由于前期研发投入高，后期资金不足，导致“有技术、有市场、无资金”的痛点，帮助该公司通过知识产权质押产品获得500万元贷款。

2019年，新增政策性贷款担保规模为198.54亿元。4月，中关村科技担保联合国家开发银行北京分行推出“支持中关村民营科技企业发展专项产品”，产品主要用于支持园区上市公司，通过科学的风险定价方式为企业提供低成本的中长期贷款，满足企业长期资金需求。截至2019年底，为6家中关村企业提供5.1亿元融资担保服务，平均担保额度约1亿元，利率平均下浮达10%，支持园区上市公司研发投入，促进持续有效创新。

6月，中关村科技担保推出“创新保”产品，该产品是国内首创针对“新技术新产品（服务）”（简称“三新”）企业的信用增进模型，分别根据企业的发明专利等自主知识产权情况和“三新”订单等新产品情况，给予一定额度授信支持。截至2019年底，为177家“三新”企业提供担保服务31.47亿元，平均单笔担保金额约1800万元，取得阶段性成果。

是月，中关村科技担保推出“创业保”，该产品是针对科技创业者人群，将高校毕业生、科研工作者、高管人员以及连续创业者等纳入支持范围。截至2019年底，为创业企业提供17笔担保贷款，总额530万，户均30万元，实现普惠金融新突破。

11月，中关村科技担保推出“租金贷担保”。该产品是与中关村各园区合作，用于打造园区生态链金融，满足园区企业的短期租金需求。截至2019年底，为盛世全景提供100万短期贷款，一年期银行授信担保，与集成电路产业园就“租金贷”签署1亿元战略合作。

图6-1-1　2019年11月13日，北京中关村科技融资担保有限公司发布“创业保”产品

二、债券担保

2006年，中关村科技担保在市发展改革委和中关村管委会的支持下，进一步完善集合发行中关村高新技术企业债券方案。通过与主管部门多次沟通，最终确定了8家园区企业集合发行3.7亿元，为期3年的发债方案。

2007年12月，经国务院批复，国家发展改革委正式批准“中关村高新技术中小企业集合债券”发行，涉及7家园区企业，融资规模总计3.7亿元，是国内首批发行的中小企业集合债券。中关村科技担保配合证券公司和中介机构组织协调发债企业准备债券发行阶段各项工作，最终确定了神州数码、和利时、北斗星通和有研亿金4家企业，融资规模3.05亿元、三年期集合债券，于2007年12月下旬向社会公开发行，由中关村科技担保提供担保。

2010年，新增债券担保规模4.73亿元。其中，陆续推出第二期中关村高新技术中小企业集合债券，涉及13家企业，融资规模3.83亿元，由中关村科技担保提供担保。

2012年，新增债券担保规模1000万元。为九恒星私募债券提供担保，成为国内首批发行的中小企业私募债，在深交所挂牌。经担保增信，该支私募债发行利率8.5%，融资成本在沪深交易所已发行中小企业私募债中处于较低水平。

2013年，新增债券担保规模5.05亿元。担保的首支2.4亿元、5年期公司债一季度正式发行。增资到位前后，中关村科技担保确立了以“债券+回购”为主的投资模式。是年，为示范区上市企业再融资组织的2.8亿元集合中期票据，其中立思辰1.0亿元，利亚德1.8亿元，期限3年，完成项目评审和决策，并上报中国银行间交易商协会进行审批。是年，与中合担保联合为未来科学城6年期、11亿元公募债券提供担保，其中中关村科技担保分保2亿元。

图6-1-2　利亚德VR全息影院

2015年，新增债券担保规模13.3亿元。研发“天使保”产品，使得债权担保服务延伸至企业更早发展阶段。是年，与四板市场合作创设“中关村创新成长企业债”，为企业提供“担保+发行”一揽子服务，节省券商费用，缩短发行流程，拓宽融资渠道。成功发行债券三笔，合计发行金额7000万元。

2016年，新增债券担保规模16.68亿元。以企业债为抓手，面向园区科技企业个性化需求量身定做创新融资产品。10月17日，中关村科技担保发布“中关村创新成长企业债”产品。产品是由中关村科技担保为客户提供的产品设计、资产端、资金端及发行后的信息披露管理等“一揽子”金融服务，具有成本低、效率高、期限长、资金使用灵活等特点，可有效满足科技型中小微企业的融资需求。当年中关村创新企业成长债发行7笔，共计6亿元，有效支持了康吉森、普世圣华、中环膜、博天环境、国能中电等园区重点企业的发展。与北京股权交易中心建立常态化合作机制，与工商银行、浦发银行、江苏银行等机构建立较为稳定的资金合作渠道。

2017年，新增债券担保规模24.45亿元。

2018年，新增债券担保规模18.75亿元。10月底，人民银行营业管理部邀请4家机构作为北京地区落地支持单位，中关村科技担保作为唯一入选担保机构，与数家北京民营企业代表签订债券融资支持工具意向协议。

2019年，新增债券担保规模12.93亿元。

三、信托计划担保

2003年12月，由中关村科技担保提供担保的“中关村高新技术企业集合资金信托计划（一期）”正式发行，为3家中关村科技园区高新技术企业提供信托资金8000万元，是国内担保行业首支集合信托计划。

2005—2010年，中关村科技担保累计提供政策性信托计划担保规模为7.07亿元。其中，2005年新增信托计划担保规模为5000万元。2006年，发行第三期园区高新技术企业信托计划，组织3家园区企业，委托信托公司和银行发行一年期3500万元信托计划，并提供全程担保。2007年，继续组织2家园区企业发行信托计划，提供信托计划担保规模3200万元。2008年，新增信托计划担保规模7500万元。2009年，新增信托计划担保规模9200万元。2010年，新增信托计划担保规模4.23亿元。

2011年，新增信托计划担保规模5.96亿元。“区县集合信托计划”有了较大的发展，应收账款收益权信托计划担保取得突破性进展，共计为51家企业募集7.7亿元信托资金。

2012年，新增信托计划担保规模16.17亿元，首次突破10亿元的规模。

2013年，提供信托计划担保规模28.5亿元。集合信托继续保持良好的发展态势，成为中关村科技担保新的业务增长点。是年，为房山窦店镇北京高端制造业基地开发建设提供5亿元、2年期信托贷款担保规模。

2014—2018年，累计提供信托计划担保规模118.22亿元。

2018年6月30日，由中关村科技担保等4家单位共同发起设立的北京中关村科技成果转化融资平台正式启动，当日首期中关村科技成果转化集合信托计划发行签约。汉铭信通、至清时光、标旗世纪3家企业通过首期信托计划共计融资1100万元。在首期中关村科技成果转化集合信托计划中，中关村科技担保联合北京中小企业信用再担保有限公司向科技成果转化项目方提供信用担保支持，提升其信用等级。

2019年，提供信托计划担保规模3.36亿元。

四、保函担保

2001年，中关村科技担保新增授信保函担保规模1500万元。

2003—2010年，授信保函担保规模从1564.08万元增加到9.67亿元，累计提供授信保函担保规模23.17亿元。

2009年9月，中关村管委会、市发展改革委等联合发布《支持中关村国家自主创新示范区中小科技型企业投标承接重大建设工程项目的若干措施（试行）》，中关村科技担保负责具体实施，并建立担保服务专项通道。2011年，新增加授信保函担保规模14.42亿元，突破10亿元。

2012年，支持81家示范区企业累计承接重大工程项目173项，对应工程合同承接规模133亿元，为上述企业提供担保服务总额26.2亿元。

2014年10月，中关村科技担保与建设银行北京市分行合作推出分离式保函业务，即由中关村科技担保作为业务申请人，向合作银行提出申请为指定的被保证人以出具保函的形式向受益人承诺。与传统保证业务的申请人与被保证人为同一主体不同，分离式保证业务的申请人与被保证人为不同主体。主要的保函品种为投标保函、履约（承包）保函、预付（收）款退款保函、工程质量（维修）保函等。分离式保函产品的优势在于企业无须在合作银行申请授信额度，只需占用中关村科技担保的授信额度即可办理保函业务，享受简便的操作流程，增加客户的信誉度，提高投标中标率。10月17日，建设银行北京中关村支行在分离式保函授信项下开出首笔履约保函，为工程保证担保北方市场打响头枪。此后中关村科技担保工程保证担保业务稳步发展，在海南、浙江、河南、福建、湖北、江苏等二十几个省市设立了业务机构，先后与韩亚银行（中国）有限公司、北京银行、光大银行北京分行、平安银行北京分行、厦门国际银行北京分行等机构取得授信额度，专项用于开展工程保证担保业务。

2017年3月，中关村科技担保受申请人长城电子委托，为其向韩亚银行（中国）有限公司申请，向受益人建设银行出具金额为1.04亿元的银行预付款保函，为申请人建设稻香湖生产园区动力环境工程过程中预付款专款专用提供连带责任担保。承保该项目过程中，通过层层审核，确认申请人在工程建设中预付款专款专用提供连带责任担保。经审核，认为申请人具备电子与智能化一级、建筑智能化甲级等多项工程相关资质，具备大量同类同规模建设履约经验，公司经营规范，财务情况良好，专业、诚信，对预付款计划及使用管理规范，承保项目预付款按期、按计划顺利抵扣完毕，保函最终于2017年8月30号到期解保，中关村科技担保解除担保责任。

2018年，中关村科技担保提供授信保函担保12.54亿元。

2019年，中关村科技担保提供授信保函担保15.19亿元。

五、票证担保

2000年，中关村科技担保新增票证担保规模300万元。

2001—2009年，中关村科技担保新增票证担保规模从996.46万元增加到9.53亿元，增长了近10倍。

2010年，新增票证担保规模达到15.09亿元，首次突破10亿元。

2011—2018年，新增票证担保规模在8亿元至18亿元。规模最高年份是

2012年，达到17.95亿元；最低年份是2018年，为8.86亿元。其中，2014年7月23日，中关村科技担保推出中关村商业承兑汇票（简称中关村商票）授信产品。产品主要服务于中关村示范区内管理规范、信用良好的高新技术企业，单张商票金额原则上不超过1000万元，期限不超过6个月。企业在签发中关村商票前，应先向中关村科技担保申请商票担保授信，同时中关村科技担保对中关村商票授信额度实行可循环管理。在授信额度内，企业签发的每张商票均享受中关村科技担保的保兑保证和贴现担保服务。

2019年，新增票证担保规模10.87亿元。

第二节　科技租赁

集团科技租赁业务主要依托旗下子公司中关村科技租赁开展。2012年11月27日，中关村科技租赁成立，注册资本金5亿元。2013年1月31日，中关村科技租赁获商务部、国家税务总局批准，成为第十批内资融资租赁业务试点企业。2019年8月16日，中关村科技租赁被核准为股份有限公司。2020年1月21日，中关村科技租赁在港交所成功上市。截至2019年底，集团科技租赁业务累计服务承租家超过930名，其中科技和新经济公司超过95%，累计开展融资租赁项目超过1500个，租赁投放总额累计约181.5亿元。

一、直接租赁

直接租赁是中关村科技租赁向卖家购买企业指定的租赁物，并指示卖家直接将租赁物交付至企业指定场所。企业接收租赁物后取得租赁物的实际占有，在验收、安装和测试后即可使用租赁物，并开始定期向中关村科技租赁支付租金。中关村科技租赁在租期结束前保留所有权，企业于租期结束时付款并取得租赁设备的所有权。

2013年，全年完成直接租赁协议项目6个，投放金额15，821万元。润泽科技于2009年在廊坊经济技术开发区成立并建设了当时中国最大的数据存储与应用基地，2013年着力布局大数据产业，却在大规模购入设备时陷入资金紧张的困境。中关村科技租赁通过直接租赁的方式，累计为润泽科技提供资金8000余万元，支持其购入核心设备；同时，也为企业提供了售后回租业务，累计提供资金2000余万元，支持润泽科技成为业界领先的云数据中心服务商。润泽科技于2016年7月获得河北省科技创新大会“高层次创新团队”奖，其负责人多次陪同国家领导人参加国际科技活动。

2015年，中关村科技租赁聚焦大数据、大环境、大健康等战略性新兴产业，在所服务的客户中，三大主攻行业所占比重达到70%。全年完成直接租赁协议项目29个，投放金额42，340万元。

2016年，中关村科技租赁聚焦“大数据、大环境、大健康、大智造”四大行业，在所服务的客户中，四大行业所占比重达到75%。全年完成直接租赁协议项目81个，投放金额85，147万元。

2017年，中关村科技租赁实现增资扩股，为其加快业务战略布局，提高资本市场评级奠定基础。全年完成直接租赁协议项目91个，投放金额88，752万元。

亿华通　亿华通是国内氢燃料电池产业化起步较早、应用清华技术的领军企业。2017年初，亿华通准备新建全球第一条氢燃料发动机生产线，年设计产能2000套。批量化生产氢燃料电池发动机的产业化应用尝试属于全球首创。在此情况下，中关村科技租赁对亿华通所处的行业及其自身发展阶段作出初步判断，为亿华通量身定制了直接租赁方案，支持亿华通采购年设计产能2000套的氢燃料电池生产线装备及进口的检测设备（采购金额合计为3289.57万元）。为此，中关村科技租赁向亿华通提供2960.61万元的融资，分两批完成采购。从业务洽谈到项目签约放款大约一个半月时间，通过租赁的杠杆加速了产业化进度，提前将产品推入市场，进而当年就有氢燃料发动机在新产线上成功下线并且实现批量销售，为亿华通在氢燃料电池产业的竞争格局中抢占了率先实现产业化的先机。2017年下半年，亿华通为了给氢燃料电池车辆配套氢燃料供应，筹划新建氢能源生产基地，面临较大的资金缺口。中关村科技租赁经过综合考量之后，再次设计了直接租赁方案，实际支持金额3200余万元，解决了亿华通大部分的设备投入。

2018年是中关村科技租赁推动“专业化、投行化、智能化”战略升级的攻坚之年。全年完成直接租赁协议项目98个，投放金额73，221万元。

一脉阳光 一脉阳光专业从事医学影像中心投资运营、医学影像云平台技术开发、医学影像人才培养，是国内最大的第三方独立医学影像服务提供商。一脉阳光创始团队从事多年GE影像设备代理，此前创办的医疗设备销售、服务网络已遍及全国。创始团队具有20余年医院服务历史经验，曾服务过400余家三级医院和900余家二级医院，熟悉医生、医院需求，拥有与医院开展深入合作的基础。中关村科技租赁与一脉阳光自2017年12月起合作，累计提供12笔、4800余万元的资金支持，助力一脉阳光进行医学影像中心的建设扩张。

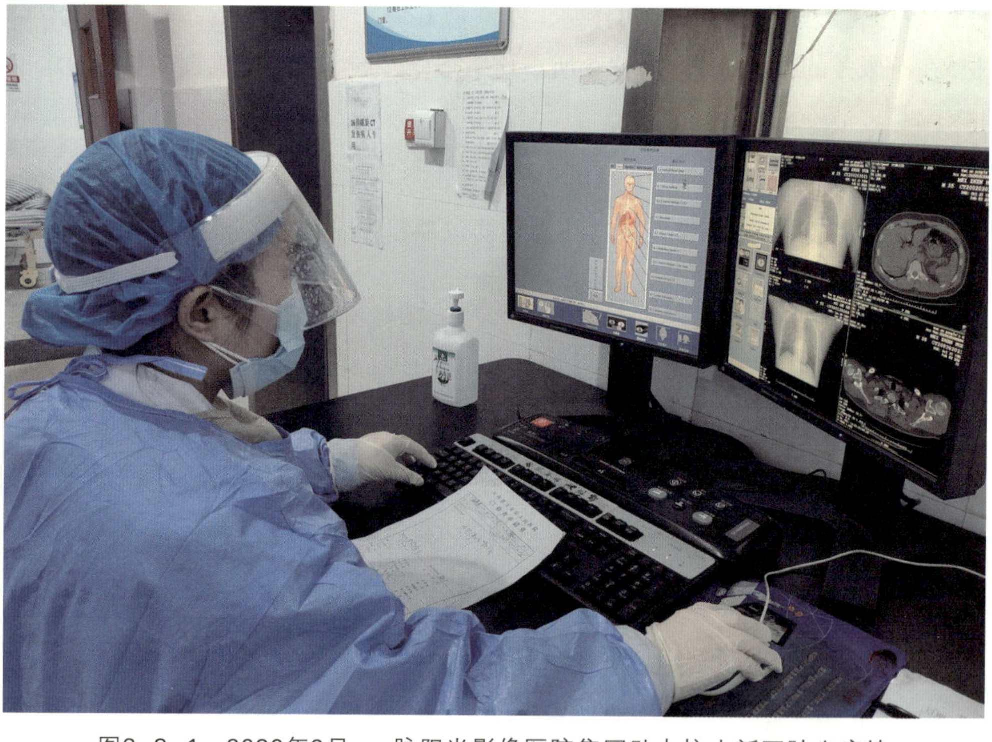

图6-2-1 2020年2月，一脉阳光影像医院集团助力抗击新冠肺炎疫情

陆道培医院 陆道培医院是中国工程院院士陆道培创建的一家集血液病及肿瘤治疗、科研、教学为一体的民营医疗集团，是全球最活跃的造血干细胞移植中心之一。陆道培医院每年完成的造血干细胞移植数量占全国总移植量的10%，每年完成的难治复发及挽救性造血干细胞移植国内最多，使得亲缘半相同

移植取得了与非血缘移植和同胞相合移植相媲美的结果。2018年移植病例773例，其中亲缘半相同移植占66%以上。2017—2019年，中关村科技租赁通过直接租赁和售后回租方式，分6笔为陆道培医院提供3900余万元的资金支持，帮助企业采购医疗设备，顺利开办多家医疗机构。

2019年，中关村科技租赁完成直接租赁协议项目98个，投放金额55，517万元。

艾德摩　艾德摩致力于肿瘤转化医学研究及癌症个性化治疗。通过使用自主研发的人源肿瘤异种移植模型，针对不同的癌症患者筛选适合的治疗药物，为医生提供精确的临床用药指导，进而共同为患者提供具有针对性和高效性的个性化治疗方案，从而提高肿瘤临床治疗效率，延长生存周期，挽救患者生命。同时凭借自主研发的人源免疫系统重建小鼠模型，帮助药企针对肿瘤免疫类疗法，如治疗性单抗（PD-1类等）、双抗、过继性细胞疗法（CAR-T）、肿瘤疫苗等，进行药物药效和安全性评价，提高研发成功率，降低研发成本。艾德摩在第七届中国创新创业大赛生物医药行业全国总决赛中获得“优秀企业奖”。2019年中关村科技租赁利用直接租赁的方式为艾德摩发放一笔300万元的资金，帮助其采购所需设备。

图6-2-2　北京艾德摩生物技术有限公司科研人员正在工作

二、售后回租

售后回租是指企业向中关村科技租赁出售资产并转让法定所有权，之后中关村科技租赁将资产租回给企业，由企业定期支付租金。租赁物将依然在客户办公地，企业可持续使用租赁物。

2013年，中关村科技租赁完成售后回租协议项目21个，投放金额45，387万元。

2014年，中关村科技租赁完成售后回租协议项目74个，投放金额169，497万元。

2015年，中关村科技租赁完成售后回租协议项目150个，投放金额192，700万元。

2016年，中关村科技租赁完成售后回租协议项目134个，投放金额190，119.5万元。

优迅医学　优迅医学的主营业务为第三方临床检验中心（又称为独立医学实验室）模式的基因检测业务，专注于打造集疾病预防—预测—检测—解读—干预于一体的现代医学健康解决方案。优迅医学的基因检测试剂及服务分为肿瘤和生育健康（NIPT无创产前诊断）两条线，在基因检测相关应用领域具备了相当齐全的认证，并具有高水准的质控标准，使得优迅医学成为业内突出的测序服务机构。中关村科技租赁自2016年起，通过售后回租业务，与优迅医学建立合作，累计投放资金2100余万元。

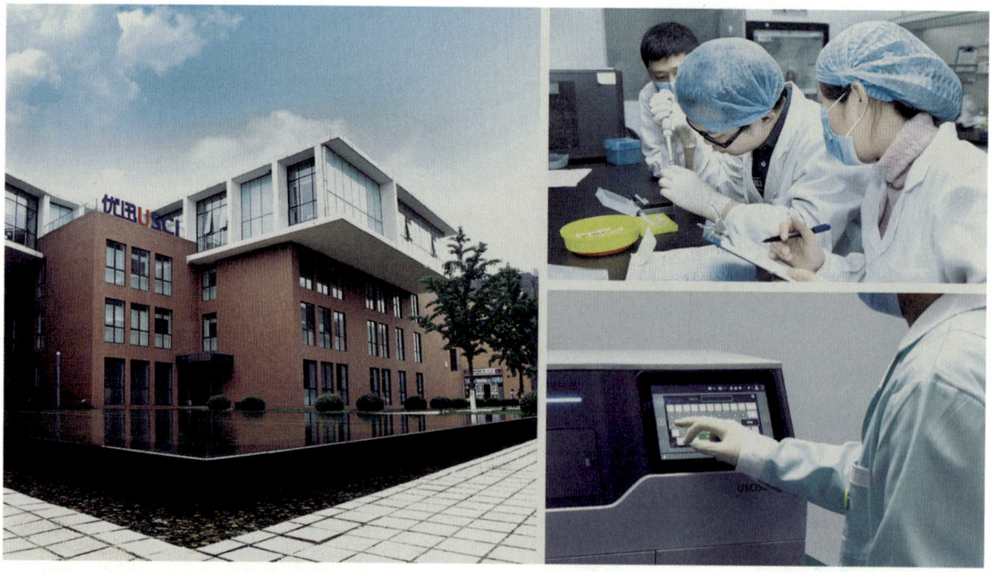

图6-2-3　北京优迅医学检验实验室有限公司

2017年，中关村科技租赁完成售后回租协议项目184个，投放金额193，641万元。

容百科技 容百科技是一家专注于从事锂电池正极材料专业化研发与经营的高科技新能源材料企业，由北京容百投资控股有限公司控股，于2014年9月重组建立，由中韩两支均拥有20余年锂电正极材料行业成功创业经验的团队共同打造。作为国家级高新技术企业，容百科技一直注重产品研发及科技创新，主要产品包括NCM523、NCM622、NCM811、NCA等系列三元正极材料及其前驱体。三元正极材料作为三元锂电池的核心关键材料，主要用于锂电池的制造，并主要应用于新能源汽车动力电池、储能设备及电子产品等领域。2017年，中关村科技租赁与容百科技展开合作，通过售后回租方式，为容百科技提供资金3000万元。容百科技入选投中网“2017年核心竞争力产业最佳企业榜单”、清科集团“2018中国最具投资价值企业50强”，入围科技部火炬中心与长城战略咨询等联合发布的中国“独角兽”榜单，成为宁波第二家“独角兽”企业，2019年登陆科创板。

七牛云 七牛云是国内领先的企业级云服务商，拥有中国最大的Go语言开发团队，专注于以数据管理为中心的云计算业务研发和运营，围绕富媒体场景推出了对象存储、融合CDN加速、容器计算云、大数据平台、人工智能平台等产品，提供一站式视频云解决方案。2017年起，中关村租赁通过售后回租业务，为七牛云的固定资产采购提供了资金支持。截至2019年底，累计投资8笔、共1.02亿元，满足了七牛云的季节性采购需求，让股权资金能够在研发、市场等方面发挥重要作用。2017年，七牛云获得工信部颁发的CDN牌照及云服务牌照，并与多家海外CDN供应商达成战略合作，助力中国企业无缝出海。在首届中国国际进口博览会期间，七牛云人工智能实验室以优异的服务意识与技术实力，荣获“首届中国国际进口博览会网络安保贡献奖”。

2018年，中关村科技租赁完成售后回租协议项目214个，投放金额292，122.8万元。

和合医学 和合医学成立于2010年，拥有国内最顶尖的色谱/质谱分析技术平台，为患者提供专业化、高水平的第三方检验服务和临床科研支持。和合医学所在的第三方医学检测属于重资产投入行业，需要较大规模的资金投入。2018年，中关村科技租赁为和合医学提供售后回租服务，为企业建立新的研发中心——和合医检所，提供了充足的营运资金。和合医学在全国建立了13家独立医学检验中心、5家分公司，与全国1000余家医疗机构开展合作，迅速崛起为国内第三方医学检验行业的龙头企业。

2019年，中关村科技租赁完成售后回租协议项目326个，投放金额383，426万元。

第三节　科技信贷

为解决中关村示范区中小微企业存在的短期资金缺口，集团以中关村小贷、中金小贷为载体，通过知识产权质押贷款、股权质押贷款、保理业务贷款、信用贷款、认股权贷款等，为科技型中小企业提供小额贷款。截至2019年底，集团信贷业务累计发放贷款超3600笔，放贷金额合计230亿元。

一、中关村小贷

中关村小贷成立于2009年6月，注册资本金70，000万元，是北京市首家主要面向科技型中小企业的小额贷款公司。2012年，随中关村金服并入中关村发展集团。在突破传统商业银行“低风险、高流动性和稳定收益”信贷理念的基础上，推出了具有自身特色的“贷贷相传”系列产品，包括“信用时贷”“赤诚相贷”“房产快易贷”“物流速贷”“创意新时贷”“资本接力贷”“知本时贷”和“短贷及时予”8个子产品，涵盖了知识产权质押贷款、股权质押贷款、保理业务贷款、信用贷款等，并首先尝试开展了认股权贷款，为抵质押物不足、担保缺失的企业提供了全新的融资服务方式。截至2019年底，中关村小贷累计投放贷款

2039笔，累计放款金额194亿元。在北京市金融局组织的2015年信用评级中，中关村小贷是唯一一家获得AA评级的公司。

2010年，中关村小贷积极创新金融产品，不断扩大业务规模，建立并改进风险控制体系，探索并逐步完善与银行、担保、创投的合作机制，为客户提供分阶段、多元化、全方位的融资服务体系。当年发放贷款214笔，放款金额12.13亿元，单笔贷款金额从30万到900万不等。

2011年，发放贷款221笔，放款金额11.43亿元，单笔贷款金额从10万元到900万元不等。

2012年，中关村小贷发放贷款175笔，放款金额8.9亿元；累计清收不良贷款近4000万元，不良贷款率由10%左右降至0；其中55%的放款服务于示范区，针对小微企业，推出具有自身特色的"小微贷"系列产品，为抵（质）押物不足、担保缺失的企业提供全新的融资服务方式。

2013年，中关村小贷继续扶持一批有前景的优质科技型、创新型、创业型企业，为"三型"中小微企业提供优质、高效的融资服务。当年发放贷款243笔，放款金额27.3亿元。从放款项目看，单笔贷款金额从10万到2100万不等，其中61%的放款服务于中小微企业。

2014年，中关村小贷发放贷款246笔，放款金额25.11亿元，其中超过70%的放款服务于示范区中小型科技企业。北京某信息技术股份有限公司于2002年成立，定位于行业B2B电子商务平台和"互联网+"应用服务商，属于中关村高新技术企业、"瞪羚计划"企业。从2014年开始，中关村小贷对该公司给予小额贷款支持。该公司于2015年在新三板挂牌；2016年成为首批新三板创新层企业；2019年登陆A股。

2015年，中关村小贷发放贷款253笔，放款金额26.17亿元，其中65%的放款服务于示范区创新创业中小微企业。

2016年，中关村小贷发放贷款185笔，放款金额20.11亿元，其中70%的放款服务于示范区科技型、创新创业型中小微企业。为进一步支持"大众创业、万众创新"，更好地为中小微企业提供服务，中关村小贷针对这些小微企业进一步完善了"小微贷"系列产品，包括"小微信用时贷""小微创意新时贷""小微知本时贷"等。与创投公司合作，探索开展投贷联动业务，开发"投贷宝"等产品，解决科技型、创新创业型中小微企业在初创期的融资不确定性。

2017年，中关村小贷发放贷款146笔，放款金额21亿元。是年9月，中关村小贷成为中关村生命科学园金融超市成员。借助金融超市这个平台，在中关村生命科技园内多维度拓展客户，为园区有需要的企业提供流动资金的贷款服务。2017年下半年，中关村小贷与中关村创投尝试投贷联动业务，为中关村发展创投股权投资的科技创业公司提供高效便捷的贷款服务。

2018年，中关村小贷发放贷款160笔，放款金额19.4亿元，单笔贷款金额从100万元到2100万元不等。北京某技术有限公司成立于2007年，注册资本2000万元，为国内全媒体行业最大的一站式应用方案解决服务商，属于广播电视服务行业—全媒体—应用解决方案的细分行业。该公司作为高新技术企业，是中国最具实力的广播电视与通信产品供应商及系统集成商之一。该公司自成立以来，业务涉及总控播出、转播车、演播室、显示系统、通话系统等，是国内重要广播电视机构信赖的系统集成商。2018年5月，由于合作方合作项目的停滞，该公司经营受到影响，中关村小贷及时给予其部分资金支持，解决了企业暂时的资金紧张，发挥了中关村小贷及时、迅速地解决企业融资难的作用。

2019年，中关村小贷发放贷款150笔，放款金额19.6亿元。

二、中金小贷

中金小贷成立于2010年12月23日，注册资本1.2亿元。2012年，随中关村金服并入中关村发展集团。

2011年，发放贷款102笔，发放额3亿元。客户以高端制造业、信息软件服务业及贸易型企业为主。

2012年，发放贷款161笔，发放额4.35亿元。51%的服务项目集中在先进制造、信息通信、现代服务等领域，不良资产为零。

2013年，发放贷款270笔，发放额5.96亿元。客户行业结构进一步得到优化，高新技术和文创企业客户占58%。

2014年，发放贷款236笔，发放额5.63亿元。科技及文创类企业贷款占50%。

2015年，发放贷款304笔，发放额6.09亿元，均比上年有所增长，是中金小贷成立以来业务量最高的一年。新增客户14户，新增额度1.15亿元。新增行业涉及生物技术领域、房地产租赁领域。

2016年，发放贷款224笔，发放额3.8亿元。全年发放个人贷款141笔，金额2.19亿元。2016年初，某个人创业贷款客户首次签下国企项目合同，向中金小贷申请100万元流动资金贷款用于采购相关设备，中金小贷在做好风险控制的前提下，3天内将贷款顺利发放至客户账户。中金小贷后续又将该客户推荐至银行，助其在银行建立了信用关系。

2017年，发放贷款126笔，放款金额2.26亿元。

2018年，小额贷款行业面临经济下行压力，年内行业从业人数、公司数量、公司规模出现“三下降”。中金小贷严守风险底线，不断加强制度建设、基础工作规范建设，取得了较好的经营业绩。当年发放贷款87笔，发放额1.99亿元。

2019年，当年发放贷款106笔，发放额21，867万元。截至2019年底，累计发放贷款1654笔，发放额35，874万元。

第四节　科技投资

中关村创投成立于1998年，原为中关村管委会下属国有独资企业。2009年，中关村创投并入新设立的中关村金服，并改制为有限责任公司。2012年，中关村创投随中关村金服并入中关村发展集团。中关村创投注册资本4.4亿元，管理资金总规模近30亿元，作为集团下属专业的创业投资平台，主要通过母基金投资、直接项目投资及认股权合作等方式开展创业投资业务。截至2019年，中关村创投投资并管理80多家基金和30多家科技型中小企业，在探索国有创投机构市场化运作方式，支持中关村示范区中小微企业做强做大，以及引导中关村成为全国创业投资最活跃区域方面发挥了积极的作用。

一、母基金投资业务

2001年，中关村示范区在全国率先开展创业投资试点工作，设立中关村创业投资引导基金，将财政资金的主要使用方式从项目补贴转换为股权投资，开创了政府投资引导基金业务的先河。2006年，中关村创业投资引导基金（以下简称创投引导基金）开始以母基金方式投资，中关村创投作为中关村创投引导基金的出资主体和日常管理机构负责引导基金的运作。

2009—2010年，中关村创投以财政资金注资的3.65亿元资金投资北极光、德同、IDG等第一批10家创投基金。

2011年起，中关村管委会将新增创投引导基金以专项资金形式委托中关村创投进行管理和运作。其中，4月拨付创投引导基金1亿元，12月拨付创投引导基金2.5亿元。2011年，中关村创投共发起设立创投子基金5家，基金总规模逾12亿元。

截至2012年，中关村创投累计发起设立创投子基金8家，基金总规模18.8亿元，与TCL集团、汉联资本、基石投资、瞪羚投资、中信建投资本、高特佳投资和宽带资本等建立了合作关系。

2013年，中关村管委会拨付创投引导基金0.375亿元，创投引导基金累计3.875亿元。截至2013年，中关村创投共发起设立创投子基金10家，基金总规模逾20亿元。

2014年，中关村管委会拨付创投引导基金2.817亿元，创投引导基金累计6.692亿元。截至2014年，中关村创投共发起设立创投子基金23家，基金总规模140.76亿元，与红杉资本、君联资本、中金甲子等建立了合作关系。中关村创投获得“2012—2014年度政府引导基金管理团队20强”荣誉奖项。

2015年，中关村管委会拨付创投引导基金2.79亿元，创投引导基金累计达到9.482亿元。截至2015年，中关村创投共发起设立创投子基金37家，基金总规模316.97亿元，与创新工场、盛景网联、国科投资、华盖资本和拉卡拉集团等建立了合作关系。2015年，北京市房山城市投资发展有限责任公司代表房山区政府设立中关村创投房山创业引导基金，并委托中关村创投进行运作管理，该引导基金首期出资5000万元，共设立两支创投子基金，基金总规模3.73亿元。中关村创投获得“2013—2015最佳有限合伙人TOP10”“2015年最活跃创投领域中资有限合伙人TOP3”“2015年中国政府引导基金第一名”等奖项。

截至2016年，中关村创投共发起设立创投子基金45家，基金总规模约345.31

亿元。

2017年，北京市政府投资引导基金向中关村创投拨付3.9113亿元，用于创投引导基金的后续出资。根据科创母基金设立工作需要，中关村创投配合集团进行了科创母基金设立方案、管理公司设立方案、科技成果转化阶段管理办法等研究工作。此外，2017年新增华夏银行协议资金管理业务。截至年底，华夏银行配套投入合作基金的首期协议资金共计2.1亿元。

2018年，除已投创投基金的管理业务外，中关村创投受托中关村天使引导基金投后管理工作。同年底，中关村创投受中关村管委会委托新增科创母基金成果转化阶段子基金审核工作。中关村创投获得“2018年度最佳政府产业引导基金”荣誉奖项。

2019年，中关村创投持续开展中关村管委会风险补贴受理工作达12年，在此基础上，又新增受托开展投资类企业申请“中关村”冠名材料的审核工作。截至2019年底，中关村创投公司累计用于母基金投资的资金近20亿元，公司通过管理的80多支基金共投资支持创新创业企业1522家，投资总额371.19亿元，其中北京企业数量占52%。投资的企业中，有59家企业实现IPO上市，150多家企业实现并购退出，18家企业估值达到独角兽企业标准。创投子基金累计返还及分红超过8亿元，其中上缴市财政局指定账户的净收益为0.8629亿元。

二、直接投资业务

2011年，经中关村管委会批准，中关村创投开展直接投资业务试点，注重投资具有原创技术的中早期科技企业及战略性新兴产业领域的创新创业企业，并通过提供全方位的增值服务，支持中小微企业做强做大。2011年底，中关村创投完成首个直投项目投资，向存储设备的初创公司——北京忆恒创源科技有限公司投资500万元。

2012年，投资环保行业的初创公司——北京国能中电节能环保技术股份有限公司。

2013年，投资诊断技术行业中的北京美康基因科学股份有限公司。

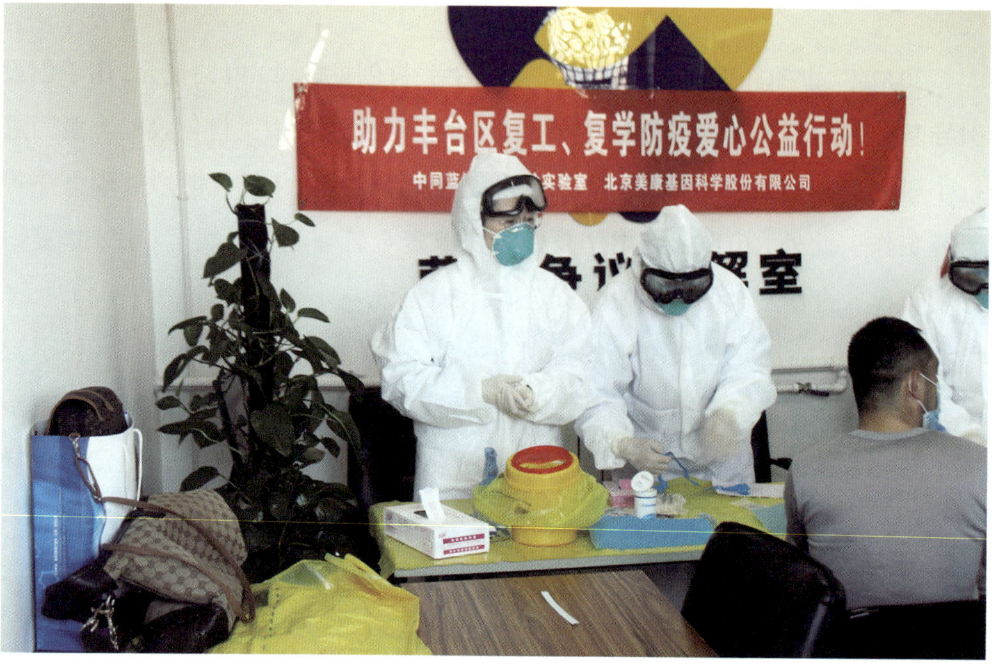

图6-4-1　2020年，北京美康基因科学股份有限公司助力丰台区复工复产

2014年，投资无人机行业中的北京臻迪机器人有限公司。是年，在完成对初创企业的阶段性支持后，退出北京忆恒创源科技有限公司，DPI为3倍多，实现首笔直投项目退出收益。

2015年，投资创新型科技服务公司——北京硬创梦工场科技有限公司、室内定位及大数据服务公司——北京智慧图科技有限责任公司。

2017年，完成阶段性支持目标后，退出北京国能中电节能环保技术股份有限公司，DPI为5倍多。

2018年，为建立市场化的直投模式，中关村创投公司组建去国有化的管理人——开元成化投资中心，并组建直投基金——开元弘道基金。

2019年，投资智慧城市解决方案提供商——北京时代凌宇科技股份有限公司。截至2019年，中关村创投完成对30多家中关村园区企业的直接投资，累计投资额近4亿元，所投资企业涉及广义IT（软硬件）、清洁技术、新能源、新材料、高技术服务等多个中关村战略性新兴产业领域。

图6-4-2　2020年，北京时代凌宇科技股份有限公司为北京西客站提供“高密集人流无感智能快速体温监测系统”

三、认股权创新业务

2018年，中关村创投与中关村银行开展投贷联动，成为其认股权信用贷款的独家合作机构，双方建立了认股权业务标准流程和文件模板，并实质推动多个项目的认股权协议签署。是年，中关村创投与中关村集成电路设计园组建“轻资产、强服务”工作专班，共同探索“空间+投资+服务”创新模式，并完成首单认股权项目协议签署。

2019年，中关村创投加大认股权创新业务合作，新增北京银行为认股权业务合作机构，合作协议签署落地并开展项目对接。

截至2019年底，与中关村银行累计签署41个项目的认股权合作协议，其中3个项目已通过认股权协议的终止补偿或认股的权益转让方式为中关村银行带来认股权业务收益；与中关村集成电路设计园共同签署6家园区企业的认股权合作协议，并协助中关村集成电路设计园开展园区企业管家培训工作，充分对接投资增值服务资源。

第五节　科技金融创新

集团围绕创新创业的新趋势、新需求，不断推动科技金融产品创新，先后创新推出“领创金融”“科技金融超市”“智融宝”“创易保”“项目租赁”“服务租赁”“创投租赁”等产品和服务，着力提升服务早期创新创业能力，有力扶持了中关村创新创业型企业的发展。

一、领创金融

领创金融是集团为响应“大众创业、万众创新”号召而推出的专注于创业群体的系列金融服务产品，依托北京中关村领创金融信息服务有限公司（简称中关村领创金融）开展业务。中关村领创金融于2015年7月底正式成立，秉承“引领创新、服务创业”的理念，通过互联网手段搭建平台，实现线上线下互动模式，为初创企业提供小额、便捷、较低成本、无实物担保的资金支持，采取微贷和互联网线上服务等形式为创业群体提供多元化综合服务支撑。

2015年，与市教委在“双创周”期间共同启动实施“成长之路扶持计划”，与北京银行、华夏银行、清华X-lab、中关村国际孵化器、创业公社等签署合作协议。8月底，推出“领创金融—创业新时贷”系列产品。12月2日，获得金融信息服务牌照。当年储备项目660个，完成22家企业签约授信，累计授信金额1145万元，平均授信金额57.61万元。22家授信企业中绝大多数是首次获得债权融资，其中在校大学生创业项目6个。

2016年，陆续推出“天使信贷”系列产品。当年天使信贷新增项目265个，授信金额12，330万元，平均单笔授信金额46万元；放款金额3880万元。授信企业主要分布在软件开发、“互联网+”、智能硬件、AR/VR等领域，科技型企业占95.68%，绝大多数企业为首笔债权融资。是年，天使信贷与领创空间、微软加速器、清华X-lab、启迪之星、腾讯众创空间、优客工场等32家新型孵化器建立长期的业务合作关系。联合启迪之星推出专门为启迪之星孵化企业提供的定制化产品“启创贷”。与投资机构合作，为联合挖掘优质的早期创业企业，开发“投联贷”的产品，“真格基金”“易一天使”“星火金融”和“黑马创展”等通过准入审核的投资机构可建议推荐企业的贷款额度。“高校贷”产品完成与清华大学、北京航空航天大学、北京科技大学和北京工业大学等多所高校的批量授信，累计授信项目111个，授信金额2230万元。针对中关村科技企业的特点设计“领创新时贷”系列融资产品，如“科技文化贷”“园区开发贷”等。在“商票”业务的基础上，针对科技企业的上下游结算特点设计“中关村信用金”产品，为中关村科技企业应收账款提供变现通道。

2016年4月，领创金融互联网一期债权平台正式上线，自7月14日起陆续发布“红领金”系列债权融资产品，截至11月底，互联网金融平台交易规模累计4100万元，共完成“红领金”产品10余期的挂网募集。全年累计评审项目80余个，服务借款企业10余家。

2017年，微贷业务共审批通过项目375个，全年实现授信规模3.2亿元；放款项目112个，放款金额8500万元，平均单笔放款金额76万元，带动社会资金近7亿元，近50个项目获得优先认股权，其中科技型企业项目占97%。支持项目中知名天使投资人（机构）合作项目、创新型孵化器合作项目占74%。联合河北省中小企业发展促进会、河北省银行业协会主办“中关村发展集团科技金融与河北省中小企业发展促进会战略合作签约仪式”，与河北省中小企业发展促进会签订10亿元授信。

2017年，互联网金融平台全年实现业务规模2.2亿元；发布“红领金”产品共计200余期。其中，企业投资产品20余期，个人投资产品180余期。服务借款企业80余家，注册个人会员近2000人，注册机构会员近200家。6月，中关村领创金服平台获批“智慧中关村示范试点项目”，成为智慧中关村体系内唯一一家互联网金融平台，获得中关村管委会51万元财政资金支持。

二、科技金融超市

2016年，以“创融e家”为品牌，分别在保定·中关村创新中心、中关村集成电路设计园设立科技金融超市，提供在线产品展示平台，推动资本与项目对接，以专业化金融服务助推创新创业。通过科技金融超市，将集团科技金融服务体系在京津冀地区进行延伸，提高服务地区打造创新创业生态中的软实力。

2017年，科技金融超市落地中关村生命科学园，并在中关村高端医疗器械产业园、怀柔科学城、怀柔协同创新中心完成挂牌。当年，科技金融超市签约合作金融机构4家、投资机构4家、服务机构3家。

图6-5-1　2017年9月27日，中关村发展集团科技金融超市落地中关村生命科学园

2018年，新增科技金融超市3家，其中创业大街领创咖啡升级为科技金融服务中心，自4月开业至年底，举办各类活动10余场，参与创业企业超500家次，并与四季青军民融合产业园达成战略合作意向，为军民融合企业提供创新服务。当年，科技金融超市入驻服务机构超20家，年新增服务企业数量超100家。

2019年，科技金融超市新增服务企业超300家，举办各类活动超60场，为科技型企业提供一站式综合金融服务的能力逐步增强。

三、智融宝

2016年5月27日，北京IP针对传统金融机构知识产权风险识别、价值判断以及知识产权处置能力不足，与中关村大量以知识产权为主要资产、高成长性、轻资产的科技企业迫切的知识产权融资需求之间不平衡问题，结合“双创”企业普遍具有的债权高风险性、股权高成长性、知识产权高附加性的特点，正式发布中国首个真正意义知识产权质押融资产品“智融宝”。是年，创新风险补偿前置机制，与海淀区政府共建4000万元“中关村核心区知识产权质押贷款风险处置资金池”，财政资金风险补偿50%。同时引入民间资本，如智慧财富资本出资200万元加入资金池，分担风险。

图6-5-2 2016年5月27日，“智融宝”发布

2018年7月，创新知识产权质押融资担保模式，与中关村科技担保、首创担保及北京中小企业再担保等担保机构达成“知识产权处置履约保证”合作模式，风险转移最高达70%。创新知识产权质押融资保险模式。12月，与中国人民财产保险股份有限公司（简称人保财险）达成知识产权质押融资集中投保保险“中关村模式”。投保45个智融宝存量项目，涉及贷款金额超过2亿元，人保财险在保险责任上限内无条件100%理赔。截至2019年底，智融宝共服务科技型中小微企业近200家，知识产权融资规模近7亿元，盘活企业核心知识产权1500项。与4家商业银行，3家担保机构，3家保险机构，以及10余家投资机构、知识产权服务机构达成合作，合力打造“知识产权运营+投贷联动”服务生态圈，智融宝模式得到知识产权圈和金融圈的广泛认可。

四、创易保

2016年，中关村科技担保在“双创周”期间推出全国首款“零保费”融资担保产品“创易保”，探索为小微企业服务的商业新模式。“创易保”是围绕融资供给侧改革进行的重大创新，具有三大特点：(1)提高融资可获得性，解决科技型中小微企业融资难问题，中关村科技型中小微企业无不良信用记录，有较好的发展前景和成长性，愿意接受“担保授信+认股权+收益权”的融资模式，即可被纳入服务范围；(2)降低融资成本，通过逐渐降低担保费率甚至“零保费”，对接低成本资金、政府融资补贴等措施切实解决科技型中小微企业融资贵问题；(3)整合科技金融供给侧资源，通过与中关村发展创投等创投机构和中关村软件园等科技企业孵化培育机构合作，为科技型中小微企业快速发展提供融资等综合服务。

图6-5-3　2016年10月17日，北京中关村科技融资担保有限公司推出“零保费”产品——“创易保”

五、项目租赁

项目租赁是中关村科技租赁以项目资产为租赁物，以项目收益为租金偿还来源，以项目的收益权为风险保障的融资租赁产品，突破了传统租赁只能以机器设备作为租赁物的限制，适用范围更广，可满足社会项目融资的需求及资产管理需求，提升了与其他金融产品的竞争力。项目租赁的租赁物为标的项目的设备、设施及其附属物形成的资产集合，一般包括设备、附属设施及相关无形资产等。项目租赁能够对项目进行整体管控，且第一还款来源主要是项目本身的收益，项目风险保障程度更高。在项目出险时，项目租赁可以通过对项目公司的整体转让或收益权转让的方式来处置风险。项目租赁的适用行业主要为节能环保、新能源、文旅、健康和公共事业等。

扬德环境　扬德环境成立于2007年，是扬德集团旗下专注于煤层气综合开发利用、分布式光伏发电、分散式风电、天然气分布式冷热电三联供和煤改气等项目的投资、建设和运营的大型环保新能源综合服务商，也是国家高新技术企业及中关村高新技术企业。扬德环境在发展的过程中遇到融资难题，中关村科技租赁看好其商业模式，对2013年2个已运行项目通过项目租赁的方式予以盘活。2013年7月25日，中关村科技租赁正式与扬德环境签约合同项目，这是中关村科技租赁成立以来的第一笔租赁业务。此后，双方陆续开展多次合作。截至2019年6月，已成功合作18期项目，为其累计提供2.7亿元的资金支持，扬德环境实现了跨越式的发展：2014年6月完成股份制改造，2015年11月登陆新三板，2016年3月成功入选三板成指、三板做市的样本股，2016年6月入选新三板创新层；总资产由2013年的2.39亿增至2018年半年度的11.35亿，总收入由2013年的3882万元增至2018年半年度的1.05亿元，净利润由2013年的1055万元增至2018年半年度的3280万元。

志能祥赢　志能祥赢成立于2011年，是一家节能环保及清洁能源项目综合解决方案提供商。从2014—2019年底，中关村科技租赁通过项目租赁方式，累计为其提供14笔、共2.44亿余元的资金支持，帮助志能祥赢顺利完成了生物质电厂的收购，实现了从传统节能向清洁能源领域的转型。中关村科技租赁以被并购企业的资产作为租赁标的物，并在交易过程中结合保函工具，一揽子解决了资金来源、匹配性和交易流程控制等并购过程中的一系列问题。2015年6月，志能祥赢正式挂牌新三板，2013—2015年连续3年进入“节能服务公司百强榜”前十名。2016年6月入选证券时报和中国风投研究院评选的“新三板百强企业”名单。2017年5月，志能祥赢入选创新层，成为中关村节能环保领域的中小企业典型代表。

中星智能 中星智能是山西省最大的从事SVAC安防监控系统集成和运维服务的企业，是安防视频监控领域的龙头企业之一，是SVAC标准应用的行业引领者。由于山西省是国内最早强制执行SVAC国家标准的示范省区，自中星智能2012年成立以来，以太原为基地，通过承揽太原“天网工程”项目得到了区域市场的认可，后积极拓展山西其他地区业务并先后承揽了晋城、临汾、保定、郴州等城市的安防项目。2019年，中关村科技租赁通过项目租赁，为其提供了8000万元资金支持，为其继续拓展业务提供了实质的帮助。

六、服务租赁

服务租赁是中关村科技租赁以融资租赁为工具，优化企业商业模式，帮助企业实现由卖产品向提供服务转变的租赁产品，通过结构化的设计，可以实现表外融资，具有较强市场竞争力。服务租赁能够改变企业的收入结构，提升企业在资本市场的估值，支持的项目具有稳定的服务收益，项目现金流良好，项目风险保障程度更高。服务租赁的租赁物为标准化产品，使用寿命较长，具有通用性和可移动性。

北京精雕 北京精雕的主营产品为精雕CNC雕刻中心（简称精雕机），该主营产品由北京精雕自主研发并拥有其全部知识产权，先后获得了100余项国家专利及40项软件著作权，处于国际领先水平。2016年10月至2019年底，中关村科技租赁通过服务租赁的方式，共投放9笔放款，累计放款金额3.5亿元，支持北京精雕在验证中心铺设设备，吸引客户试用并提供个性化的服务，实现自有品牌的推广。

图6-5-4 北京精雕科技集团CNC雕刻中心

极智嘉 极智嘉是一家快速发展的“机器人互联网+”公司，2018年处于发展初期，产品研发出来后刚刚投放市场，资金一度比较紧张。是年6月，中关村科技租赁与极智嘉达成合作意向，对其正在运营的4个自营仓库的200余台价值2000余万元的机器人资产实行服务租赁，给予其1500万元的资金支持，盘活了极智嘉的固定资产，其当年收入规模增长至2.4亿元。2019年3月，中关村科技租赁再次对极智嘉500余台价值6000余万元的机器人给予4900万元的资金支持，使其部署7个自营仓，进一步扩大规模，占领市场，极智嘉的自营仓收入规模占全部营业收入的比例从15%提高到33%，机器人智能仓库市场占有率为全国第一。

七、创投租赁

创投租赁是债权融资与股权融资的有机结合。中关村科技租赁以租赁和认股权作为投资回报，为处在初创期和成长期的企业提供创新型租赁产品，避免过早稀释创业团队的权益。创投租赁通过“租赁利率优惠+低比例认股权”兼顾两方利益，实现了科技租赁对双方的最大价值。在这种模式下，企业用不到5%的认股权，获得利率优惠和中关村科技租赁持续的资源支持；中关村科技租赁利用较高的投资收益化解科技型中小企业的高风险，解决了成本收益之间的矛盾，增强了客户黏性，提升了产品竞争力。

斯利安 斯利安是集研发、生产、营销为一体的综合制药企业，也是中国叶酸领域最大的生产制造企业，属于国家高新技术企业。斯利安基于自身长期发展战略，为提升工艺水平，满足业务增长需要，在中关村大兴生物医药基地投资建设了大兴分公司，在新厂建设时需要投入大量资金。2015—2017年，中关村科技租赁分7笔为斯利安新厂建设中的固定资产投资提供了千万级的中长期资金支持，满足了斯利安对中长期资金的需求，并且与斯利安签订了《认股权协议》，在约定期限内可通过相应条件行权最高获取3%的股权。通过中关村科技租赁的资金支持，斯利安改变了原有的以短期负债为主的负债结构，获取了中长期资金，减轻了整体的资金压力。随着大兴生产基地的竣工投产，斯利安的产能得到了较大水平的提升，满足了日益增长的销售需求，在行业中的龙头地位得到进一步巩固。

图6-5-5 北京斯利安药业有限公司

绿洲德瀚 绿洲德瀚是一家专业化供热企业，提供城市居民供暖“煤改气”综合解决方案并实施工程，是国家发展改革委审核备案的合同能源管理（EMC）

专业节能服务公司、中国节能服务产业委员会常务委员单位、国家火炬计划重点高新技术企业、中关村“瞪羚计划”重点培育企业。绿洲德瀚在建筑能源管理领域耕耘多年，先后参与北京市、青海省等地大气环境治理“煤改气”工程，其核心产品天然气模块锅炉处于市场领先地位，应用建筑面积超过2000万平方米。绿洲德瀚在扩张过程中遇到新项目垫资压力巨大、老项目无法获得合理规模的银行贷款等问题。2015年6月起至2019年底，中关村科技租赁通过创投租赁方式，累计向绿洲德瀚提供5120万元资金支持，同时与绿洲德瀚签订了《认股权协议》，在约定期限内可通过相应条件行权最高获取3%的股权。企业以老项目全部资产作为租赁标的物实现融资，盘活存量资产，实现可快速复制的商业模式。

第七章　专业服务

集团自成立以来，紧紧围绕中关村示范区创新创业主体的需求，不断创新服务模式，补齐服务短板，延展服务链条，初步形成集知识产权运营、创新孵化、产业服务平台、共性技术服务平台、科技论坛与会展等于一体的专业科技服务体系。2019年11月7日，北京市政府批复同意《关于推进中关村发展集团综合改革的方案》。根据方案，集团按照“轻资产、强服务、活机制”的要求，实现由“开发投资商”向“服务商”转变，打造国际一流的创新生态集成服务商，助力北京建设具有全球影响力的全国科技创新中心。为此，集团不断提升成果转化、创新孵化、空间服务、产业投资、金融服务、资本服务等平台功能，努力构建全周期、一站式、管家式的专业服务体系。

第一节　知识产权服务

集团知识产权服务主要依托下属子公司北京IP开展。2011年8月8日，中共中央政治局委员、北京市委书记刘淇指示："积极促成'知识产权商用化公司'试点、早日运作，以取得经验。"① 12月26日，中共北京市委副书记、市长郭金龙主持召开中关村示范区领导小组第十二次会议，原则同意设立北京知识产权运营管理有限公司（北京IP）。知识产权服务以重点产业知识产权保护体系建设为核心目标，在高价值知识产权培育运营、知识产权维权保护、知识产权大数据、知识产权质押融资、知识产权资产证券化、"互联网+知识产权服务"等多个领域实现国内首创，探索出一条盘活知识资产、促进价值实现的"中关村之路"。

一、高价值知识产权培育运营

北京IP围绕中关村专利依赖型、密集型的重点产业，在石墨烯、锂电池、液态金属、智能传感器等知识产权需求迫切的技术领域，以研发、外购、许可等市场化方式，协同共建以关键技术为基础的专利池（或专利组合），培育运营高价值知识产权，开展知识产权风险预警和防控。

2014年10月31日，首个SPV（Special Purpose Vehicle，特殊目的载体）知识产权股权投资博雅晟康狂犬病毒荧光抗体检测试剂盒项目通过决策，该项目由北京博雅晟康医学科技有限公司运营。12月1日，首个入孵企业——博雅晟康进驻"北京IP孵化工场"。

① 2011年8月，北京市知识产权局文件：《北京市知识产权局关于落实市领导批示精神的报告》，时任中共中央政治局委员、北京市委书记刘淇在该文件上的批示。

博雅晟康狂犬病毒检测试剂盒产业化项目

技术背景：中国是世界第二大狂犬病流行国，全国每年死亡人数超过2000例，发病致死率几乎为100%。但是，欧美国家的狂犬病毒荧光抗体检测产品限制向国内输入，而国内技术无法准确检测狂犬病疫苗注射后是否能产生足够抗体。该项目是在中国疾病预防控制中心病毒病学研究所的倡导下，由知识产权持有人组织开发的新型产品，填补了国内空白。

项目介绍：博雅晟康的狂犬病毒检测试剂盒产业化项目是北京IP的SPV股权投资“IP创制+运营”模式的首次实践，也是北京IP成立以来的第一个股权投资项目。针对中关村某生物医药研发企业的狂犬病毒荧光抗体检测试剂盒技术，2015年，北京IP经专利评价分析，联合其他天使投资人共同出资，中关村某生物医药研发企业技术团队以“狂犬病毒荧光抗体检测试剂盒”非专利技术作价及少量资金入股，共同发起成立北京博雅晟康医学科技有限公司，并入驻北京IP孵化工场。北京IP针对该项目开展专利创制、布局，以及技术研发、产业化等综合运营。2年时间，该项目实现了从技术到专利，从专利到产品，再到商品的发展过程，获得中国发明专利，并进行印度等海外专利布局，申请了试剂盒产品的生产注册许可证，建立GMP（生产质量管理规范）生产车间，奠定了产业化基础。该项目已于2017年实现增值退出，2年投资期内年平均投资收益率高达20%以上。

2017年7月21日，与赛伯乐绿科投资集团举行战略合作签约仪式。

2018年8月24日，协办“2018年中国国际专利技术与产品交易会知识产权金融创新高峰论坛”，与国家知识产权运营公共服务平台签订智能传感器领域高价值知识产权培育运营股权投资意向书。11月16日，入选中国首个由工信部、国家知识产权局发起的知识产权培育运营专项合作机构，获得中央财政专项资金7000万元股权投资，正式启动智能传感器领域高价值知识产权培育运营国家专项。同日，主办“智能传感器领域高价值知识产权培育运营专项启动仪式暨首期高价值知识产权培育运营研讨会”。以国家专项为依托，发起设立由国家知识产权战略专家组成员吴汉东教授等11名不同领域知名专家学者组成的专家咨询委员会，构建由中国科学院地质与地球物理研究所、北京大学等创新主体，服务机构，律师事务所等多方参与的专项协同体。12月6日，全面启动智能传感器领域高价值知识产权培育运营。

2019年10月24日，联合首都师范大学、拓尔思信息技术股份有限公司、知识产权出版社有限责任公司共同发起的“多源成像关键技术高价值专利培育运营中心建设项目”，获批启动“海淀区高价值专利培育运营中心”建设，获海淀区知识产权运营服务体系建设专项资金支持600万元。11月15日，举办“盘活知识资产　促进价值实现——2019年智能传感器领域精品项目路演”。

二、智融宝“知识产权运营 + 投贷联动”

2014年12月12日，首个专利质押委托贷款项目通过决策。北京珅奥基医药科技有限公司（简称珅奥基公司）以16项专利权质押，获得贷款900万元。

北京珅奥基医药科技有限公司专利质押项目　珅奥基公司系一类新药研发企业，2006年成立，由国内外新药研发生产领域的科学家和企业家共同创办，拥有多项肝癌、乳腺癌和白血病治疗药物的核心专利，相继获得国家“十一五、十二五新药创制”重大专项以及北京市财政资金支持，多项研发新药已完成Ⅰ期临床试验。2015年，新药处于Ⅱ期临床试验时，出现资金短缺。北京IP经专利评价分析后，接受珅奥基公司16项专利权质押以自有资金委托银行发放贷款900万元，解决了珅奥基公司的燃眉之急，完成了Ⅱ期临床试验，并获得了新一轮的风险投资。2016年，北京IP在该项目实现成功退出。该案例获《人民日报》2016年世界知识产权日专题连续两期报道。

2016年5月27日，中国首个真正意义知识产权质押融资产品“智融宝”正式发布。同日，与海淀区政府共建首期规模4000万元的“中关村核心区知识产权质押贷款风险处置资金池”。

2017年4月26日，与北京公交集团联合开展“大众创业万众创新智融宝一路同行暨知识产权运营公益宣传”，向社会公众宣传普及知识产权。5月12日，中国知识产权报头版头条刊登《北京知识产权运营公司三个月支持小微企业融资一亿元——创新质押模式解小微企业之困》，报道“智融宝”。

2018年1月2日，“智融宝”模式第一次写入政府部门文件（北京市知识产权局《关于推进专利质押融资工作的方案（2018—2020）》）。4月，在世界知识产权日期间，分别联合中关村生命科学园、北京IC咖啡芯合汇、石景山区知识产权局、中关村智造大街举办系列知识产权实务培训活动。7月，“智融宝”与中关村科技担保、首创担保公司、北京中小企业再担保公司等担保机构达成“知识产权处置履约保证”合作模式。该模式实现了风险共担、利益共享，并以担保机构为通道与更多商业银行实现间接合作。12月，“智融宝”与人保财险推出国内首个知识产权质押融资集中投保保险模式。该项工作被列入《中关村知识产权质押融资保险试点工作方案》,按照阶梯化标准获得部分保费补贴，有助于放大保险分散风险比例和规模，探索形成“知识产权服务机构主导、金融机构配合、政府支持、企业受益”的新路子。9月30日，“智融宝”授信1100万元助力“2018中国海淀高价值专利培育大赛”。

2019年4月12日，联合中关村知识产权促进局、海淀区知识产权局共同主办知识产权质押融资保险“中关村模式”发布暨合作签约会。“智融宝”形成了由银行、担保、保险、评估、投资，以及政府风险补偿、民间资本共同参与的“知识产权运营+投贷联动”完整生态圈。同日，人保财险对首个“智融宝”知识产权质押融资保险项目进行理赔，赔付金额为996,632.36元。是月，积极搭建多层次风险分散机制，与人保财险、建信财险、国寿财险签订2019年新增知识产权质押融资项目投保合作协议。5月29日，与华夏银行北京中关村管理部开展知识产权融资业务研讨会暨战略合作协议续签。10月24日，在2019“中国·海淀高价值专利培育大赛决赛暨高端论坛”上，与3家优胜企业签署知识产权质押贷款合作协议。11月13日，在中关村管委会主办的中关村示范区科技信贷创新产品发布会上，发布两款创新产品“智租宝”和“小额智融宝”。“智租宝”开创了全国首个专利权售后回购并回授许可模式。11月20日，与天津滨海高新区管委会签订合作协议，探索将“智融宝”知识产权质押贷款模式引入天津，合力打造京津知识产权运用协作样板。12月5日，北京市知识产权局主办、北京IP承办“北京市专利商标混合质押金融培训会”，为中关村科技园区、金融机构、战略性新兴行业企业开展系统化专业培训。

图7-1-1　2019年4月12日，知识产权质押融资保险“中关村模式”发布暨合作签约会举办

三、知识产权大数据评价分析

2017年8月，在宝泰隆杯中国（七台河）石墨烯应用创新创业大赛上，分别与七台河新材料产业园、宝泰隆公司签订战略合作协议。11月30日，北京IP获评“国家知识产权分析评议服务示范创建机构”。

2018年11月16日，在北京市校办产业管理中心主办的北京高校科技成果产业化推介会上，发布《北京高校专利产业化分析报告》。12月14日，获得首个百万级知识产权评价分析项目——“高端医疗器械领域知识产权战略布局研究专项工作”。

《液态金属技术专利分析报告》 服务于科技企业。该报告从专利技术角度分析中关村某液态金属公司的技术现状，为该公司确定研发方向、找准研发切入点提供专利情报。2016年启动，2017年完成。

《基于专利大数据分析的石墨烯产业研究分析报告》 服务于政府部门。该报告深入分析石墨烯产业国内外专利分布情况、技术发展趋势、技术应用方向及优势研发机构等，为优化七台河市高新区新材料产业园园区规划提供建设性意见。2017年8月启动，11月完成。

《锂离子电池安全性技术专利分析报告》 服务于海外技术引进。该报告通过专利大数据分析论证了某电池安全性技术的先进性，为技术投资方引进技术及落地产业化提供决策支撑。2016年启动，2017年完成。

《智能插线板专利无效咨询报告》 服务于科技企业市场竞争。某企业被竞争对手诉专利侵权，协助该企业积极抗辩，向国家知识产权局提起竞争对手专利无效宣告请求，帮助该企业排除了专利风险。2017年4月启动，11月完成。

《北京高校专利产业化分析》 服务于北京市校办产业管理中心。该报告针对60所院校的专利，通过评估分析、分级分类，筛选出产业化前景良好的科技成果，在项目开展过程中为北京高校专利产业化提供数据基础及建设性意见。2018年7月启动，12月完成。

《怀柔科学城知识产权体系规划》 服务于怀柔科学城。该报告研究院市合作机制下产出知识产权的权属关系、服务技术转移和专利运用的园区经营管理模式，对怀柔科学城未来产出的知识产权资产提供涵盖创制、运营、转化等环节的知识产权服务体系建设思路。2018年启动，2019年完成。

四、科技成果转化运营

2015年4月2日，北京IP与北京工业大学签订战略合作协议，受托运营该校近2000件专利。6月9日，与北京大学信息科学技术学院签署战略合作协议，受托运营该院近700件发明专利。全年累计获得北京工业大学、北京大学信息学院、企巢新三板学院、北京企巢投资股份有限公司、英业达集团等共计3000多件专利的委托运营。

2017年4月20日，中关村知识产权运营公共服务平台IP Online正式上线（www.bjiponline.com）。是年，与中关村天合科技成果转化促进中心签订战略合作协议。

图7-1-2　2015年4月2日，北京知识产权运营管理有限公司与北京工业大学签订战略合作协议

图7-1-3　中关村知识产权运营公共服务平台IP Online

2018年7月18日，与中国科学院地质与地球物理研究所举行战略合作签约仪式。

2019年5月22日，与华北电力大学科研成果转化平台——北京华电天德资产经营有限公司签订战略合作签约。

截至2019年底，依托中关村知识产权运营公共服务平台IP Online，盘活大院大学大所存量专利（北京工业大学、北京科技大学、北京理工大学、北京大学、中科院等10多家高校院所的32,000多件专利），促成20余个发明专利项目转移转化，向用户提供线上专利评价咨询累计突破10,000次，吸引高校院所、科技企业、律师事务所、金融机构、服务机构等近百家机构入驻，访问量突破30万次，为“互联网+知识产权服务”发展起到了示范作用。

第二节　孵化服务

孵化器的建设一直是集团促进科技成果转化重要服务手段。经过多年的发展，集团孵化服务从最初的办公场地、后勤保障、物业等硬件服务，逐步扩展至创业咨询、政策辅导、资金支持等软件服务，并朝着专业化、平台化和生态化的趋势发展。截至2019年底，集团运营孵化器达到27个，其中国家级孵化器5个。

一、中关村国际孵化器

中关村国际孵化器成立于2000年12月，由北京中关村国际孵化器有限公司负责运营管理。位于上地信息产业基地，运营面积2.14万平方米。致力于为海外留学人员归国创业提供扶持帮助，同时也为科技创业团队及初创型科技企业提供孵化服务。

2000年12月，为扶持大批海外留学人员归国创业，中关村管委会联合多家单位共同成立中关村国际孵化器。

2014年，引进企业26家，毕业企业30家。与创新型孵化器的合作，引进获得天使投资或A轮融资的初创型企业4家；与投资机构合作，引进获得天使投资的企业2家；与海外机构合作，引进海外联络处推荐的企业3家。对超期孵化、发展迟缓的企业进行集中清理，共腾出空间3500平方米，全部安置新入驻企业。创业导师由9位增加至12位，辅导企业78家。推荐生态宝等3家企业入选中关村“金种子企业”；石山科技等3家企业入选“创业园百家企业”；优纳科技入选“北京百名领军人才培养工程”；吉贝克等6家企业入选“中关村新技术新产品服务名单”；1家企业入选北京市“创新创业特别贡献奖”。帮助27家企业争取到国家、地方各种专项资助共计760万元。帮助吉贝克等7家企业获得风险投资约2.62亿元。与北京银行签订战略合作协议，获得10亿元的授信额度，帮助11家企业获得贷款共计1.28亿元。

2015年，引进企业36家，其中海归企业13家。清退超期孵化企业36家，腾出空间4400平方米。利用现有资源建成1000平方米的培育筛选早期项目的“众创空间”。新增知识产权40项。与多家投资机构开展合作，引进已获天使投资或风险投资的企业8家、海归企业2家。推荐金玉衡、宝来通、三六五度农业信息等3家企业申请“金种子工程”。借助融资服务平台，帮助宝来通、清软海芯等10家企业获得风险投资1.45亿元，帮助药渡、思比科等10家企业获得银行贷款1.2亿元。帮助企业争取政府支持，组织辅导优品优客等11家企业申请开办费共计110万元，辅导拓普中关等10家企业申请海归人才创业启动资金共计200万元。

2016年，引进企业31家，其中海归企业11家。清退发展不佳企业38家，腾出空间4600多平方米。打造“一个平台、六大空间、八项服务”① 的孵化体系。网络孵化服务平台上线试运行，开展网上创业咨询、项目筛选、孵化服务、导师辅导、投资对接、项目展示等服务，与已有的线下实体孵化服务相结合，打造“线上与线下、虚拟与现实”的孵化模式。举办26场以高新技术认定、“营改增”政策解读、股权风控管理、创业家经验谈、心理健康辅导、产业对接、拓展健身等为主题的活动，服务企业220多家次。与北京银行、中国银行、中关村科技担保、中关村领创金融等合作，举办3场银企对接交流会，帮助11家企业获得贷款1.1亿元。举办9场项目路演、投资推介会，邀请投资机构、金融机构参加，为企业创造融资机会，帮助11家企业获得风险投资1.17亿元。帮助19家企业获得专项政策支持220万元。

---

① “一个平台”即中关村国际孵化园孵化平台，通过“互联网+”的模式，实现线上线下、虚拟现实的孵化服务；“六大空间”即众创空间、集中办公、未来之星、孵化器、加速器和产业园；“八项服务”即投融资对接、企业沙龙、中介服务、创业导师、技术测试、宣传推广、产业发展及公共服务等。

2017年，引进企业35家，毕业企业38家。清退企业55家（含毕业企业38家），腾出空间5827.16平方米。众创空间工位数由原来的98个增加至168个，入住率达83%，3家企业成功转入孵化空间。

2018年2月，获“北京市小型微型企业创业创新示范基地”称号。10月，获“北京小企业创业基地”“北京市创业孵化示范基地”称号。是年，引进企业35家、毕业企业35家。众创空间入住率81%。提炼搭建“创翼+”生态服务体系，开展“创翼+”系列品牌活动32期，服务企业600余家次。举办3期大型海外项目路演和四期海外项目微路演，集中推介来自俄罗斯、美国、加拿大、意大利、斯洛文尼亚、印度等国家或地区的科技项目26个。新增知识产权85项，引入优质知识产权服务资源进园区，挂牌成立“知识产权服务工作站”。帮助31家企业获得政府资金支持，帮助13人次获得政府人才支持，实现投资企业吉贝克股权增值退出。

2019年，完善“创翼+”服务体系建设，新引进10家第三方专业服务机构。开展“创翼+”系列品牌活动27期，服务企业655家次。与中关村软件园共同主办“协同创新 携手共赢”——中关村海外项目路演。协办“2019SWC创业世界杯”中国区决赛。举办五期国际项目网上微路演，主要包括俄罗斯大数据、欧洲前沿技术等项目。获得“中国留学人员创业园区孵化基地”“中关村高新技术企业”认定。帮助34家企业获得政府专项资助2000万元。

截至2019年底，在孵企业210家，从业人数约3000人，企业产值约15亿元，利润9000万元。累计孵化企业900家，其中留学生创业企业750余家，上市企业13家，6家企业承担国家重大科技专项，530家企业共获得政府各项资金支持1.97亿元，124家企业累计获得股权投资28.7亿元，142家企业获银行贷款4.7亿元。药渡经纬信息科技（北京）有限公司（简称药渡经纬）成立于2013年，已实现A轮融资，公司估值3亿元，其“药物研发大数据平台”获得国际制药企业和行业专家的一致好评，被誉为“西药的本草纲目”的《医药指数》已在全球发行，产品用户覆盖全球140多个国家和地区。思比科公司成立于2004年，销售超过4亿元。宝来通、吉贝克、优纳科技年收入超过2亿元，药渡经纬、欧博方、紫晶立方、清软海芯、糖护科技、翰云时代等企业成功实现多轮融资，公司市值均超亿元；尚水信息等5家企业在新三板上市，翰云时代等2家企业在新四板挂牌。

图7-2-1　中关村国际孵化园

二、中关村软件园孵化器

中关村软件园孵化器成立于2001年11月，由北京中关村软件园孵化服务有限公司负责运营管理。位于中关村软件园内的孵化器大楼自有产权面积2.3万平方米；位于山西大同创新基地的托管面积1.13万平方米。孵化器立足战略性新兴产业新一代信息技术领域，在园区产业创新生态系统中，以一流的服务打造创新的引擎和产业的亮点，建设国际一流品牌的最活跃的中小微软件企业成长“硅谷”。

2001年11月28日，中关村软件园、投资中心、北京高技术创业服务中心有限公司及北京赛西电子科技公司共同出资成立北京中关村软件园孵化服务有限公司，是中关村软件园留学人员创业园、中关村软件园孵化器的创办单位。

2019年，孵化器已形成“一体系、八平台”的服务架构，聚合多方资源，在基础服务、空间服务、政务服务、金融服务、人才服务、国际交流、技术创新、党群工作等方面为企业提供精准服务。累计孵化企业1013家，出孵企业975家，孵化成功率96%，其中，留创企业199家，上市企业12家，成功毕业企业277家，毕业率27%。

图7-2-2　中关村软件园孵化器

三、中关村兴业（北京）高科技孵化器

中关村兴业（北京）高科技孵化器成立于2002年9月，由中关村兴业（北京）高科技孵化器股份有限公司负责运营管理。位于北京市昌平区，运营面积3.78万平方米。以通信及生物制药高科技产业为核心，以房地产开发为支撑，以智能服务、技术开发和风险投资为增值突破，突出个性化的特色，提供专业化、特色化、市场化、高效率的孵化服务。

2002年9月16日，中关村兴业（北京）高科技孵化器股份有限公司成立。是月，股东兴昌高科将在建工程项目“昌平区科技园区中兴路10号（凉水河村南）创业中心”和“昌平区白浮泉路10号兴业大厦”作为实物出资给兴业孵化器。

2006年11月和2008年12月，北京三九万东药业有限责任公司和泰达创世国际投资有限公司分别将其所持各300万元股份转让给兴昌高科。2015—2018年，先后购买昌平区超前路37号院9号楼、23号楼，自建16号楼，建筑面积分别为

1566平方米、1568.38平方米、12，187.53平方米，作为孵化空间。

2015年、2016年，共计获得昌平区科学技术委员会(简称昌平区科委)“产业转型升级孵化器专项资金”80万元；2016年，获得昌平区经济和信息化委员会(简称昌平区经信委)“新建标准化厂房项目2015年产业转型升级专项资金”130万元；2017年，获得中关村昌平园管委会“2016中关村国家自主创新示范区发展专项资金”128万元。2018年2月，获得“2017年昌平区小微企业创业创新基地城市示范专项资金项目”中小微企业贷款贴息项目支持资金60万元。8月，参与“昌平双创服务平台认定”的申报，获得“双创空间载体”及“公共服务平台”双认定，并获得支持资金10万元。同月，组织并辅导入园企业申请“昌平区小微企业房租补助项目”，参与申报企业15家，最终全部通过审核，共计获得房租补贴资金28万元。

截至2019年底，自持物业可出租面积3.18万平方米，已出租面积2.83万平方米，占可出租面积的89.1%。入驻企业172家，虚拟注册企业545家。共获得4次昌平区经信委“昌平中小企业贷款贴息”，共计167万元。2010—2019年，共获得各项支持资金近600万元。

四、中关村生命科学园孵化器

中关村生命科学园孵化器成立于2003年7月，由北京中关村生命科学园生物医药科技孵化有限公司负责运营管理。位于中关村生命科学园内，运营面积5.6万平方米，定位为生物医药领域的创新创业企业提供必需软硬件创业环境的专业科技孵化器。

2003年7月，北京中关村生命科学园生物医药科技孵化有限公司正式成立。

2006年10月，中关村生命科学园开放实验室开始运营。建成药物分析检测平台，能够对药品、食品、保健品以及化妆品等小分子成分、有害物质进行理化检测、性状检测、鉴别检测、方法学验证等定性定量分析检测服务。

2008年5月，建成分子生物学平台，能够提供核酸制备、分离纯化、复制扩增、鉴定分析等技术服务。6月，中关村生命科学园开放实验室经市科委批准授予“首都科技条件平台——北京中关村生命科学园开放实验室”称号，成为首批获得此称号的15家孵化器之一。

2010年3月，中关村生命科学园开放实验室首次通过中国合格评定国家认可委员会（CNAS）认可。9月，获得中关村管委会授予的“中关村开放实验室”称号。

2011年8月，建成蛋白质技术研究平台，能够提供蛋白制备、纯化、分离、层析等技术服务。获得市科委“北京市战略性新兴产业孵育基地”认定，成为首批获得此资质的6家孵化器之一。

2013年4月，中关村生命科学园开放实验室通过换证复评审，持续通过中国合格评定国家认可委员会（CNAS）认可；5月，建成细胞生物学平台，能够提供细胞培养、细胞计数、分离定量、细胞转染、细胞内分子测定等技术服务；8月，获得“北京市战略性新兴产业科技成果转化基地”认定，成为提供技术咨询、技术研发、技术转移等专业服务的有力支撑。

2014年4月，获得市知识产权局“北京市昌平区生命科学园知识产权保护服务工作站”认定。9月，与昌发展公司联合泉心泉意（上海）生命科技有限公司共同成立中关村联合创新（北京）生物科技有限公司，致力于打造与国际接轨的集贸易、进出口、物流、服务于一体，具有公益性和社会服务性的平台，为生物产业的进步和国家经济建设提供优质的服务。11月，建成基因测序平台，能够提供高通量基因测序分析技术服务。

2015年7月，获得北京市人民政府侨务办公室和中关村管委会首批“中关村侨创园”认定。

2016年5月，建成生物医药云中心，能够满足二代及三代测序的数据结果分析要求，提供生物医药大数据的计算、处理、分析、存储等技术服务。8月，被中关村管委会首批认定为“中关村特色产业孵化平台”。9月，中关村生命科学园开放实验室通过换证复评审，持续通过CNAS认可。11月，获得北京市创业工作联席会议办公室“北京市创业孵化示范基地”认定。

2017年9月,科技金融超市落地孵化器,引入集团科技金融板块各机构和社会服务机构,为入孵企业提供金融、数据整合、资源配置等系列服务。科技金融超市吸引120余家第三方服务机构,企业通过该超市服务所获得的融资金额超过2亿元。

2018年2月，获得首批“北京市小型微型企业创业创新示范基地”认定。6

月，进入国际数据集团（IDG）与南都传媒共同发布的中国孵化器50强榜单。是月，获得“昌平双创服务平台”认定。10月，获得中关村管委会首批“中关村国家自主创新示范区硬科技孵化平台”称号；11月，中关村昌平园管委会、昌平区投资促进局、昌平区政务服务管理办公室共同牵头建设生命园创新创业服务中心。

2019年1月，与首都医科大学共建“十大慢性病样本库”。3月，生命园创新创业服务中心建成投入使用，为生命园企业行政审批、政务办理、精准支持和科技金融等提供全方位一体化服务。12月，创业服务套餐收入6.1万元，实现零的突破。

截至2019年底，获得国家高新技术创业服务中心、国家中小企业公共服务示范平台、北京国家生物产业基地、北京市优秀留学人员创业园、北京市中小企业知识产权集聚发展示范区等诸多政府授牌与资质，并拥有中关村生命科学园开放实验室（获CNAS实验室认可资质）。形成“孵化+创投”[①]的全流程创业孵化模式。孵化器开放实验室拥有仪器设备300余套，资源价值近6000万元。拥有药物分析检测平台、代谢组学检测平台、蛋白质技术平台、分子生物学平台、基因测序平台、基因定量分析平台、免疫细胞研究和应用平台、细胞生物学平台、生物医药云中心及基因组编辑技术研究平台等10个技术服务平台。在孵企业150家，累计孵化企业260余家，入孵企业的创业方向囊括新药研发、医疗器械、体外诊断试剂、基因测序、基因编辑、生物信息、干细胞、细胞生物学、免疫治疗及中药制剂等,基本形成覆盖全产业链的创新生态体系。其中包括上市企业9家，G20企业3家，瞪羚企业10家，中关村“独角兽”企业2家，“国高新”企业26家，“金种子”企业11家。在孵企业科研投入1.3亿元，实现技工贸总收入17亿元，共计授权知识产权797项。累计达成融资约20亿余元。

① “孵化”包括“8+3+1”创业服务体系。“8”是指物业服务、金融服务、创业咨询服务、知识产权服务、政策政务服务、国际业务服务、科研技术服务、媒体宣传服务等8个创业服务板块；“3”是指3个创业服务套餐，即无忧服务套餐、优享服务套餐、尊享服务套餐；“1”是指整合8个服务板块和3个服务套餐向园区外输出的创业服务超市。“创投”指创业投资。生命园孵化器充分利用公司可经营性资源，推出创业服务超市品牌，并完成创业服务超市的相关机制和套餐设计，在企业中推广，并实现营收。

图7-2-3 中关村生命科学园孵化器

五、马池口埝头工业区孵化器

马池口埝头工业区孵化器成立于2007年，由兴昌高科负责运营管理。位于北京昌平马池口埝头工业区，运营面积2.48万平方米。

2007年，兴昌高科作为马池口镇埝头工业区前期开发实施单位，在对原“美国工业园”有关债务清算的基础上，进行园区的土地一级开发。根据昌平区政府要求，将原项目未完工程1、2楼进行完善建设。

2008年，结合2003年7月18日经市规划委批准的《昌平区马池口镇工业小区控制性详细规划》，对项目未完工程1、2楼两栋楼的功能定位进行调整，并对设计图纸进行部分修改。调整后将其定位为马池口埝头工业区孵化器，工程名称变更为“马池口埝头工业区孵化器1、2号楼”。2015年，北京天途航空技术发展有限公司正式入驻。

六、丰科世纪孵化器

丰科世纪孵化器成立于2014年3月，定位于加速增材制造产业聚集，由北京丰科世纪科技孵化器有限公司负责运营管理。位于中关村丰台科技园总部基地17区18号楼和18区25号楼，运营面积2.7万平方米。

2015年，推进楼宇招商和自身建设，签约客户40家，完成租赁面积近9200平方米。

2016年，入驻企业达到50家，企业所属行业集中在军民融合、智能制造及软件开发等领域。丰成汇众创空间建设完成，为早期的创业者提供优质的办公空间与服务。“中科院智能新技术孵育转化中心项目”入驻。

2017年，获得区级孵化器与众创空间资质，入驻企业达到60家。成功申报年度区级科技创新孵化器专项资金支持。累计获得支持资金和专项资金支持近1000万元。

2018年，引入增材制造产业企业5家。举办“2018增材制造全球创新大赛”等活动。

2019年8月，欧盟科技署将丰科世纪孵化器作为进入中国的第四个“软着陆区”。12月，孵化器承办年度“全球增材制造创新应用大赛”，并引入增材制造产业企业6家。是年，集展览示范、3D打印产品服务与培训教育功能为一体的增材制造共享服务中心完成方案设计。入驻增材制造产业企业16家，多位创业导师组建的工作站为企业提供了多次创业服务。

七、中关村虚拟现实空间（Strong VR）

中关村虚拟现实空间（Strong VR）成立于2014年，由北京实创高科技术发展有限责任公司运营管理。位于北京上地信息产业基地实创创新孵化中心，运营面积1422.62平方米。定位于虚拟现实行业的集聚、引领、推广及服务，专注于VR[①] 行业生态圈的培育，通过采用垂直筛选、垂直孵化、免费服务、简化流程等模式聚集VR产业，为VR创业者提供一个垂直、高效、贴心的孵化平台。

2014年12月22日，中关村虚拟现实空间（Strong VR）正式落成，7个虚拟现实项目进驻。

2016年，举办“第一届VR China JAM圆明园全国AR/VR创业大赛”。

2017年1月，位于海淀区创业中路32号的中关村虚拟现实文化教育产业园（简称虚拟现实产业园）成立。虚拟现实产业园是中关村虚拟现实空间（Strong VR）的加速器项目，是实创高科成立的全球首家虚拟现实行业垂直孵化平台，选取VR行业更为垂直的方向，即“VR+文化/教育”开展孵化加速服务。园区一期规划

① VR：虚拟现实技术，英文名称：Virtual Reality，缩写为VR。

两层建筑面积6000平方米，设有办公区、展示区及虚拟现实实验室等创孵配套服务。6月，举办“第二届VR China JAM全国AR/VR 纸书创意大赛”，推动虚拟现实科技与文化深度融合发展。是年，孵化器运营面积从780平方米拓展至近2000平方米。孵化来自全国各地70余个虚拟现实创业团队，包括乐客VR、微视酷、美屋365、TVR汽车公司等，孵化团队获得的投资总额超过2.2亿元。作为国内首个虚拟现实垂直孵化平台，所提供的服务不仅仅局限于创业空间及场地的提供，同时在科技服务、项目推介、举办和参与行业技术性论坛、展会、投融资服务方面深入推进，致力于VR行业的聚集和引领。入驻企业中北京灵境雪山豹科技有限公司、北京魔多科技有限公司和北京微视酷科技有限责任公司等3家团队被推荐为“金种子”企业。北京微视酷科技有限责任公司是中国专业的VR教育软件研发机构，是国内第一家将虚拟现实（VR）技术系统化应用于教学的高新科技企业。

截至2017年底，虚拟现实产业园引入虚拟现实简介垂直项目40余个，涉及领域包括VR/AR教育、影视、游戏、虚拟仿真、数字复原等。同时建设的虚拟现实联合实验室为团队提供VR实验设备，降低创业团队的开发成本。

2018年7月4日，由甘肃省兰州市七里河区政府与实创高科联合共建的中关村虚拟现实空间（兰州）揭牌成立，并与多家企业签订入驻孵化协议。

图7-2-4　参观者体验中关村虚拟现实空间（Strong VR）团队研发的虚拟现实内容

八、保定·中关村创新中心孵化器

保定·中关村创新中心孵化器成立于2015年4月28日，由保定中关村信息谷科技服务有限责任公司运营管理。位于河北保定·中关村创新中心内，运营面积1.5万平方米。定位于总部办公、研发中心，设有创新汇沙龙区、路演区、保定市科技金融展示中心、保定市科技成果展示中心、入驻企业科技成果展示中心、河北省政务服务综合平台、京冀保定·中关村创新中心12330工作站、会议室等公共服务区域，为入孵企业提供会议、金融服务、人才交流、科技成果转化、政策对接等全流程孵化服务。

2017年底，申请认定为“河北省科技企业孵化器”。截至2019年8月，保定·中关村创新中心孵化器吸引98家企业和机构入驻办公，新增入孵企业7家，累计举办近百场创新活动。汇聚超千家来自中关村、北京和国内外相关领域的企业赴保定参加活动，考察商机，对接资源。共协助入驻企业获得金融贷款700余万元。

九、生命智谷孵化中心

生命智谷孵化中心成立于2017年，由中关村医疗器械园有限公司运营管理。位于中关村高端医疗器械产业园内，运营面积2.13万平方米，是中关村医疗器械园设立的专门创业孵化服务机构。

2017年6月，生命智谷孵化中心启动运营。是年，联合明尼苏达大学医疗器械研发中心，共同主办“首届世界医疗器械设计（中国）大会”，推广医疗器械创新经验。全年入驻项目28个，覆盖高清内窥镜系统、诊断试剂、仿生呼吸机、骨骼修复材料、外科器械等。重点引进北京雅果科技有限公司研发首创的用于重点监护病房的仿生呼吸及排痰一体机项目。

2018年，获得“北京市众创空间”认定。举办“第二届世界医疗器械设计（中国）大会”。与中国医疗器械行业协会共同举办“中国医疗器械创新大赛（北方区）总决赛”，吸引100多个创新项目报名。组织2018中国医疗器械行业政策年会、“中关村前沿技术沙龙系列活动”医疗器械专场。签约一批“高精尖”项目导师，引进38个医疗器械研发、服务、孵化项目，其中北京术客高鑫科技有限公司、北京昆迈生物医学研究院有限公司、北京心灵方舟科技发展有限公司等的产品都属于国内首创的医疗器械。

2019年，推动对以医疗器械工程优化为核心的全产业链医疗器械服务平台的投资，共建生物相容性评价平台，产业服务生态初步形成。与解放军总医院血管外科、斯坦福大学生物设计中心共同举办“2019年第四届血管创新论坛”，吸引国际知名企业及近千名行业人士参与论坛。与中国食品药品检定研究院共同举办“全降解植入器械与组织工程产品评价与临床转化论坛”，推动世界前沿技术在植入器械的运用。帮助企业对接政府资源，组织政策宣讲及各类培训活动。举办多次园区企业与医疗系统的对接活动，并带领园区企业参加各类展览展示，帮助企业推广宣传。全年新增创新孵化项目9个，重点引进中关村药谷生物产业研究院，推动产业服务向基因治疗领域扩展。

十、天津中关村雨林空间国际孵化器

天津中关村雨林空间国际孵化器成立于2017年，由天津中关村科技园运营服务有限公司运营管理。位于天津滨海中关村科技园内，运营面积1.07万平方米，集孵化、独立办公、展示、休闲、综合服务于一体，为企业提供无忧化办公环境，企业可以直接拎包入住。

2017年，中关村信息谷与天津滨海——中关村科技园管理委员会达成初步意向，筹备建设天津中关村雨林空间国际孵化器。6月30日，孵化器运营主体天津中关村科技园运营服务有限公司注册成立。

2018年3月，孵化器正式交付。年底，累计入驻企业51家，注册企业144家，聘请“双创”导师36位，联盟成员增加至50个。

2019年新聘请“双创”导师24位（共82位），新增联盟成员36个，合作的专业机构共计25家，举办创新创业活动近百期。组建中关村九河创新汇足球队，与天津科技大学合作成立人工智能科普基地，与中关村其他公司合作成立北京IP、中关村科技担保、中关村科技租赁、北京中关村发展启航产业投资基金等工作站。

截至2019年底，累计接待各方参观学习人员11,000余人次。入驻企业72家，出租率达91%，注册企业200余家，常驻办公人数400余人。

十一、银川中关村创新中心雨林空间国际孵化器

银川中关村创新中心雨林空间国际孵化器成立于2017年，由银川中关村科技服务管理有限公司运营管理。孵化器位于甘肃省银川中关村创新中心内，运营面积1.5万平方米（截至2019年底已建成6000平方米），聚焦新一代信息技术、“互联网+医疗教育与人力资源”智能制造、科技金融与文化旅游等产业，为企业提供“一中心、八平台”的创新创业服务平台以及市场化服务。

2018—2019年，连续两年成功举办银川第七、八届青年创新创业大赛。带领入孵企业前往北京、上海、广州、深圳、浙江、江苏等10余个省、市开展“创新中国行”活动，帮助企业对接政府、企业上下游资源，成功获取业务近2000万元。

2019年5月，成功申报银川市创业孵化示范基地。是年，为创业团队提供参加“创意创新在银川”凤凰汇·周二路演吧系列活动50余期，解决孵化企业融资需求和上下游供应链问题，带动就业500余人，累计帮助企业融资近20亿。通过多名创业导师线上线下的指导培训，孵化培育宁夏奇豆科技有限公司、中策行（宁夏）文创科技有限责任公司等一批优质的初创企业。入驻企业宁夏奇豆科技有限公司以教育机器人为主要产品，通过3D打印技术提升产品市场竞争力，在入孵期间，被列为2018年银川市优秀创业创新项目，并在创业导师的指导下，荣获3项国家级专利。

图7-2-5　银川中关村创新中心雨林空间国际孵化器

十二、中关村信息谷雨林空间国际孵化器（怀柔）

中关村信息谷雨林空间国际孵化器（怀柔）（怀柔科学城创新中心孵化器）成立于2019年5月26日，由雨林生态（北京）科技服务有限责任公司运营管理。孵化器位于怀柔科学城创新中心内，运营面积4000平方米。定位于促进怀柔科学城创新要素的快速集聚，打造集科学城创新发展成果展示、创新资源组织和科技成果转化于一体的主体平台，按照“引高端、搭平台、促转化、聚产业、建氛围”的运营思路，重点发展以智能产业为核心的信息科学、生命健康和科技服务业，建设立足怀柔、服务全国、链接全球的创新服务网络体系。

2019年，共引进企业57家，其中信息技术26家，生命健康8家，节能环保4家，智能制造4家，新材料2家，科技服务业6家；45家已完成工商注册，12家正在办理注册手续；23家实际入驻办公。孵化器已签约国投创新、融泰汇智、双高志信等10家科技服务机构，聘任创客总部合伙人陈荣根、创业博物馆创始人苏药、清华x-lab（Tsinghua x-lab）毛东辉等10位创业导师，设立创新服务驿站，为企业发展提供人力服务、财税服务、品牌传媒、融资服务、创业培训、政策申报、知识产权、法律服务、工商服务等九大服务支撑。

十三、芯创空间

芯创空间成立于2019年3月，由北京芯创空间科技服务有限责任公司运营管理。孵化器位于中关村集成电路设计园自持空间内，运营面积约2000平方米，是由中关村集成电路设计园与中关村芯园联手打造的集团首家集成电路专业领域孵化器，以提高集成电路设计企业自主创新能力、促进高校院所科技成果转化为宗旨，以服务集成电路设计产业创新创业为核心，打造轻资产、专业化集成电路设计产业孵化服务平台，完善园区集成电路产业生态体系。

2019年，完成载体改造并投入使用，提供开放式办公工位，以及30—120平方米灵活组合的封闭办公空间，配套会议室、洽谈室、多功能厅、实验室等空间，全面配置办公家具、公共文印设施，实现拎包入驻；通过“一对一”的创业导师服务、大企业带动初创企业“大手拉小手”、同“芯”计划等特色化服务以及全方位的国际化服务，完善企业管家服务体系，提升创新孵化服务能力。3月5日，举行中关村芯园“Spectre-AMS数模混合仿真应用培训课”。8月8日，集微网成为首家入孵企业。是年，设立中欧创新中心、中韩创新中心、中清创新中心、中澳创新中心，开展海外技术成果转化与国际创新合作。

截至2019年底，入孵企业达13家，其中多半为高校院所的科研成果转化项目，同时海外项目实现零的突破，韩国比普芯MEMS项目顺利入孵。

十四、中关村（京西）人工智能科技园·智能文创园

中关村（京西）人工智能科技园·智能文创园（简称智能文创园）于2019年10月23日开园，由北京中关村京西建设发展有限公司运营管理。孵化器位于中关村门头沟科技园内，运营面积约1.13万平方米，以人工智能、文创产业为主导产业方向。

2019年3月，中关村京西发展启动金龙泉泵业老旧厂区升级改造工程，打造具有孵化、加速、联合办公、展示及产业服务等复合功能的“中关村（京西）人工智能科技园·智能文创园”。10月，中关村京西发展完成规划设计、装修工程、产业组织、服务体系建设等各项工作，智能文创园正式投入运营。智能文创园是集团在京盘活老旧厂房，打造“高精尖”产业载体的第一例以人工智能、文创产业为主导的专业孵化器。集中小企业创新创业孵化、优质企业先导入驻及展示等功能于一体，距离中关村（京西）人工智能科技园主园区500米，采用现代工业风格，秉承低碳、节能、环保、实用的理念，配备景观花园、绿地中庭等公共交流空间，以及包括展览展示、餐饮、会议、水吧等高品质配套服务与产业服务，为“双创”企业营造更加灵活、开放、活跃的社群工作氛围。

十五、滁州中关村发展协同创新中心雨林空间国际孵化器

滁州中关村发展协同创新中心雨林空间国际孵化器成立于2019年6月，由滁州中关村信息谷科技服务有限责任公司运营管理。孵化器位于安徽省滁州市中关村发展协同创新中心内，运营面积2000平方米，定位于电子信息、能源、环保、循环经济，优先支持科技型企业入园。

孵化器分为科技展示区、创客咖啡区、创客苗圃区、创客孵化区、路演厅、双创服务平台区、雨林空间、科技服务机构服务区、公共会议室等。围绕研发设计、成果转化、孵化加速、知识产权、金融服务等10余家科技服务机构，为企业在种子期、初创期、成长期、成熟期等4个不同发展阶段提供差异化科技服务需求。截至2019年底，在孵企业8家。

图7-2-6　中关村（京西）人工智能科技园·智能文创园

十六、中关村软件园孵化网络体系

2000年，中关村软件园开始建设的时候，便同步成立中关村软件园孵化器。

2016年，由中关村软件园牵头，联合园内中关村软件园孵化器、雷雷伙伴创业空间、云基地、中关村领创空间、北京高校大学生创业园、HiFive创新中心、腾讯众创空间、立云产业加速器、准脉90孵化器、中关村软件园中以中心以及中关村国际孵化园等11家孵化机构共同发起成立中关村软件园孵化网络体系（简称孵化体系）。该体系旨在发挥中关村软件园的产业优势和行业影响力，统筹园区各个孵化机构的合理布局，整合各孵化机构优势资源，通过有效的合作机制，凝聚政府、企业、机构以及社会各界的共识与合力，共同推动中关村软件园在创新驱动、前沿科技产业的发展，从而以中关村软件园大信息产业发展为基础，带动北京市大信息产业和“高精尖”产业的进步。

2017年1—9月，中关村软件园探索孵化网络体系运营模式，提出“N+1”孵化模式①。

2018年2月，中关村软件园召开孵化体系首次工作沟通会。9月，联合组织第七季“创新之源”大会暨中关村软件园孵化网络体系成员单位授牌仪式。11月，完成中关村软件园孵化网络体系白皮书编写。12月，联合主办“专家院士走进中关村软件园”首场活动。

2019年5月，孵化体系与德意志学术交流中心共同举办中德双创交流会。6月，协办“协同创新 携手共赢”中关村海外项目路演活动。7月，发布中关村软件园孵化网络体系“Z-one新势力”活动平台。

孵化体系对孵化器间的联动以及所提供的主要服务项目进行再次梳理与提升，并同步结合软件园新服务平台面向所有在孵企业提供一站式多功能服务。内容除专家院士辅导、投融资对接、政务服务、非公党建、文娱等特色服务外，还包含工商、财税、知产、法律、空间、资质等共性需求的基础性服务。在对孵化服务进行不断梳理与完善基础上，总结出三个层次的孵化服务，即基础服务、特色服务和TOT（Top of top）精英式服务，形成“基础服务+特色服务+TOT精英式服务”的服务模式。

基础服务由中关村软件园ZPARK企业创新服务平台提供，TOT服务则是由孵化网络体系中各个成员提供的优势服务组成的集合，由此形成服务的递进，最终实现孵化体系服务的标准化和共享化。中关村软件园利用孵化体系集聚发展未来前沿产业所需要的各种创新要素资源，推动人工智能、量子科技、区块链、物联网、大数据、云计算、感知交互等前沿产业在园区实现“研发—孵化—加速—产业化”落地，形成一批专业化、产品化的孵化器。孵化体系吸引汇集众多人才、项目、资本，并已形成“政、产、学、研、人、文、金、服”等创新要素在内的大信息产业“创新生态体系”。

---

① “N+1”孵化模式：“N”代表孵化网络体系内11家成员单位的独立服务模式，“1”代表孵化网络体系向每个成员单位（孵化器）提供的共享服务模式。

孵化体系推出Z-one新势力活动平台新品牌，为创业者提供持续创新动能。共享基础服务，做精特色服务，建立独立统一的孵化网络体系工作机制与信息共享平台，加速服务的标准化、共享化和平台化，有效推进11家孵化器及在孵企业协同联动。获得市教委大学生创业园“一街三园”运营权，辐射北京20多所高校，积极引入优质创业团队，提升在孵项目影响力。北京高校大学生创业园入驻团队清华大学交叉双旋翼复合推力尾桨无人直升机项目获中国“互联网+”大学生创新创业大赛冠军。

截至2019年，孵化体系11家成员单位中国家级孵化器占比超过50%（6家，共计14项）；孵化服务人员117人；总孵化面积超过80,000平方米，在孵企业总数916家，累计毕业企业总数1326家，在孵企业总人数8648人（留学归国人员321人），高端人才81位；国高新88家，村高新123家，瞪羚企业80家，留创企业281家；拥有知识产权总数共计4652项（软件著作权共786个，专利3138项，注册商标728个）；先后共有303家初创企业完成融资，累计融资金额超过50亿元，其中17家企业最终上市，7家留在中关村软件园内发展。

表 7-2-1　孵化器基本情况一览表（截至 2019 年底）

序号	孵化器名称	成立时间	运营单位
1	中关村国际孵化器	2000.12	北京中关村国际孵化器有限公司
2	中关村软件园孵化器	2001.11	北京中关村软件园孵化服务有限公司
3	中关村兴业（北京）高科技孵化器	2002.09	中关村兴业（北京）高科技孵化器股份有限公司
4	中关村生命科学园孵化器	2003.07	北京中关村生命科学园生物医药科技孵化有限公司
5	马池口埝头工业区孵化器	2007.05	北京兴昌高科技发展有限公司
6	丰科世纪孵化器	2014.03	北京丰科世纪科技孵化器有限公司
7	中关村虚拟现实空间（Strong VR）	2014.12	北京实创高科技发展有限责任公司
8	保定·中关村创新中心孵化器	2015.04	保定中关村信息谷科技服务有限责任公司
9	中关村领创空间·软件园项目	2015.06	中关村领创空间科技服务有限责任公司
10	北京高校大学生创业园（软件园）	2015.10	中关村软件园人才基地培训中心
11	徐州中关村信息谷雨林空间	2015.10	徐州信息谷资产管理有限责任公司
12	雨林空间	2016.07	南宁中关村信息谷科技服务有限责任公司

续表

序号	孵化器名称	成立时间	运营单位
13	中关村领创空间·友谊中心项目	2016.11	中关村领创空间科技服务有限责任公司
14	中关村虚拟现实文化教育产业园	2017.01	北京实创高科技发展有限责任公司
15	成都·中关村信息谷创新中心	2017.05	成都蓉领科创科技有限责任公司
16	生命智谷孵化中心	2017.05	中关村医疗器械园有限公司
17	天津中关村雨林空间国际孵化器	2017.06	天津中关村科技园运营服务有限公司
18	银川中关村创新中心雨林空间国际孵化器	2017.12	银川中关村科技服务管理有限公司
19	济南·中关村信息谷创新中心	2018.03	济南领创空间科技有限责任公司
20	中关村信息谷沈阳领创空间	2018.06	沈阳领创空间科技服务有限公司
21	湖州·中关村信息谷创新中心	2018.07	湖州领创科技服务有限责任公司
22	长春中关村雨林空间创业孵化基地	2018.11	长春中关村信息谷科技服务有限责任公司
23	芯创空间	2019.03	北京芯创空间科技服务有限责任公司
24	中关村信息谷雨林空间国际孵化器（怀柔）	2019.05	雨林生态（北京）科技服务有限责任公司
25	滁州中关村发展协同创新中心雨林空间国际孵化器	2019.06	滁州中关村信息谷科技服务有限责任公司
26	滨海中关村（天津自创区）创新中心雨林空间	2019.07	天津中关村科技园运营服务有限公司
27	中关村（京西）人工智能科技园·智能文创园	2019.10	北京中关村京西建设发展有限公司

第三节　产业服务平台

集团立足科技成果转化与产业化，联合第三方服务机构，打造专业化、社会化、系列化及市场化的服务网络，单线服务向协同服务转变。2014—2019年，搭建了中关村天合科技成果转化促进中心、企业上市服务平台、中关村易(e)创服务平台、北京海创产业技术研究院、中关村软件园ZPARK企业创新服务平台、中关村集成电路设计园产业服务平台（IC-PARK ISP）、中关村医疗器械产业服务平台等产业服务平台。

一、中关村天合科技成果转化促进中心

2014年6月，中关村天合科技成果转化促进中心（简称天合转促中心）成立，专门从事科技成果市场转化专业化服务，是集团战略布局的科技成果转化服务平台。

2017年，天合转促中心获得4A级认证。天合转促中心凭借天合国内首套科技成果评价团体标准——《科技成果转化市场成熟度评价体系》，以及科技成果转化工程设计院、项目银行、地区科技成果转化广场、科技成果转化云服务平台等服务产品，为政府、企业、投资机构、科研机构提供包括信息服务、评价服务、精准对接、方案策划、资本运作、市场推广、活动组织、平台运营等服务在内的众多科技成果转化促进服务。“6S服务模型”是天合转促中心服务亮点之一，通过源头渠道服务（Source）、筛选评价服务（Select）、方案设计服务（Smart）、定向推送服务（Sales）、资源配置服务（Synergy）、过程促进服务（Service）等一系列服务，成为全国范围内为数不多的可以提供全链条、全要素服务科技成果转化资源平台。

天合转促中心推出联创中心概念，通过在企业中设立联创中心，将天合数据库中的科研资源直接置入有需求的企业，实现“产学研”即时互动，缩短科技成果转化路径。联创中心推出后，浙江、湖南、河北等地的知名企业参与。其中，2017年8月成立的首家联创中心——华联瓷业先进功能陶瓷联合创新中心已在湖南株洲运营。华联瓷业是中国陶瓷产业杰出企业代表之一，根据华联瓷业提出的五大技术需求：裂纹釉炸瓷技术攻关，低温色釉炻瓷釉面强度（耐刀叉）技术攻关，陶瓷自动化、智能化的生产技术，陶瓷新材料技术和产品，陶瓮创意设计人才和技术。天合转化促进中心组织对接中国科学院理化技术研究所功能陶瓷材料实验室、中国电子集团第12研究所大功率微波电真空国家重点实验室的工作人员多次赴株洲考察调研，确定企业真实需求，最终对接成功，实现科研院所与企业直连，打通技术成果转化的链条。

2019年7月，天合转促中心线上推介展示企业需求14个，向科研机构定向推送企业需求17个，在企业中推动建设企业联创中心、“双创双助”工作站1个，服务产品销售15个。8月，集团成为天合转促中心的副理事长单位。是年，天合转

促中心与全国65个地方政府合作共建科技成果转化平台，通过培育复制天合模式，助力当地科技成果转化和产业转型升级，打通“科技成果转化最后一公里”。天合转促中心已经建成覆盖全国的系统化综合型专业科技成果转化促进资源配置平台。汇聚中关村开放实验室（213家）、北京市科协学会（210家）、中国科学技术协会（简称中国科协）所属学会（200家）、中关村民营企业家协会会员企业（800家）、首都高校技术转移办公室、中关村社会组织联合会、国际机构等平台和机构的科技成果、创新产品、科学家、企业家、专业服务机构等优秀科技资源。正式挂牌成立的联创中心4家。

截至2019年底，天合转促中心为近千家机构提供成果推介服务。先后被中国科协、北京市科协、天津市科协、河北省科协、北京市科委、中关村管委会、海淀区政府等认定为“创新驱动科技成果转化服务中心”“北京科协科技成果转化服务平台”“京津冀三地科协科技成果转化服务平台”“北京科委创新创业专业开放平台”“北京市京台科技合作平台”“中关村综合创新服务平台”“北京市海智服务平台”“海淀区创新驿站”“北京高新科技成果转化联盟”“中关村军民融合平台”等资源型平台。

二、北京企业上市综合服务平台

2018年6月，在北京金融监管局、北京证监局和中关村管委会指导下，集团牵头设立北京企业上市综合服务平台——北京启元资本市场发展服务有限公司（简称启元资本）。启元资本旨在进一步促进首都金融生态建设，优化全市上市服务体系，引导资本市场金融创新，通过资本学院、智能IPO、投行咨询等业务聚集社会资源，支持北京市企业在境内外上市，鼓励企业开展境内外并购重组。是年，对接上交所“科创板”，了解上市条件，对接拟上市企业，为北京和信创天等多家企业提供上市综合金融服务。对接海淀、西城、顺义及朝阳等各区金融办，为顺义区举办资本市场专场培训，提供企业上市综合金融服务及专业培训，与顺义区金融办签订战略合作协议及委托服务协议。搭建形成包含千余家科技型企业在内的企业池，持续开展上市培训，为超700家（次）企业提供上市培训；作为北京市上市企业补贴发放的重要平台，落实北京市已上市企业发放财政补贴资金；规划设立企业上市发展基金，为企业提供服务的同时帮助企业对接社会资本，实现与企业的共成长。承办上市培训活动3场，完成北京地区企业培训超800家（次）。2019年12月，启元资本学院顺义培育基地落成。

图7-3-1　北京企业上市综合服务平台主页

三、中关村易(e)创服务平台

2019年11月22日，中关村易(e)创服务平台正式在集团内部发布试用。推出园区服务、数据服务、政策服务、评估服务、产业服务、需求服务六大应用模块，为创新主体、政府部门、金融机构、科创服务机构四大用户群体，提供多功能、一体化整合式服务。

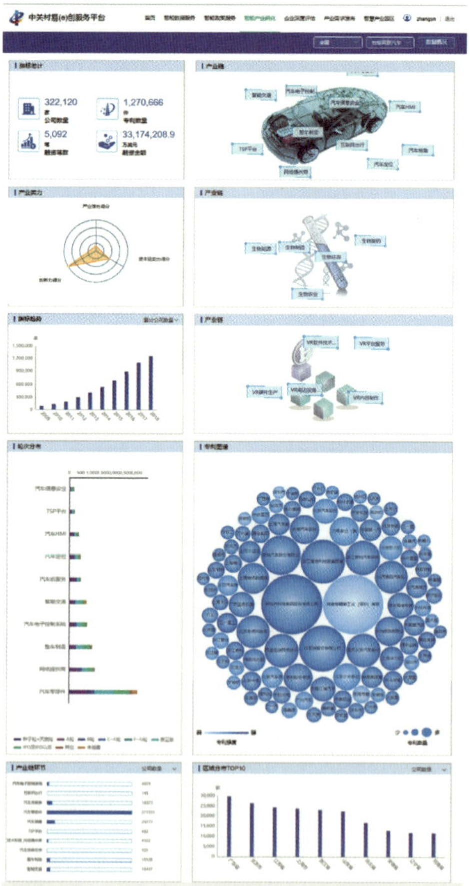

图7-3-2　中关村易(e)创服务平台主页

2020年3月，中关村易(e)创服务平台对外正式上线。该平台是由集团利用大数据和人工智能打造的普惠、开放、共享的科技创新市场化服务平台，以创新主体、政府部门、金融机构、科创服务机构为目标群体，促进科技资源共享，推动创新创业“服务包”政策落地，为“双创”主体提供定制服务。平台重点打造政策匹配、企业征信、智能园区、基金管理、人才匹配、企业投融资、产业分析、知识产权等八类服务包，为中小企业提供全周期、一站式管家服务。

四、北京海创产业技术研究院

2018年10月26日，北京海创产业技术研究院运营主体——北京海创新时代产业技术有限公司成立。2019年5月26日，北京海创产业技术研究院正式成立。北京海创产业技术研究院由怀柔科学城公司与北京海创新时代科技中心合作发起设立，是怀柔科学城第一个科技成果转化平台。平台通过“海创研究院+运营公司”的二元架构，将科技产业研究和市场运营机制相结合，汇聚科技研发专家和创业专家资源，通过前沿技术的“创新型”研发和科技成果的“导向型”转化，不断提升怀柔科学城创新转化能力。截至2019年底，跟进超级植物等10个重点项目。

北京海创新时代科技中心由丁列明、邹学明、黄晓庆、杨云春、范群、王俊峰、丁洪、沈伟等8位科学家出资设立，拟将贝达药业下一代新药北京研发中心项目、云端智能机器人项目、HINOC项目2.0宽带接入芯片的研发与制造项目、新一代PET–MRI大型核磁共振设备产业化项目、GaN功率与微波器件设计规划项目、集成电路孵化项目等6项产业化项目及未来成果转化项目陆续注入北京海创产业技术研究院进行产业化研究，待项目成熟后交由北京海创新时代产业技术有限公司进行商业化运作。

图7–3–3　北京海创产业技术研究院

五、中关村软件园 ZPARK 企业创新服务平台

2015年，中关村软件园在园区“十三五”规划中，明确提出“一平台、双服务、多节点”的“ZPARK科技服务体系”。“一平台”，即ZPARK科技服务体系的核心平台——科技服务创新集成平台；“双服务”，即ZPARK科技服务体系，由科技园区服务及科技产业服务的双维科技服务体系构成；“多节点”，即形成以载体建设、园区运营、配套商业、物业管理、公共组织为主的科技园区服务，以及以IT技术、产业招商、人才培训、孵化服务、产业投资、孵化服务、国际拓展为主的科技产业服务的多节点业态。

2019年9月，中关村软件园面向园内外企业推出“ZPARK企业创新服务平台”。该平台作为一站式多功能线上服务平台，集服务预订、资讯浏览和智能匹配三大功能于一身，涵盖八大模块、49项服务产品，包括工商、财税、知产、法律、资质等共性需求服务，集成自营IT服务，政务服务和其他特色服务。

六、中关村集成电路设计园产业服务平台

2019年11月27日，北京首个专注于芯片产业的服务平台——中关村集成电路设计园产业服务平台（IC-PARK ISP）正式上线，代表着中关村集成电路设计园构建的“一平台、三节点”产业生态体系正式落地，打通芯片企业、投资、人才的最后一公里，培育未来产业火种，护航全生命周期的芯片项目快速落地与优质成长。

“一平台”指中关村集成电路设计园产业服务平台，线上线下相结合，聚合50多家专业服务机构，为IC设计企业提供EDA、IP、流片、封测、检验认证、财税、法律、知识产权等一系列专业服务。

“三节点”指通过人才节点、孵化节点和投融资节点，解决IC设计企业全生命周期的关键业务助力。人才节点为中关村芯学院和人才产业化联盟，由中关村集成电路设计园联合6所在京示范性微电子学院和北京半导体行业协会、赛迪智库、中关村芯园、安博教育、摩尔精英共同发起成立。孵化节点对应芯创空间新型孵化器，一期为2000平方米，可容纳300人创业团队。投融资节点体现为芯

创基金，帮助实验成果、“独角兽”、行业龙头在中关村集成电路设计园寻觅一支适合的投融资基金。

七、中关村医疗器械产业服务平台

2019年7月，中关村医疗器械园与北京水木中晖科技发展有限公司各股东方（北京汇智昇创科技中心、北京合众长盈科技中心、北京开元弘道创业投资中心、北京首都科技发展集团投资有限公司、北京水木东方医用机器人技术创新中心有限公司、中关村发展集团股份有限公司、北京京工弘元创业投资中心）签署增资协议，参与建设中关村医疗器械产业服务平台，由北京水木中晖科技发展有限公司运营该平台。11月，北京水木中晖科技发展有限公司名称变更为北京中关村水木医疗科技有限公司。中关村医疗器械产业服务平台是中关村高端医疗器械产业园产业服务平台体系的组成之一，为上市的医疗器械产品最终走向市场提供专业服务。该平台由“安全实验检测平台”“医疗器械软件实验平台”“可靠性平台”“体外诊断研发测试平台”“专业测试平台（机器人、质子治疗等方向）”等5个子平台构成，具有国内稀缺、技术领先的医疗器械专业电磁兼容实验室，包括三米法和十米法半电波暗室、屏蔽室和性能监测设备。

第四节　共性技术服务平台

集团针对高科技产业技术突破的共性需求，先后打造中关村生物医药精准技术服务平台、中关村软件园IT技术支撑服务平台、工业设计仿真服务平台（Simdroid）（云道智造）、中关村芯园公共技术服务平台、共享实验服务平台（米格实验室）、医疗器械生物相容性评价平台等共性技术服务平台。

一、中关村生物医药精准技术服务平台

2005年11月，中关村生物医药精准技术服务平台的重要组成部分——中关村生命科学园开放实验室成立。

2008年6月，中关村生命科学园开放实验室被授予“首都科技条件平台”。2010年9月，被授予“中关村开放实验室”，同时获得中国合格评定国家认可委员会（China National Accreditation Service for Conformity Assessment，CNAS）实验室认可证书。

2018年10月11日，中关村生命科学园开放实验室成为中关村管委会授牌的27家硬科技孵化平台之一。总建筑面积2000平方米，拥有260余套仪器，包括2台超高效液相色谱质谱联用仪、3台illumina NextSeq CN500高通量测序仪、3台ABI荧光定量PCR仪、2台流式细胞仪和8台荧光倒置显微镜等。中关村生物医药精准技术服务平台依托中关村生命科学园开放实验室，为企业提供药物分析检测、代谢组学检测、蛋白质技术、分子生物学、基因测序、生物信息大数据、生物样本库、基因定量检测、基因组编辑技术研究、免疫细胞研究和应用等专业技术服务。是年，中关村生命科学园开放实验室购置2台荧光定量PCR QuantStudio 5等设备用于基因定量检测，液氮罐、ST40R离心机主机、二氧化碳培养箱240i等设备投入使用；完成免疫细胞研究和应用平台基础设施建设，服务企业200余次。

2019年，中关村生命科学园开放实验室完成整体功能实验室区域扩建整合和中关村生物样本库“心血管疾病精准医学分库”建设。截至2019年底，中关村生命科学园开放实验室拥有600余套仪器设备，总资产近6000万元，总建筑面积3000平方米。集合多个细分领域研发服务方向，为园区内外、北京市以及全国的各大中型、小微型创新创业企业提供优质高效的技术服务，同时提供整体科研解决方案，进行项目合作开发，帮助企业项目成果转化落地。该平台拥有药物分析检测平台、蛋白质技术平台、分子生物学平台、基因测序平台、生物信息大数据分析平台、生物样本库、基因组编辑技术研究平台、基因定量分析平台、免疫细胞研究与应用平台等9个细分领域专业平台，配备专业技术人员承接各企业单位委托的专业技术服务。

图7-4-1　中关村生命科学园开放实验室

二、中关村软件园 IT 技术支撑服务平台

2010年，与中关村软件园IT技术支撑服务平台密切相关的中关村软件园的融合通信中心建成并投入运行，形成园区万兆光纤城域交换网络，并通过BGP（自治系统间的路由协议）方式上联三大运营商，为园区企业提供全业务的通信服务。

2012年，中小企业服务平台、协同工作平台、移动应用平台、信息安全平台先后上线，形成一体化专业服务平台集群——中关村软件园IT技术支撑服务平台。

2013年，中关村软件园被工信部选定为国内首批智慧园区试点单位。2014年，中关村软件园获批智慧中关村试点单位，完成《中关村软件园智慧园区顶层设计总体规划》并实施部署。2015年，中关村软件园完成园区分布式数据中心的建设，实现规模化数据中心运营，成为互联网接入及互联网数据中心双重服务商。

2016年，中关村软件园被市发展改革委授予“北京市下一代互联网工程实验室”，成为第一家挂牌工程实验室的科技园区运营单位，并与国家下一代互联网联盟共同打造下一代互联网华北交换节点。

2017年，中关村软件园完成智慧园区线上toc服务平台的开发并上线运行，为园区从业人员提供资讯、商业、活动等多种线上服务。

2018年，中关村软件园面向全社会征集智慧园区提升方案，由行业内多家知名单位组成集成方案工作组，共同制定完成《中关村软件园智慧园区建设三年行动计划工作方案》设计。

2019年，中关村软件园IT技术支撑服务平台利用多年积累的产业、企业、人文、运营等多维度数据，开发完成中关村软件园大数据应用平台。截至年底已梳理园区6大类数据，构建500多个业务模型，实现对园区企业投融资、空间拓展、资产效能分析等关键业务的支撑，并具备对外成果推广能力。

三、工业设计仿真服务平台（Simdroid）

2014年3月，北京云道智造科技有限公司（简称云道智造）成立，专注于自主开发研发端工业互联网平台的国家高新技术企业。

2015年1月，中国航信互联网引擎（IBE）仿真安卓架构搭建完成，确定公司产品模式为“IBE仿真安卓+APP Store”方式。11月，云道智造获得国家高新技术企业认证。

2016年12月，IBE仿真安卓内核研发完毕，成为国内首例拥有完全自主知识产权的创新软件。

2017年，云道智造基于“仿真安卓”模式，开发完成业界首款仿真安卓工业设计仿真服务平台（Simdroid），成为第三代仿真软件系统领跑者。

2018年6月，工业设计仿真服务平台（Simdroid）成为国家级研发端工业互联网平台。8月，集团投资建设由云道智造负责运营管理的工业设计仿真服务平台（Simdroid）。10月，云道智造作为唯一的仿真软件企业，与格力电器、中国中车等并列成为国家数字化设计与制造创新中心的最大股东，工业设计仿真服务平台（Simdroid）成为该中心建设国家级工业软件平台的基础平台。以工业设计仿真服务平台（Simdroid）为纽带，云道智造广泛联合高校、科研院所的专家和仿真工程师，成立开发者联盟，形成由云道智造提供底层平台，行业专家提供专有算法，仿真工程师开发仿真APP的生态链条，共同为企业提供专业的仿真技术服务。已合作高校10余个，包括清华大学、北京大学、中科院、重庆大学、北京理工大学、西安交通大学、上海交通大学、华中科技大学、华北电力大学等；已合作行业专家和仿真工程师200多人。

四、中关村芯园公共技术服务平台

2015年12月21日，集团设立中关村芯园（北京）有限公司，打造中关村芯园公共技术服务平台。

2016年，中关村芯园公司完成北京集成电路设计园有限责任公司公共服务平台政府资质的授权转移，承接北京集成电路设计园科技部挂牌的“国家集成电路设计北京产业化基地”和“北京国家现代服务业集成电路设计产业化基地”，延续北京集成电路设计园公共服务平台作为全国“8+2”国家级集成电路设计产业化基地资质与服务功能，转移、承接北京市外贸转型升级基地挂牌的“北京市海淀区集成电路设计基地”，转移、承接中关村开放实验室平台资质。平台服务重新展开，服务初创企业的数量呈上升趋势。逐步完善一站式公共技术服务平台建设，平台业务陆续实现重启，实现对中关村IC设计企业的技术服务。中关村芯园获得与EDA供应商Cadence、Mentor，生产代工服务商中芯国际、台积电、华润上华等5个核心服务供应商的合作资质。服务客户达到67家，服务IC设计企业产值超过30亿元。

在IC设计的研发过程中，中关村芯园提供芯片代加工、EDA工具和IP库技术服务等，协助客户完成工艺评估、设计流程建立、IP选择，提供技术支持等服务，降低流片风险和投入成本，推动产品批量生产和上市。所支持与推动发展的企业中，龙芯中科技术有限公司是国内首个拥有自主知识产权通用CPU技术及系统制造厂商，其四核处理器（28nm）芯片于2014年成功完成流片，并通过系统测试。龙芯桌面机占据全国政教市场30%以上份额，北京全安密灵科技股份公司在国内电子雷管及其控制芯片的研发及应用技术中处于领先地位，已通过工信部的专项技术鉴定，斯凯瑞利(北京)科技有限公司是国内领先的RFID芯片研发及提供商，年均出货量3000片晶圆，其ETC芯片占据北方标准通信市场的

50%以上份额。

2017年，中关村芯园公共技术服务平台业务运营结构显现均衡趋势，代工业务比重下降，EDA工具、IP库技术服务、封装业务快速增长，平台发展更加稳健。平台服务客户项目向先进工艺转移；各前沿应用领域均衡增长，SoC芯片设计企业迅速增长，应用于高性能服务器、汽车电子、智能传感器、人工智能、物联网等前沿领域。获得国家高新技术企业认证，形成高新技术企业研发管理模式。8月，中关村芯园被认定为“国家高新技术企业”。11月，组织全国各地14家集成电路设计产业化基地，举办“全国集成电路设计产业化基地协同发展座谈交流活动”。

2018年，中关村芯园签订客户138家，完成订单数量为165个，增加三星、新唐半导体等供应商7家。承担的“中关村芯片设计及IP库服务平台建设”项目顺利验收，项目的实施加强了平台为北京地区的中小集成电路设计企业提供全面的“一站式”专业技术与资源服务的能力。获得中关村集成电路设计产业发展资金项目支持资金共464.68万元；获得中关村开放实验室资金支持20万元。全年合计举办培训、研讨会、校企实训等17期。

2019年，中关村芯园公共技术服务平台体系更加完善。围绕集成电路设计企业在产品研发过程中的共性需求，提供“一站式”全产业链服务，包括EDA软件许可租赁服务、硅IP授权服务、芯片生产代工、封装测试、IC技术培训、IT外包、定制设计外包服务等，覆盖集成电路设计企业产品研发的核心需求。中关村芯园公共技术服务平台服务体系以降低企业风险和成本为目的，以共性技术服务降低集成电路设计创新创业企业、中小微企业初期研发投入和技术门槛，缩短产品研发周期，促进市场化进程，解决知识产权问题，支持和服务一批集成电路领军设计企业和产品的研发创新与产业化，助力企业参与国际竞争，实现低成本公共平台在集成电路设计领域产品创新中的应用。平台累计培育和服务400余家集成电路设计企业，包括兆易创新、圣邦微电子、晓程科技、君正、比特大陆、龙芯中科、思比科、宏思电子、集创北方、昆天科微、汉天下等，约占国内集成电路设计企业数量的30%，客户产值超过500亿元，客户遍及全国各地。

图7-4-2　中关村芯园公共技术服务平台

五、共享实验服务平台（米格实验室）

2016年，共享实验服务平台（米格实验室）成立。平台是北京聚睿众邦科技有限公司旗下品牌，是一个基于“互联网+”的，面向实体企业，面向材料和半导体领域的研发、检测与技术解决方案服务平台。该实验室在电镜检测技术、聚焦离子束技术、（光、质、色、波）谱分析、成分分析、可靠性与失效分析等方面，形成自身特有的一套技术矩阵体系。

2018—2019年，共享实验服务平台（米格实验室）累计服务2000企业客户，完成5000个服务订单，覆盖全国30个省市，其中重点服务京东方、华为海思、华家电网、三安光电等头部企业。中关村集成电路设计园与共享实验服务平台（米格实验室）等市场化共享实验平台合作，支持集团园区科技服务能力提升，发展设立芯片、材料等“高精尖”领域的专业检测分析实验室，开展检测检验等实验服务。2019年12月，共享实验服务平台（米格实验室）与中关村前沿技术研究院签订战略合作协议。截至2019年底，共享实验服务平台（米格实验室）积累实验室资源350家、核心签约专家477位、促进科研成果转化项目50项。积累成熟的材料分析、微纳加工、可靠性及失效分析的技术服务体系，服务内容涵盖四大服务类别、13个技术矩阵，可综合提供5000项标准化专业技术服务。

六、医疗器械生物相容性评价平台

2019年，中关村高端医疗器械产业园在高端植入类医疗器械领域（无源医疗器械）领域，与入园企业北京通和立泰生物科技有限公司通过优势互补，共建医疗器械生物相容性评价平台。该平台可为植入式心脏起搏器与除颤器、植入式人工耳蜗、植入式人工括约肌、植入式生物电控制假肢、植入式心脏辅助泵、吞服式无线电胶囊、各类导管技术和各类人工器官与生物材料，提供细胞毒性试验、致敏试验、刺激反应试验、亚急性毒性试验、植入试验、血液相容性试验、慢性毒性试验、致癌性试验、生殖与发育毒性试验、生物降解试验等多项综合检测与认证服务。10月，中关村高端医疗器械产业园获得集团专项资金支持。12月，完成医疗器械生物相容性评价平台所需设备采购。

第五节　科技论坛与会展服务

集团组织的科技论坛主要有中关村论坛、中关村生命科学园论坛、信用中关村高峰论坛、中国集成电路设计业年会、“芯动北京”中关村IC产业论坛、中关村（京西）人工智能产业化论坛等。会展服务主要以组织企业参加国内外展会为主。截至2019年底，集团组织论坛467场，参加论坛748场，组织参加展会667次。

一、科技论坛

（一）中关村论坛

2007年，中关村论坛创办，以“创新与发展”为永久主题。论坛由科技部、中科院、中国科协、北京市政府主办，中关村管委会、市科委、北京市人民政府外事办公室（简称市政府外办）、海淀区政府、科技部火炬中心承办，中关村海外科技园具体落实。论坛以“创新、合作与发展”为主题，围绕促进国际间优势资源互补，加强国际间在研发创新、人员交流、创业投资和技术成果转化等方面的合作问题，进行深入交流、探讨，并发表《共同宣言》，提出国际科技园区推动创新网络全球化的主张。

2008年，中关村论坛于11月14—15日举办，以“科技——全球创新挑战”为主题。论坛由科技部、中科院、北京市政府主办，科技日报社、科技部火炬中心、市政府外办、中关村管委会、海淀区政府承办，中关村海外科技园具体落实。与会中外嘉宾围绕“技术发展前沿趋势”“全球创新区域发展”“创新协作与共赢”“科技金融”等议题进行了广泛的研讨交流。

2009年，中关村论坛于11月12—13日举办，以“创新创业能力与企业家精神”为主题。论坛由科技部、中科院、国家知识产权局、北京市政府主办，科技日报社、科技部火炬中心、市政府外办、中关村管委会、海淀区政府承办，中关村海外科技园具体落实。论坛着重探讨了“低碳经济与绿色发展”“金融创新与科技发展”“知识产权战略与保护”“科技创新与企业家精神”“全球创新集群发展”“金融危机下的合作与发展”等议题。论坛期间，中关村科技园区和韩国大邱庆北自由经济区举行友好合作备忘录的签字仪式。

2010年，中关村论坛于10月20—21日举办，以“战略性新兴产业策源地”为主题。论坛由科技部、中科院、中国工程院、国家知识产权局、北京市政府主办，科技日报社、科技部火炬中心、市政府外办、中关村管委会、海淀区政府、清华大学启迪创新研究院承办，中关村海外科技园具体落实。来自世界各地科技创新领域的专家、学者以及科技企业的高层管理者围绕“物联网、云计算及新兴技术的发展”“全球互联网与移动互联网的创新与探索”“中国创新医药产业的机遇与挑战”“生物技术与医药产业的发展”“新能源技术及产业的发展”“中关村打造科技金融创新中心”“产学研协同创新”“科技发展趋势及国际科技园区合作”等前沿性话题各抒己见。

2011年，中关村论坛于9月29—30日举办，以“创新驱动”为年度主题。论坛由科技部、中科院、中国工程院、国务院侨务办公室（简称国务院侨办）、国家知识产权局、北京市政府主办，科技部火炬中心、市政府外办、中关村管委会、海淀区政府、清华大学启迪创新研究院承办，中关村海外科技园具体落实。与会国内外嘉宾围绕“科技创新改变生活”“金融创新与新兴产业发展”“创意让生活更精彩”“创新人才与发展”“品牌与创新”“知识产权产业与创新”等内容，从政府、科技界、产业界等不同的角度，对科技创新与科学发展问题进行了深入交流与探讨。

2012年，中关村论坛于9月13—14日举办，以“科技创新与全球合作”为年度主题。论坛由科技部、中科院、中国工程院、国务院侨办、国家知识产权局、北京市政府主办，科技部火炬中心、市政府外办、中关村管委会、海淀区政府、清华大学启迪创新研究院承办，中关村海外科技园具体落实。论坛围绕“科技改变生活”“国际技术转移与区域创新”“文化融合科技”“推进金融创新”“吸引国际高端人才聚集的要素”“创业孵化新模式”等议题，对创新发展新模式、强化创新支撑发展和全面有效地拓展国际合作等问题进行深入交流和探讨。论坛期间，首次向公众发布可媲美“硅谷指数”的“中关村指数”。集团承办的“2012年中关村论坛年会之科技金融分论坛”以“推进金融创新，缔造科技未来”为主题，结合中关村示范区科技金融发展和改革的实际，总结交流各国科技与金融结合发展的经验，探寻中国建设科技金融创新体系的新路径。分论坛推举出中关村科技金融十大创新机构和十大创新人物。

2013年，中关村论坛于9月12—13日举办，论坛以“科技创新与产业革命”为主题。论坛由科技部、中科院、中国工程院、国务院侨办、国家知识产权局、北京市政府主办，中关村管委会、科技部火炬中心、市政府外办、海淀区政府、清华大学启迪创新研究院承办，中关村海外科技园具体落实。集团承办的“2013中关村论坛科技金融创新分论坛”以“科技与金融共生 引领经济新发展”为主题，回顾中关村发展科技金融的实践，分享美国、以色列等国家或地区的科技与金融互动的经验，围绕互联网金融展开讨论，试图探寻中国建设科技金融创新体系的新路径。

2014年，中关村论坛于9月25日举行，以“协同分享·共赢”为主题。论坛由科技部、中科院、中国工程院、国务院侨办、国家知识产权局、北京市政府主办，科技部火炬中心、中关村管委会、市政府外办、海淀区政府、清华大学启迪创新研究院、中国联合网络通信集团有限公司承办，中关村海外科技园具体落实。会议开展了“大数据专场——大数据开启智能生活”“互联网金融专场——互联网金融：融合与发展”“创业发展专场——创业无界 跨境加速”“技术转移专场——国际生态环境与能源技术转移”。

2017年，中关村论坛于12月7日举行，以“创新·智能·新经济”为主题。论坛由北京盛景嘉成投资管理有限公司、北京千人智库科技有限责任公司主办。论坛设立主论坛及三场平行分论坛，包括“经济发展论坛暨2017年盛景全球创新大奖”“共商共进共赢——中关村科学城共建联席会2017年会”“中关村人工智能与产业变革”。

2018年，中关村论坛于11月2—3日举办，以“全球化创新与高质量发展”为主题。论坛由科技部火炬中心、中关村管委会、海淀区政府、国际科技园协会支持，中关村发展集团、盛景嘉成共同主办，中关村海外科技园具体落实。论坛邀请中国、美国、英国、德国、法国、以色列等10多个国家和地区的著名科学家、企业家、投资人共同分享全球科技创新的经验及展望，共同探讨创新重塑经济结构、引领高质量发展的实施路径。诺贝尔化学奖获得者斯特凡·W.赫尔（Stefan W.Hell），小米科技公司董事长雷军，恩智浦半导体公司董事长彼得·邦菲尔德爵士（Sir Peter Bonfield），中国科学院院士施一公，通用数据总裁比尔·鲁赫（Bill Ruh），以色列理工学院校长佩雷兹·拉维(Peretz Lavie)，欧洲科学院院士郭毅可等围绕论坛主题先后发表演讲。“中关村指数2018”发布，该指数被誉为中国高新技术产业园区发展的“晴雨表”和“风向标”。同期举办1场闭幕论坛和5场平行分论坛。

图7-5-1　2018年11月2日，中关村论坛开幕

2019年，中关村论坛于10月16—18日举行，以“前沿科技与未来产业”为主题。论坛由北京市政府联合科技部、中科院、中国科协共同举办，中关村管委会、市科委、市政府外办、海淀区政府、中关村发展集团和科技部火炬中心承办，中关村海外科技园具体落实。中国、美国、加拿大、德国、英国、法国、以色列、澳大利亚、日本等50个国家和地区的数十位知名科学家、上百位投资人、1000多位企业家、1200多位业界嘉宾，以及数万名公众参与论坛和展会。论坛首次采取“会议+展览+发布”的新架构，即“1+18+1+1”，密集推出1场开幕式暨全体会议、18场平行论坛、1场中关村国际前沿科技成果展、1场重大成果发布会。在中关村国际前沿科技成果展上，清华、北大、中科院、微软、英特尔、西门子等国内外116家单位的167项科技成果得到集中展示。展览现场70多家单位首发100项新技术新产品，其中有近1/5来自海外。

10月17日，2019中关村论坛开幕式举行。国家主席习近平向大会致贺信，指出当前新一轮科技革命和产业变革正加速演进，创新发展、合作共赢是大势所趋。中国愿积极参与全球创新合作，同世界各国共享创新发展成果，携手构建人类命运共同体。习近平强调，中关村正努力打造世界领先科技园区和创新高地。举办中关村论坛，共议前沿科技和未来产业发展趋势，共商全球创新规则和创新治理，促进各国共享全球创新思想和发展理念，具有重要意义。希望与会嘉宾深入研讨、充分交流，增进共识、促进合作，使科技创新更好地服务于各国人民对美好生活的向往，为推动世界科技发展作出积极贡献。

图7-5-2　2019年10月17日，中关村论坛开幕

（二）中关村生命科学园论坛

2013年11月5日，首届中关村生命科学园发展论坛暨2013中关村生物医药产业联盟年会召开，以“发挥园区产业集群优势，促进生命健康产业发展”为主题，由中关村生命科学园、中关村生物医药基地、中关村生物医药产业联盟、北京北大资源地产有限公司联合举办。

2014年12月10日，中关村生命科学园发展论坛（2014）召开，以“创新缔造生物医药辉煌，科技引领人类健康未来”为主题，由中关村生命科学园主办和承办。

2015年9月17日，中关村生命科学园发展论坛（2015）召开，以“创新赢未来”为主题，由中关村生命科学园主办和承办。论坛发布《中关村生命科学园发展状况调查报告(2014)》。

2016年9月22日，中关村生命科学园发展论坛（2016）召开，以“创新赢未来”为主题，由中关村生命科学园主办和承办。同日，中关村生命科学园众创空间揭幕。

2017年12月5日，生命科学园（中关村科学城）生物医疗大健康2017峰会暨发展论坛召开，由昌平区政府和集团共同主办，中关村昌平园管委会、昌平区投资促进局、中关村生命科学园、中关村生命科学园生物医药科技孵化有限公司、中关村昌科生命健康产业联盟共同承办。同期，举办精准医疗与人类未来分论坛和专业化产业服务助力区域产业发展研讨会。

2018年11月23日，中关村生命科学园发展论坛（2018）召开，以“引领生物医药行业创新风口”为主题，由中关村生命科学园、北京中关村生命科学园生物医药科技孵化有限公司联合主办。论坛发布中关村生命科学园·中信证券生物科技经济指数（ZCBI）和《中关村生命科学园服务指南》。同期，举办中关村生命科学园产业发展分论坛、生命科学计量分论坛和中关村生命科学园创新项目路演会。

2019年,中关村生命科学园论坛包括学术会议、创新创业大赛、交流合作年会等系列活动，其中有科学·亚洲生物医药先进技术高峰论坛、北京“脑与行为”国际研讨会、第五届北京创新创业生物医药与人工智能领域主题赛科学·亚洲首届生物医药学术峰会等。

2019年11月4—5日，科学·亚洲生物医药先进技术高峰论坛召开，以“生物医药领域的前沿科技和领先技术”为主题，由市科委指导，中关村生命科学园、美国《科学》杂志、清华控股TIE国际创新走廊联合主办。为期两天的论坛整体规模达到800余人次，吸引来自中国、美国、日本、新加坡等国家和地区的20余位生物医药领域的顶尖科学家、科研学术专家、业内高管、著名学术期刊编辑等精英人才参会。演讲和讨论嘉宾包括中国科学院院士季维智，中国科学院外籍院士谢晓亮，美国国家科学院院士理查德·杨(Richard A. Young)，比尔和梅琳达·盖茨基金会中国代表处首席代表李一诺，以及多位巴塞全球奖、邵逸夫奖、美国国立卫生研究院早期独立奖获奖者，中外科研院所资深研究员、教授、组长、主任等。此次高峰论坛是与“中关村生命科学园发展论坛2019”达成战略合作后，科学·亚洲品牌会议的首届活动。

图7-5-3　2019年11月4日，科学·亚洲生物医药先进技术高峰论坛开幕

（三）信用中关村高峰论坛

2015年11月16日，2015（首届）信用中关村高峰论坛暨第一届京津冀信用体系合作共建研讨会召开，以“创业信用·创业金融”为主题，由北京市经信委、天津市发展改革委、河北省发展改革委、中关村管委会、中关村发展集团共同指导，中关村企业信用促进会和北京市中小企业公共服务平台主办，中关村科技担保承办，共500多人参会。论坛期间，国家发展改革委、北京市政府联手启动“信用北京周”；中关村管委会发布中关村“信用双百”企业名单；北京市经信

委、天津市发展改革委、河北省发展改革委共同签署《京津冀社会信用体系合作共建框架协议》，并发表《京津冀社会信用体系合作共建宣言》。

2016年11月30日，2016信用北京暨（第二届）信用中关村高峰论坛召开，以“新应用、新平台、新技术”为主题，由中关村企业信用促进会和北京市中小企业公共服务平台主办，中关村科技担保等单位承办，共500多人参会。论坛期间，国家发展改革委、北京市政府、人民银行有关部门负责人共同启动开通“北京市个人公共信用信息社会查询服务”。

2017年12月6日，2017信用北京暨（第三届）信用中关村高峰论坛召开，以“构建新时代的信用新模式”为主题，由中关村企业信用促进会、北京市中小企业公共服务平台联合主办，中关村科技担保、华夏幸福创新中心承办。来自北京市、天津市、河北省、深圳市的各相关委办局、各区领导，以及信用领域、金融服务机构、企业和媒体等近千名代表出席论坛。论坛上，国家发展改革委、北京市经信委、人民银行营业部及中关村发展集团等政府部门和企业机构相关负责人，共同启动“北京市公共信用信息服务平台”。论坛期间，《北京市信用联合奖惩备忘录》正式发布，中关村信用智库成立，《中关村企业信用发展报告2017》发布。“2017信用双百企业”新当选企业在论坛现场与数家银行等金融服务机构签署授信协议。

2018年12月12日，2018信用北京诚信建设万里行暨（第四届）信用中关村高峰论坛召开，以“信用优化营商环境 助力创新与高质量发展”为主题，由北京市经信局、人民银行营业部、中关村管委会作为支持单位，中关村发展集团、中关村企业信用促进会、北京市中小企业公共服务平台联合主办，中关村科技担保、中关村软件园、北京数知科技股份有限公司、北京银行、金电联行（北京）信息技术有限公司等单位联合承办。来自北京市、天津市、雄安新区的各相关委办局领导，国际和国内信用领域知名专家、行业领袖，金融服务机构及企业、媒体等近千名代表与参会。论坛期间，中关村发展集团、中关村企业信用促进会联合科技金融创新服务联盟共同发起北京市企业创新信用领跑行动，并公布首批北京市企业创新信用领跑行动名单和信用领跑园区。论坛首次增加“诚信建设万里行”元素，以宣传短片形式全面总结2018年北京市诚信建设万里行亮点，展现北京市信用体系建设进入全面升级阶段，信用宣传不断深入的新成果。同期，

《中关村企业信用发展报告(2018)》发布;

(四)中国集成电路设计业年会

2017年11月16—17日,中国集成电路设计业2017年会暨北京集成电路产业创新发展高峰论坛(ICCAD 2017)召开,以“创新驱动,引领发展”为主题,由中国半导体行业协会、“核高基”国家科技重大专项总体专家组、市发展改革委、市经信委、市科委、中关村管委会、海淀区政府、中关村发展集团、首创集团共同主办,中关村集成电路设计园联合中半协设计分会、北京集成电路母基金、中关村芯园、中芯北方等共同承办。北京市相关委办局、海淀区政府、高校院所、企业、金融机构、协会联盟、新闻媒体等2000余名代表参加大会。年会期间,中关村集成电路设计园与华芯投资、豪威科技、北京兆芯、兆易创新、文安智能、高拓讯达、安创空间、中庆现代技术、九思泰等国内知名设计企业、服务机构举行签约仪式。

中国集成电路设计业年会是在工信部的指导下,旨在为集成电路产业链各个环节的企业营造一个交流与合作的平台。1995—2017年,年会已成功举办23届,成为中国半导体设计领域最具影响力的行业盛会。2017年年会是时隔十多年后再次回到北京的行业盛典,中关村集成电路设计园将“中关村”元素大量融入,营造出兼顾集成电路行业与创新创业的氛围。

图7-5-4　2017年11月16日,中国集成电路设计业2017年年会暨北京集成电路产业创新发展高峰论坛举办

（五）“芯动北京”中关村IC产业论坛

2017年11月17日，首届“芯动北京”中关村IC产业发展论坛召开，以“人工智能与芯片应用，促进产学研用相结合”为主题，由市科委、市经信委、中关村管委会、海淀区政府支持与指导，中关村集成电路设计园策划筹办。论坛是中国集成电路设计业2017年会暨北京集成电路产业创新发展高峰论坛（ICCAD 2017）的分论坛，是中关村人工智能季的重要活动，共300人参会。北京市相关委办局、海淀区政府、高校院所、集成电路设计企业、协会联盟、新闻媒体等代表出席论坛。论坛邀请清华大学、百度、地平线等中关村人工智能核心高校、企业对研发方向、发展趋势进行分享，展现中关村在人工智能领域全国率先发力的创新与发展成就。

2018年11月16日，中关村集成电路设计园开园仪式暨第二届“芯动北京”中关村IC产业论坛召开，以“兴人才，芯未来”为主题，由中关村集成电路设计园、中国国际人才交流基金会、北京大学软件与微电子学院、清华大学微电子与纳电子学系、中国科学院大学微电子学院、北京航空航天大学微电子学院、北京理工大学微电子学院、北京工业大学微电子学院联合举办，政府、协会、企业及行业机构代表等400余人，以及美国、韩国等外籍专家，ARM、Global Foundries、Synopsys、AMD、ANSYS等30余家国际企业及机构参会。

2019年9月11日，第三届“芯动北京”中关村IC产业论坛召开，以“构建产业生态，加速自主创芯”为主题，由中关村集成电路设计园主办。工信部、北京市有关领导，以及中国半导体行业协会、集成电路领域的有关专家学者、企业家，投资机构，新闻媒体等800多人出席会议。论坛期间，中关村芯学院揭牌仪式、芯创空间与企业签署入孵协议仪式、中关村集成电路设计园认股权合作签约仪式、中关村集成电路设计园人才产业化联盟设立仪式分别举行。

（六）中关村（京西）人工智能产业化论坛

2019年5月6日，首届未来之门·中关村（京西）人工智能产业化论坛召开，以“类脑计算及AI触觉传感器应用产业化”为主题，由中关村门头沟园管委会、中关村京西发展和北京他山科技有限公司共同主办。“未来之门”系列论坛是门头沟区委区政府联合中关村管委会、中关村发展集团为推动京西发展，着力打造的专注于人工智能创新技术产业化之路的品牌论坛。来自中国科学院、英国皇家学会和工程院、清华大学、北京航空航天大学、北京理工大学、曼彻斯特—他山联合实验室（中国）等机构的专家学者出席并发表演讲。

2019年10月23日，第二届“未来之门”中关村（京西）人工智能+计算产业发展论坛召开，以“人工智能+计算”为主题，由中关村门头沟园管委会、中关村京西发展主办。此次论坛围绕人工智能领域算法、算力、数据和应用的前沿发展趋势及门头沟园智能计算的产业发展方向进行研讨。来自北京智源人工智能研究院、中国人民大学人工智能学院、北京理工大学计算机学院等研究机构和中科曙光、明略数据、一览群智、九次方大数据、企商在线、中国移动北京公司等知名企业的专家出席论坛并发表演讲，滴滴出行、寒武纪、广联达、中联云港、遨博智能、精雕科技、中科视语、神导科讯、理工华汇等企业高管和中国半导体行业协会、中国通信工业协会等行业协会领导出席论坛。

（七）中关村前沿技术系列沙龙

中关村前沿技术系列沙龙（Z·沙龙）是在中关村管委会的指导下，由集团围绕“高精尖”前沿科技技术举办的系列活动。沙龙围绕中关村前沿技术产业方向，将政府机构、服务组织、专家学者、创新企业、金融投资机构等产业发展要素聚集，通过研讨、路演等方式不断推动符合国家战略与首都定位的科技成果转化与“高精尖”产业落地园区。沙龙活动以集团统筹主导，各子公司承办与协助。2018年3月至2019年底，举办13期沙龙活动。

（八）创业世界杯中国区大赛

2019年，创业世界杯中国区大赛由集团和美国硅谷投资机构Fenox VC共同主办，中关村海外科技园承办。“创业世界杯大赛”最初由美国硅谷投资机构Fenox VC发起，是全球创业领域最大规模的赛事。2019年“创业世界杯大赛”在全球40多个国家和地区进行区域性选拔。中国区经过近4个月的时间、多轮选拔，最终从300余个创业项目中选出12个项目进入决赛，项目涉及人工智能、VR技术、智能机器人、生物医药、区块链领域等。北京国科天迅科技有限公司夺得中国区冠军。北京知觉科技有限公司带来的新一代光纤研发及产业化项目获得最具创意奖。博雅工道（北京）机器人科技有限公司凭借水下仿生无人机项目获得最具表现力奖。

图7-5-5 2019年，创业世界杯中国区大赛举办

（九）中关村全球创新未来科技峰会

中关村全球创新未来科技峰会，即ZGC GIFTs（ZGC Global Innovation & Future Technology Summit）。

2017年11月16日，首届中关村全球创新未来峰会在美国硅谷圣克拉拉市会展中心举行。峰会由中关村管委会、中关村发展集团主办，中关村硅谷创新中心承办。峰会以“投资未来，浪潮之巅”“中关村创业的现在与未来”“跨境未来，投资机遇”为主题，吸引来自全球各个前沿领域的近30位著名科学家、知名科学家、行业领袖，以及近千名观众，就热点行业和领域发展态势实现多形式、多角度、高规格的跨界交流和碰撞融合。斯坦福大学的中关村海外战略科学家代表张首晟、鲍哲南，谷歌云首席科学家李飞飞，华为首席AI科学家裴健，Novumind创始人兼CEO吴韧，美的副总裁兼未来科技中心负责人王冬岩，加大旧金山分校药理学家詹姆斯·威尔斯发表演讲。中关村硅谷创新中心与领英公司正式发布《中关村硅谷创新生态白皮书》。

2019年4月30日，第二届中关村全球创新未来峰会在美国硅谷圣克拉拉市会展中心举行。峰会由中关村硅谷创新中心、中关村波士顿创新中心共同主办。峰会以“智慧创新、城市未来”为主题，邀请来自中美两国的政界、科学界、教育界、企业界、投资界的众多领军人士探讨以创新要素帮助城市升级提"智"的发展路径。中美两国多位科学家、企业家、投资人与青年创业者参与了"颠覆未来的力量——人工智能""生物医药的下一个突破口""依托前沿科技打造未来城市""科技产品的全球化路径"等多个主题圆桌论坛。斯坦福大学材料科学与工程学院教授崔屹、加州大学伯克利分校工程学院院长金智洁、德丰杰基金创办合伙人蒂姆·德拉普、奇点大学创始人兼科学家里斯·琼斯、Alchemist加速器创始人暨斯坦福大学创业导师拉维·贝拉尼、珀加索斯技术基金创始人兼首席执行官安尼士·吾扎曼等发表演讲。

2019年10月22日，中关村海外论坛暨GIFTs*London峰会在英国伦敦ExCeL会展中心成功举办，主题为"工业4.0时代的华商科技创新之道"，由中关村发展集团与第十五届世界华商大会合作举办。论坛吸引了英国王室代表团、英国政府代表团、中国全国政协代表团、中英科技企业代表以及各国华商代表的广泛参与。中国驻英大使馆公使衔参赞王起及英国国际贸易部科技与尖端制造行业局长奥丽尔·佩特里出席论坛并致辞；英国科学委员会主席基思·伯内特、商汤科技全球业务拓展事务负责人黄继功、阿斯顿马丁首席执行官安迪·帕尔默等分别发表主题演讲；伦敦发展促进署创新与生命科学组负责人范勇坤、科大讯飞消费者事业群负责人王玮、伦敦科技倡导组创始人罗斯·肖、阿里云英国及北欧主管金璇、华为科技公司（英国）商业及合作伙伴业务副总裁姚文冰、牛津科学创新公司战略与伙伴负责人瑞瓦·哈福什、哈威尔商业发展与科技设施园区主任芭芭拉·吉内利博士以及Fuel Ventures创始人马克·培生共同参与有关中英科技创新合作的讨论。在第十五届世界华商大会开幕式上，中关村发展集团与伦敦发展促进署签订《谅解备忘录》，约定将在创新中心、投资基金、科技服务、跨境咨询等方面开展深度合作。

图7-5-6　2019年10月22日，在第十五届世界华商大会期间

中关村海外论坛暨GIFTs×London峰会举办

二、会展服务

中关村海外科技园自2009年承办国际展会服务以来，截至2019年组织策划展会项目139个，2017—2019年 展会现场订单额达到19.8亿元。

2014年1月7日，组织16家消费电子、人工智能的企业参加美国消费电子展会，共促进5家企业签署合作协议，成交额295万美元。2月24日，组织10家信息安全领域企业参加美国信息安全大会，共促进3家企业签署9份合作协议，成交额30万美元。6月17日，组织17家通讯、无线科技领域企业参加新加坡国际通讯与资讯科技展览会，共促进11家企业签署79份合作协议，成交额280万美元。11月12日，组织20家医疗器械行业企业参加德国杜塞尔多夫医疗展会，共促进11家企业签署战略合作协议，成交额312万美元。

2015年3月2日，组织12家移动通讯领域企业参加西班牙巴塞罗那世界移动通讯大会，共促进3家企业签署14份合作协议，成交额198万美元。6月10日，组织14家太阳能领域企业参加德国慕尼黑太阳能展览会，共促进4家企业签署33份合作协议，成交额59万美元。6月15日，组织16家生物医药领域企业参加美国生物医药大会，共促进5家企业签署12份合作协议，成交额32万美元。

2016年2月29日，组织20家信息安全领域企业参加美国信息安全大会暨展览会，共促进6家参展企业签署19份合作协议，成交额79万美元。5月10日，共组织4家通讯领域企业参加俄罗斯通讯展会，共促进3家企业签署27份合作协议，成交额174万美元。5月11日，组织16家人工智能、消费电子领域企业参加亚洲消费电子展会，共促进9家企业签署48份合作协议，成交额186万元。5月31日，组织15家企业参加新加坡国际通讯与资讯科技展览会，共促进5家企业签署41份合作协议，成交额279万美元。9月20日，组织12家轨道交通领域企业参加德国柏林轨道交通展览会，共促进4家企业签署87份合作协议，成交额322万美元。

2017年1月5日，组织17家消费电子领域的企业参加美国消费电子展览会，共促进7家企业签署55份合作协议，成交额468万美元。2月27日，组织14家无人机、人工智能、通讯领域的企业参加世界移动通讯大会，共促进4家企业签署6份合作协议，成交额371万美元。

2018年6月4日，组织14家企业参加美国国际生物技术大会，共促进4家企业现场签署26份合作协议，成交额290万美元。6月26日，组织18家通讯、大数据行业企业参加新加坡国际通讯与资讯展会，共促进8家企业签署103份合作协议，成交额860万美元。9月18日，组织15家轨道交通行业领域企业参加德国柏林轨道交通展览会，共促进5家企业签署81份合作协议，成交额668万美元。12月3日，组织20家医疗机械行业企业参加俄罗斯国际医疗展览会，展位面积81平方米，共促进8家企业签署23份合作协议，成交额120万美元。

2019年1月8日，中关村海外科技园组织17家人工智能、消费电子、智能制造类型的企业参加美国消费电子展，共促进10家企业签署15份采购合作协议，成交金额达560万美元。3月4日，组织13家信息安全类型的企业参加美国信息安全大会，共促进3家企业签署7份采购合作协议，成交金额达60万美元。3月20日，组织15家虚拟现实类型的企业参加法国拉瓦勒虚拟现实展，共促进4家企业签署12份采购合作协议，成交额120万美元。4月11日，组织14家人工智能、消费电子、智能制造类型的企业参加香港环球资源消费电子展，共促进12家企业签署20份采购合作协议，成交额800万美元。4月23日，组织6家通信类型的企业参加俄罗斯通讯展会，共促进5家企业签署9份采购合作协议，成交额115万美元。6月18日，组织22家通讯及广播类企业参加新加坡通讯与广播展览会，共促进22家企业签署186份采购协议。10月11日，组织13家人工智能、消费电子、智能制造类型的企业参加香港环球资源消费电子展（秋季），共促进10家企业签署18份采购合作协议，成交额790万美元。10月21日，组织6家能源、环保及水处理企业参加迪拜国际能源、环保、水处理展览会，共促进现场6家企业签署71份采购协议。10月23日，共组织12家医疗企业参加第三十二届印尼国际医疗设备、制药及实验室展览会，共促进6家企业签署20项采购合作协议。11月27日，组织6家智能支付、科技金融类型的企业参加法国智能卡展，共促进6家企业签署27份采购合作协议，成交额350万美元。

图7-5-7　2019年3月4日，组织企业参展2019年美国信息安全大会

第八章　区域合作

集团区域合作业务始于2013年，围绕落实国家创新驱动发展、京津冀协同发展、“一带一路”等国家战略，服务北京市全国科技创新中心建设，集团立足北京、面向全国，以京津冀区域为重点，与合作区域共同打造“类中关村”创新创业生态，构建协同创新共同体。2013年，开始筹划京津中关村科技城建设。2014年中关村信息谷成立。2015年，中关村协同发展、中关村协同创新基金成立，区域合作业务建立起“一司一金一谷”的主体业务架构。同年，集团与15家地方政府共同发起设立北京中关村协同创新投资基金（有限合伙）。2016年，天津滨海—中关村科技园挂牌成立。区域合作逐步探索形成的产业飞地、协同资本和智慧运营等业务在全国各地不断开花结果，截至2019年底，合作区域覆盖全国31个城市和地区。

第一节　协同创新平台

自区域合作业务开展以来，集团服务国家战略发展、助力北京全国科技创新中心建设，发挥遍布全国的协同创新网络功能，发现、筛选和服务优质项目并引入北京，协同创新网络覆盖全国31个城市和地区，重点聚焦合作区域高校院所、龙头企业的研发总部功能，共运营服务科技载体约110万平方米，合作土地规划面积约60平方公里，服务创新型企业超过8000家，落地2100家。2019年，随着《区域合作业务战略规划方案》“产业飞地、协同资本、智慧运营”等三大区域业务协同的确定，区域合作创新模式更加清晰。

一、协同创新中心

（一）保定·中关村创新中心

保定·中关村创新中心位于河北省保定高新区电谷国际商务中心，是保定市委、市政府和中关村管委会、中关村发展集团共同推动成立的京津冀协同创新基地，是全国首家中关村在京外设立的创新中心，成立于2015年，由保定中关村信息谷科技服务有限责任公司负责运营管理，运营面积6.2万平方米。定位于新一代信息技术、战略性新兴产业、人工智能三大产业，以输出管理和品牌运营的轻资产合作的“保定模式”，打造“类中关村”创新生态体系。

2015年4月28日，保定·中关村创新中心揭牌运营。5月28日，保定·中关村创新中心首批11家单位签约入驻。

2017年，保定·中关村创新中心和基地签约入驻企业机构86家，包括天大技术转移中心、碧水源、1898咖啡等知名企业机构，签约面积3.2万平方米，入驻率超过70%。全年举办大中型活动20场，企业家沙龙22场，创新汇大讲堂5场。①

① 文中2017—2019年底的数据皆是保定·中关村创新中心和基地合并数据，因创新中心入驻的是企业办公机构，基地则是生产、中试部分，故而统计数据很难分开统计。

2018年，保定·中关村创新中心和基地新增入驻企业机构91家。注册办公企业中，来自北京的企业占52%，军民融合类企业占17%，高新技术企业占26%，科技型中小企业占50%。

2015—2019年，保定·中关村创新中心和基地累计组织各类活动座谈300余场，其中创新活动95场，聚集超过5000家企业。与长城汽车、英利集团、奥润顺达等保定地区知名企业以及三一集团、海尔集团等国内知名企业共计200余家建立深度对接；邀请中关村环保产业联盟、中关村人工智能等多领域近百家企业代表探讨合作；累计邀请800余位专家、行业领军企业高管赴保定交流；助推晨阳水漆与三一集团，维尔铸机与三一集团，智恒电力与宝凯电气等企业间业务合作；协助九五新材料等企业成功获取土地资源，扩大再生产。阿里巴巴、海康威视、华凯光子、翰阳科技等235家知名企业和机构注册办公。入驻企业累计研发投入超过1亿元，知识产权300余件，吸引“双创”人才3600多位。先后获得“保定市高层次人才创新创业园”“保定市创新创业示范基地”“保定市小微企业创新创业示范基地”“河北省科技企业孵化器”“中国创新驿站（河北基层站点）”等平台资质，获得保定国家高新区“协同发展突出贡献单位”荣誉称号。

截至2019年底，保定·中关村创新中心和基地注册办公企业371家，其中科技型中小企业占70%，域外企业占比超过50%；累计培育高新技术企业近30家，“专精特新”企业2家，“科技小巨人”企业3家，规模以上企业23家；重大科技成果转化项目近10项。入驻企业营业收入突破20亿元，其中研发投入超过1亿元，企业知识产权数量达到600余件。

图8-1-1　保定·中关村创新中心

（二）中关村信息谷软件园创新中心

中关村信息谷软件园创新中心，原名为中关村领创空间（软件园），成立于2015年，位于北京市海淀区中关村软件园二期，由中关村领创空间科技服务有限责任公司负责运营管理，运营面积6400平方米。集科技成果转化、项目融资、市场推广、创业培训、项目路演、共享交流、展览展示于一体，主要围绕大数据产业进行“双创”孵化，是中关村支持创新创业、辐射带动区域经济发展的科技服务平台。

2015年6月，中关村领创空间（软件园）成立。

2016年5月，获批“海淀区创业期科技型企业集中办公区”资质，共申请到163个集中办公区注册工位。

2018年，入驻企业达到26家，出租率83%。是年，更名为中关村信息谷软件园创新中心。

2019年，入驻企业34家，出租率97%。中关村信息谷软件园创新中心组织创业服务活动10余次，包括平台项目路演、中韩联合孵化器Orange Farm首次交流会、职场健康沙龙、大学生创业分享等。

图8-1-2 中关村信息谷软件园创新中心

（三）中关村信息谷友谊创新中心

中关村信息谷友谊创新中心，原名中关村领创空间（友谊中心），成立于2016年，位于北京市海淀区中关村大街“金融创新功能区”。由中关村领创空间科技服务有限责任公司负责运营管理，运营面积5600平方米。

2016年11月，中关村领创空间（友谊中心）正式开业。先后组织活动46场，包括领创金融大型培训会、中关村种子工程专家会、中关村金种子工程第六批企业遴选会等。合作伙伴包括中关村会展与服务产业联盟、首都青创联盟等。2018年，更名中关村信息谷友谊创新中心。2019年，入驻企业41家，出租率达81.85%。

（四）徐州·中关村信息谷创新中心

徐州·中关村信息谷创新中心位于江苏省徐州市泉山区，是中关村在“京津冀”以外地区设立的首个区域创新中心，成立于2015年，由徐州信息谷资产管理有限责任公司负责运营管理。中心运营面积25.45万平方米，定位于发展信息技术、节能环保、科技金融、智能制造、生物医药及科技文化等六大产业。

2015年10月17日，徐州·中关村信息谷创新中心正式启动运营。甲骨文公司、华为、联想、惠普、东软、金蝶软件、神州数码、科大讯飞、盛世光明等知名企业以及院士牵头项目入驻。

2017年，该中心的徐州·硅谷科技交流中心揭牌。6月1日，“中美（徐州）2017协同创新合作发展论坛”在徐州·中关村信息谷创新中心举办。

2018年，入驻企业产值突破4.85亿元，实现税收4264万元。累计入驻企业311家，甲骨文公司、华为、联想、惠普、谷歌等5家世界500强企业，慧聪网等国内电商领军企业，博雅软件等国内软件百强企业落户。俄罗斯伊诺万特科技有限公司、美国迪布克科技有限公司、美国鲍勃科技有限公司、美国蒙苏恩RF科技有限公司、美国威尔科技有限公司、广州莱麦互联网科技有限公司、北京畅赫教育科技研究院、德科瑞乐科技有限公司、北京商询科技有限公司、智慧水务有限公司等10家企业入驻。

截至2019年底，累计入驻企业381家，累计客户资源库3403家，累计入驻面积13.8万平方米，入驻率达78%。吸引世界500强企业7家、国内软件百强企业11家、院士领军企业5家、各类板块的上市企业142家，设立区域性总部的上市企业

22家、国家级高新技术企业及“双软企业”106家。南京富士通南大软件技术有限公司徐州分公司、江苏谛奇医药科技有限公司、上海交大戴克戎院士团队3D医疗打印智能研究院、腾讯电竞馆、徐州辉朗医疗科技有限公司等行业领军企业及龙头项目在徐州·中关村信息谷创新中心落地。

图8-1-3　徐州·中关村信息谷创新中心

（五）成都·中关村信息谷创新中心

成都·中关村信息谷创新中心，原名中关村领创空间成都创新中心，成立于2016年，位于四川省成都市成华区。由成都蓉领科创科技有限责任公司负责运营管理，运营面积5600平方米，采用“建设一个区域总部、两个创新中心和若干线下空间”的“1+2+N”的方式打造新型创新创业服务平台。

2016年12月2日，中关村领创空间成都创新中心在成都市开工建设。

2017年5月11日，中关村领创空间成都创新中心开业，一次性为成都市成华区对接中关村企业60家。

2018年，中关村领创空间成都创新中心更名为成都·中关村信息谷创新中心。

2019年，入驻企业24家，出租率达72.85%。

图8-1-4　成都·中关村信息谷创新中心

（六）济南·中关村信息谷创新中心

济南·中关村信息谷创新中心，原名中关村领创空间（济南），成立于2017年，位于山东省济南市高新技术创业服务中心。由济南领创空间科技有限责任公司负责运营管理，运营面积2万平方米。运用“互联网+”概念，与济南高新区管委会共同聚集整合“双创”资源，以医药健康、先进制造、大数据为核心，搭建线上虚拟服务平台和线下实体服务框架，在全国打造可示范、可复制的宜业、宜创型创新中心。

2016年12月27日，中关村领创空间与济南高新区签订中关村领创空间项目进区协议。

2017年7月16日，中关村领创空间（济南）启动运营。

2018年，中关村领创空间（济南）正式更名为济南·中关村信息谷创新中心。3月，中关村领创空间（济南）载体正式交付。截至2018年底，入驻企业24家，入驻率达到90%以上，同时备案成为山东省级众创空间。

2019年7月，举办“创新中国行济南新旧动能转换生态大会暨济南·中关村协同创新论坛”。是年，新增入驻企业35家，累计入驻企业57家，入驻率达到95.6%，其中瞪羚企业1家，国家高新技术企业2家。

图8-1-5　济南·中关村信息谷创新中心

（七）银川·中关村创新中心

银川·中关村创新中心位于甘肃省银川市西夏区，成立于2017年，由银川中关村信息谷科技服务有限责任公司负责运营管理，运营面积13万平方米。定位于新一代信息技术、大健康、生物医药、智能制造、科技金融及文化旅游产业，筛选科技企业进行孵化培育，为企业提供一定期限免房租、物业、水电的优惠，帮助科技企业对接金融投资机构，提供工商注册一站式服务，举办法务、财务、税务、知识产权等多项培训讲座。

2017年12月20日，银川·中关村创新中心揭牌运营。是年，银川·中关村创新中心签约入驻蚂蚁金服、蚂蚁金融集团、北京好大夫在线、北京新武测科技、深圳能谷新能源、碧水云科技（院士领办企业）、同仁堂国际、上海安翰等知名科技企业83家。

2018年5月，银川·中关村创新中心装修工程一期全面完工，创新中心内协同创新展示中心、创融e家咖啡厅、雨林空间国际孵化器、路演厅等功能区具备使用条件。政通路银杏大道工程、小微公园项目节灌工程、绿化种植工程全部完工。截至2018年底，银川·中关村创新中心累计签约面积27，128平方米，入驻企业83家，入驻企业产值首年实现11，331万元。入驻企业中，宁夏以外企业57家。先后举办“创青春高校路演”活动、银川“首届青年创业创新高峰论坛”、第七届银川“青年创新创业”大赛等创新创业活动，聚集17所高校，213个项目，1600多位企业家代表及创业者，70余位高等院校专家教授参加这些活动。

2019年，银川·中关村创新中心与银川市辖区高校、本地企业以及国内外知名专家对接，举办“创新创意在银川”等各类创新活动146期，服务创业团队700余家、9000余人，邀请各类投融资机构近百家，融资金额近20亿元。截至2019年底，累计签约223家企业，累计签约面积45，104.08平方米，入驻率77.56%。

图8-1-6　银川·中关村创新中心

（八）中关村（通州）城市科技前沿技术创新中心

中关村（通州）城市科技前沿技术创新中心位于北京市通州区光谷科技园，成立于2018年，由中关村前沿科技与服务产业联盟、光谷科技园合作运营管理。中心运营面积3725.76平方米，定位于中关村智慧城市前沿技术企业的聚集地、服务区和北京城市副中心科技地标。

2018年，取得中关村管委会支持建设创新中心的批复；完成平台一至六层装修设计及改造工程；承办“2018年中关村国际前沿科技创新大赛——智慧城市及物联网领域决赛”。

2019年，接待考察企业30余家，达成入驻意向企业10家，航天长峰、普能正式入驻办公，华驰动能完成注册手续；承办“2019年中关村国际前沿科技创新大赛——智慧城市及物联网领域决赛”。

（九）长春·中关村创新中心

长春·中关村创新中心位于吉林省长春市高新区，成立于2018年，由长春中关村信息谷科技服务有限责任公司负责运营管理。中心分两期建设，一期建筑面积3.1万平方米，2018年已建成并投入使用。二期建设面积7万平方米，计划2020年建成。中心重点发展新一代信息技术、智能制造、生物与生命科技、服务外包等战略性新兴产业，培育以创新为主要特征的内生动力，形成产业微集群。

2017年9月，中关村信息谷与长春高新技术产业开发区管理委员会（简称长春高新区管委会）在北京签署合作筹备协议，双方以轻资产合作模式携手筹建长春·中关村创新中心。

2018年3月1日，吉林省与北京市签订合作框架协议；同时，长春新区管理委员会（简称长春新区管委会）、中关村管委会、中关村发展集团三方签署战略合作协议，明确先期启动中关村信息谷等平台建设。7月13日，中关村信息谷与润方（北京）生物科技有限公司、深圳华智研、深圳华芯技研、深圳七天优品、北京盛世光明等首批12家企业签订合作协议。润方（北京）生物科技有限公司是长春·中关村创新中心从北京引入长春的首家高科技企业。8月，长春·中关村创新中心托管建筑面积29，793平方米，对接200余家科技企业，筛选出20余家优质企业正式入驻。11月1日，长春·中关村创新中心正式运营。

2019年，入驻企业25家。

图8-1-7　长春·中关村创新中心

（十）沈阳·中关村信息谷创新中心

沈阳·中关村信息谷创新中心，原名中关村领创空间（沈阳），成立于2018年，位于辽宁省沈阳市和平区三好街，毗邻东北大学，是中关村信息谷在东北地区布局的第一个项目，由沈阳领创空间科技服务有限公司负责运营管理，运营面积4500平方米。利用“互联网+”概念，配置创新资源，集聚高端要素，发挥协同创新驱动、品牌资源聚合、创新环境构建、产业服务完善、专业团队运营的优势，搭建线上平台和线下服务空间，营造跨区域创新创业生态系统，打造立足沈阳、引领东北的特色化区域创新发展品牌。

2018年6月，中关村领创空间（沈阳）开始运营，并列入京沈合作重点项目。7月5日，中关村领创空间（沈阳）路演厅首期路演及京沈企业对接交流会召开。7月6日，“中关村高新技术企业协会、中关村创业投资和股权投资基金协会驻沈阳联络处”“中关村科技金融超市”“京沈合作·和平创业联盟”相继揭牌；九次方大数据、佳辰科技、萝卜科技、仁文生物、爬壁科技等5家入驻企业与沈阳万聘、辽宁智汇优倍、沈阳师大商学院、北京中关村高新技术企业协会、中关村创业投资和股权投资基金协会、中国工业文化创新创业基地等6家合作伙伴签约；低温生物医学工程学北京市重点实验室与辽宁省影像诊断与介入治疗重点实验室签署战略合作框架协议。是年，中关村领创空间（沈阳）更名为沈阳·中关村信息谷创新中心。截至2018年底，近30家企业入驻，入驻率达到100%。

2019年，入驻企业34家，新引进企业21家，毕业企业3家，出租率达100%，累计入驻企业39家。与中国人权发展基金会青创基金、北京中关村高新技术企业协会、中关村创投协会、国创基地、辽宁电商盟、华财会计、小蜜蜂财税等20多家优质服务机构和组织结成合作伙伴；与沈阳市企业转型升级促进中心成立创新创业共同体。

（十一）湖州·中关村信息谷创新中心

湖州·中关村信息谷创新中心，原名中关村领创空间（湖州），成立于2018年，位于浙江省湖州经济技术开发区，由湖州领创科技服务有限责任公司负责运营管理。中心运营面积7000平方米，定位于培育发展信息技术、高端装备、生物医药、智能制造、智能机器人、新能源汽车、光电技术、软件开发、大数据应用等新兴产业，改造提升金属新材、绿色家居、现代纺织和时尚精品四大传统优势产业。

2018年3月，湖州·中关村信息谷创新中心动工建设。7月3日，湖州·中关村信息谷创新中心在湖州经济技术开发区的湖州科技城建成运营，是湖州科技城2018年十大重点项目之一。截至2018年底，累计签约面积2831平方米；累计引进中国科学院上海技术物理研究所、广州能源所等创新平台21个，集聚中关村领创空间、美欣达欣创客等众创空间9家，聚集高级人才73名，南太湖精英计划创业创新团队139个。

2019年，新增签约企业22家，签约面积2250.70平方米。湖州公瑾财务管理有限公司、德清奥格新能源汽车有限公司创业大道分公司、湖州天擎网络科技有限公司、湖州信德空调有限公司、北斗天汇（湖州）卫星应用技术有限公司、深圳洁亚环保产业有限公司等6家重点项目签约入驻。截至2019年底，累计签约企业26家，累计入驻签约面积2800.30平方米，入驻率83.61%。

（十二）怀柔科学城创新中心

怀柔科学城创新中心位于北京市怀柔区科学城中心地带的创新小镇，成立于2018年12月，由雨林生态（北京）科技服务有限责任公司负责运营管理，运营面积3300平方米。重点发展以智能产业为核心的信息科学、生命健康和科技服务业，建设立足怀柔、服务全国、链接全球的创新服务网络体系，打造怀柔科学城创新创业服务第一品牌。

2018年12月，中关村信息谷与怀柔科学城签署协议，托管建筑面积3300平方米。

2019年5月26日，怀柔科学城创新中心启动运营。中关村信息谷、海创产业技术研究院、中国科学院大学创新创业基地、优客工场等创新主体入驻。截至2019年底，已注册企业13家，聚集创新型企业40家。其中信息技术企业22家，生命健康企业7家，初步形成微集群。同时，搭建产业组织、人才服务、投融资对接、企业培育、国际交流和技术服务等六大平台，引进10家科技服务机构，为入驻企业提供全方位的创新服务。

图8-1-8 怀柔科学城创新中心

（十三）中关村·鹿泉协同创新中心

中关村·鹿泉协同创新中心位于河北省石家庄市鹿泉经济开发区，是京石两地协同发展的首个创新产业服务平台，成立于2019年。由石家庄市鹿泉区政府和石家庄中关村协同发展有限公司合作运营管理。中心运营面积1400平方米，设有产业咨询服务区、金融服务区、海外服务区、人才服务区四大功能区。着力打造集创新创业服务、研发孵化、人才交流、科研办公、科技金融、商务配套等功能为一体的创新创业服务平台，为石家庄及鹿泉区在创新创业生态环境建设和产业结构调整升级中发挥先行先试的引领作用。组织推动符合鹿泉“1+3”主导产业[①]的中关村优质项目资源在鹿泉区落地。引入创新创业人才，促成海内外高层次人才落户鹿泉创新创业，形成人才聚集环境。

2018年，石家庄中关村协同发展有限公司与石家庄市鹿泉区签署《中关村·石家庄（鹿泉）协同创新中心合作协议》。围绕项目定位储备20多家意向入驻企业，导入企业、机构18家，重点导入以京东天佑顺吉农产品科贸城、中石化新星地热能源开发、经纬泰和大健康项目等。

2019年1月17日，中关村·鹿泉协同创新中心揭牌。导入以深科技研究院、清华同方创新研究院、中石化绿源地热能开发有限公司、中国邮政储蓄银行、经

① “1+3”主导产业：“1”是指现代服务业（旅游），“3”是指电子信息、智能制造、绿色食品三大产业。

纬泰和健康产业控股有限公司、习鼎阁资产管理有限公司等一批在行业内具有较强影响力的优质企业。是年，石家庄中关村协同发展有限公司与首创高科、中发智造就开发建设鹿泉软件设计园、鹿泉中小企业产业园达成合作意向，完成合作框架协议签署。2019年，中关村·鹿泉协同创新中心入驻率达90%。

图8-1-9 中关村·鹿泉协同创新中心

（十四）滁州·中关村发展协同创新中心

滁州·中关村发展协同创新中心位于安徽省滁州市，成立于2019年，由滁州中关村信息谷科技服务有限责任公司负责运营管理。中心运营面积8.5万平方米，以智能制造、新一代信息技术、大健康、科技服务为产业支撑，创新为动力，推动科技产业发展，建设以科技成果转化为核心，以政策、技术、人才、资本四大要素为支撑的长三角三省一市一体化的桥头堡和示范区。

2019年6月18日，滁州·中关村发展协同创新中心揭牌。自启动运营以来，狮门影视广告传媒（北京）有限公司、南京核芯之点科技文化有限公司、北京自由灵动科技有限公司、滁州绿鑫新能源有限公司等6家企业入驻，“滁州·中关村智慧城市AI＋VI应用研究院”在该中心落地。是年，9家企业确定入驻，签约面积1750平方米。与保定英利能源科技集团、天津海之星海洋科技发展有限公司、上海环感科技有限公司等30余家行业领军企业达成战略合作意向。

图8-1-10　滁州·中关村发展协同创新中心

（十五）顺义·中关村信息谷创新中心

顺义·中关村信息谷创新中心位于北京市顺义区南法信镇，成立于2019年，运营面积1.4万平方米。利用智库共享平台、展示中心、创新汇、雨林空间四个开放性支撑平台，聚集政策、资本、高端人才、创新文化、领军企业、科研院所等六大创新要素，按照“顺义研发、京外转化、全国推广、全球辐射”的工作理念，聚焦主导产业。

2019年6月，中关村信息谷与顺义区政府签署框架合作协议。8月16日，举办创新中国行智能制造产业发展研讨会。9月，中关村信息谷机器人创新生态研讨会在顺义·中关村信息谷创新中心举办，珞石科技、云迹科技、苏州博田、北京爱晨恒、博创尚和、盛开互动、指南车机器人学院、圣瑞智能机器人、硅步机器人、九立机器人、优宝特智能机器人、云晟智能科技、因时机器人、粤航未来教育等14家高科技、高质量、高增长的企业与顺义·中关村信息谷创新中心签约。是年，中心先后举办3场与机器人定位相关的沙龙、研讨会等活动，吸引近300家国内外优质企业和社会团体，来到顺义考察交流，储备意向企业客户近百家。

（十六）青岛·中关村信息谷创新中心

青岛·中关村信息谷创新中心位于山东省青岛市高新技术产业开发区火炬路，成立于2019年，运营面积1万平方米。围绕人工智能、5G等新一代信息技术和生物与生命科技的主线，构筑服务平台高地，旨在打造一个立足青岛、联动京津冀、辐射东北亚、面向全球的国际开放平台及创新交流窗口。

2019年7月22日，中关村信息谷与山东青岛高新区合作共建青岛·中关村信息谷创新中心。12月，该中心竣工。是年，青岛·中关村信息谷创新示范基地项目启动规划，占地面积11万平方米，总建筑面积为33万平方米，将与青岛·中关村信息谷创新中心一起合力助力青岛建设“一带一路”国际合作新平台。

2020年1月9日，青岛·中关村信息谷创新中心揭牌；首批意向落地企业签约，深之蓝水下智能科技、军研科工智能科技等18家优质企业签订入驻协议。

同日，中关村区域协同产业发展联盟启动，首批成员由北京IP、启航投资、中关村产融合作与转型促进会等20家院所机构、行业协会、“高精尖”企业组成。青岛·中关村信息谷创新中心聘请20位智能科技产业领域的“产学研”专家，成为该中心的“百名双创导师”。

图8-1-11　2020年1月9日，青岛·中关村信息谷创新中心揭牌

（十七）南阳·中关村信息谷创新中心

南阳·中关村信息谷创新中心位于河南省南阳市南阳中关村科技产业园，由南阳中关村信息谷科技服务有限责任公司负责运营管理，运营面积2.16万平方米。以大信息先进制造、电子商务为主导，科技服务业为支撑，按照“立足区域优势、着眼国际视野、强化资源对接、形成示范引领”的发展思路，构建一个“政产学研、创孵金展”，要素齐全、有机互动的类中关村创新生态系统，推进区域转型升级、创新发展。2019年10月21日，中心运营主体南阳中关村信息谷科技服务有限责任公司注册成立。

（十八）沈阳·中关村智能制造创新中心

沈阳·中关村智能制造创新中心位于铁西区核心地段，项目运营面积1.4万平米。中关村信息谷公司与沈阳市铁西区遵循“立足区域优势、着眼国际视野、强化资源对接、形成示范引领”的发展思路，顺应新一轮东北振兴发展和京沈对口合作的趋势与背景，合力打造沈阳·中关村智能制造创新中心项目，联动铁西区产业基地、产业园区等空间资源，满足各类企业在铁西实现总部办公、研发生产、成果转化、金融服务、人才交流、政策对接等发展需求。2020年1月17日，沈阳·中关村智能制造创新中心正式揭牌。

二、协同创新基地

（一）保定·中关村创新基地

保定·中关村创新基地位于河北省保定市高新区惠阳街和兴业路交汇处的电谷国际商务中心，成立于2016年，由保定中关村信息谷科技服务有限责任公司负责运营管理。基地托管建筑面积12.4万平方米，由总部研发中心、高端人才服务配套中心和标准化高科技厂房三部分组成。

2016年4月28日，保定·中关村创新基地启动运营。

2017年，13家企业入驻或已签约。已签约企业中德智能制造产业园进行规划选址。

2018年4月16日，保定·中关村创新基地研发中心启动运营，是该基地的重要组成部分。5月27日，北京百能汇通科技有限公司等首批企业入驻保定·中关村创新基地。同年，北京百能汇通科技有限公司的投资项目——全球最大的锌溴液流储能电池关键材料生产基地落户保定，8月正式建成投产后，隔膜、极板等储能关键材料年产能可达到200兆瓦时，储能系统年产能达50兆瓦时。

2019年，长城汽车子品牌——欧拉出行落户保定·中关村创新基地。该基地获得工信部门省、市两级“中小微企业双创示范基地”等荣誉称号。

（二）南宁·中关村创新示范基地

南宁·中关村创新示范基地位于广西壮族自治区南宁市高新区，成立于2016年，是南宁·中关村科技园的组成部分，由南宁中关村信息谷科技服务有限责任公司负责运营管理。基地建筑面积14.43万平方米，产业定位为智能制造、信息技术、生命健康、科技服务。基地分为南宁·中关村创新示范基地和创新示范基地（相思湖区）两部分，分别位于南宁高新区核心地带、高新区科教文卫区。

2015年12月17日，南宁市与中关村管委会、中关村发展集团签订合作框架协议，南宁·中关村创新示范基地项目在南宁高新区正式落地。

2016年7月24日，南宁·中关村创新示范基地揭牌。

2017年4月20日，习近平总书记到南宁·中关村创新示范基地视察并指出：“开展区域合作和经济技术合作重在互利双赢。创新和创业相连一体、共生共存。建设创新示范基地，要遵循创新发展规律，以高效的政府服务、有机的产业配套、先进的技术支撑，构建富有吸引力的创新生态系统，让适宜的种子在适宜的环境中开花结果。”6月，国务院确定全国第二批“双创”示范基地，以南宁·中关村创新示范基地为核心的南宁高新区，成为广西首个国家“双创”示范基地。是年，南宁·中关村创新示范基地与东盟及以色列、德国、美国等18个国家或地区开展合作交流，举办“2017中德工业4.0技术创新合作交流会”“广西—东盟创新合作交流会”等9场国际交流合作活动，推动中国—以色列科技成果（南宁）交流转化中心和意大利推广中心启动运营。

2018年7月24日，南宁·中关村创新示范基地（相思湖区）揭牌，总占地面积13.15万平方米。

是年，南宁·中关村创新示范基地成功签约洪锦维、朱艳秋、刘学峰等3名专家及其所带项目，引进广西大学医学院—广西医学协同创新中心、广西科技大学BIM研究中心成果转化中心、分子生物技术服务平台、广西国际环保技术转移中心暨产业服务基地等4家产学研协同创新平台。协助南宁高新区起草推动创新发展的相关政策，为南宁·中关村创新示范基地企业争取到银行40亿元的意向性融资支持。搭建广西职业技能公共实训基地信息技术分中心，与广西大学行健文理学院等12家高校开展校企合作共建“雨林空间双创校企合作基地”，推动南宁·中关村创新示范基地企业与广西50余所大中专院校建立合作关系，累计培养6000多名新一代信息技术、智能制造人才。引进33家行业重点企业和52家孵化创新企业，初步构建起创新生态系统。智能制造产业引进圣尧航空、特飞动力、纳安丹吉等4家重点企业，新一代信息技术产业引进微软、东华软件、燕麦云等9家重点企业。基地聚集中欧生命科学联盟广西工作站等3个国际交流合作平台。南宁·中关村创新示范基地举办“创新中国行”“邕城创新汇”等创新活动45场，开展“2018年南宁市创业大赛”及“农民工创业大赛”等重大产业活动22场；举办“第四届中欧生命科学论坛”等国际合作活动11场。南宁·中关村创新示范基地和雨林空间先后获得自治区级和南宁市授予的“现代服务业集聚区”“众创空间”等6项荣誉。截至2018年底，引进微软、以色列纳安丹吉、东软、中软、明匠智能等47家重点企业，入驻80家创新企业，入驻企业累计进出口贸易额达到1.3亿元；培育出8家国家高新技术企业和1家广西“瞪羚企业”；累计取得知识产权和科技专利376项。

2019年，国千科技、滴滴出行、哈啰出行等20家行业重点企业签约入驻。南宁·中关村创新示范基地与中国科学院北京国家技术中心等合作打造科技创新信息综合平台、分子生物技术服务平台、AICS生物医药公共研发平台、广西国际环保技术转移中心暨产业服务基地等平台。先后引进中关村协同创新子基金等3支产业基金，总规模达到19亿元。南宁·中关村创新示范基地内外企业通过中关村平台提供的金融服务已经累计获得1.98亿元融资，其中广西捷佳润公司累计获得云南云天化集团不低于4500万元、蚂蚁金服旗下投资机构5000万元的股权融资，慧云信息获得上市公司百果园千万级的A轮融资。

2019年，累计聚集198个创新主体，引进6名国家级高层次人才，支持培育1名万人计划专家和3名八桂学者，入驻企业累计取得400余项知识产权。是年，南宁·中关村创新示范基地入驻入孵企业新增126家，其中重点企业53家，累计达276家。入驻企业创造24亿元营业收入，综合税收达1.06亿元。

图8-1-12　南宁·中关村创新示范基地

（三）银川中关村创新创业科技园产业基地

银川中关村创新创业科技园产业基地位于甘肃省银川市西夏区，成立于2018年，包括创新中心、产业基地和科技新城，由银川中关村信息谷科技服务有限责任公司负责运营管理。基地占地面积约36.3平方公里，分三期实施：一期规划占地4.87平方公里，二期规划占地4.27平方公里，三期远景发展用地面积约27.13平方公里。该基地通过委托招商、以商招商等形式，重点引进新材料、生命健康、智慧信息和环保新能源等新兴产业。

2017年9月30日，银川市政府与中关村管委会、中关村发展集团签订战略协议。

2018年2月27日，银川中关村创新创业科技园产业基地成立。

2019年12月23日，基地内企业宁夏储芯集成电路研发中心项目正式建成并举行揭牌仪式，2020年投入生产，成为银川中关村创新创业科技园产业基地内第一个投产的项目。是年，中建材工业互联网产业园等10个项目陆续开工。

（四）新泰·中关村信息谷创新示范基地

新泰·中关村信息谷创新示范基地位于山东省泰安市新泰市，成立于2018

年，由新泰中关村信息谷科技服务有限责任公司运营管理。基地规划面积2.7平方公里，其中0.5平方公里的核心区以信息创新产业为核心，聚焦新产业、新平台、新模式、新业态，融入生活、生态、生产、生命四大板块，集聚小镇客厅、商业文体中心、智汇源、金融保障中心等一系列功能模块。

2018年9月15日，新泰·中关村信息谷创新示范基地与中关村协同创新基金新泰服务站揭牌。首批来自信息技术、生命健康、新型能源等行业的10家领先企业入驻，分别为CFL信息安全认证中心及研发、运营中心，京东云新泰市共建鲁中区域“互联网+新经济”样板项目，中国科学院干细胞和再生医学创新研究院新泰干细胞制备基地，青岛双星集团绿色生态循环利用智能化工厂，中国航天集团北京卫星制造厂增材制造，联想新泰创新基地，甲骨文公司新泰人才产业基地，东华大学安科骆马绒产学研基地，明匠智能制造暨产业基金，上海裕隆集团检测中心等，共吸引资金62亿元。

（五）天津滨海中关村协同创新示范基地

天津滨海中关村协同创新示范基地位于天津市滨海新区，成立于2018年，由天津中关村信息谷科技服务有限公司负责运营管理。基地运营面积8.9万平方米，规划建设创新创业服务平台、科技服务平台、知识产权服务平台、金融服务平台、人才服务平台、市场服务平台等六大功能区，拥有孵化器、路演厅、多功能报告厅、咖啡吧、书吧、展厅等区域，集办公、服务、展示于一体。

2018年12月12日，天津滨海中关村协同创新示范基地正式揭牌。

2019年1月17日，习近平总书记来到天津滨海中关村协同创新展示中心，观看“天河”系列超级计算机、飞腾芯片、麒麟操作系统、人工智能配电网带电作业机器人、无人机集群智能控制系统等产品展示。习近平强调，自主创新是推动高质量发展、动能转换的迫切要求和重要支撑，必须创造条件、营造氛围，调动各方面创新积极性，让每一个有创新梦想的人都能专注创新，让每一份创新活力都能充分迸发。要深化科技园区体制机制创新，优化营商环境，吸引更多在京科技服务资源到基地投资或延伸业务，促进京津两市真正实现优势互补、强强联合。

截至2019年底，累计签约企业376家，累计签约面积53，676.45平方米，平均入驻率64.3%。

图8-1-13　天津滨海—中关村协同创新示范基地

三、协同创新园区

（一）天津滨海—中关村科技园

天津滨海—中关村科技园位于天津市滨海新区，成立于2016年，由天津中关村科技园运营服务有限公司负责运营。园区规划面积10.3平方公里，围绕新一代信息技术、生命与生物科技、科技服务的产业定位，全力打造具有滨海特色的类中关村创新创业生态系统。

2016年11月，天津滨海—中关村科技园挂牌成立。

2017年12月，成立天津中关村科技园运营服务有限公司，托管建筑面积13.5万平方米，签约落地项目17家。

2018年，新增注册企业880家，京东、深之蓝、信威集团等一批优质企业入驻园区。

2019年，累计注册企业940余家。

图8-1-14　天津滨海—中关村科技园

（二）京津中关村科技城

京津中关村科技城位于天津市宝坻区，成立于2016年，由天津京津中关村科技城发展有限公司运营管理。园区规划面积14.5平方公里，计划分四期进行开发建设。定位于打造北京制造业转移的重要承接地和中关村科技成果转化与产业化基地，促进京津冀产业升级。

2013年，中关村管委会、中关村发展集团与天津市宝坻区政府签订《战略合作框架协议》，开始筹划京津中关村科技城建设。

2014年，中关村管委会、中关村发展集团与天津市宝坻区积极推动将京津中关村科技城打造成京津冀协同发展承接平台。

2015年，中关村发展集团和天津市宝坻区政府对接，研讨京津中关村科技城开发建设实施方案，《京津中关村科技城总体规划》获得天津市政府的正式批复。

2016年，天津市宝坻区政府与中关村协同发展正式签署《京津中关村科技城项目合作协议》，明确了京津中关村科技城统筹开发模式和三层架构的组织管理模式，成立天津京津中关村科技城发展有限公司，正式开始京津中关村科技城的开发建设。4月21日，中关村管委会、中关村发展集团和天津市宝坻区人民政府在中关村国家自主创新示范区展示中心会议中心联合主办“协同创新、共建共赢”京津中关村科技城发展论坛。

2017年，京津中关村科技城项目正式纳入京津冀产业转移“2+4+46”①承接平台，开始京津中关村科技城一期市政基础设施以及重点产业载体协同发展中心建设，并完成5家实体企业的签约。

2018年，园区产业、生态、人口、空间、投融资、开发模式“六位一体”规划全部完成，同时纳入天津市重点工作项目，列入京津两市合作的重点创新平台，并积极推动整个天津市范围应用的土地审批权限下放、外省市企业资质认定以及特殊人才落户等政策的出台。10月31日，京津中关村科技城举行招商项目集中签约活动。

图8-1-15　2018年10月31日，京津中关村科技城招商项目集中签约

2019年1月28日，京津中关村科技城展示中心正式开放。2月，京津中关村科技城管委会成立。是年，天津市宝坻区政府、中关村协同发展、天津京津中关村科技城发展有限公司三方签署《京津中关村科技城项目合作补充协议》，将统筹开发模式进行细化落地。截至2019年底，京津中关村协同发展中心完工并投入使用，京津中关村科技城政务服务与园区咨询一站式服务大厅开放，完成

① 2017年，京津冀三省市协同办发布《加强京津冀产业转移承接重点平台建设的意见》，其中初步明确了“2+4+46”个平台，包括北京城市副中心和河北雄安新区两个集中承载地，四大战略合作功能区及46个专业化、特色化承接平台。

科技金融、人力资源服务等平台搭建。道路建设23公里，实现园区道路通车，完成电力、燃气、自来水等市政配套的接入。累计实现121家企业注册，包括实体购地企业25家，载体入驻企业96家。签署购地投资协议书的实体产业项目共25个，总投资额超过47.7亿，其中，18家为国家级高新技术企业，15家为中关村高新技术企业，3家为外资企业；已实现9个项目开工，3个项目投产。推动天津市出台针对京津中关村科技城范围内适用的人才落户、来津购房、子女教育、便利医保等政策出台，起到区域内政策引领示范作用。

图8-1-16　京津中关村科技城一期启动区（效果图）

（三）雄安—中关村科技园（筹备）

雄安—中关村科技园位于河北省保定市雄安新区。园区前期筹备工作由集团雄安新区中关村科技园筹建工作办公室负责。

2017年4月1日，中共中央、国务院印发通知，决定设立河北雄安新区。7月10日，北京市推进京津冀协同发展领导小组召开第一次会议，会议提出设立雄安新区中关村科技园。8月17日，北京市和河北省签订《关于共同推进河北雄安新区规划建设战略合作协议》，协议提出支持中关村科技园区与雄安新区合作共建雄安新区中关村科技园，打造高水平创新创业载体，形成联动发展的科技创新园区链。为支持雄安新区中关村科技园建设，12月29日，中关村管委会与河北雄安新区管委会正式签署《共建雄安新区中关村科技园协议》，双方共同打造“布局超前、体系完备、宜业宜创、引领未来”的科技新城。

2018年5月7日，中关村管委会、雄安新区管委会、中关村发展集团、雄安集团成立推进雄安新区中关村科技园建设发展工作领导小组，按照“整体规划、分步实施”的原则，共同推进雄安新区中关村科技园建设，启动园区总体规划工作。集团发挥市场化配置资源的平台优势，支持中关村企业新技术，新产品在雄安新区开展示范应用，通过技术输出、管理输出、人才输出、品牌输出、资本输出、服务输出等协作方式，支持雄安新区中关村科技园的建设。

2019年10月21日，中关村管委会、雄安新区管委会签署《加快建设雄安新区中关村科技园合作协议》，对雄安新区中关村科技园发展定位、建设内容、保障措施再次进行明确。11月，集团成立雄安新区中关村科技园筹建工作办公室，推进雄安新区中关村科技园建设。

（四）南宁·中关村科技园

南宁·中关村科技园位于广西壮族自治区南宁市高新区，成立于2018年，由南宁中关村信息谷科技服务有限责任公司负责管理运营。南宁·中关村科技园包括南宁·中关村创新示范基地、创新示范基地（相思湖区）、创新示范基地产业园，园区占地面积7平方公里。其中，南宁·中关村创新示范基地位于南宁高新区核心地带，创新示范基地（相思湖区）位于高新区科教文卫区。创新示范基地产业园位于南宁市高新区安宁片区核心，产业定位为新一代信息技术、“信息+先进制造”“信息+生物医药”“信息+现代服务”。

2018年4月26日，南宁·中关村科技园挂牌；南宁市工业和信息化委员会与南宁新技术产业建设开发总公司合作，引入盛世投资基金，设立总规模10亿元的南宁高新工业企业发展投资基金，重点投资南宁·中关村科技园的重大科技项目；同日，上海联璧电子科技（集团）有限公司等9家重点企业，江苏盖亚环境科技股份有限公司、多肽产业联合研究中心、中法智能科技产业研究院等3个创新平台签约入驻。是年，入驻重点企业45家，入孵创新团队66个，培育新三板企业1家、广西瞪羚企业1家、高新技术企业6家，初步形成智能制造、新一代信息技术、生命健康、科技服务等4个产业微集群。

2019年7月25日，南宁·中关村科技园举行集中开竣工仪式，园区重大项目联东U谷—南宁高新国际企业港项目等一批项目开竣工。同日，“2019创新中国行走进南宁—南宁·中关村科技园签约仪式”举行，世纪联合、华大骄阳等6家企业签约入驻，签约项目涉及新一代电子信息技术、高端装备制造等行业领域。

（五）中关村协同创新智汇园

中关村协同创新智汇园位于安徽省合肥市包河区，成立于2018年，由中关村协同发展投资有限公司运营管理。园区一期占地面积约137亩，总建筑面积约22万平方米，建成独立办公楼15栋、综合配套服务楼2栋、包河区规划招商展示馆及会议服务中心1栋，形成“一心、两轴、四组团”①，是包河区构建“都市、科技、生态”创新产业社区的示范样板。园区发挥中关村在“大智造、大信息”上的引领地位，结合包河区现有产业优势，重点谋划打造智能·网联产业集群，开创中关村的“合肥模式”。

2017年，园区一期开工建设。2018年7月，合肥市包河区政府与中关村协同发展签订战略合作框架协议；同年11月，合肥市包河经开区管委会与中关村协同发展正式签订创新智汇园运营协议。

2019年8月，发布《合肥市包河区智能网联汽车产业发展规划（2019—2025）》；同月，成立“合肥市5G智能网联汽车产业联盟”。是年，选定园区产业主导方向的智能网联汽车产业进入合肥市“十四五”规划重点产业规划目录。

2019—2020年，中关村与包河区逐步形成“4个1+4”的产业发展机制推动智能网联产业在当地的发展，即“1大规划、1个联盟、1支基金、1个中心、4大平台”。其中“1大规划”即《合肥市包河区智能网联汽车产业发展规划（2019—2025）》；“1个联盟”即“合肥市5G智能网联汽车产业联盟”；“1支基金”即总规模10亿元、首期规模2亿元的“安徽中关村协同启航基金”；“1个中心”即中关村协同创新智汇园；“4大平台”即塘西河公园4.4公里示范运行线、5G智能网联汽车示范区、智能网联汽车封闭测试场及国家智能网联电动汽车质量监督检验中心（合肥）。以这四个公共基础平台为承载，解决“测试、上路、商业模式”等制约智能网联产业发展关键痛点。

① “一心、两轴、四组团”：“一心”即配套服务设施中心；“两轴”即中央生态景观轴、重庆路城市景观轴；“四组团”即四个花园式办公组团。

园区重点发挥中关村在科技金融、技术转化、人才服务、国际合作、知识产权等方面的资源优势，结合包河区“一站式”金牌店小二（试点）政务服务体系，持续建设八大服务平台（科技金融服务平台、知识产权服务平台、专家导师服务平台、人力资源服务平台、技术转化服务平台、示范推广平台、生活配套服务平台、企业公共服务平台），并和北京IP、中关村科技租赁等10家成员单位工作站签约，与集团构建集“产业、企业、资源”为一体的创新生态环境。

截至2019年底，中关村协同创新智汇园共签约企业24家，其中省外企业直投及团队创业项目占比达70%；引入多家智能、网联关键环节企业，包括全国激光雷达前3强企业北科天绘、估值超过10亿美元的农业互联网独角兽企业农信互联、国内首家智能爬行焊接机器人研发与制造高新技术企业博清科技、专门从事工业车辆无人驾驶技术研发的海归科创企业仓擎智能等。园区与中共合肥市包河区委联合举办“中关村大讲堂”系列活动，通过资本机构与项目团队之间的常态化路演活动，帮助优质项目寻找资本支持。

2020年2月，中关村协同创新智汇园联合合肥市包河经开区管委会针对入园的高科技企业，实行租金“2免2减半”政策，即疫情期间2个月房租免收、2个月房租减半。此项举措减免总额达到111.4万元。

图8-1-17 中关村协同创新智汇园

（六）保定·中关村创新产业园

保定·中关村创新产业园位于河北省保定市区北部，成立于2019年，由保定中关村园区开发有限公司负责运营管理，园区占地面积4.77平方公里。定位于新一代信息技术、战略性新兴产业、人工智能三大产业，将建设成为京津冀科技与产业融合发展的生态示范区。

2019年4月26日，“5G时代万物互联”2019新一代信息技术（保定）国际创新合作峰会暨协同发展重点项目签约仪式在保定举行。峰会由中关村信息谷、中国信息通信研究院主办。中关村信息谷与保定国家高新技术产业开发区管理委员会、中交第四航务工程局有限公司签订“保定·中关村创新产业园”战略合作框架协议。9月30日，保定·中关村创新产业园运营主体保定中关村园区开发有限公司注册成立。

表 8–1–1　协同创新平台一览表（2013—2020.01）

序号	协同创新平台类别	协同创新平台名称	运营方
1	协同创新中心	保定·中关村创新中心	保定中关村信息谷科技服务有限责任公司
2	协同创新中心	中关村信息谷软件园创新中心	中关村领创空间科技服务有限责任公司
3	协同创新中心	中关村信息谷友谊创新中心	中关村领创空间科技服务有限责任公司
4	协同创新中心	徐州·中关村信息谷创新中心	徐州信息谷资产管理有限责任公司
5	协同创新中心	成都·中关村信息谷创新中心	成都蓉领科创科技有限责任公司
6	协同创新中心	济南·中关村信息谷创新中心	济南领创空间科技有限责任公司
7	协同创新中心	银川·中关村创新中心	银川中关村信息谷科技服务有限责任公司
8	协同创新中心	中关村（通州）城市科技前沿技术创新中心	中关村前沿科技与服务产业联盟 北京光谷科技园开发建设有限公司
9	协同创新中心	长春·中关村创新中心	长春中关村信息谷科技服务有限责任公司
10	协同创新中心	沈阳·中关村信息谷创新中心	沈阳领创空间科技服务有限公司

续表

序号	协同创新平台类别	协同创新平台名称	运营方
11	协同创新中心	湖州·中关村信息谷创新中心	湖州领创科技服务有限责任公司
12	协同创新中心	怀柔科学城创新中心	雨林生态（北京）科技服务有限责任公司
13	协同创新中心	中关村·鹿泉协同创新中心	石家庄市鹿泉区政府 石家庄中关村协同发展有限公司
14	协同创新中心	滁州·中关村发展协同创新中心	滁州中关村信息谷科技服务有限责任公司
15	协同创新中心	顺义·中关村信息谷创新中心	—
16	协同创新中心	青岛·中关村信息谷创新中心	—
17	协同创新中心	南阳·中关村信息谷创新中心	南阳中关村信息谷科技服务有限责任公司
18	协同创新中心	沈阳·中关村智能制造创新中心	—
19	协同创新基地	保定·中关村创新基地	保定中关村信息谷科技服务有限责任公司
20	协同创新基地	南宁·中关村创新示范基地	南宁中关村信息谷科技服务有限责任公司
21	协同创新基地	银川中关村创新创业科技园产业基地	银川中关村信息谷科技服务有限责任公司
22	协同创新基地	新泰·中关村信息谷创新示范基地	新泰中关村信息谷科技服务有限责任公司
23	协同创新基地	天津滨海中关村协同创新示范基地	天津中关村信息谷科技服务有限公司
24	协同创新园区	天津滨海—中关村科技园	天津中关村科技园运营服务有限公司
25	协同创新园区	京津中关村科技城	天津京津中关村科技城发展有限公司
26	协同创新园区	雄安—中关村科技园（筹备）	—
27	协同创新园区	南宁·中关村科技园	南宁中关村信息谷科技服务有限责任公司
28	协同创新园区	中关村协同创新智汇园	中关村协同发展投资有限公司
29	协同创新园区	保定·中关村创新产业园	保定中关村园区开发有限公司

第二节 协同创新基金

2015年，集团与15家地方政府共同发起设立中关村协同创新投资母基金。截至2019年12月，中关村协同创新投资母基金与12家普通合伙人（General Partner，GP）签订合伙协议。

一、母基金

2015年，集团联合乌兰察布、保定、秦皇岛、承德、宝坻、静海、东戴河、德州、新泰、南阳、衢州、徐州、金坛、溧阳、南宁共15家地方政府共同发起设立中关村协同创新投资母基金。由中关村协同创新投资基金管理有限公司履行母基金管理人职责。

2016年3月，集团首支市场化母基金——中关村协同创新投资母基金成立。3月31日，北京中关村协同创新投资基金管理有限公司担任中国母基金联盟常任理事单位。

2017年2月24日，母基金整体规模20.01亿元在基金业协会备案。母基金通过政府资金引导，吸收社会资本参与的方式，借助子基金放大政府资金使用效能，发挥中关村辐射带动作用，服务北京和合作区域的科技创新、科技金融、产业升级等协同发展。是年，设立衢州中关村复朴协同创业投资基金（简称衢州子基金）、泰安市茂榕清泽股权投资基金合伙企业（简称新泰子基金）、保定基石连盈创业投资基金中心（简称保定子基金）等3支子基金，分别由复朴资本、茂榕资本、基石基金发起设立和管理。编制完成《中关村协同创新基金合作区域产业组织指南》，有针对性地提供金融增值服务和产业对接服务。

2018年，设立协同科创基金、南宁水木愿景创业投资中心（简称南宁子基金）、南阳中关村协同创新创业资产管理中心（简称南阳子基金）、乌兰察布市高榕三期投资合伙企业（简称乌兰察布子基金）等4支子基金，分别由中关村协同创新投资基金管理有限公司、北京水木国鼎投资管理有限公司、南阳中关村协同创业投资基金管理有限公司、西藏高榕资本管理有限公司发起设立和管理。是年，帮助投资项目微焓科技的生产基地落户合作区域江苏省溧阳市；服务清图杰运落户合作区域广西壮族自治区南宁市，获得南宁市政府在厂房、税收和人才政策等方面的大力支持。推动南宁、衢州、新泰、乌兰察布、南阳等合作区域股权投资基金优惠政策落地。

2019年，设立天津中关村磐谷图灵股权投资基金合伙企业（简称静海子基金）、天津合勤科技智能制造产业创新投资合伙企业（简称宝坻子基金）、徐州云荷投资合伙企业（简称徐州子基金）、江苏中关村中诺协同投资基金合伙企业（简称金坛子基金）、德州两仪幂方康健创业投资合伙企业（简称德州子基金）等5支子基金，分别由北京磐谷创业投资有限责任公司、北京合勤资本管理有限公司、北京云和方圆投资管理有限公司、北京中诺同创投资基金管理有限公司、幂方资本管理（北京）有限公司发起设立和管理。是年，配合中关村生命科学园落地合作区域河北秦皇岛市昌黎县；服务京投装备落地合作区域河北保定市，保定子基金作为配套金融服务；服务天壕新能源生物质发电项目落地河南南阳市。

截至2019年底，共完成设立子基金12支，覆盖的区域包括北京、保定、南宁、衢州、乌兰察布、新泰、南阳、宝坻、徐州、静海等，子基金总规模31.69亿元。2016—2019年，母子基金联动，联合已投GP，深入徐州、承德、南阳、南宁、溧阳等合作区域调研金冠电气、天原药业、怡达食品、亚欧果仁、瑞德丰等75家企业，从企业运营、架构搭建、融资咨询、股权融资服务等方面提供金融服务。2018—2019年，北京中关村协同创新投资基金在承德、秦皇岛、新泰、北京、乌兰察布、南阳共举办6次协同创新大讲堂，为当地政府相关部门和企业提供科技金融和科技园区建设等专业培训。

二、子基金

2017年，衢州子基金投资中关村企业博奇环保。2018年3月，博奇环保在香港联合交易所有限公司主板上市，是北京中关村协同创新投资基金系第一家上市公司。博奇环保从事烟气污染控制业务，全面提供脱硫、脱硝、除尘等大气污染物控制，脱硫及脱硝EPC（工程总承包）业务在独立烟气处理服务商中分别位列第一名和第四名。

2018年2月，南宁子基金所投企业北京品驰医疗设备有限公司，获2018年度国家科学技术进步奖一等奖。北京品驰医疗设备有限公司是“脑起搏器关键技术、系统与临床应用”项目的完成单位之一。专业从事脑起搏器、迷走神经刺激器、脊髓刺激器、骶神经刺激器等系列化神经调控产品研发、生产和销售的高新技术企业。3月，南宁子基金投资亿华通。

亿华通　亿华通于2019年申请科创板上市。亿华通专注于氢燃料电池发动机研发与产业化，是氢燃料电池发动机制造企业。2017年2月在张家口建设氢燃料电池发动机生产基地，产业化产品广泛应用于客车、物流车、乘用车、叉车、有轨电车、固定电源等诸多领域，并与宇通客车、福田汽车、中通客车、厦门金旅等国内主流车企展开合作。

2018年4月，乌兰察布子基金投资北京贝壳友家科技有限公司，于2019年1月实现部分退出。北京贝壳友家科技有限公司旗下品牌“千屿Islands”定位于城市共享住宿空间。“千屿Islands”拥有数千间房源，遍布北京、上海等10余座城市，创下住宿类创业公司融资、成长速度最快的行业记录，乌兰察布子基金基金投入一年即实现退出并回报良好。

是年，协同科创基金投资纽迪瑞项目。纽迪瑞是世界上唯一一家拥有金属面板压力触控感应技术的企业，已与小米等手机厂商达成合作。投资中关村高聚工程项目中科汉天下。中科汉天下是集半导体射频通信芯片设计，MEMS器件设计研发及生产，物联网技术及应用解决方案的综合性集团性质企业。团队来自中科院微电子所与清华大学，在IC（半导体元件产品的统称）和MEMS（微机电系统）领域耕耘10多年。

2019年，协同科创基金投资齐碳科技。齐碳科技是专门从事基因测序技术与设备研发创新型企业，该公司曾荣获2018年中关村国际前沿科技创新大赛总决赛唯一的一等奖。凭借领先的纳米孔基因测序技术，可实现对基于结构变异的肿瘤基因组快速检测、基于DNA甲基化检测的癌症早筛等。是年，协同科创基金投资企业上海锋算。上海锋算是国内领先的骨科手术机器人及智能互联手术系统提供商，自主研发中国首个骨科手术“导航+置针等手术操作”功能的全智能操作机器人，率先实现骨科手术操作智能化技术平台。自主研发的首款骨科手术机器人实现国内机器人自主进针的突破，该产品已于2018年底完成北医三院牵头的国内多中心临床试验。

图8-2-1　贵州中科汉天下微电子有限公司4G/5G高性能BAW滤波器

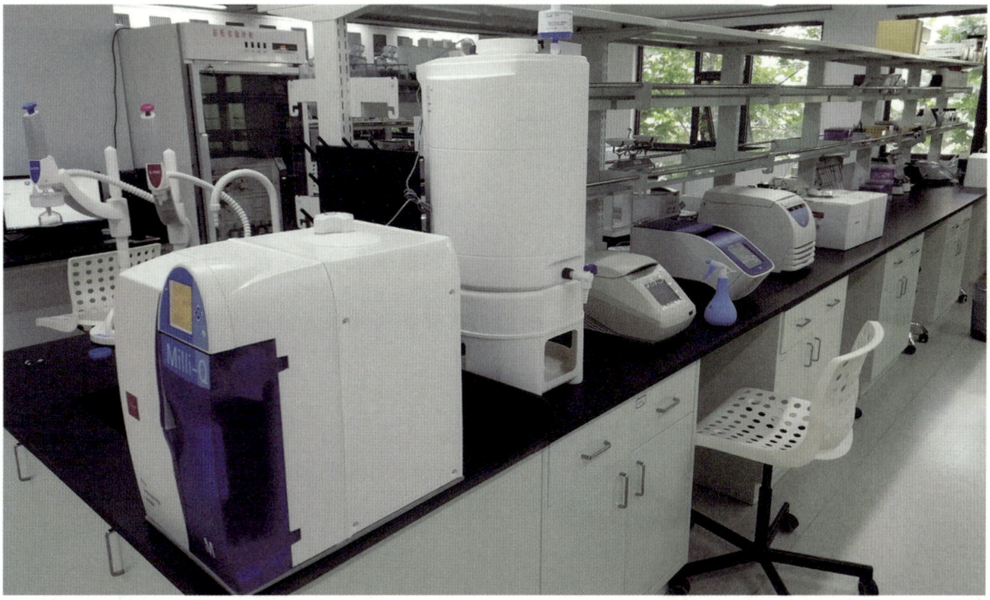

图8-2-2　成都齐碳科技有限公司研发中心

截至2019年11月底，中关村协同创新投资基金各子基金累计投资72个项目。所投项目中1家企业已上市，1家企业实现退出，1家企业获国家科学技术进步奖一等奖，若干家企业准备IPO（首次公开募股）。协同科创基金累计储备项目2036个；新增立项项目8个，累计完成19个项目立项；完成投资决策项目3个，出资项目4个。累计出资项目8个。

2020年1月，协同科创基金首个投资项目退出，仅用时一年半左右，实现估值增长2.3倍，投资回报2.13倍，IRR（内部收益率）达59%。

2020年，新冠肺炎疫情发生后，中关村协同创新投资母基金迅速统计被投企业受疫情影响的情况，进行风险分级，同时全力支持投资企业投入抗击疫情。2月1日，新泰子基金投资的高科技企业柯渡医学利用前线操作与远程智能协同的方法，应用AR眼镜，完成湖北武汉市雷神山医院部分设备的调试任务。

表 8-2-1 北京中关村协同创新投资基金子基金设立情况一览表

序号	子基金名称	基金管理公司	基金设立时间
1	衢州中关村复朴协同创业投资基金（有限合伙）	广州复朴道和投资管理有限公司	2017.06.21
2	泰安市茂榕清泽股权投资基金合伙企业（有限合伙）	珠海茂榕清和投资基金管理有限公司	2017.11.23
3	保定基石连盈创业投资基金中心（有限合伙）	北京基石创业投资管理中心（有限合伙）	2017.11.27
4	北京协同科创创业投资管理中心（有限合伙）	北京中关村协同创新投资基金管理有限公司	2018.02.24
5	南宁水木愿景创业投资中心（有限合伙）	北京水木国鼎投资管理有限公司	2018.03.16
6	南阳中关村协同创新创业资产管理中心（有限合伙）	南阳中关村协同创业投资基金管理有限公司	2018.05.03
7	乌兰察布市高榕三期投资合伙企业（有限合伙）	西藏高榕资本管理有限公司	2018.07.06
8	天津中关村磐谷图灵股权投资基金合伙企业（有限合伙）	北京磐谷创业投资有限责任公司	2019.02.28
9	天津合勤科技智能制造产业创新投资合伙企业（有限合伙）	北京合勤资本管理有限公司	2019.03.07
10	徐州云荷投资合伙企业（有限合伙）	北京云和方圆投资管理有限公司	2019.03.13
11	江苏中关村中诺协同投资基金合伙企业（有限合伙）	北京中诺同创投资基金管理有限公司	2019.11.11
12	德州两仪幂方康健创业投资合伙企业（有限合伙）	幂方资本管理（北京）有限公司	2019.12.27

第九章　海外业务

集团海外业务主要涵盖海外创新平台、海外基金、海外项目和高端人才引进等。集团成立之初，中关村国际孵化器、中关村海外科技园原有的海外业务并入集团管理。2012年，集团成立后首个新建海外创新平台——赫尔辛基创新合作创新中心揭牌。2014年，集团设立海外业务部，在管理运营中关村海外联络处的基础上，着眼构建全球跨境孵化新机制，通过“创新中心+创新基金”模式，构建起包括海外科学家、中关村新型科研机构、创新技术成果转化的跨境孵化网络。先后在北美、欧洲各创新高地设立海外创新中心；在北美发起设立创投基金、母基金，参与欧美早期风险投资基金，搭建海外基金系。经过多年发展，集团海外业务已形成“海外业务子集团+国内承接子平台”管理模式，建立“海外空间孵化服务+海外投资服务+国内落地跨境科技服务”三位一体的全链条服务平台。

第一节　海外创新平台

集团自成立开始，参与中关村管委会设在海外的联络处的运营管理，截至2019年，先后管理设在美国、日本、加拿大、英国、澳大利亚、芬兰、德国等9家海外联络处。在此基础上，集团在美国、德国、以色列等地先后设立中关村海外创新中心，吸引海外前沿技术和团队入驻孵化，为中关村企业拓展国际化道路、参与全球科技创新提供支撑；同时探索在北美以及欧洲等全球创新资源聚集地区的业务创新发展，整合完善中关村海外联络服务支持体系，加快联络处与创新中心的融合。

一、海外联络处

从2000年开始，中关村管委会开始在海外设置联络处，并委托中关村国际孵化器、中关村海外科技园等企业管理。2010年集团成立后，中关村国际孵化器、中关村海外科技园等海外联络处运营主体并入集团。集团先后受托运营管理的海外联络处共9个。截至2019年底，集团仍在运营管理的海外联络处7个。

（一）中关村驻美国硅谷联络处

2000年7月，中关村管委会驻美国硅谷联络处（简称硅谷联络处）挂牌，是中关村管委会在海外设立的首个联络机构。2013年4月，中关村管委会于美国加州注册公司——Beijing Zhongguancun Overseas Science Park（Silicon Valley）Inc.，将其作为硅谷联络处的运营主体。2017年，硅谷联络处与中关村硅谷创新中心在法人主体、人员运营、资金运用等方面逐步实现职能融合，由中关村（国际）控股公司负责运营管理。

硅谷联络处与中关村硅谷创新中心协同配合，研究海外前沿技术成果、专利等知识产权，填补国内技术空白的合作项目，为其转移、转化提供服务；寻访海外高层次人才、顶尖人才创新创业团队及外国高端智力，为其到中关村示范区创新创业提供服务；为中关村企业家、高端领军人才参与硅谷及旧金山湾区的国际交流合作活动搭建平台，配合中关村管委会策划在海外或在京举办海外人才创新创业专题活动。

（二）中关村驻日本东京联络处

2001年12月9日，中关村管委会驻日本东京联络处（简称东京联络处）挂牌，由中关村国际孵化器日本分公司—北京中关村国际孵化器有限公司东京支店负责运营管理。

2005年，东京联络处成为由中国驻日本大使馆商务处指导的在日中国企业协会常务理事单位。

2013年8月，“创业者俱乐部”“企业家俱乐部”在东京联络处成立，并于2016年将两家俱乐部合并升级为“双创孵化中心”。2016年6月，东京联络处联合北京市人才领导工作小组代表团在日本举办京津冀人才政策宣讲会；同年11月，组织中关村企业家顾问委员会访日团与日本经济同友会的企业家们进行交流，并参观、考察日本环保企业。

2019年6月，参与举办纪念北京市与东京都缔结友好城市关系40周年“北京周”系列活动中的中关村科技创新主题活动。

东京联络处自设立以来，与日本的筑波研究学园都市、关西文化学术研究都市、神奈川科技园区（KSP）、京都研究产业园（KRP）、千叶柏智慧城市等园区以及日本科技振兴机构、日中经济协会等机构、协会建立合作机制；推动中关村各分园与日本高新技术企业的具体对接业务，在东京联络处挂牌合作的中关村园区有4家。

（三）中关村驻美国华盛顿联络处

中关村驻美国华盛顿联络处（简称华盛顿联络处）的前身是中美马里兰科技园。2002年6月，科技部火炬中心和中关村管委会成立中美马里兰科技园领导小组。8月，科技部火炬中心、中关村管委会和马里兰大学签署《关于建立中美马里兰科技园合作协议》。

2003年，在美国马里兰州成立中美科技园管理公司。

2006年7月，中美马里兰科技园正式更名为中关村驻美国华盛顿联络处，由中关村海外科技园子公司中美科技园管理公司负责运营管理。

2013年10月，接待中关村企业家代表团。

2014年12月，接待北京市领导干部科技创新培训团。

2015年，共接待国内到访团组6个，在华盛顿、纽约、波士顿等美国东部城市，共参与举办中关村政策宣讲活动10场。1月18日，接待中关村创新创业服务体系建设与管理培训团。2月10—13日，接待阿里巴巴集团知识产权交流考察团。9月，出席在中国举办的世界科技园区大会，推荐美国科技园区代表6人出席大会，推荐海外回国考察人员（团队）12名。11月，陪同北京市人才工作访问团在纽约联合国和美国康奈尔大学交流访问。

2016年，组织中关村出入境政策宣讲活动8场次，覆盖波士顿、纽约、马里兰、弗吉尼亚和华盛顿特区。组织海外人才18人到中关村考察访问。先后与华盛顿特区“1776”孵化器、马里兰大学孵化器、马里兰州生物医药孵化器和相关种子基金公司交流和互访。

2018年6月，受北京海外学人中心委托，举办北京人才推介会活动。

（四）中关村驻加拿大多伦多联络处

2003年12月19日，中关村驻加拿大多伦多联络处（简称多伦多联络处）挂牌，由中关村国际孵化器子公司（Zhongguancun Science Centre Inc.）负责运营管理。

2010年6月，参与接待国家主席胡锦涛访问多伦多、出席G20峰会等活动。

2011年2月，应邀出席加中科技联盟成立大会。

2013年4月，赴美国德州奥斯汀参加世界科技园区协会（IASP）北美研讨会。是年，拜访9家加拿大IASP会员科技园单位。

2015年11月，接待访问加拿大的北京市人才代表团。

2016年2月，出席第六届中加科技合作联委会会议，在大会有关高端制造分会上作“中关村与高端制造业”的情况介绍。

2017年10月，出席“渥太华北京周”活动。

2018年5月，协助北京海外学人中心举办北京海外人才政策宣讲会暨人才对接会。

2019年5月，参加蒙特利尔创新创业论坛。7月，推荐加拿大两院院士、“世界人工细胞之父”、麦吉尔大学教授张明瑞访问中关村。10月，参加蒙特利尔美中生物医药协会加拿大分会年会。

（五）中关村驻英国伦敦联络处

2002年1月，中关村驻英国伦敦联络处（简称伦敦联络处，其前身为中关村驻阿姆斯特丹联络处）在荷兰阿姆斯特丹注册成立。

2004年6月，迁址于伦敦，由中关村国际孵化器子公司（Beijing Zhongguancun International Incubator Co., Ltd.）负责运营管理至2018年。

2010年10月，伦敦联络处正式加入英国科技园协会。

2012年7月，在《人民日报海外版欧洲刊》发表"面向世界自主创新，引领科技发展新潮流——迅速崛起的中关村国家自主创新示范区"，在英国乃至欧洲产生较大影响力。

2015年9月，推动英国科技园协会与中关村西城科技园成功签署合作备忘录。是月，参与和支持全英学联"推荐留英博士中国行考察团"活动。是年，共推荐海外回国考察人员约80名，参加使馆和华人专业团体的各项活动约30多次，共安排和接待国内到访团组4个。

2016年，共推荐海外回国考察人员38名，推荐英国华人学者研发的生物制药领域的高端项目8个，推动中关村与英国的科技研发合作。应邀参加伦敦市政府举办的伦敦科技周、贸工部举办的英国房地产展会；走访并接待多家英国科技公司和投资基金、当地科技园以及英国科技园协会；参加使馆和华人专业团体的各项活动约20多次；共安排和接待国内到访团组5个。

2017年5月，协助安排英国萨利大学校长代表团访问中关村软件园和中关村5G联盟。9月，推动英国Brainomix公司高端心血管检测医疗设备团队落户中关村，进一步加强英国科技项目和高端人才到中关村软件园交流合作。11月，举办英国当地高端华人宣传推介中关村的活动。

（六）中关村驻澳大利亚悉尼联络处

2012年2月，中关村驻澳大利亚悉尼联络处（简称悉尼联络处）挂牌。由中关村海外科技园澳大利亚分公司负责运营管理。

2013年至2018年上半年，共举办宣讲会30余场，总受众人数过万。

2014年，推荐澳大利亚新南威尔士州政府组织的澳大利亚创意产业企业代表团与中关村相关企业交流。

2015年，推荐由澳大利亚联邦科学与工业组织董事会成员与澳大利亚最大的金融保险投资集团公司、世界500强企业AMP安保集团主席率队的代表团一行26人参观访问中关村。

2016年和2017年，推荐澳大利亚新南威尔士州卫生健康领域的政府及企业代表团两度访问集团和中关村生命科学园。

2017年和2018年，受北京市海外学人中心委托，举办“海外英才北京行创业大赛澳大利亚分赛”。2018年10月，邀请澳大利亚贸易、旅游和投资部长西蒙·伯明翰（Simon Birmingham）以及悉尼大学教授、国际知名人工智能专家陶大成出席2018年中关村论坛。

2019年，邀请澳大利亚驻华大使傅关汉（Graham Fletcher）、悉尼科技大学副校长张成奇出席2019年中关村论坛；邀请澳大利亚新南威尔士大学和悉尼科技大学参加2019年中关村论坛期间的中关村国际前沿科技展。是年9月，中关村发展集团、中关村协同发展、中关村协同创新基金和中关村海外科技园组成代表团访问新南威尔士州政府、新南威尔士大学火炬创新园、宝泽金融集团、嘉富诚基金管理公司、中关村股权投资协会澳大利亚分会、新南威尔士创新中心、G5创业空间等当地机构，对接当地资源，洽谈合作。

（七）中关村驻芬兰赫尔辛基联络处

2012年11月13日，中关村驻芬兰赫尔辛基联络处（简称赫尔辛基联络处）、中关村发展集团赫尔辛基创新合作中心、中关村软件园芬兰创新与技术转移合作中心挂牌，由政府部门、市场化集成运营平台和专业园区共同组成“三合一”中芬国际合作创新平台。赫尔辛基联络处由中关村软件园子公司Beijing Zhongguancun Software Park Development Ltd.Sivuliike Suomessa负责运营管理。

2013年8月20日，促成北京信和洁能新能源技术服务有限公司收购芬兰AAVI科技85%的股权，并确定在芬兰设立核心研发机构、设立工厂及生产流水线。

2014年，促成广联达公司收购芬兰Progman Oy公司。4月8日，由赫尔辛基联络处及中关村软件园组织的中芬国际创新平台启动暨北京芬兰创新中心签约仪式举行。

2015年11月，芬兰总统为赫尔辛基联络处主任颁发一级骑士狮子勋章。

2017年4月，在中芬两国元首的见证下，成立中芬创新企业合作委员会，旨在促进两国企业在各领域的合作。芬方主席单位是诺基亚公司，中方主席单位是中关村发展集团。6月，中芬创新企业合作委员会第一次会议在北京举行。12月，中芬创新企业合作委员会第二次会议在芬兰赫尔辛基举行。

图9-1-1　2017年12月1日，中芬创新企业合作委员会第二次会员大会举办

2018年10月，芬兰中资企业协会成立，赫尔辛基联络处主任被推选为第一届会长。11月，中芬创新企业合作委员会第三次会议在上海首届中国国际进口博览会期间举行。2019年12月，中芬创新企业合作委员会第四次会议在芬兰赫尔辛基举行。

（八）中关村驻德国慕尼黑联络处

2011年5月，中关村驻德国慕尼黑联络处（简称慕尼黑联络处）挂牌，由中关村海外科技园子公司Beijing Zhongguancun Science Park International（GERMANY）GmbH负责运营管理至2018年。

2013年9月，拜访德国柏林科技园、亚琛工业园等著名科技园区，探讨交流合作。

2014年6月，参加在德国慕尼黑举办的国际太阳能产业博览会，接待中关村管委会代表团及中关村参展企业。

2015年9月，参加世界科技园大会北京年会，邀请德国科技园代表参会。共推荐海外回国考察人员（团队）15名（个），接待国内到访团组4个。赴比利时布鲁塞尔参加第7届欧洲论坛，赴法国蒙彼利埃参加第35届数字化世界高峰论坛，代表中关村科技园区与蒙彼利埃地中海大区政府签订战略合作协议框架。

2016年，拜访德国国家癌症研究中心，德国国家宇航局机器人研究所，欧洲分子生物实验室，德国SAP软件公司，戴姆勒—奔驰、奥迪、宝马、保时捷、曼恩卡车等汽车生产制造商等产学研机构，学习德国在传统工业制造和智能集成感控系统、物联网技术的结合方面所做的探索和形成的经验。共推荐海外回国考察人员（团队）10名（个），接待国内到访团组4个，举行政策宣讲活动5场。

2017年，在慕尼黑大学、慕尼黑工业大学、海德堡大学、海德堡应用科技大学、柏林工业大学共举办5场“中关村出入境政策宣讲会”。协助17家中关村企业赴德国考察和拓展业务，其中，京东方总部人力资源部、京东方德国分公司、北京启明星辰信息技术有限公司与德国投资署对接。安排德国慕尼黑工业大学孵化器与清华大学X–Lab等中德16个创业团队访问中关村软件园。

（九）中关村驻德国海德堡联络处

2019年3月，中关村驻德国海德堡联络处挂牌，由中关村海外科技园子公司Beijing Zhongguancun Science Park International（GERMANY）GmbH负责运营管理。

2019年4月，参加由德国联邦政府主办的文化中国（Culture China）活动，并以“中国最具活力的创新示范区：中关村”为题推介中关村科技园。5月，协调安排由柏林理工大学、亚琛工业大学、弗劳霍夫研究所的30位专家学者组成的德国学术交流中心高级代表团访问中关村软件园。6月，参加首届中德创新城市合作论坛，就如何培育中德互动的创新生态体系、实现中德企业跨境创新合作等进行深入的对话和交流。是月，与中国留德学者计算机学会（GCI）共同举办第二届中德智能机器人论坛。7月，与海德堡商务俱乐部联合主办第91届会员交流，60余位商业精英和创业团队成员就初创企业的外聘专家模式进行深入探讨。同月，与TEDx Heidelberg机构联合组织以“Who cares？！”为主题的创新分享活动，8位演讲嘉宾分享自己的创新故事和体验，来自海德堡和周边地区500余人参加活动。9月，组织协调中关村驻德国柏林联络处、中关村驻德国慕尼黑联络处及12家相关企业和机构，赴科隆参加2019中国商业和投资者论坛，共同组成北京展区。是月，参与2019年德国联邦创业联盟创新大赛活动，协助德国联邦创业联盟及优秀项目团队对中关村科技园进行实地考察。10月，协助邀请德国嘉宾参加中关村论坛，推荐德国5G机器人示教项目参加论坛同期举办的未来科技展。

二、海外孵化器

集团在硅谷国际孵化中心的基础上，从2014年开始，理顺前期海外孵化器项目，根据海外孵化器实际发展的需要，扩大相关孵化器的面积。国际孵化中心聚集海内外高端人才和项目资源，前移挖掘前沿技术和重点项目的端口，利用当地的创新资源和环境，加快高新技术成果的转化和产业化，国际孵化中心功能的优势不断凸显。

（一）硅谷国际孵化中心

2012年12月3日，硅谷国际孵化中心揭牌。

2014年，硅谷国际孵化中心共有3家企业项目在孵，分别为凌感uSens公司（原凌指公司）的三维人机交互系统项目，Trustlook公司的手机安全软件项目，聚合绿能PolymerGreen公司的垃圾处理项目。在硅谷国际孵化中心的承载与帮扶下，3家企业均取得良好的发展业绩，市场估值显著增长。

图9-1-2　2012年12月3日，硅谷国际孵化中心揭牌仪式举行

2015年之后，硅谷国际孵化中心的相关业务逐步开始与中关村硅谷创新中心融合。

（二）渥太华国际孵化中心

2012年12月11日，渥太华国际孵化中心揭牌，该中心为中国在加拿大的首个国际技术孵化中心。

2013年10月16日，渥太华国际孵化中心正式成立并投入使用。入孵6家企业，分别是iNano Medical Inc.、JP Canshielding、Viscore、NeuroQore、Artenga和GREenergy Tec，涉及高端医疗器械、新材料、下一代信息技术和新能源等领域。

2015年11月，集团与渥太华投资署签署孵化中心合作协议。

2017年，与加拿大渥太华投资署签订新合作协议，实现新办公空间入住与运营。以中关村国际（美国）为主体完成孵化项目iNano Medical Inc租金转股权。10月，在渥太华“北京周”活动上，承办“链接北京与渥太华创新合作”中关村科技创新主题日活动。

2018年10月，协助加中友好协会8名专家到访中关村高端医疗器械产业园。

2019年5月，出席蒙特利尔创新创业论坛。10月，参加蒙特利尔美中生物医药协会加拿大分会年会。是年，渥太华国际孵化中心与中关村多伦多联络处实现业务整合，建立北京、渥太华、硅谷联动的长效工作机制。

图9-1-3　2012年12月11日，渥太华国际孵化中心揭牌仪式举行

三、海外创新中心

以设立中关村硅谷创新中心为代表，集团在美国、加拿大为代表的北美地区以及德国、以色列、英国等地区陆续建立中关村海外创新中心。中关村海外创新中心通过以企业为主体，以产业为支撑，以人才为核心，以资本为保障，以服务为基础架构，实现中关村与海外前沿科技产业的有机结合，成为集团布局全球资源配置与推动国际化科技创新的重要平台机构。截至2019年底，共设立中关村硅谷创新中心、中关村德国创新中心、中关村波士顿创新中心、中关村以色列创新中心暨Innonation Powerhouse（创新国度动力空间）等海外创新中心。

（一）中关村硅谷创新中心

中关村硅谷创新中心位于美国加州圣克拉拉市，占地面积近7000平方米。该中心设置孵化器、加速器、跨境办公室、展示中心、大型众创空间等功能区块，提供包括项目孵化、联合办公、创新社群、文创活动等一系列增值服务。由中关村国际（美国）与其子公司4500 Great America Parkway LLC共同负责运营管理。

2014年10月，集团在美国硅谷设立全资子公司—中关村国际（美国），注册地址是美国加州圣克拉拉市。

2015年3月，中关村国际（美国）与美国合作伙伴C.M.Capital合资成立4500 Great America Parkway LLC，并购置用于设立中关村硅谷创新中心的物业。9月，中关村硅谷创新中心一层装修完毕并逐步开展企业推广招商、入孵入驻。

图9-1-4　中关村硅谷创新中心

2016年5月11日，中关村硅谷创新中心实现运营。9月11—16日，接待北京市委组织部局级干部培训班调研访问并组织创新培训。12月1日，北京未来科学城硅谷工作站正式落户中关村硅谷创新中心。12月3日，中关村硅谷创新中心与中关村集成电路设计园共同举办集成电路产业环境推介会。

2017年3月6日，成功组织北京—硅谷人才峰会活动。8位海外科学家正式受聘为首批中关村海外战略科学家；“中关村海外科学家办公室”和“中关村海外博士后工作站”落户中关村硅谷创新中心。9月18日，举办2017国家大众创业万众创新活动周美国·圣克拉拉站主题活动。9月20日，组织举行北京市硅谷人才与科技峰会。同日，中关村海外战略科学家委员会成立；中关村盛景美国母基金正式发布。11月16日，在美国硅谷举办首届中关村全球创新未来峰会暨中关村海外论坛。11月22日，受聘为全球华侨华人创新创业服务基地。12月11日，组织北京市创新创业服务体系建设管理培训班与当地企业、创业者交流。

2018年，组织2018年首批海外项目中国行活动。5月31日，与怀柔科学城公司合作成立怀柔科学城硅谷工作站。6月26日，协办2018麻省理工中国创新创业论坛中国行（北京站）暨中关村生命科学园国际项目路演峰会；9月30日，中关村国际（美国）与北京市科委签约，及时对接北京市企业需求，探索引入来自美国硅谷等地的优质编程人员教育培训资源与管理评估体系。

2019年3月19日，基于中关村北美地区资源及服务网络的“Z-Club”会员服务体系正式上线。4月26日，中关村硅谷创新中心、波士顿创新中心于硅谷举办第二届中关村全球创新未来峰会。7—9月，配合中关村协同发展、中关村信息谷组织海外项目中国行活动。

截至2019年底，中关村硅谷创新中心先后成功孵化TalentSeer、Grush、Dilili Lab、轻客智能等13家初创科技企业，吸引达闼科技、小马智行、奇虎360、海康威视、神州高铁、长城会、纳通医疗等近50家国内企业客户、服务机构跨境入驻，入驻率稳定在80%～90%。创造性地打造“Z-Club”会员服务体系、“GIFTs”科创峰会、《中关村硅谷创新生态白皮书》等服务产品，帮助城市、企业会员，对接中美优势科技产业，促进政府和社会创新资源整合。

图9-1-5　2019年4月26日，第二届中关村全球创新未来峰会举办

（二）中关村德国创新中心

中关村德国创新中心位于德国海德堡市中德科教园，运营面积约400平方米。服务范围包括孵化加速、为入驻初创团队和企业提供中德双向市场对接和拓展、技术转移咨询、兼并收购咨询，为政府和企业设立德国跨境办公室等。由Zhongguancun Science Park International（GERMANY）GmbH负责管理运营。

2016年6月29日，中关村管委会和中关村发展集团在德国海德堡市发起设立中关村德国创新中心。

2017年4月19日，中关村德国创新中心入驻德国海德堡市。7月，入驻海德堡市中德科教园。

2018年5月7日，举行启动仪式。7月，迎来第一家德国公司Quartzwerk GmbH入驻。是月，两家初创企业Origitech和Pixel Biotech入驻。8月，医疗初创项目德馨医疗入驻。9月，德国IT企业Communal—FM GmbH团队入驻。11月，与山东省新泰市签署科技咨询服务合同。12月，组织与中欧创新创业协会的风险投资人进行视频路演座谈会。是年，与海德堡资本、达姆施塔特工业大学、柏林工业大学、德国医谷集团等机构探索在项目投资、技术转移等领域合作。

图9-1-6 2018年5月7日，中关村德国创新中心启动仪式举行

2019年4月，在由德国联邦政府主办、德国卡尔斯鲁厄理工学院承办的“Culture China”活动上，围绕中国竞争力，中关村德国创新中心以“中国最具活力的创新示范区中关村”为核心内容，全面介绍中关村。

截至2019年底，入驻企业和团队8家，涉及电子、机器人、生物技术、医疗服务、跨境服务等领域；累计组织、协办、参与中德创新相关的论坛等活动9场。

（三）中关村波士顿创新中心

中关村波士顿创新中心位于美国波士顿地区剑桥市，紧邻哈佛大学、麻省理工学院、多家世界顶级科研机构以及大批高新科技企业及孵化器，建筑面积约6000平方米。该中心设有国际孵化中心、跨境办公室、国内客户海外工作站、会议中心等多个功能板块。由中关村国际（美国）子公司中关村波士顿创新管理公司负责运营管理。

2018年3月30日，中关村波士顿创新中心项目于北京市2018年北美科技创新峰会上启动。是日，集团与麻省理工学院科技产业转化办公室签署合作协议；中关村波士顿创新中心与中美健康峰会、新英格兰美中医药协会、麻省理工学院中国创新与创业论坛和哈佛大学哈佛中国论坛等签署战略合作伙伴协议；首批企业机构签约入驻。9月，中关村波士顿创新中心正式运营，举办首届剑桥区块链健康峰会等重要活动。中关村波士顿创新中心参与发掘、引荐中关村海外战略科学家；宣传推介中关村乃至北京市的科技创新、金融服务及人才引进政策；开展双边交流活动，服务北京市科创中心建设和国际化人才发展战略。是年，共10家企业机构进驻。

2019年5月18日，举办中欧国际工商学院第三届美国论坛。10月18日，参与协办2019麻省理工学院北京论坛。

图9-1-7　中关村波士顿创新中心

（四）中关村以色列创新中心暨Innonation Powerhouse（创新国度动力空间）

中关村以色列创新中心暨Innonation Powerhouse（创新国度动力空间）位于特拉维夫市，紧邻中国驻以色列大使馆，建筑面积2500平方米。由中关村发展集团、以色列英飞尼迪集团和中国富力集团共同发起设立。该中心依托以色列当地的科技、人才等创新资源，以及中关村全球创新网络，孵化和加速以色列初创团队和企业；为中以双边初创团队和企业提供开创性的AI加速系统，即Smart Match（智能匹配分析系统），帮助有跨境需求的用户快速寻找、智能化追踪全球最佳的潜在合作伙伴、投资人和投资项目，从寻找潜在合作伙伴到商务会谈预约，可将意向合作企业的商业效率提升10倍。

2019年7月8日（以色列时间），中关村以色列创新中心暨Innonation Powerhouse（创新国度动力空间）投入运营。截至2019年底，创新中心入驻率达到100%。

图9-1-8 中关村以色列创新中心暨Innonation Powerhouse（创新国度动力空间）

（五）中关村伦敦创新中心

中关村伦敦创新中心位于英国伦敦市伦敦金融城区域，面积约10，000平方米。服务范围包括科技孵化、跨境加速、基金投资、并购咨询等，为入驻的科技企业和初创团队提供中英双向市场对接和跨境办公室等服务。

2018年5月15日，伦敦金融城副市长罗威在伦敦金融城政府会见集团代表团一行，洽谈中关村伦敦创新中心落地合作事宜。同日，集团分别与英国Fuel Ventures、SILK Ventures签署谅解备忘录，确定将在中关村伦敦创新中心落地运营及基金投资等方面进行合作。

2019年4月26日，伦敦金融城市长鲍满诚一行访问集团，就中关村伦敦创新中心以及在“一带一路”框架内开展全面合作进行进一步沟通。10月22日，在第十五届世界华商大会ZGC GIFTs × London峰会上，集团与伦敦发展促进署签署谅解备忘录。10月23日，伦敦市长萨迪克·汗在伦敦市政府会见集团代表团一行，对创新中心落地伦敦表示欢迎。

四、海外投融资平台

集团海外投融资平台依托中关村国际（香港），旨在加快推进海外业务向纵深发展，参与“一带一路”及其沿线地区的科技合作与探索，打通境内外投融资通道。

2018年3月，中关村国际（香港）正式成立。

2019年9月，国际评级机构惠誉授予集团类主权A级评级，这是集团在国际资本市场的历史性突破。截至2019年底，海外投融资平台已经投资一系列基金系，包括中关村盛景美国母基金、中关村海外专项投资基金等。

2020年2月，集团向全球发行3亿美元高级无抵押债券，票息为2.875%，期限为3年，债券评级为惠誉A。募集资金用于全球创新中心建设、科技股权投资、资本运营等用途。汇丰银行、星展银行、广发证券以及丝路国际担任本次债券发行的联席全球协调人，汇丰银行同时担任独家信用顾问，工银国际担任联席账簿管理人。债券开簿后，来自全球的100位投资者参与认购，发行认购倍数逾8倍，总认购量逾25亿美元。本次债券票息利率创下2019年下半年以来地方国企海外发债的最低票息。

第二节　海外基金

随着集团海外业务的开展，逐步探索通过设立海外基金的方式，推动创新资源的全球配置。联合斯坦福大学张首晟教授合作设立丹华基金。作为中芬创新企业合作委员会主席单位，探索筹建中芬基金。设立中关村首支海外母基金—中关村盛景美国母基金。截至2019年底，集团共参设6支海外基金。

一、丹华基金

2013年5月13日，集团联合斯坦福大学著名华裔科学家张首晟在美国硅谷发起设立丹华基金，重点支持斯坦福大学及美国硅谷原创性和具有颠覆性创新技术项目。丹华基金I期规模9125万美元。集团通过中关村创投和中关村国际（美国）分别出资999.9999万美元、75万美元。

2014年，丹华基金I期正式开始进行项目投资。丹华基金I期实现基金超募，当年新增投资项目10个，累计投资14个项目，投资项目均取得较好效果。集团与丹华基金I期管理团队密切配合，进一步完善丹华基金I期合伙人协议，完成最终协议签署；协助丹华基金I期的募资及其他出资人对丹华基金I期进行尽职调查；推进丹华基金I期出资。丹华基金I期管理团队专注于硅谷前沿的创新技术和未来发展趋势的早期项目，所投项目发展较快，规模、技术有较大提升。截至年底，丹华基金I期实现募集规模9125万美元，超募4125万美元。年度累计新增项目储备约40个，决策投资项目14个，其中新增决策投资项目10个。对发展较快的Meta、Apportable、Inside Maps 3个项目完成追加投资的决策。项目的平均估值都有不同程度的上升，其中Trustlook和Inside Maps两个项目的估值均为投资时的4倍，成为“孵化器+基金”创新投资模式的代表。

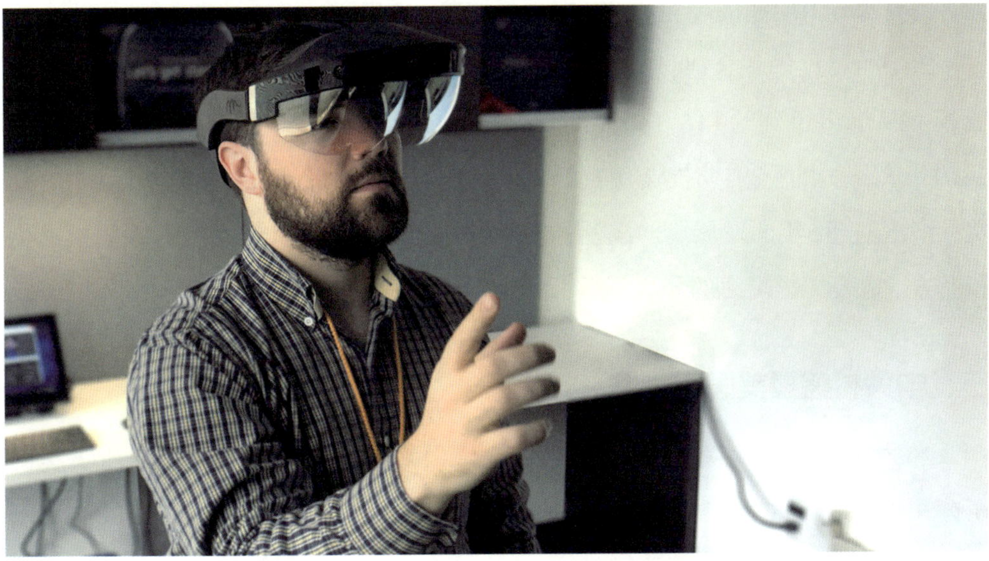

图9-2-1　Meta增强现实（AR）技术眼镜

2015年，丹华基金I期决策投资项目16个，年度投资1290万美元，累计投资3122万美元。1月和11月，集团分别完成对丹华基金I期的第二次和第三次出资，累计出资750万美元。

2016年，丹华基金影响力扩大，在丹华基金I期发展的基础上，丹华基金II期设立，规模约3.4亿美元。集团通过中关村国际（美国）认缴1250万美元，当年实缴投资250万美元。丹华基金II期投资方更加多元化、市场化、国际化，并继续关注硅谷地区早期优质项目，同时注重与中国市场的创新资源合作。是年，丹华基金I期项目数量为31个，其中决策并投资项目16个，含丹华基金自主决策种子项目。共计投资30个项目，投资金额2094万美元。光场相机项目Lytro部分股权实现退出，网络交易平台项目Chariot实现成功退出。为进一步通过丹华基金发掘优质项目和资源，集团加大对丹华基金的支持，形成丹华基金II期支持方案，完成首期出资250万美元。丹华基金II期实现超募至3亿美元。

2017年，丹华基金I期完成全部认缴出资。是年，丹华基金I期新增决策投资项目11个，新增投资额约1054万美元；丹华基金II期全年新增投资项目45个，投资额约4472万美元。

2018年，丹华基金I期投资期结束，年内完成项目投资18个，投资额115万美元。丹华基金II期完成项目投资54个，投资额5674万美元。

2019年，丹华基金I期开始进入退出期。截至2019年6月，丹华基金I期通过股权交易退出得到约445万美元的现金收入，并实现首次项目退出分配。截至2019年底，丹华基金II期投资额共计1.7亿美元，基金投资项目总体估值为2.81亿美元。经过近5年的发展，丹华基金成为北美地区华人团队创立的最大规模的创投基金，是最具影响力的华人风险投资基金品牌之一。

二、中关村盛景美国母基金

2017年9月，由中关村国际（美国）与国内知名创投机构盛景嘉成旗下美国子公司Peakview Capital共同合作设立中关村盛景美国母基金（ZGC Peakview US Fund I，LP）。资金规模3亿美元，出资人包括以中关村发展集团为代表的国内知名企业、创投机构以及多家国际化专业机构投资者。中关村盛景美国母基金专注于引导国际化资本进入全球的创新领域，旨在投向以硅谷地区为主的美国一线基金，成为助力全球创新创业的顶层出资人。

图9-2-2　2017年9月20日，中关村盛景美国母基金发布

2018年，中关村盛景美国母基金管理公司ZP Management LLC正式设立，并完成基金有限合伙协议签署，中关村国际（香港）认缴出资2500万美元。是年，基金完成新一轮融资4780万美元，基金总规模超过1.5亿美元，基金价值为原始投资成本的117%。

2019年第二季度，中关村盛景美国母基金首次实现投资收益分配，获得首次分配额约140万美元。截至年底，实现利息分配收益175.66万美元，投资收益633.13万美元。中关村国际（香港）累计出资2000万美元。

三、达闼科技专项投资基金

2017年5月，集团通过中关村国际（美国）以无抵押可转债的形式向达闼科技投资500万美元可转债票据（Convertible Promissory Note），并约定可使用集团关联主体在12个月内将本笔可转债转换为A轮优先股。中关村国际（美国）新设立海外专项投资基金“中关村海外专项投资基金（ZGC US Fund）”，即达闼科技专项投资基金，其唯一有限合伙人（LP公司）为中关村国际（香港），普通合伙人（GP公司）ZGC US General Partner，LLC设立于美国特拉华州。达闼科技移动内联网云服务(MCS)架构完成并投放市场，为下一代企业移动信息化提供了关键的“云网端”安全架构。云端机器人平台开发进入第二阶段，专业机器人服务业务取得重大进展。

截至2018年1月18日，达闼科技在云端机器人领域共拥有429项专利，为该领域世界第一。

2019年，达闼科技专项投资基金年净收益率达到151.86%。企业市场估值约为15亿美元，较投前增长近5倍。

四、美国 KiloAngel 天使基金

2015年，KiloAngel天使基金成立。该基金是硅谷一线投融资平台AngelList旗下专注于天使及种子轮阶段投资的基金。基金由在美国特拉华州注册的Kilowatt Capital LLC作为普通合伙人进行管理。基金投资项目的70%—80%源于AngelList平台。作为与AngelList有密切合作的基金，KiloAngel天使基金有机会参与AngelList的内部投资项目。除此之外，还有20%—30%的项目来源于线下的个人投资网络。

是年底，中关村国际(美国)与该基金管理方签署LP投资协议，集团承诺向KiloAngel天使基金出资200万美元，占该基金当时总资金规模的21%。中关村国际(美国)与基金管理团队双方建立定期沟通机制，以促进在融资状况、投资策略、投资进展上的信息交互，并共同发掘与北京市、中关村前沿产业及市场的对接项目。

截至2019年底，集团对该基金的出资已全部完成。

表 9-2-1　中关村发展集团海外基金情况一览表（2019 年）

基金名称	基金管理类型	所在国家或地区	基金发起人	中关村发展集团出资主体	基金成立时间	基金管理团队
丹华基金I期	受托管理	美国	丹华资本 中关村发展集团 金沙江创投	中关村（国际）控股公司 北京中关村创业投资发展有限公司	2014.06	丹华资本管理公司
丹华基金II期	受托管理	美国	丹华资本 中关村发展集团等	Millionple Investment Limited	2016.01	丹华资本管理公司
KiloAngel天使基金	受托管理	美国	AngelList	中关村（国际）控股公司	2016.02	Kilowatt Capital LLC
中关村盛景美国母基金（ZGC Peakview US Fund I, LP）	受托管理	美国	中关村发展集团 盛景嘉成美国母基金	中关村国际控股有限公司	2018.05	ZP Manangement LLC
Fuel Ventures Portfolio 3	信托	英国	Mark Pearson	中关村国际控股有限公司	2018.07	Fuel Venture Limited
ZGC US Fund, LP	自我管理	美国	中关村发展集团	中关村国际控股有限公司	2018.08	ZGC US General Partner LLC

第三节 海外项目和高端人才的引进

自2014年以来，集团与政府、园区、企业等合作，聚焦“高精尖”，推进海外“引进来”项目落地，促进优质项目参与中关村创新发展。承办“北京市硅谷人才与科技峰会”“北京市硅谷高端人才峰会”等各类峰会，建立中关村海外战略科学家队伍，为创新发展献计献策。

一、海外项目引进

2014年，创新实践“1+1”（基金+孵化器）模式，促进海外高端技术与中关村企业对接，全年新增“1+1”落地项目2个。7月31日，集团投资参股的北京蝶和中发国际医疗技术有限公司与美国RxFunction公司签订共同开发意向书，约定对RxFunction公司首创的Walkasins行走辅助袜项目进行共同开发和商业化，双方共享合作中创造的知识产权。这是集团与美国明尼苏达大学和新发现资本合作，以“1+1”的方式引进海外先进医疗器械技术以来，首个成功在中关村落地的项目。集团联合海外合作伙伴医疗科技创新（亚洲）公司，从美国引进条件成熟、具备产业化能力的无创连续监测血糖仪项目。项目技术来源于美国麻省理工学院，拥有多项全球专利。医疗科技创新（亚洲）公司及其合作伙伴以控股该技术授权等相关权益作为投资，在集团的协调和帮助下，医疗科技创新（亚洲）公司联合山东步长集团就该项目成立合资公司，并在中关村生命科学园注册落地。

2015年，剑桥Achilles公司（女性排卵测试技术及设备）项目在中关村落地。丹华基金I期拟投互联网金融项目Pier并初步拟定在中关村落地。

2016年，促成以色列著名骨髓移植及细胞免疫治疗专家Slavin教授及其团队落地中关村生命科学园，设立中以细胞免疫及癌症治疗中心；促成中关村硅谷创新中心企业儿童智能牙刷项目Grush（全美最佳创客大赛第一名）落户中关村创业大厦。

2017年，促成5个海外科技项目回国落地，签约或入驻中关村。中关村驻德国联络处对接德国戴姆勒集团张天光博士团队项目、巴伐利亚州应用能源研究所王洋博士被动式房屋项目。

2018年，促成12个海外项目落地北京。推进以色列威茨曼研究所Yeda（耶达）技术转移中心在京设立创新中心，举办中以创新跨境合作峰会和麻省理工学院中国创新创业峰会等各类国际化“双创”活动，推动优质项目落地中关村。引进以色列通用航空VR头盔和陀螺仪两个项目落地中关村延庆园，云计算和半导体两个股权投资类项目落地中关村协同创新投资基金管理公司。

自成立至2019年，集团引进世界知名跨国公司IBM、汤森路透等美国企业在中关村软件园设立研发中心或分支机构；与以色列孵化创投机构建立“中以国际合作技术创新转移中心”，设立inno Hub中以孵化器，引入以色列创投孵化模式；与印度TCS的合资公司成功落地，并落户中关村软件园。

二、高端人才的引进

2017年以来，已有近20位海外优秀科学家当选为中关村海外战略科学家代表。

2018年，集团加强全球高层次人才创新合作，完善中关村海外战略科学家队伍建设，利用海外创新网络为园区导入增量资源。新增聘用4位中关村海外战略科学家，引进16名外籍优秀毕业生在中关村示范区创业。

2019年，通过投资、合作等方式引入包括以色列PTL Group、英国Honey Ventures等在内的十余家国际领先中介服务机构；建立海外人才网络和专家网络，协同科技园区引入海外优秀人才15人、创新项目（含专业服务机构）15个。

第十章　人力资源

集团坚持“党管干部、党管人才”“德才兼备、以德为先”的原则；坚持“人力资本是第一资本”，优先开发的原则；坚持“人才投资是效益最好的投资”，优先投入的原则；坚持“民主公开竞争择优”，优先选用符合集团科学发展要求人才的原则；坚持“价值投资理念”，优先开发高端人才的原则等，人才规模不断扩大，结构质量优化提升，多渠道发现、招聘和用好专业人才，优化干部成长路径，加大对优秀年轻干部的储备和培养力度，提升集团整体服务科技创新的能力。加强集团干部管理和交流，制定干部管理工作方案，增强干部选拔的科学化、制度化、规范化，建立职工正常的薪酬增长机制，探索人才激励机制和约束导向。截至2019年，全系统员工从成立之初的约2000人发展到5700余人（含9家区企共管公司）。集团系统干部人才队伍平均年龄36.4岁，其中35岁以下占一半以上；近90%为大学本科以上学历，其中拥有硕士及以上学位的占近1/3，拥有中级以上专业职称的占23.9%。干部人才队伍呈现高学历、高层次、高素质、年轻化的特征。

第一节　人才结构

2011年，集团总部共有61人。其中，正式员工56人，拥有硕士研究生及以上学历的47人，约占正式人员的84%。

2012年，集团总部共有92人。其中，正式员工84人，拥有硕士研究生及以上学历的67人，约占正式人员的80%。

2013年，集团总部共有83人。其中，正式员工78人，拥有硕士研究生及以上学历的64人，约占正式人员的82%。

2014年，人事关系在集团总部的正式员工89人，含6名人事关系暂在集团总部，拟外派下属子公司人员。其中，集团总部正式员工83人，拥有硕士研究生及以上学历的63人，约占76%，平均年龄36岁。

2015年，人事关系在集团总部的正式员工96人，平均年龄37岁。拥有硕士研究生及以上学历的73人，约占76%。截至年底，集团总部共计入职员工32人，其中，拥有硕士研究生及以上学历的27人。集团总部调动至子公司13人。

2016年，人事关系在集团总部的正式员工109人，平均年龄37岁。其中，具有硕士研究生及以上学历的91人，约占83%。取得博士学位的员工14人，约占集团总部正式员工的13%。64%的员工为管理、金融、经济、法律类等专业。全年集团总部共入职35人，其中硕士研究生及以上学历的32人。

2017年，多渠道、多方式吸纳人才。截至年底，集团总部共有正式员工112人，平均年龄39岁。中层以下员工平均年龄34岁，其中部门的业务骨干占比较大。集团总部硕士研究生及以上学历的共94人，占正式员工总数的84%，近70%为企业管理、科技金融、投资经济、法律审计等与集团中心业务匹配度较高的专业。全年入职32人，含8名2017年校招应届生。其中硕士研究生及以上学历27人。因工作需要组织调动3人，调至子公司12人。

2018年，集团总部共有119人。其中，正式员工116人，拥有硕士研究生及以上学历的95人，约占正式员工的82%。

2019年，集团总部共有106人。其中，正式员工104人，拥有硕士研究生及以上学历的84人，约占正式员工的81%。

表 10-1-1　中关村发展集团体系在岗人数统计表（2010—2019 年）

年度	在岗职工平均人数
2010	2000余人
2011	2300余人
2012	2500余人
2013	2800余人
2014	3000余人
2015	3300余人
2016	3600余人
2017	4300余人
2018	4500余人
2019	5700余人

第二节　人才招聘

2010年，集团与北京市双高人才发展服务中心合作，组织进行第一次公开招聘，共1000多人报名。7月1日，集团发出第一份员工录用通知书。截至9月19日，集团首批招聘录用到岗员工27人。

2011年，按照北京市面向社会公开选聘局处级党政机关领导干部和国有企事业单位领导人员的统一部署和安排，集团面向社会公开招聘副总经理1名，共有22名候选人通过资格初审。8月18日，公招名单公布，集团副总经理职位任职人员确定。第四季度，与北京市双高人才发展服务中心合作，发布30个招聘岗位。在北京公招网、前程无忧、北京青年报、新浪网、搜狐网等多家媒体进行招聘信息联合推广和宣传，共有734人报名，通过资格复审的约350人。全年共招聘人员21人，其中高管1人，中层干部1人，员工19人。

2012年，集团总部面向社会进行公开招聘，选聘产业投资类、园区开发建设类、金融类等优秀专业人才38人，约占总人数的45%。其中，副总经理1人，总经理助理2人，中层干部6人。

2013年，先后组织开展集团总部、中关村生命科学园、中关村科技租赁、中关村医疗器械园人员招聘及中关村生物医药基地部分管理职位选聘。集团下属子公司人员招聘工作2月启动，共有337人报名，190人通过资格审核，最终19人入职。集团总部员工招聘工作自5月开始，共筛选简历200余份，最终录用2人。

2014年，选聘40人加入集团。3月，委托北京市双高人才发展服务中心组织开展集团总部中层及员工公开招聘，共有1160人报考，最终25人入职。其中含4名中层管理人员。集团内部另有2人通过此次公开招聘被聘任为中层管理干部。11月开始，组织开展专业职位招聘，8个部门共招聘21人。

2015年，开拓多样化、有效的人才选聘渠道。对于中层及普通员工，特别是金融、投资、园区发展领域专业人才的选聘，灵活采用社会招聘、猎头招聘、内部推荐、组织选调和挂职锻炼等多种方式，面向海内外引进高层次人才。5月初至7月初，组织开展新设子公司面向集团总部人员的选聘。共有5家子公司，提供15个中层及以上管理职位。经过报名意向征集、意见征求、集团领导及子公司负责人面谈等阶段，最终选聘5名人选担任子公司中层职位。采用猎头招聘方式，开展中高端人才招聘，先后与多家猎头公司进行沟通接洽，吸引选拔高端人才和稀缺人才。新入职员工10余人。

2016年，社会招聘共招聘到岗24人，其中硕士研究生及以上学历占79%。校园招聘共收取简历4700余份，招聘入职21名硕士及以上学历应届毕业生（含1名博士后）。

2017年，集团总部全年招聘到岗32人。其中，中层副职及以上急需紧缺人才10人，硕士研究生及以上学历占75%。校园招聘共收取简历7400余份，筛选600余人进行人才测评，组织面试300余人，复试150余人，招聘入职12人（其中总部入职8人）。

2018年，拓宽渠道组织专业岗位人才招聘，相继开展信息化管理、党务管理、资本运营业务专家等专业岗位人才的社会招聘，选拔录用12名工作经验较为丰富、专业素质较高的社会在职人员入职。校园招聘共收简历5000余份，招聘入职13人，其中，博士后招聘入职5人。是年8月，为进一步拓宽干部选拔任用视野，探索建立有利于优秀年轻干部脱颖而出的工作机制，与外部专业机构合作，通过公开竞聘的方式，组织开展集团6个中层管理岗位的选拔任用，根据岗位要求及候选人综合表现，最终拟定4名建议考察人选。

2019年，在北京理工大学和中央财经大学分别组织两场校园宣讲活动。共收取简历6000余份，组织测评600余人，组织初试330余人，组织复试160余人，招聘入职15人。

图10-2-1　2019年11月，中关村发展集团校园招聘会举行

第三节　薪酬福利

2010年4月，根据《中华人民共和国企业国有资产法》等法律法规相关规定，参照《北京市国有及国有控股企业负责人薪酬管理暂行办法》等规范性文件精神及北京市国资委监管企业薪酬平均水平，按照“公平性、竞争性、激励性、

经济性、合法性”等主要原则，集团全员实行岗位绩效工资制。制定集团《考勤及休假管理暂行办法》《公务交通补贴管理暂行办法》《员工福利管理暂行办法》等相关制度。

2011年，与平安养老保险公司签订《2011年度集团员工及家属综合福利保障协议》，为集团员工购买补充医疗及团体意外险。根据实际情况，建立集团内部虚拟账户及大病医疗互助基金，提高员工的医疗保障水平，解决员工的后顾之忧。

2012年，在人均费用基本保持不变的前提下，优化商业补充保险险种结构及保额，提高员工保障水平和满意度。

2015年，参考外部市场薪酬数据，结合CPI① 、国家相关工资政策、企业利润等因素进行综合研判，建立职工正常的薪酬增长机制。根据各岗位所对应的外部市场，优化调整薪酬体系，保证集团内部薪酬体系与外部人才市场薪酬水平的匹配性。设计差异化薪酬激励策略，根据岗位的“外部市场稀缺程度”“核心价值影响程度”“工作产出弹性高低”三个因素，分析制定不同岗位类别差异性的薪酬激励策略，建立年度绩效奖金与组织绩效关联机制。制定《集团总部交通补贴管理办法》《集团总部薪酬调整方案》。

2016年，修订《集团总部薪酬福利管理办法》，完成集团总部薪酬调整。在国企改革背景下，探索制定部分子公司人才激励机制。中关村协同发展、中关村协同创新基金、中关村国际孵化器、中关村海外科技园等4家公司薪酬方案中增加任期激励，在年度薪酬之外增加一定额度的任期激励收入。在中关村人才特区建设框架下，集成“高聚工程”以及“先行先试”的政策资源，充分利用“户口进京”“人才公寓”“特殊人才引进计划”等多项政策优惠，加大集团对海内外高层次人才的吸引力度。

2017年，建立员工“双通道”职业发展路径，结合员工年度考核、日常表现和个人陈述情况，严格考评标准。集团总部共有16名员工实现专业职级晋升。

2018年，按照集团总部与市属重点投资控股集团薪酬水平一致的目标要求，遵循“小步慢走”的节奏安排，对集团总部薪酬水平进行初步市场对标，对总部薪酬标准、结构和薪酬管理制度进行优化完善，实现工资总额从财务预算

① CPI为“居民消费价格指数”(Consumer Price Index)的简称。

宽口径管理向工资总额预算精细化管理的平稳过渡。对部分园区子公司主要负责人薪酬进行优化调整，体现激励和约束导向。根据子公司转型发展方向导入激励约束机制改革，借鉴并研究国有企业中长期激励的实践案例，提出在部分子公司试点开展员工持股、跟投、股权和分红权（虚拟股权）激励、事业合伙人、超额利润分享等中长期激励的方向和路径。

2019年，按照集团深化改革转型发展的要求，以探索建立市场化用人体制和激励机制为核心，制定并发布《中关村发展集团总部考核与薪酬管理暂行办法》《中关村发展集团子公司考核与薪酬管理办法》，进一步规范集团考核与薪酬激励约束管理工作。

表 10-3-1　中关村发展集团福利项目一览表

福利项目	建立时间
健康体检	2010年
餐补（统一就餐）	
防暑降温费	
取暖补贴	
婚育贺礼	
奠仪金	
商业补充保险	2011年
企业年金	2015年

第四节　教育培训

2010年7月，集团组织对第一批公开招聘选择录用的新员工进行入职培训，帮助新员工了解集团成立背景和建设中关村示范区的工作要求，了解集团核心业务和战略规划，为员工快速融入团队，进入角色和履行职责奠定基础。

2011年，组织员工内部培训共8次。培训内容涵盖集团管理制度、专业知识、相关行业、产业知识等。

图10-4-1　2011年9月，中关村发展集团开展员工团队建设活动

2012年5月9—11日，组织为期3天的新员工培训。通过讲座、团队游戏、参观、讨论交流等多种方式，介绍中关村科技园发展历史，讲解集团定位、发展战略，帮助新员工多角度更快、更深地认识和了解集团。

2013年，集团组织内部专题培训，主动挖掘集团外部资源，先后选派集团总部、控股子公司中高层管理人员参加“世纪管理名家讲堂”和“京企双高讲坛”。借鉴行业经验，编制内部培训教材《DAYs 11》，采取不定期讲座、参加会议（论坛）及专题讨论等方式，组织15次业务培训和业务学习。根据市委组织部等部门关于全市干部境内培训工作通知的要求，集团总部干部参加市委组织部学习班，截至2013年底，共有12名领导干部参加市委组织部组织的相关学习班。

2014年，新员工入职培训内容较为全面，涵盖中关村示范区、集团发展战略、集团三项核心业务等相关制度。组织“建立实施战略的组织能力”及“创新体制机制，加快建设全国科技创新中心”的培训，完成“集团经营层业务学习”的方案设计。

2015年，出台集团培训管理制度，编制培训规划，安排专项资金用于员工培训，实现集团全体员工分层分类培训全覆盖。加大年轻干部培训力度，提高培训的专业化、国际化水平，通过境内外培训平台、E-learning网络培训系统以及内训外训相结合的多种培训方法开展新员工入职培训，现有员工职业道德、业务技能、团队合作能力和管理能力等培训。构建三个层次的培训体系：配合市委组织部做好集团市管干部的培训和教育，为构建一流管理运营团队提供有力保障；加大对集团中层干部管理能力、执业能力的培训；基层员工以“专业能力提升”为主线，加大培训的针对性和实效性，提升员工快速学习能力。

2016年，组织集团总部和子公司干部、骨干人才出国（境）考察培训共计26人次。包括赴美国硅谷、中国香港“科技创新创业管理与实践”考察培训项目，赴德国柏林、慕尼黑“先进和智能制造前沿技术创新、成果转化及产业化”培训项目，赴美国旧金山、西雅图“软件和集成电路前沿技术创新及产业化渠道”培训项目。集团针对新入职的20名应届毕业生和2015年社会招聘入职的新员工10余人，组织开展新员工入职培训，特别针对校园招聘新员工开展为期2天的外出封闭培训和拓展训练。

2017年，从加强党建及政治理论学习、促进综合素质能力提升、促进专业能力提升、加强企业文化建设等方面，集团明确全年教育培训工作思路原则、教育培训项目类型及内容，纳入集团年度督办事项，探索建立干部人才教育培训积分体系。开展党委理论学习中心组学习、关心关爱干部——情绪及压力管理讲座，开展论坛讲座、业务提升培训活动，共计约200学时、45次专题活动，2500余人次参加培训。

图10-4-2　2017年，中关村发展集团新员工入职培训

2018年，集团举办以“服务科创中心建设 提升青年人才素养”为主题的“新入职青年人才培训班”，集团总部及子公司共计50余人参加培训班。

图10-4-3 2018年10月10日，中关村发展集团新入职青年人才培训班开班式

2019年4月，为落实人才强企战略，加强青年人才队伍建设，为未来5年乃至更长时间发现、储备、培养、选拔一批来源广泛、数量充足、结构合理、素质优良的青年人才队伍，进一步吸引、储备、培养和使用优秀青年人才投身服务科技创新事业发展，结合集团转型发展对人才队伍的需求，制定《中关村发展集团关于实施青年人才培养“青苗计划”的指导意见》，有计划地组织开展培训、轮岗、挂职等活动。

集团在2019年度教育培训方案中，首次构建集团党建及政治理论学习、综合素质能力提升、专业能力提升、企业文化建设“四位一体”教育培训体系，共统筹开展72项教育培训活动。其中，加强党建及政治理论教育的培训项目27项，促进综合素质能力提升的培训项目17项，促进专业能力提升的培训项目15项，加强企业文化建设的培训项目13项。集团搭建“中发展服务创新大讲堂”教育培训平台，将年度教育培训项目中加强国有企业党建的、直接与集团深化改革相关的、影响力比较大的、培训对象更为认可的48项年度培训项目纳入“中发展服务创新大讲堂”，由集团总部各部门和子公司共同组织开展。截至2019年底，集团组织培训达到4500人次。

第五节　干部管理

集团成立之初，提出了建设一支精干、专业的干部人才队伍的战略目标。

2012年，集团的干部管理纳入全市干部管理系统，从中央、市级及区县相关单位为集团调配优秀人才，分别任职集团副总经理和总经理助理职务。参与全市干部交流和公选，选聘年轻领导干部，通过全市干部交流和公选，成功吸纳1名中央单位优秀人员挂职集团部门副部长职务，选聘2名副部长。

2013年，根据市纪委、市委组织部的要求，集团研究制定干部管理工作方案。根据集团实际情况，在党委的统一部署下，精心准备并发放相关文件材料供领导干部学习，并对报告表各项内容的填写要求及注意事项进行详细的介绍，确保报告的准确性、真实性、完整性。

2014年，根据《党政领导干部选拔任用工作条例》、《公司法》、公司章程，参照《中关村科技园区管理委员会监管企业选拔任用领导人员暂行办法》等相关规定，拟订并发布《选拔任用领导人员暂行办法》，增强干部选拔任用的科学化、制度化、规范化。

2015年，集团贯彻《党政领导干部选拔任用条例》和《中关村发展集团选拔任用领导人员暂行办法》，结合集团实际情况，通过谈话、问卷调查、查阅档案、个人报告有关事项信息核对等形式，对集团拟任用总部领导干部及集团下属子公司拟任命的领导班子成员人选开展组织考察。研究制定集团博士后工作站管理办法，规范对博士后的招收、管理及考核。制订博士后招收方案，组织招收博士后科研人员，和高校联合培养博士后人员，促进“产学研”融合，为集团业务发展储备高层次复合型人才。11月20日，集团召开第一次人才工作会议，出台《关于加强人才队伍建设的意见》，提出“人才工作26条”，确立人才强企、人才优先战略。该意见从统一思想、全面推进人才创新发展，人才招募引进，人才选拔任用，职业发展通道，培训管理，薪酬福利管理，绩效管理，竞争择优机制，企业文化建设以及加强党对人才工作的领导共10个方面提出26条具体的人才工作举措。

图10-5-1　2015年11月20日，中关村发展集团召开首次人才工作会议召开

2016年，集团"十三五"发展规划提出，要建立科学的人才评价体系，以奋斗者为本构建人才激励机制，充分挖掘和实现人才价值，建设结构合理、素质优良、能力突出、作风过硬、活力彰显的人才队伍。集团根据选拔任用领导人员程序，完成领导干部的考察、任免，开展人才交流。配合市委组织部完成集团主要领导调整及后备干部人选组织考察，完成10名干部的组织考察、干部任免。在选拔任用干部程序中严格执行动议、酝酿、民主推荐、组织考察、个人事项申报、任前公示等程序，完善选人用人工作机制。落实市委组织部京冀两地互派挂职干部，接收1名河北省推荐干部到下属子公司挂职，派出1名干部到河北挂职。根据2015年市委巡视组向集团反馈专项巡视情况的要求，对部分子公司高管进行调整，完成3名关键岗位干部职务变动，按要求进行子公司董监事及高管人选推荐。

2017年，执行《党政领导干部选拔任用工作条例》和《集团选拔任用领导人员暂行办法》，规范开展干部选拔任用。配合市委组织部完成后备干部人选组织考察，规范开展干部任免，全年干部任免共涉及168人次，完成14名干部的选拔任用。完成11名中层干部（含子公司班子成员）的试用期转正组织考察，集团内部5名干部交流轮岗，选派1名集团中层干部赴国家在京金融机构挂职，选派1名集团中层干部到河北保定挂职，通过市委组织部“人才京郊行”活动推荐1名集团干部到怀柔区挂职，河南林州、山东新泰、北京房山区共8名干部到集团体系挂职，加强与挂职单位的工作交流对接，多岗位培养锻炼干部。完成集团投资的高新技术企业股权代表的派出和变更。

2018年，集团党委工作报告中明确提出，大力引进和培养国际化、市场化、专业化人才，创新人才激励机制，鼓励更多服务创新人才脱颖而出。研究制定《中关村发展集团中层管理人员交流任职暂行办法》，建立集团优秀年轻干部数据库，与市委组织部优秀年轻干部数据库做好分级分类对接。探索开展年轻干部多岗位交流锻炼，对于在总部成长比较快的年轻干部，集团为其提供到子公司业务一线开展“墩苗磨炼”的机会；对于基层党组织推荐的优秀年轻干部，通过交流任职或组织借调、挂职的形式到总部工作，在重点项目上继续锤炼，进一步拓宽视野。先后组织子公司11名青年人才到集团总部工作，集团总部8人到子公司工作。

研究制定《集团总部导师制管理暂行办法》，为集团总部新入职3名青年人才在试用期内配备“一对一”导师，让各部门业务骨干成为青年人才进入社会、融入集团、发挥才干的“工作导师”，相互促进、共同成长。

加强干部监督管理，完善管理服务体系。按照国有企业干部选拔任用纪实工作规定，做好集团88名中层干部纪实材料整理，如实记载动议、民主推荐、考察、讨论决定、任职等干部选拔任用各个环节的主要工作和重要情况，对形成的有关材料及时归档，妥善保管，客观反映选人用人全过程和相关责任主体履职情况，为开展选人用人监督检查和实行责任追究提供重要依据。

2018年，全年共完成26名干部的选拔任用，其中提拔考察22人，平级调动4人。进一步规范干部试用期考核，全年进行试用期考核10人，做到试用期满当月考察，无特殊情况当月报会、当月转正。集团派出2名干部到金融机构挂职，接收2名金融系统优秀年轻干部来集团挂职；完成1名第七批北京市到中央金融单位挂职干部挂职期满考察；组织接收1名市政府研究室优秀年轻干部、2名河南林州市优秀年轻干部、1名江西赣州市选派干部到集团总部和子公司挂职锻炼。向市委组织部申报“人才京郊行”岗位需求，申请从市政府相关单位选派3名处级干部到怀柔科学城公司挂职锻炼。集团接收1名区企共管公司干部到集团子公司任职，接收1名干部到子公司挂职，经过公开面试等程序派出1名集团年轻干部到区企共管公司任职。

2019年，制定《中关村发展集团人才引进落户推荐工作办法》，解决集团优秀人才在京落户的问题。4月，制定《中关村发展集团优秀青年人才境外挂职工作实施方案》。7月，为集团优秀人才申报北京市人才引进落户。10月，启动并确定2019年境外挂职建议人选，分别至德国、美国创新中心挂职。是年，集团为贯彻落实深化改革总体方案，逐步建立市场化的选人用人体制和科学合理的激励约束机制，完善“能进能出，能上能下，能增能减”的选人用人制度。开展所属子公司职业经理人课题研究，研究制定《中关村发展集团所属企业职业经理人工作办法》。在此基础上，着眼于建立完善的法人治理结构和规范的职业经理人管理机制，研究制定《中关村发展集团专职董事监事管理办法》。借鉴京仪集团、首钢总公司等市属国企职业经理人工作经验，制定《中关村发展集团所属企业职业经理人试点工作方案》。《中关村发展集团所属企业职业经理人试点工作方案》明确开展职业经理人的工作原则和总体目标，提出试点的有关工作举措，细化各阶段的工作目标及时间进度。对照职业经理人试点的要素分析，根据子公司发展情况，结合双高志远公司的研究分析结果，初步提出21个试点子公司建议名单。

2019年，全年选拔任用干部37人次，其中履行提拔任用程序9人，因工作需要调整交流（含免职退休）22人。进一步规范干部试用期考核，试用期考核按期转正22人，中层干部交流轮岗10人。

第十一章　企业管理

为保障各项工作正常有序运转，在不断完善自身业务体系的同时，集团狠抓企业内部管理、建章立制，形成6大体系、47项管理制度，构建起行之有效的企业治理体系。加强行政管理，完善公文、会议制度，确保政令畅通，工作有序；制定经营计划和综合统计制度，及时掌握集团经营信息，提升集团的整体经营管理水平；建立并完善集团品牌架构，形成与之相适应的品牌管理体系；推进信息化和后勤建设，加强集团财务体系建设，建立有效的财务风险管理及控制办法；强化内部审计和法律服务，规范投资和经营行为，减少和化解投资风险，提高资金使用质量，为集团的全面发展保驾护航。

第一节　行政管理

集团行政管理体系主要有管理、协调、服务三大功能，包括文秘档案、公务接待、外事活动、后勤服务、信息化等方面。行政管理围绕集团中心工作，按照各项规章制度，确保管理系统有效运转；确保各项公务活动和外事活动正常、有序、规范；确保后勤保障有条不紊，及时安全；确保信息化建设能够提高工作效率，保证集团管理系统的规范化、科学化。

一、文秘与档案管理

2010年，集团加强文秘、档案管理，共处理各类发文105件，印制下发600余份，经办上级单位和外来单位文件122件，全部实现零差错。收集整理档案100余份，严格按照《档案管理办法》，实现随时产生随时归档。安排专人参加市委举办的文秘培训，开展面向集团各部门的公文管理培训。制定《会议管理办法》《公文管理办法》等7项规章制度、2项工作规则，对公文管理体系、档业管理体系、办公用固定资产管理，以及保密、印章、会议室的管理进行明确规定，确定工作程序和审批流程。建立行政办公系统，做到有章可循，界面清晰，责权明确，实现管理规范化。

2011年3月，集团与中共北京市委办公厅、北京市政府办公厅建立公文交换渠道，设立机要文件箱，定期收发文件。全年处理各类公文900余件，4000余次。组织档案人员开展业务培训，普及档案知识，增强档案管理意识。建立和完善档案管理制度。编制《集团各部室档案归档范围》《集团文书档案归档整理要求》《集团档案借阅制度》《办公室档案收集归档办法》以及《集团档案分类方案》等规章制度。建立信息披露制度，安排专人编辑、汇总，专人审核，严格履行信息发布审批程序。创建档案管理系统，于7月正式上线，并根据需求进行多次改进及调试。该系统不仅满足档案管理需求，同时满足对前期文件的收发管理及项目档案的前期内部管理，实现网络查询利用、下载原文的信息化管理。全年共接收和整理文书、项目档案共计403卷，1893份文件，扫描1063份；可在OA系统中浏览书目。

2012年，集团先后制定实施《会议室管理办法》《库房管理制度》《纪念品管理办法》《办公用品管理办法》，下发《进一步加强会议管理的通知》，修订《集团公文管理条例》《集团信息管理办法》《集团督促检查管理办法》等，建立起系统的行政办公体系。全年共处理各类文件2000余件，其中发文244件，收文603件，部门呈报件1000余件，机要文件130件。进一步强化档案管理。全年归集档案726卷，共计4376件，实现图书管理登记造册，登记造册870件（套）。

2013年，修订《集团档案归档范围》，出台《关于贯彻落实中央要求厉行勤俭节约反对铺张浪费的通知》《中关村发展集团关于贯彻落实中央、北京市改进工作作风要求的有关规定》。全年处理各类文件1907件。在文件的拟批、运转及处理过程中，保证“当日文件不过夜，紧急文件即时办”，集团收发文系统有效运转。共收集整理2012年纸质档案1562卷，其中含文件6712份。

2014年，集团制定《关于进一步改进文风会风的有关意见》，档案管理进一步制度化、规范化。全年共处理各类文件2256件。按市委统一要求，推进电子政务内网建设，公文、信息传输系统进入试运行阶段。全年收集整理2013年纸质档案1098卷，共5677份文件。

2015年，全年共处理各类文件2432件。推进中共北京市委电子政务内网运维，通过电子政务内网，接收中共北京市委下发的相关文件34件，共86份，向中共北京市委、北京市政府报送各类信息41条，采纳17条。档案管理工作有序不紊，收集整理2014年文书、项目档案共843卷，数码照片档案117组。全年档案借阅数达182人次，1650余卷，光盘31盘，数码照片档案100余组。编纂集团2014年大事记。

2016年，制定《关于进一步规范集团会议流程管理工作的通知》等一系列加强会议管理的制度，集团重要会议进入制度化、规范化、科学化的管理轨道。同时建立以网上申报为基础，线上线下统筹安排的会议管理机制。开展保密工作自查，制定《集团密码工作应急预案》，建立电子政务内网文件收发、销毁登记台账。全年共处理各类文件2268件，保障各类文件上传下达顺畅、准确、有序。全年共收集整理文书档案692卷、4241份；项目档案144卷、948份；数码照片档案187组，筛选、整理1941张照片档案；整理2013年账簿、凭证、报表共计160卷；服务档案利用约170人次、900多卷；编纂集团2015年大事记。

2017年，起草《关于进一步改进文风会风的有关意见》，对改进工作作风、精简文件会议等工作提出严格的要求和部署，确保“开有效的会、发管用的文”，持续改进工作作风。机要文秘、公文档案高效运转。处理各类文件1841件。对新成立子公司文秘、档案人员分别进行公文、档案管理培训。全年共收集整理文书档案1043卷、4680份，项目档案114卷、800份，数码照片档案245组，筛选、整理照片档案2352张，登记光盘档案48盘及部分实物档案。编纂集团2016年大事记。

2018年，完善《涉密人员管理办法》《保密要害部门部位管理制度》《涉密文件和资料管理办法》等8项相关规章，结合北京市国家保密局检查情况，制定集团保密工作整改工作方案及具体任务清单。加强宣传教育，通过以党委会、各部室（子公司）动员会、培训会等多种方式组织学习保密知识及相关规定，不断提高集团干部、职工保密意识。通过日常监督检查整改，推动集团各部室、子公司开展保密自查自评并结合自查进行整改，提升保密工作水平。全年共处理各类文件1430件，其中发文386件，收文1044件；整理归档2017年文书、项目档案1223卷；收集筛选2017年集团各种活动数码照片档案200组，整理照片档案2000张；收集光盘档案20张，并对牌匾、证书等实物档案进行登记归档；编纂集团2017年大事记。

2019年，通过党委会议、工作动员会、培训会等多种方式组织学习保密知识及相关规定，不断提高集团干部、职工保密意识。与招商局物业签订保密协议，组织工勤人员签订在岗保密书59人次、签订离岗保密书5人次，进一步加强集团对工勤人员的保密管理。进一步规范来文类型，将密级文件与非密级文件进行分类管理。优化OA线上文件流转程序，提升公文流转效率。全年处理收文1282件，对外发文308件。建立“阅文日”制度工作机制和动态阅文机制，每月将需传达文件登记汇总，月初组织中层领导干部集中传阅。归档文书、项目档案940卷、4358份，账簿、凭证、报表130卷，数码照片档案182组，光盘档案34盘。组织开展“集团全覆盖自查，动态适时抽查”的档案安全风险隐患排查整治工作，对发现的问题及时督促整改落实。配合总部相关部室及子公司档案查阅200余人次，使用档案1000多卷。编纂集团2018年大事记。

二、接待与出访

2010年，集团接待政府机关、企事业单位及外国代表团29个，370余人次。

2011年，集团建立外事工作渠道，与中关村管委会、市政府外办、市委组织部形成密切的工作关系，申报并落实集团因公出国政审权，按照国家外事管理规定完成独立申报权的报送工作。年内3次独立组团赴国外考察科技投资项目，参加外单位组团赴国外学习、交流4次，办理20余人次的出国报批手续。接待国外、外省市及在京单位来集团参观、学习、交流27次，共200余人次。

2012年，集团获得市政府外办外事独立申报权，开通外事申报专线。全年随团出访6批，14人次。

2013年，集团完善规章制度，在规范化管理上实现突破。出台《中关村发展集团因公出国（境）管理办法（暂行）》，规范出国（境）手续办理，提高办理速度，认真贯彻中央八项规定及北京市各项外事管理规定，取消集团及子公司一般性考察任务团组4个。

2014年，集团修订《集团因公临时出国（境）管理办法》，从组团要求、报批程序、团组管理、严禁事项等方面对集团因公临时出国（境）进行制度规定，进一步规范外事出访管理程序。全年集团组团3个，随团出访5批，共出访9人次；子公司组团3个，8人次出访。

2015年，集团加强因公临时出国计划管理，出台管理办法，实行护照统一管理制度。全年组团9个，随团4个，共出访26人次。

2016年初，集团制定《因公临时出国（境）计划》，按计划进行因公出国（境）管理；实行护照统一管理制度。坚持务实、高效、精简、从严的原则，围绕集团主营业务及示范区重点工作任务，拓展海外业务。全年因公出访团组23批，61人次。

2017年，集团制定因公临时出国（境）计划，并按计划进行因公出国（境）管理，实行集团因公护照的统一管理制度。全年共办理因公出访团组27批，67人次。

2018年，根据市政府外办关于因公出访管理工作的最新规定要求，集团出台2018年因公临时出国（境）计划，以“有效沟通、提前计划、准确上报”为原则，推动办理相关业务。年度办理集团因公出国（境）团组24个，54人次。7月25日，市政府外办首次对集团开展外事检查，集团在计划执行、证明管理、出访报告提交等方面，均得到充分肯定。

2019年，集团因公出国（境）团组36批，92人次，其中自组团组31批，参团团组5批，累计出访国家55个。6月7日，赴日本出访团组，参加“北京周”系列活动，深化与日本瑞穗银行的战略合作，助力中日科技企业融资与跨境创新发展；7月8日，赴以色列团组出席以色列创新中心的开幕仪式，发挥以色列创新中心在中以创新合作中的纽带作用；9月，赴英国出席世界华商大会；10月21日，赴俄罗斯应邀参加“开放—创新”论坛，调研斯科尔科沃创新中心和中白工业园；12月8—17日，赴瑞典、芬兰、荷兰团组应邀参加中瑞联委会举办的经贸交流活动，举办中芬创新企业合作委员会第四次会议并推介中关村业务。

三、后勤保障

2010年，集团成立筹备期间，后勤工作稳步开展，会议、前台、车辆等初步形成较完备的行政后勤保障体系。甄选办公地点，设在中关村鼎好大厦20层，办公面积1500平方米，办公人员由初期10人增加到年底的30人。是年，集团开展多次安全检查，全年未发生安全生产事故。

2011年，集团建立物业管理服务体系和管理机制，实施会议室标准化服务；办公用品采购、入库、出库、定期盘点，采取礼品管理、工间餐点管理、值班加班记录等多种措施，推行规范化管理。变更办公地点为朔黄发展大厦，并在年底完成装修。完善安全管理规章制度，落实安全生产大检查的各项措施，督促子公司查找隐患，全年未发生安全生产事故。

2012年，集团先后制定实施《会议室管理办法》《库房管理制度》《纪念品管理办法》《办公用品管理办法》《公务用车管理办法（暂行）》等规章制度。2月，集团入驻朔黄发展大厦办公，办公环境得到改善。配置办公设备和家具，开展工程验收和设备调试，进行标志标识设计、施工和安装，布置展厅和宣传墙，完善会议室、餐厅等各项配套设施。7月，集团餐厅正式投入运营，联手餐厅服务商制定菜系和供应标准，建立用餐秩序，细化费用核算。合理安排出车服务，全年出车2100余次。全年未发生安全生产事故。

2013年，集团修改《集团公务车管理办法》《业务招待费管理办法》《库房管理办法》等一系列管理制度。围绕中央和北京市相关安全生产要求开展安全生产。12月18日，集团举办首次安全生产培训，各子公司安全生产负责人及安全员共计53人参会。邀请5位专家分别讲解在施工地、密集场所、消防安全管理和企业安全生产标准体系建设等内容，并赴工地进行现场教学。全年未发生安全生产事故。

2014年，根据《中华人民共和国安全生产法》和《北京市安全生产“一岗双责”暂行规定》的要求，集团印发《中关村发展集团安全生产“一岗双责”暂行规定》，要求各级负责人在履行经营管理工作职责的同时，按照“谁主管、谁负责”“管业务必须管安全”“管生产经营必须管安全”和“分级负责、属地为主”的原则，履行安全生产监督管理职责。制定《关于贯彻落实〈北京市安全生产“一岗双责”暂行规定〉的意见》，并下发至各子公司，在全集团范围内落实安全生产“一岗双责”责任制，形成“一级抓一级、层层抓落实”的安全工作体系。加强公务用车管理，并建立司机班管理制度，全年出车2000余次。后勤人员每天检查食堂饭菜质量、餐厅卫生。办理食堂卫生许可证延续，调整餐饮公司的人员架构，使服务商保质保量地提高供餐服务。组织子公司学习北京市关于安全生产的一系列工作精神，开展专项检查，实现全年安全无事故。

2015年，集团开展安全生产专项检查，未发现重大安全隐患。在重要节日、重大活动前，领导班子成员分组带队到各园区企业进行实地安全检查；开展安全评估，借助外力推进施工安全治理。强化值守，保障假期安全生产“万无一失”。在全国“两会”、清明、“五一”、端午、国庆等国家重大活动、重要节假日期间，落实“一岗双责”制。自6月1日起，根据北京市有关“公共场所、工作场所的室内区域以及公共交通工具内禁止吸烟”的要求，严禁员工在集团办公区、楼梯间、卫生间等区域吸烟。在日常安全监管基础上，创新引入第三方安全监管方式，通过对检查安全管理体系制度、施工现场安全检查、施工现场访谈交流、施工安全员抽考等手段进行安全生产考核评估。全年未发生安全生产事故。

2016年，集团推进安全生产工作体系建设。制定《关于进一步加强安全生产工作的意见》。在重要节假日及冬夏极端天气时共下发通知8次。多途径对各子公司尤其是园区类子公司的安全生产进行督促。组织系统安全生产工作培训，邀请北京市安全生产监督管理局（简称市安监局）和监理公司专家结合案例讲解安全生产检查和隐患排查，解读安全生产有关规定，培训80余人次。全年未发生安全生产事故。

2017年，集团坚持和贯彻“运转有序、协调有力、服务到位”的总体要求，加强对后勤保障工作的管理和提升。按照市车改办关于公务用车改革工作的统一部署，集团于2017年7月正式确定车改工作方案；9月30日前，集团总部及下属子公司车改工作完成，并发布《集团公务用车管理暂行办法》。是年，集团制定《关于统筹集团安全生产管理工作的措施》，成立安全生产工作领导小组，从组织和制度上统筹领导集团安全生产管理工作。全年共登记电子台账402笔，填写出入库单据418张，库房盘库报表11张，办公用品实现网上申领。启动系统安全隐患大排查、大清理、大整治专项行动，共查出隐患591处，其中园区类子公司577处，非园区类子公司14处。组织集团系统安全生产工作培训，邀请市安监局和监理公司专家，结合案例讲解安全生产检查和隐患排查，解读安全生产有关政策法规，培训80余人次。全年未发生安全生产事故。

2018年，集团开展新办公楼的运营管理。组织物业管理委员会、餐饮管理委员会，定期征求员工和租户意见，提升管理服务水平，提高后勤服务满意度。7月20日，集团餐厅正式运营。截至9月，平均每天用餐约为210人次（包含早餐、午餐）；10—11月，部分子公司入驻后平均每天用餐约为700人次（包含早餐、午餐、晚餐）。10月中旬，集团成立餐厅事务委员会，出台餐厅用餐管理制度、餐卡充值管理制度，规范用餐秩序，满足用餐需求；在停车管理方面，集团新办公楼共办理停车位367个，合理安排出车服务，全年出车1000余次。全年未发生安全生产事故。

2019年，按照北京市车改办要求，集团公务用车安装GPS定位设备，并接受北京市公务用车使用管理专项组的检查。餐饮、物业等后勤管理全年无安全事故。

四、信息化建设

2010年，集团搭建初版官网、OA、邮件和即时通讯系统，编制《集团网站信息管理规则》《系统安全工作规则》等管理制度，满足集团成立初期的办公需要。

2011年，集团编制《中关村发展集团信息化建设整体规划（2011—2014）》（简称信息化规划）。建立档案管理系统，实现网络查询和信息化管理。对办公系统进行40余项应用改进，对外网进行50余处的调整优化，先后制作周年庆专题、人力资源招聘专题、园区介绍专题和投资业务介绍专题，月均浏览量破万次，成为公众了解集团工作动态的重要窗口。是年，为进一步提升集团IT支持，与专业机构签订《IT设备采购及支持合同》，保障日常办公顺利开展。

2012年，集团成立信息化建设领导小组，启动《集团信息化建设顶层设计方案》的调研和编制。配合办公区搬迁，建立自有机房和会议系统。

2013年，集团推进北京市电子政务内网建设。建立机房和网站安全巡视、巡检制度，确保设备和信息安全。

2014年，集团进行战略升级和组织架构调整，在原有规划和顶层方案的基础上，结合各方信息化的新需求，新编《中关村发展集团信息化建设框架性方案》，概述在新形势下信息化建设的目标、实施路径及工作思路，明确提出集团信息化建设三个阶段的工作任务。是年，集团正式启动新一轮的信息化建设，互联网专线升级，实现电子政务内网接入，提升信息传递效率。

2015年，集团信息化建设全面升级。《中关村发展集团信息化规划（2015—2017年）》和《信息化顶层设计方案》通过集团评审，成为指导集团信息化建设的纲领性文件。3月，新版官网正式上线；8月，启动金融大数据信息系统一期建设；11月，集团总部进行OA专题培训。截至2015年底，信息化一期完成OA、财务、人力、网报、产业投资、合同管理系统的数据收集和功能开发，经测试，系统稳定，功能完备。是年，集团开始探索信息技术手段在金融业务板块当中的使用，完成了系统需求及建设方案。

2016年1月，集团信息化一期各系统实现试运行，7月通过集团验收。一期建设范围包含协同办公、财务管理、合同管理、信息报送、产业投资管理和人力资源管理等6大系统。整套系统基于用友NC平台开发建设，是集团成立以来首次实现的生态信息系统，为信息化建设深入开展奠定基础。11月底，金融信息系统一期正式上线。是年，金融信息系统建设一期工作完成，11月正式运行使用。一期工程初步积累了金融板块的基础数据，实现了金融板块经营、风控等数据的统一汇总、实时同步与持续跟踪。从2016年8月试运行至该年年底，子公司使用金融信息系统进行查询等超2760次。

2017年，集团召开信息化年度工作会，编制形成《集团信息化工作管理办法（征求意见稿）》。信息化一期系统持续优化，已初步形成集团数据资源池，信息化水平有效提升。其中OA系统实现内网门户、个人中心、部门呈报、移动审批、会议管理等13类功能，开通账号200多个（含各子公司账号），线上流转的业务覆盖面已达到集团日常工作的90%以上，完成各类在线流程5300余条，成为集团业务运转的中枢；合同管理系统累计完成合同审批500余条。财务系统提供多种维度的辅助账表、现金流量表的查询功能，方便会计人员进行数据抓取及信息统计，完成各类网上报销1200余次；人力资源系统对集团组织架构和总部人员信息进行梳理，实现集团组织和人员信息、薪酬社保、员工合同3个方面的信息查询。与第三方培训机构合作，集团开通网络学院，提供员工自主学习的平台。推广信息化一期建设成果，中关村前沿技术、中关村协同发展、中关村协同创新基金等3家子公司成功实施财务管控系统。是年，金融信息系统一期初步实现8家金融子公司业务、风险等数据的统计分析和持续跟踪。至2017年底，系统查询使用累计达7422次。

2018年，集团根据《中关村发展集团信息化顶层设计》《中关村发展集团信息化规划》相关要求，全面推进信息化建设，保障新办公大楼信息化设备设置的正常投入使用。在此基础上，持续完善集团信息化一期系统，重点对部门呈报件、网上报销、合同管理等相关流程进行优化提升。全面推进信息化二期建设，在总结集团信息化一期建设成果的基础上，编制信息化二期建设工作方案。12月12日、14日，集团组织开展信息化二期培训。是年，做好金融信息系统一期维护及二期规划建设。完成一期项目大数据续约、IDC（互联网数据中心）软件园服务器托管环境的安全检测与安全加固方案制定等原有系统维护；根据业务需求及集团深改要求，对接相关咨询机构和研发机构，交流沟通金融信息系统二期的规划，并完成规划方案。

2019年1月，集团协同办公门户系统正式上线；截至6月，各类功能模块优化254项，各类在线办公流程完成1500余条，满足系统稳定运行和业务流程灵活多变的要求。实现新版档案系统上线运行，并与协同办公门户集成。按照统筹建设、统一标准、加强管理、数据互联的整体要求，将协同办公门户系统的33项功能和集成的8个业务子系统向各子公司做应用推广，直接推广使用功能14项。是年，金融信息系统二期建设在对金融板块子公司充分调研、收集相关材料150余份，形成42份调研记录的基础上，完成金融信息系统的顶层设计和数据处理方案，并上下联动推动金融板块各子公司信息化建设，全面推进数据治理，推动数据资产化。

第二节　计划与考核

集团制定年度经营计划，不断完善经营计划的编制方法与内容，按照计划目标分解绩效考核指标，促进经营计划与绩效考核工作的紧密衔接。建立重点指标任务的月度监测与考核督查制度，实现经营计划从编制、实施到监督的闭环管理。优化绩效管理，将党建工作纳入绩效考核范围，增加业务协同考核。探索适应周期性业务特点的激励约束机制，并进行实践。

一、年度经营计划

集团根据子公司年度经营计划和集团整体发展思路，编制各年度《综合经营计划》《中关村发展集团预算和综合计划报告》，对各项工作进行细化分解，提出年度目标。按季度组织集团总部业务部门、各子公司提交经营情况简报。在此基础上，编写集团月度、季度经营分析报告，建立季度经营分析会制度，并适时对统计季报内容和形式进行系统梳理和重新调整，更加有效、清楚地反映各项业务进展和经营成果。

2012年，集团加强外部信息渠道开拓，与中关村管委会建立信息共享。提供wind数据库等信息服务，开通中国知网信息数据库。

2014年，集团调整完善季度经营形势分析方式，增加中关村大形势分析，按季度发布集团经营分析报告。加强统计信息系统的建设，在与中关村管委会、集团有关部门沟通的基础上，形成包括月度、季度、年度三个层次的统计数据指标体系。

2015年，集团提升经营形势监测和分析工作水平，增加月度快报编制，对重点计划指标进行每月一监测；完善季度报告，增加全球创新趋势和北京经济运行情况分析等内容。

2016年，集团完善了经营计划的编制工作方法，设定基本值与挑战值相结合的经营计划目标体系，按照计划目标分解绩效考核指标，促进经营计划与绩效考核工作的紧密衔接。

2017年，集团优化经营计划管理，将经营计划与规划、预算、考核、督查等工作紧密结合，层层分解计划目标，建立重点指标任务的月度监测与考核督查制度。

2018年，集团进一步完善经营计划编制内容。根据各业务特点，充实投融资计划、资本运营计划、重点改革计划等计划内容，经营计划体系进一步完善。实现经营计划目标、预算目标与各单位的绩效考核目标实现严格挂钩，提高经营计划和预算的严肃性、准确性。加强经营计划的过程跟踪，把经营计划的关键指标、重点任务纳入统计分析、绩效督查范围，建立定期跟踪反馈机制，实现经营计划从编制、实施到监督的闭环管理。

2019年，集团创新调整经营计划工作方法，充分发挥经营计划的引领作用。提前预判经营风险，研究制定年度经营计划关键问题及应对措施，提前安排应对措施。优化经营计划指标体系，突出改革目标任务，将服务创新生态指标纳入经营计划范围。建立经营形势分析制度，会同财务部门每季度组织召开经营形势分析会，围绕重点指标、关键问题展开分析。

二、年度绩效考核

2012年，集团参考国内优秀企业经验，研究撰写《集团战略绩效管理工作方案》，为集团未来战略绩效管理工作体系的建立做好前期准备。

2014年，集团学习和研究国务院国资委、财政部、部分央企以及市国资委市属国企绩效考核办法，与子公司进行充分的意见沟通，拟定《中关村发展集团总部机构绩效考核暂行办法》和《中关村发展集团子公司负责人绩效考核暂行办法》。为完善集团激励体系、及时奖励为集团发展作出重大贡献者，结合集团特点拟定《总经理特别奖管理暂行办法》。

2015年，集团进一步完善考核制度，发布《中关村发展集团子公司负责人绩效考核办法》《中关村发展集团总部机构绩效考核办法》。研究制定《总经理特别奖管理办法》，并发布实施。研究起草《关于中关村管委会监管企业负责人经营业绩考核和薪酬管理暂行办法（代拟稿）》。

2016年，集团完善绩效考核内容和方式，体现集团重大任务导向，尽量细化明确任务完成的衡量标准，设置业务协同考核项，部分子公司探索董事会考核方式。加强绩效完成情况的进度监测，从7月起，每月对绩效完成情况进行摸底。

2017年，集团优化绩效管理，将党建工作纳入绩效考核范围，增加业务协同考核。修订《总经理特别奖管理办法》，设置预期奖励，对推进工作不达预期的可以减发绩效薪酬。

2018年，集团探索适应周期性业务特点的激励约束机制。建立基金投资回报的超额收益考核与激励机制，在启航基金、北京集成电路基金、中关村协同创新基金3家公司进行探索实践。

2019年，集团落实综合改革方案，持续优化绩效考核方式和方法，制定《集团总部和子公司考核与薪酬管理暂行办法》并发布实施。注重创新引领，创造性地提出将企业创新投入费用计入利润进行考核，鼓励子公司加大创新投入。强化改革转型导向，把改革重点任务作为重点考核指标。创新园区周期考核与激励，制定周期考核激励目标，并在中关村京西发展、中关村前沿技术和中关村延庆园3家公司开展试点。

第三节　品牌管理

集团品牌建设是集团软实力的重要组成部分。为了科学规划集团品牌发展路径，实现集团品牌的持续运营，集团成立不久即提出增强品牌意识，建立品牌长效维护机制。“十二五”期间，探索建立以企业形象识别系统（CIS）为主的品牌管理制度，搭建依托各类活动、媒介形式的品牌推广体系。2012年，首次面向社会发布全新品牌标识和形象宣传片。此后，结合集团创新发展新形势和品牌发展新阶段，陆续开展集团“十三五”品牌运营研究、集团品牌中长期发展规划研究等，不断完善品牌管理架构和品牌推广体系，集团品牌影响力和美誉度不断扩大。

一、品牌战略

2011年，《中关村发展集团“十二五”发展规划纲要》提出，深入实施品牌战略，增强品牌意识，制定系统的品牌规划，挖掘企业品牌内涵和价值，确立集团品牌定位，通过多种方式进行品牌传播，建立集团品牌长效维护机制，最终树立起集团在示范区、国内、国际科技创新领域的良好品牌形象。

2015年，组织开展“十三五”品牌运营研究。报告提出，坚持以提升集团品牌知名度和美誉度为重点，进一步挖掘集团品牌内涵和价值，建立并完善全集团品牌架构，并形成与之相适应的品牌管理体系，综合运用多种方式进行品牌传播，形成集团与科技创新创业之间较强的品牌联想，树立起国际知名、国内一流的科技投资领域大型现代领军企业品牌形象。

2016年，在集团“十三五”品牌运营研究的基础上，组织开展分阶段的集团品牌中长期发展规划研究。

2017年9月，集团品牌中长期发展规划正式定稿。规划提出，集团品牌使命是服务创新发展；品牌的愿景是具有全球影响力的科技创新服务商；品牌定位是致力于建设具有全球影响力的全国科技创新中心，以市场化手段配置资源的国有资本主平台；战略要求是坚持社会价值、企业价值、股东价值、员工价值“四位一体”有机统一。

2018年，中共中关村发展集团党员大会研究部署今后5年集团改革发展和党的建设目标任务，集团品牌定位、使命、愿景也随之进行调整，即品牌使命是助力建设具有全球影响力的全国科技创新中心；品牌的愿景是打造国际一流的创新生态集成服务商；品牌定位是汇聚创新资源、服务创新生态的市场化平台。

二、品牌核心价值观

2018年，为更好地推进企业文化建设、助力深化改革转型发展，集团品牌核心价值观正式发布，即“创新、专业、担当、作为”。

创新——中关村发展集团的发展源泉。时刻保持探索精神和求新意识，保持前瞻性，倡导全面创新、全员创新，汇聚创新资源，服务创新生态。

专业——中关村发展集团的精神信仰。专业是创新的保障，以专业的态度对待工作，以专业的精神驱动创新发展，为科技创新企业提供专业的服务。

担当——中关村发展集团的内生动力。面对职责和任务主动承担，迎难而上，不退缩、不推诿，敢为人先、乐于担当，助力全国科技创新中心建设。

作为——中关村发展集团的行动追求。形成想作为、能作为、有作为的干事氛围，每个人都是奋斗者和实干家，把集团打造成国际一流的创新生态集成服务商。

三、品牌标识

2010年4月至2012年4月，集团品牌标识沿用中关村标识。

图11-3-1　中关村标识

2012年4月13日，集团召开标识发布暨签约仪式，面向社会发布全新标识。标识整体为汉字“中”，体现中关村发展集团的名称，寓意集团依托有利资源优势，发展北京经济，传承原标志的精神和结构，并对其进行升华，加入象征社会责任感和使命感的红黄色，体现集团传承精髓、提升自我素质和承担社会责任的概念。蓝色与红色的曲线环绕上升，体现集团的“双维”战略目标，是激情、创新和拼搏的体现，也是集团产业驱动器概念的体现。门的设计，体现集团的包容、开发、多元化的业务，以及各业务板块之间的关联性。

图11-3-2　2012年，中关村发展集团标识

2017年，集团品牌标识中文由“中关村发展集团”调整为“中关村发展”，英文由“ZHONGGUANCUN DEVELOPMENT GROUP”调整为“ZGC GROUP”，原有图形标识和字体不变。

图11-3-3　2017年，中关村发展集团标识

2017年，集团启动卡通形象设计。2019年，卡通形象主形象及形象延展设计全部完成。卡通形象设计外形由集团logo演变而来，双臂集合双螺旋结构，体现集团拼搏、创新的精神和激情，整体色彩沿用集团logo标准色的蓝色与橙黄色。

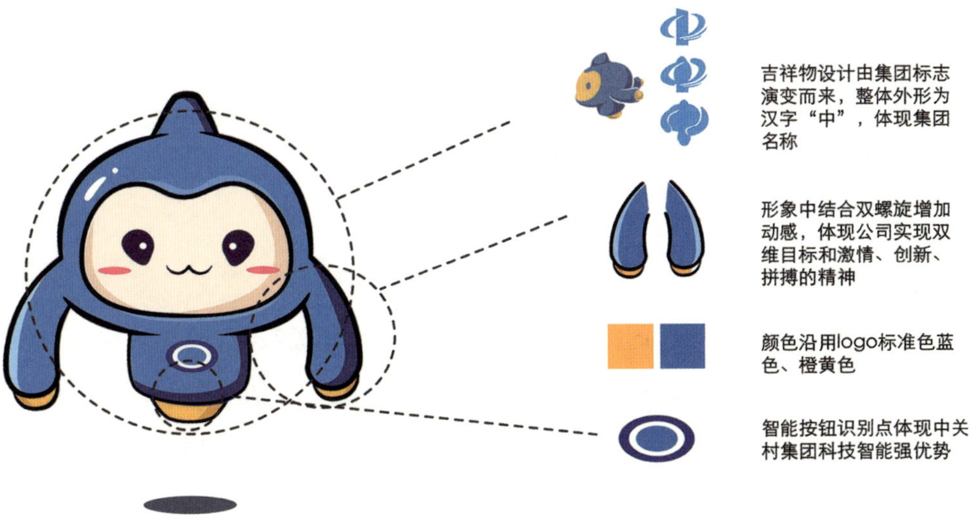

图11-3-4　中关村发展集团卡通形象

四、品牌架构

2015年，为加强集团系统母子公司品牌整合，推动形成集团统一的品牌影响力，集团启动母子公司品牌管理架构的研究。

2017年12月，按照分类管理的原则，集团对不同子公司的公司品牌和产品

品牌进行背书，以便形成集团系统相对统一的品牌视觉形象。

集团总品牌贯彻公司品牌与产品/服务品牌统一的原则，既可作为公司品牌对子公司进行背书，也可作为产品/服务品牌对集团推出的各类产品或服务进行背书。

针对母子公司品牌，采用复合的背书品牌管理架构，根据子公司品牌与集团品牌的关联度、品牌重要性的强弱、品牌风险度等分为3种形式。（1）单一品牌模式。以战略驱动为主线，按照集团要求执行高度统一的品牌战略。对集团绝对控股，战略清晰，发展相对成熟和完善的企业，采用“中关村发展”统一的品牌形象。向外界展示形象统一、管理规范、实力雄厚的企业品牌形象。（2）背书品牌模式。一般性企业沿用现有的品牌标识，在显著位置标注集团品牌背书，如“中关村发展集团成员企业”，形成有效的品牌积累和强有力的集团背书担保。（3）独立品牌模式。对非集团控股，区企共管等企业以及战略发展不清晰的企业，采用独立的品牌模式，与集团品牌有一定区隔。

针对产品/服务品牌，采用弱背书的品牌架构模式，在产品/服务显著位置或推广活动中标注集团品牌标识即可。产品品牌可以借助核心品牌的影响力提升知名度，也可以独立开展宣传，从而精准细分市场，增加品牌自由度。

五、品牌推广

（一）媒体宣传

新闻媒体 自2011年起，集团逐步建立新闻媒体关系库，与中央媒体、北京市属媒体及京外地方媒体建立长期稳定的合作关系。包括中央电视台、北京电视台、人民日报、新华社、中新社、北京日报、科技日报、中国日报等传统媒体和网易、腾讯、新浪等新媒体。

2013年，集团通过新闻媒体对外发布72条新闻。

2014年，集团通过新闻媒体对外发布58条新闻。

2015年，集团通过新闻媒体对外发布240条新闻。

2016年，集团通过新闻媒体对外发布598条新闻，包括专版“中关村发展集团：将创新融入发展血液”“中关村发展集团：做创新发展的坚定践行者”。

人民日报　2016年1月15日　星期五　13　区域经济特刊

源于创新　支持创新　引领创新

中关村发展集团：将创新融入发展血液

服务高精尖，以软服务拉动硬产业

辐射京津冀，为协同发展注入创新基因

布局地球村，从跟跑者变身领潮人

大开大合　城田相融

——秦汉新城探索田园城市发展新路径

文物保护先行　打造绿色生态城

环保贯穿　打造文明宜居城

城市组团发展　打造田园商业城

生态环境结合文物保护　景观绿化融合文化传承

秦汉新城推动文物之城迈向文化之城

以绿化方式将遗址保护起来

以科技手法让秦汉文化活起来

以优等教育让新城文化兴起来

图11-3-5　2016年1月15日，人民日报以“中关村发展集团：将创新融入发展血液”为题对集团进行报道

2017年，集团通过新闻媒体对外发布346条新闻，包括专版“中关村发展集团全力服务支撑全国科技创新中心建设”。

2018年，集团通过新闻媒体对外发布395条新闻，包括专版“京津冀的n个中关村”“构建一流创新服务供给新生态”“全力服务支撑全国科技创新中心建设”。

2019年，集团通过新闻媒体对外发布533条新闻，包括专版“让创新梦想者心无旁骛”“中关村医疗器械园 创新前行在路上”。

图11-3-6　2019年9月23日，中关村发展集团在《北京日报》国庆特刊刊发“让创新梦想者心无旁骛”专版

官方网站　2010年9月14日，集团启动官方网站（中文版）开发建设，共设立9个一级栏目，18个二级栏目。12月，官网（中文版）完成首次内容录入。12月30日，官方网站（中文版）正式上线，网址为http：//www.zgcgroup.com.cn/。

2015年，集团完成第一次官方网站（中文版）改版。本次改版共设立5个一级栏目，24个二级栏目，8个辅助导航；同步开发1个集团英文介绍的静态页面。7月17日，为进一步规范官方网站信息的发布和管理，集团制定并印发《中关村发展集团关于外网信息管理细则的有关规定》。

2016年，集团官方网站（英文版）搭建上线。

2017年11月14日，为满足品牌国际传播的需求，集团启动官方网站（中、英文版）整体改版。此次改版，重点从集团业务架构、品牌形象、企业党建、下载中心、公示公告等方面入手，实现官方网站与信息化二期协同办公平台的衔接，简化运维人员的操作流程。

2018年12月31日，集团官方网站中、英文版同步改版上线。

2019年9月12日，集团修订并印发《中关村发展集团官方网站信息管理细则》，主要责任部门由集团办公室调整为宣传部/品牌管理部，更新审核流程、信息范围与责任部门相关规定，增加官方网站安全管理细则。

表 11-5-1　中关村发展集团及所属子公司官方网站一览表（2019 年）

运营单位	网站链接
中关村发展集团股份有限公司	http：//www.zgcgroup.com.cn/
北京中关村软件园发展有限责任公司	http：//www.zpark.com.cn/
北京中关村科技融资担保有限公司	http：//www.zgc-db.com.cn/
北京丰台科技园建设发展有限公司	http：//www.bjfkj.com.cn/
北京中关村国际孵化器有限公司	http：//www.incubase.net/
北京中关村生命科学园发展有限责任公司	http：//www.lifesciencepark.com.cn/
北京金桥科技产业基地开发有限公司	http：//www.zgcjsp.com/
北京中关村海外科技园有限责任公司	http：//www.zosp.com.cn/
北京东方雍和文化创意投资有限公司	http：//www.chinacartooncs.com/
北京中关村科技创业金融服务集团有限公司	http：//www.zgcfg.com/

续表

运营单位	网站链接
中关村医疗器械园有限公司	http://www.mpark.com.cn/
中关村科技租赁股份有限公司	http://www.zgclease.com/
北京知识产权运营管理有限公司	http://www.bjiponline.com/
中关村(国际)控股公司	https://www.zgccapital.com/
北京中关村集成电路设计园发展有限责任公司	http://www.zgcicpark.com.cn/
北京中关村信息谷资产管理有限责任公司	http://www.zgcxxg.com/
北京中关村协同创新投资基金管理有限公司	http://zgcco-innovationfund.com.cn
北京中关村前沿技术产业发展有限公司	http://www.zft-park.com.cn/
中关村芯园(北京)有限公司	http://www.zgcicc.com/
北京领创精准医疗健康产业投资有限公司	http://www.bj-innohealth.com/
北京中关村京西建设发展有限公司	http://www.zgc-aipark.com/

官方微信　2015年7月31日，集团正式开通官方微信公众号“中关村发展集团”（微信ID：zgcgroup）。该平台定位为集团宣传阵地、知识课堂、沟通平台。同日，官方微信推送第一期图文消息。

2016年，集团共推送630条微信消息。开设固定专题栏目，开通菜单栏、关键词回复等微信新功能，实现集团重要信息和栏目的一键搜索。3月29日，制定《集团微信公众号运营制度》，明确功能定位、内容来源、信息推送规则、操作流程。

2017年，集团共推送742条微信消息，原创新闻216条，策划专题报道28期。

2018年，集团共推送807条微信消息，原创新闻350条，策划专题报道22期。首次开发制作H5新媒体集成产品。

2019年8月26日，集团修订《集团微信公众号运营制度》，重点修改内容来源、推送规则细则，增加安全管理细则。截至2019年底，官方微信推出982期，共计3205条微信消息，发布原创报道1305篇，策划专题报道87期，制作43期音视频内容。

表 11-5-2 中关村发展集团及所属子公司官方微信公众号一览表（2019 年）

运营单位	微信公众号
中关村发展集团股份有限公司	中关村发展集团 中关村发展集团总部工会
北京海开房地产集团有限责任公司	海开集团
北京实创高科技发展有限责任公司	实创观察
北京中关村软件园发展有限责任公司	中关村软件园zpark
北京中关村科技融资担保有限公司	北京中关村科技融资担保有限公司
北京中关村国际孵化器有限公司	中关村国际孵化园
北京中关村生命科学园发展有限责任公司	中关村生命科学园
北京金桥科技产业基地开发有限公司	中关村金桥科技产业基地
北京中关村海外科技园有限责任公司	中关村海外园
北京中关村科技创业金融服务集团有限公司	中关村科技创业金融服务集团
中关村医疗器械园有限公司	中关村医疗器械园有限公司
中关村科技租赁股份有限公司	中关村科技租赁股份有限公司
北京知识产权运营管理有限公司	北京IP
北京中关村延庆园建设发展有限公司	中关村延庆园公司
中关村（国际）控股公司	中关村硅谷创新中心
	中关村波士顿创新中心
	中关村德国创新中心
北京中关村微纳能源投资有限公司	中关村微纳能源
北京中关村信息谷资产管理有限责任公司	北京中关村信息谷公司
北京中关村集成电路设计园发展有限责任公司	中关村集成电路设计园
中关村协同发展投资有限公司	中关村协同发展投资有限公司
北京中关村协同创新投资基金管理有限公司	中关村协同基金
北京中关村前沿技术产业发展有限公司	中关村新兴产业前沿技术研究院
中关村芯园（北京）有限公司	中关村ICC
北京领创精准医疗健康产业投资有限公司	领创健康
北京中关村京西建设发展有限公司	中关村京西人工智能科技园

官方微博　2015年12月6日，集团开通官方微博账号，并发出首条微博短消息。

2016年3月29日，集团制定《集团官方微博运营制度》，确定官方微博功能定位以传播集团品牌为主，消息推送为辅，主要是面向社会公众进行宣传，对外树立集团良好的品牌形象，提升集团品牌的知名度；并对内容来源、推送规则、操作流程作出规定。

2018年，集团开设3个固定话题，集中推送集团要闻。配合2018年中关村论坛开设“超话#2018中关村论坛#”，阅读量1180.4万次，讨论3.8万条。

2019年，集团微博发送消息条数2527条，粉丝数20万人，日均发送微博3—4条。

（二）品牌活动

参展金博会　2012年11月30日至12月3日，第八届北京国际金融博览会（简称金博会）在北京展览馆举行。集团联合旗下多家科技金融板块子公司亮相金博会。本次布展以“科技+金融 创新 创造价值”为主题，主要展示集团在打造中关村科技金融创新平台方面所做的工作，对外推介具有科技特色的金融创新产品和服务。

参展京交会　2016年5月28日至6月1日，第四届中国（北京）国际服务贸易交易会（简称京交会）在北京国家会议中心举行。集团科技金融创新体系作为北京市金融机构代表首度亮相京交会，参加“金融服务”专题板块的展览展示。本次布展主要展示集团在面向“高精尖”、面向“大众创业，万众创新”、面向京津冀一体化，完善创业生态环境过程中所取得的成果。中芯北方28纳米晶圆、摩擦纳米发电、工业级无人机、液态金属打印、图灵机器人、虹膜识别、北斗时空表等集团所支持的高科技企业产品，在此次展会上集中亮相。

2017年5月28日至6月1日，第五届京交会在北京国家会议中心举行。集团联合旗下子公司组团参展。本次布展主要展示集团为科技企业量身打造的从项目孵化、产业落地到科技金融的全方位、立体化科技服务体系。达闼科技云端智能控制终端、软体机器人、多旋翼无人机（工业级）、虹膜识别安全手机、大型肿瘤微创高低温复式消融治疗设备等集团所支持的高科技企业产品，在此次展会上集中亮相。

2019年5月28日至6月1日，第六届京交会在北京国家会议中心举行。集团旗下中关村金服品牌集中亮相。本次布展主要展示了集团覆盖企业全生命周期的一体化科技金融服务体系，对外宣传推广集团打造国际一流的科技创新金融服务平台的品牌形象。

图11-3-7　2019年5月28日至6月1日，中关村发展集团科技金融板块参展京交会

举办“创新汇”　2016年10月13日，为响应全国“双创周”精神，加强与社会各界交流与合作，打造科技创新服务供给新生态，集团首届秋季“创新汇”在中关村领创空间成功举办。此次“创新汇”旨在整合创新资源、构建创新生态、实现科技创新链条中各主体间的协调发展、合作共赢。本届“创新汇”通过一系列的“高精尖”项目路演、成果汇报、高端对话、专题研讨等专场活动，集中探讨构建科技创新服务供给新生态之道，共商科技型企业未来创新发展之题，引领未来创新创业发展之势。

2017年9月28日，集团第二届“创新汇”活动在中关村领创空间成功举办。此次“创新汇”活动主题是“创新汇聚·共筑发展新动能”，旨在集中展示集团服务科技创新的最新成就，搭建集团与社会各界之间、集团各业务板块之间的沟通交流平台，推动科技创新资源整合。本届“创新汇”包括集中主题活动以及成果展示两个部分。集中主题活动包括启动仪式、重大项目推介；成果展示分成大信息、大健康、大环保、大智造等几个展区，通过展板、视频、互动等展示形式，展示集团服务的企业和项目最新成果。

图11-3-8　2017年9月28日，中关村发展集团第二届“创新汇”活动举办

参展科博会　2018年5月17—20日，第21届中国北京国际科技产业博览会（简称科博会）在中国国际展览中心举行。集团联合旗下子公司及服务企业参展。本次布展以“聚焦、协同、共享”为主题，集中展示集团整合创新资源市场化平台的品牌形象。50公斤荷载无人直升机、商用服务机器人、虹膜识别门禁系统、基因测序仪、沉浸式课件体验系统等集团所支持的高科技企业产品，在此次展会上集中亮相。

图11-3-9　2018年5月17—20日，中关村发展集团参展科博会

2019年10月24—27日，第22届科博会在中国国际展览中心举行。集团旗下中关村软件园、中关村生命科学园、中关村集成电路设计园、中关村医疗器械园、中关村新兴产业前沿技术研究院等园区组团参加中关村特色园区展。本次布展以特色园区管理服务机构为参展主体，集中展示中关村示范区特色园区专业服务水平和未来发展规划，并围绕前沿信息、生物健康、智能制造、新材料、新能源、现代交通等产业领域，展示各园区最前沿的科技创新成果。

宣传片　2012年，集团委托北京京视纵横传媒科技交流中心制作集团2012版宣传片《使命》，时长为7分钟。

2015年，集团委托北京金版柏讯科技发展有限公司制作集团五周年宣传片，时长为7分钟。

2017年，集团委托北京天际数字技术股份公司制作集团2017版业务宣传片，时长为4分钟。

2019年，集团委托北京天际数字技术股份公司制作集团2019年形象宣传片（中英文），时长为2分钟。

宣传册　2012年，集团委托北京东道形象设计制作有限责任公司设计制作2012版宣传册。

2015年，集团委托北京东方中慧会展有限公司设计制作集团五周年宣传册《创新引领发展》。

2017年，集团委托北京东方中慧会展有限公司设计制作集团2017版电子画册和宣传折页（中英文版）。随后，集团定期更新改版宣传折页。

2019年，集团委托北京一对木设计顾问有限公司设计制作集团2020版宣传册（中英文版）。

展厅　集团展厅于2017年10月开展招标，并于2018年12月1日开始施工，2019年5月31日竣工。展厅建筑面积300平方米，共分为3个部分：序厅、主厅、尾厅。内容包括：集团简介、发展历程、产业投资、科技金融、科技服务、空间运营、全球布局、领导关怀、合作伙伴及所获得的荣誉等。

图11-3-10　中关村发展集团展厅

第四节　风险管理

为防范企业经营风险，集团建立健全各类风险管理制度，编制风险管理规划，着力建设风险管理体系。开展风险评估，进行内部控制评价与风险排查，对集团系统性风险进行分析。制定内部审计制度，对投资项目进行评估前置审计，在审计过程中对前期财务尽调发现的问题进行规范处理。为投资业务全链条提供日常法律和相关服务，对拟投资项目开展尽职调查和风险评价，对子公司及重要参股公司的“三会”议案进行审核，为企业保驾护航。

一、管理体系

2010年，集团建立各类风险管理制度，先后制定《授权委托事项管理办法》《合同管理办法》。

2011年，集团制定《内部审计管理办法》《经济责任审计管理办法》。

2012年，集团编制《集团全面风险管理体系建设工作方案》。

2014年，集团制定《集团新设公司过渡期代管办法》《集团招标投标管理办法》，审核《融资租赁公司合同管理办法》等管理制度。

2015年，集团结合“十三五”战略升级框架，编制《集团风险管理子规划》，对集团风险管理体系建设目标、体系框架、建设内容、建设路径和保障措施进行系统设计。对集团总部47个主要工作流程以及各流程事项的审批权限进行系统梳理与优化，形成分级授权权限指引、工作流程图。

2016年，集团细化并完善《集团风险管理体系建设方案》，制定《2016年度集团风险管理体系建设工作计划》。成立集团风险管理体系建设领导小组和工作组，风险管理体系建设正式启动。体系框架明确，集团的风险管理体系由风险管理策略、风险管理工作流程、风险管理保障机制、风险管理信息系统和风险管理文化等5个主要部分构成。实施主体包括集团总部和各下属子公司。集团总部是集团风险管理的政策中心和监控中心，负责体系的整体设计和总部层面体系建设与运转，以及各下属子公司体系建设和运转的指导与监督。各下属子公司是具体风险控制中心，负责自身风险管理体系的建设和运转。子公司内控建设试点工作启动，中关村生命科学园和中关村科技担保作为首批试点单位，完成风险评估、内控评价和内控体系建设等相关工作。

2017年，集团按照《“十三五”风险管理子规划》及管理架构调整和业务发展，逐渐完善风险管理体系建设，梳理、优化总部各部门相关制度流程，调整、优化集团管理权限，集团授权管理体系得以滚动更新；同时，分层次组织推进子公司内控体系建设，中关村科技租赁、中关村集成电路设计园、中关村医疗器械园等第二批试点单位完成公司层面内控体系建设，其他子公司完成制度流程梳理、编制权限指引表等内控基础工作。

2018年，集团聚焦系统性风险管理，强化“三道防线”建设，按照风险分层、分类和集中管理原则，明确业务风控与集团整体风控的分工界面和对接关系。子公司内控建设全面铺开，所有非试点子公司均启动内控建设，并完成阶段性建设目标。

2019年，集团研究形成《业务风险管控指引性标准》，在统一的业务分类框架下，明确各类业务的内部控制要求和控制标准。子公司内控建设进入定期评价、以评促建、滚动更新的新阶段。

二、全面风险管理

2016年，集团完成风险评估，通过高层访谈、工作组研讨和问卷调查，围绕整体目标及各项职能与业务管理目标，识别风险400余条。开展内部控制评价与管理诊断，分析评价管控问题；重新规划设计流程，形成流程目录和包含50个一级流程、216个末级流程的流程框架。形成《子公司风险报告模板》和《子公司历史损失事件报告模板》，指导2家试点企业完成风险评估、内控评价和内控体系建设。

2017年，集团推进风险管理与内控建设，完成内控自评价、具体业务领域内控优化，完善授权管理体系。

2018年，集团以系统性风险和重大经营风险为侧重点，开展风险排查，对系统性风险进行分析。结合业务风险管控需要，加强风险管理的“三道防线”建设。年底，各非试点子公司均启动内控建设，集团在总结分析子公司内控体系推广成果的基础上，制定开展子公司内控建设与执行评价的工作方案。

2019年，集团对年度重大风险进行排查分析，形成重大风险报告，制定重大风险应对的策略性建议，协助相关责任部门制定并实施具体风险应对；围绕集团层面关注的重点业务，制定风险管控的指导性标准，相关标准已经在分级审计和内控评价中得以应用；基于子公司前期内控建设成果、内控评价结果，对子公司内控建设与实施情况进行梳理总结，通过集中培训、现场指导、个别辅导和与审计整改相结合的方式，指导子公司进一步强化制度建设；组织各园区子公司完成隐形债务风险的滚动排查，各单位对隐性债的规模、隐性债化解方案和实施进度等进行梳理和报告；发布年度重大风险排查分析工作要求和风险报告模板，指导子公司完成年度重大风险分析与应对。组织已完成内控建设的子公司开展年度内控自评价工作。

三、内部审计

2010年，集团完成拟投资项目的财务审计。对于审计过程中存在的问题进行跟进，协调会计师和评估师出具符合集团投资要求的报告。

2011年，集团制定《内部审计管理办法》《经济责任审计管理办法》两项制度。审核18个投资项目的评估前置审计，在审计过程中对前期财务尽调发现的问题进行规范处理，并出具标准意见的审计报告。按照《2011年度审计工作计划》逐项开展内部审计，完成投资项目流程审计和投资合同自查。

2012年，集团对41个项目的资产评估开展前置审计，在审计审核过程中对前期财务尽调中发现的问题进行规范处理。对2011年全年登记签订的所有合同进行自查，同年根据自查情况发出合同追踪提醒、风险提示书以及整改通知，并监督执行情况，完善、强化合同审批程序管理。

2013年，集团对50个项目的资产评估开展前置审计。

2014年，集团审计审核7个投资项目，其中，为投资发送的评估前置审计4项，为行使认股权组织的评估前置审计1项，为投资退出组织的评估前置审计1项。

2015年，集团自行开展对新设子公司重要业务流程审计，通过对4家子公司自查整改情况进行复核与抽查，对2014年未纳入自查范围的5家子公司开展2项自查。

2016年，集团完成市财政局专项审计。组织实施对4家子公司主要负责人的经济责任审计，对被审计单位财务收支的真实、合法和效益情况，内部控制制度的建立与执行情况，履行国有资产出资人经济管理和监督职责情况等方面开展全面审计。通过对子公司重要业务立场的审计，及时发现内控建设中的不足，优化内控设计，提高规范化管理水平。

2017年，集团对9家子公司主要负责人开展经济责任审计，对6家新设/新划入子公司完成内控审计。

2018年，集团贯彻落实新的审计管理体制。完成9家区企共管子公司的专项审计，完成对子公司主要责任人的经济责任审计。结合重大项目推进子公司经营情况检查，开展2家新设子公司内控审计。

2019年，根据集团干部管理工作总体安排，坚持“离任必审、长期不流动必审”的原则，开展9家公司、共18人次经济责任审计。为适应集团战略转型需求，聚焦集团党委、经营班子关注的重点，对专项审计工作机制进行创新，探索实践由纵向按户审计模式转为横向按业务开展分级审计的模式，优化审计资源配置，开展17家子公司分级审计工作，覆盖子公司经营中的高风险业务和关键业务，多层次实现审计全覆盖。

四、法律服务

2010年，集团按国际通行的科技产业投资模式，加强投资项目的尽调、合约及投后的风险管理。在提高投资预判效率的同时，通过格式合同的设定有效规避项目的相关风险。细化《中关村发展集团合同管理办法》，建立系统的合同档案，对合同进行编号、登记、统计、追踪、保管、评价、查询、借阅管理。

2011年，集团编制《投资项目尽职调查中的常见财务风险及应对方法》《投资项目尽职调查中的常见法律风险及应对方法》。结合《中关村示范区重大科技成果转化和产业化股权投资暂行办法》的规定，形成自有资金和政府股权投资项目的投资协议重点条款导引。根据政府股权投资和自有资金投资的不同侧重点，形成“有限责任公司”和“股份有限公司”两种形式的政府股权投资协议模板。

2013年，集团对30项拟投资项目开展法律和财务尽职调查并进行风险评价，组织4家尽调中介机构分别召开财务、法律尽职调查交流会。为共计129个投资项目的签约提供432份项目投资相关法律文件的往复磋商、合同谈判及修订，为投资业务实施提供法律服务。根据投资业务需要及时、常态化完善投资相关协议模板，多次修改、完善投资相关协议模板7个，在提高预判效率的同时，通过格式合同的设定有效规避相关风险。是年，集团对投资类等4个项目的到期续贷调研提供支持与服务；为18个投后管理事项、11个投后项目提供法律支持。审核、修订、管理合同693件；对合同进行有序统计、追踪、保管，编号及登记513件；修订、完善常年授权委托书11件。审核、出具、管理单项授权委托书20件。合规审查和服务审核规章制度、招标文件、方案、报告等法律文件80余件；审核项目出资60余项。

2014年，集团组织拟投资项目的法律和财务尽职调查11项，为共计96个投资项目的签约提供241份项目投资相关法律文件的往复磋商、合同谈判及修订。为职能管理和业务运营提供法律和相关服务。

2015年，集团参与集团市场化投资平台设立方案研究，对方案数个版本的修订提出法律意见，及时规避了方案设计中的相关法律风险，并参与“一司一金”设立，全力保障集团重点项目的推进。

2016年，集团开展尽职调查与风险评价，完成投资协议及相关法律文件审核，为3个投后预警项目提供深度法律服务，保障重大项目推进。

2017年，集团开展投资链条中的相关风控工作，促进投资项目有序推进，全力保障重大项目推进，及时为集团职能管理和业务运营提供法律和相关服务，有效促进集团各项业务的有序开展；审核《私募股权基金投后管理办法》《博士后管理办法》等规章制度。

2018年，集团为投资业务全链条提供日常法律和相关服务，包括拟投资项目的尽职调查和风险评价；集团制定《违规经营投资责任追究办法》，修订常年授权委托书和出具单项授权委托书；对30多家子公司及重要参股公司的50余份"三会"议案进行审核；为开展境内外战略合作、业务合作提供法律文件修改、方案研究和风险分析等专业服务。

2019年，集团共完善300余份合同的审核、修改工作，保障集团经济行为的合法合规开展。配合潜在风险、预警项目处理，持续跟踪重点项目、诉讼项目进展，随需开展新发生诉讼项目处理工作，随需开展集团总部各项招标采购活动的监督工作，为集团综合改革方案、子公司上市、基金设立等工作提供全方位法律支持。

第五节　财务管理

建立、健全财务管理制度，加强整体资金统筹管控，优化资源配置，提高资金利用的效率和效益。加强资金统筹协调，资金结算中心正式上线运营，进一步盘活集团资金。加强企业预决算管理，预算管理形成包括预算编制、执行分析、执行反馈和考评4个阶段的完整闭环；按规定要求和时间进行决算，进一步提高企业的预决算水平。

一、财务制度

2010年，集团发布《北京中关村发展集团股份有限公司委托贷款管理暂行办法》。集团专题会研究通过《中关村发展集团财务管理制度（暂行）》等15项财务制度。

2011年，集团发布《中关村发展集团财务管理制度（暂行）》等15项财务制度。

2012年，集团发布《中关村发展集团代持市重大项目统筹资金股权投资业务财务会计管理暂行办法》等3项财务制度。

2013年，集团发布《中关村发展集团因公临时出国（境）人员费用开支标准和管理办法（暂行）》《中关村发展集团银行理财业务管理暂行办法》。

2014年，集团发布《中关村发展集团股份有限公司资产评估流程指南（试行）》。修订《中关村发展集团因公临时出国（境）人员费用开支标准和管理办法》。

2015年，集团修订《中关村发展集团国内差旅费管理办法（修订）》等5项财务制度，发布《中关村发展集团担保管理办法（暂行）》和《中关村发展集团股份有限公司债券存续期管理办法（试行）》。

2017年，集团发布《中关村发展集团税务管理指引（试行）》《中关村发展集团产权登记管理暂行办法（暂行）》《中关村发展集团资金结算中心管理办法（试行）》。

2018年，建立健全财务制度建设，根据集团制度“立改废”，完善修订《集团货币资金结算管理办法》等10项制度，废止《中关村发展集团产权登记管理暂行办法（暂行）》《中关村发展集团会计电算化硬件和软件维护管理办法（暂行）》《中关村发展集团债券存续期管理办法（试行）》。

2019年，集团修订《中关村发展集团因公临时出国（境）人员费用开支标准和管理办法（暂行）》《中关村发展集团差旅费支出管理办法（暂行）》和《中关村发展集团主要会计政策与会计估计》。

二、资金管理

（一）资金结算中心

2017年，为加强整体资金统筹管控，优化资源配置，提高资金利用的效率和效益，集团在二级控股子公司范围内搭建资金池，打通集团资金归集与下拨通道，调剂集团相关子公司的资金余缺，加强集团与子公司的资金统筹协调，盘活集团资金。开展资金结算中心筹建工作，包括方案的起草，与31家子公司的沟通协调，收集整理和分析，开展筹建的前期论证工作和制度体系建设，通过招投标确定软件商、硬件商及合作银行，完成系统开发，并选取三家单位进行资金归集，进行系统培训。12月28日，资金结算中心正式上线运营，实现资金统筹管理，提升集团整体资金利用效率和财务效益。

2018年，资金结算中心已有17家成员单位加入。截至年底，归集资金余额为96亿元；办理6家成员企业定期存款，内部定期存款17亿元，形成较为稳定的资金池。

2019年，随着成员单位规模不断扩大，资金结算中心为成员单位提供高效短期周转资金的能力不断增强。成员单位规模已达27家，覆盖集团各业务板块，延伸至三级子公司。资金结算中心通过内部资金运作，解决了园区公司外部融资难问题，降低了集团整体融资成本，有效抑制了集团资产负债率上涨。此外，资金结算中心完成了直联系统专线连接，并新增直连银行3家。截至2019年底，32家银行对集团综合授信总额已达900余亿元。

（二）委托贷款

2010年，集团制定《委托贷款管理制度》，编写《股权投资及委托贷款财务操作流程》，为集团委托贷款的实际操作程序提供有力的制度保障。集团成立初期，集团总部通过委托贷款形式直接投资支持高新科技企业。随着集团改革发展，投资业务采用市场化运作模式下沉至基金，集团总部对高新企业委托贷款也随之终止。与此同时，随着集团总部融资平台的搭建以及资金结算中心的成立，集团总部对成员单位的委托贷款资金支持额度不断增加。委托贷款发放情况如下表：

表 11-5-1　中关村发展集团委托贷款情况统计表（2010—2019 年）

单位：年、亿元

委贷投向	2010	2011	2012	2013	2014	2015	2016	2017	2018	2019	合计
高新企业	0.29	0.95	1.27	0.78	14.86	0.20	—	—	—	—	18.35
成员单位	—	—	15.50	5.60	7.00	32.01	28.84	7.70	52.98	15.98	165.61
合计	0.29	0.95	16.77	6.38	21.86	32.21	28.84	7.70	52.98	15.98	183.96

三、预决算管理

（一）会计核算

2010年，集团实现会计核算电子化。

2011年，集团编制《中关村发展集团代持政府统筹资金财务会计管理暂行办法》及《中关村发展集团会计政策和会计估计》，完善财务制度管理体系。开展2011630时点的入资专项审计，保障集团股东入资数据的真实性。

2012年，集团组织子公司开展新旧准则转换的专项审计，编写《会计核算手册》，经多次研讨，探索出土地核算模式与方法，各子公司在2013年开始使用统一会计科目，为进一步夯实集团财务核算奠定基础。

2013年7月起，开始编制月度财政快报，保障集团财务信息的及时性。是年，组织小金库自查工作，各子公司出具2011—2013年自查报告，2010—2012年发债自查报告。

2014年，集团首次接受市审计局的经济责任审计，对集团账务处理规范性进行统一梳理。

2015年，集团开展全系统交通费、通信费专项审计，并出具鉴证专项报告。核算系统从“用友U8+”系统改换为“用友NC”系统，从单机版到网络版的转换，为集团全面信息化奠定基础。

2019年，根据集团业务发展，修订《中关村发展集团会计政策和会计估计》。2019年度财务工作会上，集团统一组织子公司参加准则培训。

（二）决算

2011—2015年，逐步解决2011年集团合并审计报告披露的6项历史遗留问题。至2015年，集团合并审计报告意见类型实现标准无保留意见。

2012年，集团首次按规定时间向市国资委、市财政局报送全口径的财务决算报告。全集团法人单位数量从2012年的67家发展至2019年底的137家，法人单位规模数量逐年增加。

2012年和2015年，集团被北京市国资委评为“年度企业国有资产统计报表编制工作先进单位”。

2014年，决算数据首次在4月30日前完成披露；出具2012—2014年3年连审发债审计报告。

2018年，进行年度审计决算事务所招标，更新年度决算审计会计师库。

2019年，组织子公司参与新准则辅导。

（三）预算管理

2010年12月，集团总部组织纳入合并预算范围内的10家二级子公司召开首次预算及综合计划工作会，部署2011年预算及综合计划。此后每年四季度总结并考评上年的预算工作，启动下一年的预算。

至2019年，预算管理形成包括预算编制、预算执行分析、预算执行反馈和预算考评4个阶段的完整闭环，环环相扣，滚动优化，不断提升集团预算管理水平。

截至2019年底，经过十年的积累，集团的预算管理得到全面提升。参与编报的合并范围内子公司级次从二级扩展到五级，参与编报合并范围内子公司数量从10家发展到135家，编报形式从线下编报发展为在信息系统上进行线上编报，预算执行编报频次从半年1次优化为每季度1次，并形成定期反馈和不定期反馈相结合的预算执行反馈机制，保障预算指标完成。

第六节　统计

制定统计制度，设计、优化统计业务流程，规范统计调查项目和统计报表，建立和规范统计台账，组织统计数据采集、报送、审核及发布，进行统计分析及预测；启动子公司经营计划编制，编制季度报表和统计年报；建立、健全包括创新生态服务综合评价指标体系、空间运营服务评价指标体系、专业科技服务评价指标体系、产业投资服务评价指标体系、科技金融服务评价指标体系、经营管理评价指标体系在内的指标体系整体框架，为集团领导决策和企业经营发展提供依据和参考。

一、统计管理

为加强集团统计管理，科学、有效地组织统计工作，根据《中华人民共和国统计法》及相关法律、法规，制定《中关村发展集团统计管理办法（试行）》。集团统计工作主要包括制定统计制度，设计或优化统计业务流程，规范统计调查项目和统计报表，建立和规范统计台账，组织统计数据采集、报送、审核及发布，进行统计分析及预测，管理统计机构及业务团队，管理统计资料，推进统计业务信息化等。统计工作实行"统计归口管理，部门分工负责"的原则。

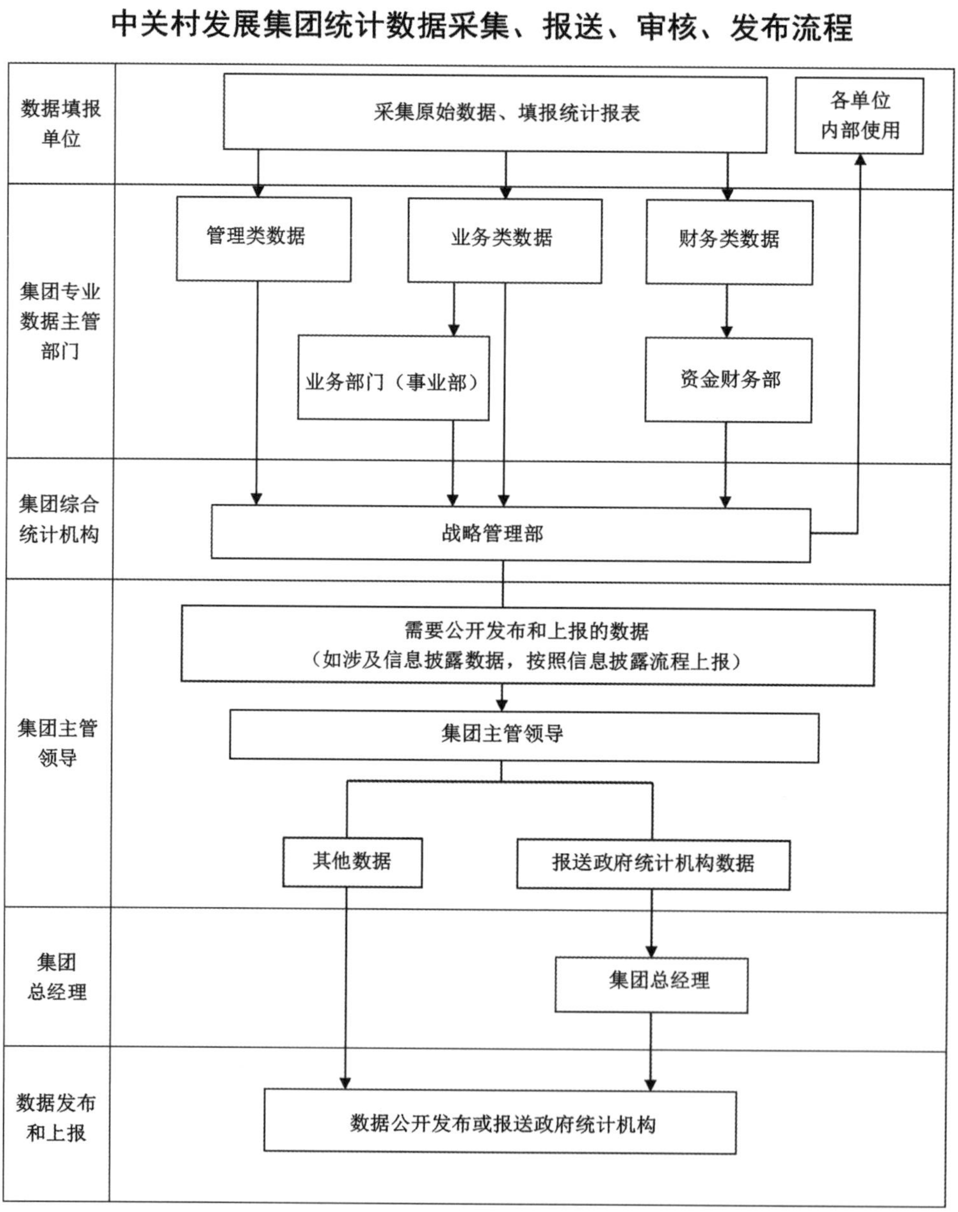

图11-6-1　中关村发展集团统计数据采集、报送、审核、发布流程

二、统计报表制度

2012年，集团完成2011年综合统计年报汇总，统计季报在原来完成情况统计汇总的基础上，增加完成情况分析和工作建议。对集团自有载体信息进行专项统计，对成立以来的产业投资项目进行重新梳理统计，并建立项目数据库。制定《集团统计工作管理办法》，完善业务统计报表体系。

2015年，集团加强统计信息系统的建设，形成包括月度、季度、年度三个层次的统计数据指标体系。

2016年，集团制定《中关村发展集团统计管理办法（试行）》，提出建设以“1+4+1”① 为核心的统计体系2.0版工作方案。提升经营形势监测和分析工作水平，增加月度快报的编制，对重点计划指标进行每月一监测；完善季度报告，增加全球创新趋势和北京经济运行情况分析等内容。

2017年，审议通过集团统计体系2.0建设方案，完善统计指标体系，规范统计报表、报送流程，制定工作手册，建立月度、季度、年度统计报送和分析制度，统计工作逐步规范化。强化统计应用，将统计工作与经营计划、绩效考核紧密挂钩，为监测企业日常经营、推动重点任务完成发挥了重要的基础保障作用。

2018年，集团推动统计体系升级。建立“1+6+6”② 集团数据指标体系；强化统计应用保障功能，保证各项数据的准确、及时收集和汇报；提升统计分析能力，在季度分析报告中增加难点问题梳理分析、大事记录，方便不同业务板块了解集团整体情况，把握集团战略方向。

2019年，围绕集团大数据战略，推动统计信息系统创新发展，建立月度、季度、年度统计环环相扣的数据管理与分析体系。实现统计信息化上线运行，实现对所有子公司的全覆盖。不断丰富统计手段和内容，强化对轻资产、强服务的统计，依托大数据手段实现对“双创”主体的产出、税收、专利等数据统计。开展集团高质量发展指标体系研究，从6大维度26项指标，精准地评价集团高质量发展成效，形成《中关村发展集团高质量发展评价分析报告》，得到主管市领

① “1+4+1”：完善1个统计组织网络，建设统计调查系统、统计指标系统、统计信息系统、统计分析系统4个支撑系统，制定1套规范的统计管理制度。

② “1+6+6”分别指1套集团高质量发展指标体系，6大业务板块统计数据，6大业务板块服务对象统计数据。

导的批示。

三、统计指标体系

2012年，在统计汇总基础上，增加指标完成情况分析和工作建议。2013—2014年，持续优化业务统计季报内容，为相关部门提供统计支持。2015年，加强统计系统建设，初步形成包括月度、季度、年度三个层次的统计数据指标体系。2016年，制定统计体系2.0版工作方案，发布集团统计管理办法。2017年，进一步规范统计报表、报送流程，制定工作手册，开展企业统计方法培训，研究统计工作与信息化结合的工作方案。2018年，推动统计信息化实施，建立客户数据库，建立评价指标，提出数据应用场景。2019年，实现统计信息化上线运行，依托大数据手段挖掘统计内容，开展集团高质量发展指标体系研究。

统计指标体系主要设计思路如下：

（1）对标科技创新中心建设和中关村创新发展要求。梳理《国务院关于印发北京加强全国科技创新中心建设总体方案的通知》《北京城市总体规划（2016—2035）》《中关村国家自主创新示范区创新引领高质量发展行动计划（2018—2022年）（送审稿）》等上位文件。

（2）对标国际创新高地。研究国际科技园协会（IASP）相关标准、硅谷竞争力和创新项目（SVCIP）、“以色列YOZMA基金”“澳大利亚创新投资基金计划”等多个国际评价指标体系。

（3）对标国内其他创新区域专业领域和重点行业。通过指标设计，反映集团自身以及服务创新主体在专业领域、重点行业取得的创新成果，同时体现集团自身以及带动社会资源在搭建国家级专业科技设施等方面对国内其他创新区域的引领作用和示范效应。

（4）对标集团改革转型的新定位新目标。根据《中关村发展集团综合改革方案》的改革思路和业务转型方向，围绕打造国际一流的创新生态集成服务商，对标改革任务目标。

（5）对标高质量发展要求。根据《中共中央、国务院关于推动高质量发展的意见》，贯彻新发展理念，建立分领域的分类评价指标和分类考核指标体系。

2019年制定《中关村发展集团服务创新生态、推动高质量发展指标体系》，设置6类指标体系，包括创新生态服务综合评价指标体系、空间运营服务评价指标体系、专业科技服务评价指标体系、产业投资服务评价指标体系、科技金融服务评价指标体系、经营管理评价指标体系，共610个指标。

（1）创新生态服务综合评价指标体系。从服务创新主体、构建创新平台、营造创新环境3个维度设置46个指标，其中营造创新环境又分为资本环境、载体环境、文化环境、服务配套4个方面。共包括评价指标25个，引导性指标10个；对标国际指标7个，对标北京市和中关村指标26个。

（2）空间运营服务评价指标体系。从一级开发、二级建设、园区运营三个维度设置112个指标，其中评价指标34个，引导性指标18个；对标国际指标23个，对标北京市和中关村指标48个。评价指标体系中既有反映集团自身业务特征的指标，也有突出反映集团带动社会主体投资建设运营能力的指标，如设置“一级开发带动社会主体二级建设的房屋竣工面积”。

（3）专业科技服务评价指标体系。从孵化服务，知识产权服务，海外链接服务，科技成果转化服务，人才服务，科技论坛和展会服务，科技资源大数据服务，咨询服务，股权交易服务，上市企业资本服务，检验检测和标准认证服务等11个业务类型中设置141个指标。其中评价指标51个，引导性指标29个；对标国际指标4个，对标北京市和中关村指标22个。每个业务类型以服务能力、服务社会效益、服务经济效益3个维度设置评价指标。

（4）产业投资服务评价指标体系。从母基金投资，基金投资，并购和战略性投资3个业务类型中设置128个指标。其中评价指标26个，引导性指标5个；对标国际指标16个，对标国家、北京市和中关村指标33个。每个业务类型以投资能力、社会效益、经济效益3个维度设置评价指标，其中投资能力又分为募资、投资、管理、退出4个维度。

（5）科技金融服务评价指标体系。从科技担保、科技租赁、科技信贷、知识产权质押融资、战略性参股与合作等5个业务类型中设置129个指标，其中评价指标72个，引导性指标11个；对标北京市和中关村指标27个。每个业务类型以服务能力、风险管理能力、社会效益、经济效益4个维度设置评价指标。

（6）经营管理评价指标体系。从集团机构数量、人才资源、经营效益、党群建设等4个维度中设置54个指标，其中对标国际指标5个，对标北京市和中关村指标7个。

与统计指标体系相配套，2019年建立《中关村发展集团统计报表制度》，以支撑统计体系的数据采集。包含集团管理类、业务类（四大业务板块+海外业务板块+区域协同板块）、服务对象类（空间入驻项目+孵化企业+产业投资服务企业+科技金融服务企业+其他专业科技服务对象+合作机构信息表）共50张报表，涉及指标上千个，并附有相应指标释义，目前已经在信息化平台中试运行。

第十二章　党群组织

集团自成立以来，党的自身建设与集团创新发展同步推进。坚持将制度建设贯穿始终，建立以《集团党委会议事规则》《集团“三重一大”事项决策程序和实施办法》《集团党委党建工作领导小组议事规则》《集团党委基层党组织党建工作考评办法》等为基础的党建主干制度；始终突出思想建设的基础性地位，以深入学习贯彻习近平新时代中国特色社会主义思想和党的十九大精神为重点，引导广大党员干部自觉践行“四个意识”；坚持企业发展与党组织建设同部署、同落实、同检查，确保党的组织和党的工作实现全覆盖；坚持“党管干部、党管人才”原则，服务创新发展需求，做好干部人才支撑，激励人才干事创业；不断提升党对群团工作的领导，坚持“党建带工建”，把工会工作纳入企业党建工作。

第一节　党组织

集团成立之初，成立党支部、党总支，按标准发展新党员。随着集团规模的扩大，成立党委、纪委。在加强组织建设的同时，坚持以党委理论学习中心组为主要形式开展理论学习，发挥领导干部带头作用。积极开展党的群众路线教育实践活动、“三严三实”专题教育、“两学一做”学习教育和“不忘初心、牢记使命”主题教育等，不断提高党员干部的“四个意识”，筑牢理想信念根基。推动全面从严治党，加强纪律和作风建设。

一、组织建设

（一）组织沿革

2010年6月13日，经中共中关村管委会机关委员会、北京市海淀区人才服务中心批复，集团成立临时党支部。于军为党支部书记，许强为纪检委员，宣鸿为组织委员，邵顺昌为宣传委员。

2010年12月21日，集团总部成立党总支，隶属于北京市海淀区人才服务中心党委。盛紫瑾（女）为党总支书记，王清山为党总支副书记，徐景泉为组织委员，林剑华为宣传委员，张建（女）为纪检委员，王艳（女）为青年委员。

2011年3月，中共北京市委决定成立中共中关村发展集团委员会、中共中关村发展集团纪律检查委员会，由市委组织部直接管理，并在中关村管委会党组指导下开展工作。7月28日，集团总部召开党员大会，差额选举产生由蒋苏生、王清山、张建（女）、徐景泉、林剑华组成的集团总部党总支委员会。同日，集团总部党总支委员会召开第一次全体会议，蒋苏生当选为党总支书记，王清山当选为党总支副书记。8月4—19日，集团总部拟设立的6个支部相继召开党员大会，选举产生各支部委员会，选举苗军、杨彦文、朱平、范德虎、任溶、林剑华分别担任第一至第六党支部书记。8月25日，集团总部党总支委员会研究同意各支部的选举结果。12月，集团有基层党组织13个，其中党委1个，总支2个，支部10个。实创高科等11家公司的党建工作仍由属地区委管理。

2012年1月6日，集团召开党员大会。会议按照规定的民主程序，以无记名投票方式，采用等额选举的办法，选举产生中共中关村发展集团委员会和中共中关村发展集团纪律检查委员会。

2014年，根据集团战略升级后的需要，调整集团总部基层党组织，并按规定选举产生集团总部党支部。

2016年，中关村延庆园公司、中关村微纳能源、中关村前沿技术等9家公司成立党组织。中关村软件园、中关村生命科学园、中关村科技担保等6家单位基层党组织开展换届及委员补选工作。

2017年，怀柔科学城公司和中关村京西发展成立党组织；集团总部党总支、中关村软件园党总支等10家单位党组织完成换届及补选委员工作。是年，集团共有33个党组织。

2018年11月27日，集团召开党员大会，会议按照规定的民主程序，以无记名投票方式，采用等额选举的办法，选举产生中共中关村发展集团委员会和中共中关村发展纪律检查委员会。是年，怀柔科学城公司党支部完成委员补选工作。截至2018年底，集团直属基层党组织42个，区企共管公司党组织41个；截至2018年底，组织关系在集团的党员544名。

2019年，中关村延庆园公司党支部、中关村芯园党支部、中关村协同发展党支部、中关村集成电路设计园党支部、中关村医疗器械园党支部、中关村协同发展党支部、中关村前沿技术党支部、中关村科技租赁党支部完成换届工作。中关村科技担保党总支、中关村京西发展党支部完成委员的补选工作。工业院党委整建制转入集团党委，并完成换届工作。怀柔科学城公司党支部整建制转出集团党委。

（二）党员发展

2017年，集团党员420名。

2018年，集团党员544名，其中正式党员535名，预备党员9名。

2019年，集团党员779名，其中正式党员758名，预备党员21名。是年5月，组织18名入党积极分子参加市直机关培训。

二、思想政治建设

（一）主题教育

党的群众路线教育实践活动　2013年5月23日，集团召开党委（扩大）会暨理论学习中心组会议，学习传达《中共中央关于在全党深入开展党的群众路线教育实践活动的意见》。

图12-1-1　2013年10月10日，中关村发展集团组织参观北京市反腐倡廉法制教育基地

2013年7月19日，集团制定并下发《中关村发展集团深入开展党的群众路线教育实践活动工作方案》，组建活动领导小组及办公室，统筹组织集团学习实践活动。7月22日，作为北京市首批开展党的群众路线教育实践活动单位，集团召开党的群众路线教育实践活动动员部署大会，集团党委书记、董事长于军对开展教育实践活动进行动员部署，市委第五督导组组长传达中央和市委有关精神，对集团开展党的群众教育实践活动做出指导并提出要求。

2014年7月30日，集团召开下属单位党的群众路线教育实践活动准备会，对启动教育实践活动的具体工作进行安排部署，中关村金服、中关村科技担保、中关村软件园、中关村生命科学园、中关村科技租赁等党组织负责人结合实际，研究讨论启动党的群众路线教育实践活动相关安排和准备工作。

在党的群众路线教育实践活动中，通过中心组学习、党课报告、交流研讨、支部学习、参观廉政教育基地、观看专题电影等方式，集团组织干部、群众认真开展学习教育；围绕“为民、务实、清廉”的要求，通过向市有关委办局、有关区县、各子公司、被投企业发放征求意见表，设立征求意见箱、征求意见专用电子邮箱，为广大群众提出意见、建议开辟多种通道。集团总部各支部召开专题组织生活会，各子公司党组织召开领导班子民主生活会及专题组织生活会。

2014年10月16日，集团党委（扩大）会暨中心组学习举行，传达学习习近平总书记在党的群众路线教育实践活动总结大会上的讲话精神、北京市党的群众路线教育实践活动总结大会精神。

“三严三实”专题教育　2015年4月起，在市直机关工委的直接指导下，集团开展“三严三实”专题教育。

2015年6月18日，集团制定《“三严三实”专题教育实施方案》，通过党委理论学习中心组学习、党课报告、交流研讨、参观考察等，并结合纪念世界反法西斯战争胜利70周年工作及庆祝中国共产党成立94周年开展系列活动。

8月20日，党委理论学习中心组传达学习习近平总书记在会见全国优秀县委书记时的讲话精神，报告集团“三严三实”专题教育第一专题学习情况，部署第二专题教育工作，选学《领导干部违法违纪典型案例警示录》并交流心得体会。

在“三严三实”专题教育期间，集团领导班子成员分赴兴昌高科、中关村软件园、中关村生命科学园、中关村金服、中关村科技担保、中关村科技租赁、中关村医疗器械园、北京IP、中关村延庆园公司、中关村微纳能源、中关村集成电路设计园、中关村领创金融、中关村发展创投、中关村国际孵化器、中关村海外科技园、中关村环促中心等单位开展调研活动，了解各子公司开展“三严三实”专题教育情况、领导班子建立“不严不实”问题清单情况，收集对中关村发展集团领导班子、班子成员在“不严不实”方面存在问题的意见建议和对市委巡视集团反馈意见整改落实工作的意见建议。

图12-1-2　2015年7月2日，中关村发展集团“三严三实”专题教育工作进展情况汇报会召开

“两学一做”学习教育　2016年4月27日，集团制定“两学一做”学习教育工作方案。6月1日，集团召开“两学一做”学习教育工作布置会，传达学习习近平总书记对全党开展“两学一做”学习教育的重要指示精神，总结集团近期开展“两学一做”学习教育工作的进展。会议明确本年度四个阶段的学习主题、内容、形式等。第一阶段为5—6月，集中学习党章，谈认识，不断增强道路自信、理论自信、制度自信，提高政治意识、核心意识。第二阶段为7—8月，集中学习党规，找不足，深刻领会从严治党要求，树立纪律意识、看齐意识。第三阶段为9—10月，集中学习“四个全面”战略布局，说体会，深刻领会习近平总书记和党中央治国理政新理念，用“四个全面”战略布局引领各项工作，强化大局意识和责任意识。第四阶段为11—12月，集中学习“五大发展理念”，明方向，深刻把握经济发展新常态，以“五大发展理念”为指挥，做好本职工作，增强担当意识和创新意识。

2017年6月30日，集团召开党建工作会暨推进“两学一做”学习教育常态化制度化工作会，部署“两学一做”学习教育常态化制度化工作，明确推进“两学一做”学习教育常态化制度化的总体要求、主要任务和组织领导。

“不忘初心、牢记使命”主题教育　2019年6月6日，集团印发《中关村发展集团关于开展“不忘初心、牢记使命”主题教育的实施方案》。

图12-1-3　2017年6月30日，中关村发展集团党建工作会暨推进“两学一做”学习教育常态化制度化工作会召开

6月11—15日，集团进行为期一周的集中学习研讨，集团领导班子全体成员同步参加学习，制定学习教育重点阅读书目清单，编印专题学习资料，学习《习近平关于“不忘初心、牢记使命”重要论述选编》《习近平新时代中国特色社会主义思想学习纲要》等书目。

6月13日，集团召开“不忘初心、牢记使命”主题教育工作会。集团党委书记、董事长赵长山主持会议，部署集团主题教育工作并作动员讲话。市委第十八巡回指导组组长到会指导。

6月24日，印发《中关村发展集团关于开展集团领导班子“不忘初心、牢记使命”主题教育基层调研实施方案》；6月27日，印发《中关村发展集团子公司领导班子“不忘初心、牢记使命”主题教育调研方案》。

6—7月，集团领导班子成员分别到子公司、服务双创主体进行调研。

7月17日，集团领导班子集体赴中关村京西发展开展“不忘初心、牢记使命”主题教育调研，围绕“落实党建工作责任制，探索新形势下园区公司经营模式和顶层架构”的主题深入现场、听取汇报、座谈交流。

图12-1-4 2019年6月13日，中关村发展集团"不忘初心，牢记使命"主题教育工作会召开

7月31日，集团召开"不忘初心、牢记使命"主题教育领导班子对照党章党规找差距专题会议。在深入学习的基础上，集团领导班子对照党章及《关于新形势下党内政治生活的若干准则》《中国共产党党内监督条例》，带头进行检视分析，对市委《关于转发〈关于在"不忘初心、牢记使命"主题教育中对照党章党规找差距的工作方案〉的通知》中要求的"十八个是否"逐条分析。

8月5日，开展主题教育检视问题工作，通过查摆问题、谈心谈话等方式检视反思突出问题，并报送领导班子、市管干部、党委委员的检视问题清单至中共北京市委第十八巡回指导组。

8月7日，集团党委召开调研成果交流会，中共北京市委第十八巡回指导组副组长等到会指导。

8月19日，印发《中关村发展集团在"不忘初心、牢记使命"主题教育中集中整顿软弱涣散基层党组织的工作方案》，明确整顿对象，细化工作安排，提出加强组织领导、做好分类指导、注重工作统筹的工作要求。

8月28日，集团开展"不忘初心、牢记使命"主题教育评估工作会议，集团领导班子成员、处级领导干部代表、人大代表、政协委员、劳模以及普通党员群众代表共计100名人员参加。

9月4日，集团召开"不忘初心、牢记使命"专题民主生活会。按照习近平总书记关于"四个对照""四个找一找"的要求，盘点收获、检视问题、深刻剖析，开展批评和自我批评，明确努力方向和改进措施。市委第十八巡回指导组副组长等到会指导。

9月18日，印发《中关村发展集团“不忘初心、牢记使命”主题教育整改问题任务分工方案》，对主题教育开展以来的调研问题清单、专项整治问题清单进行汇总，优化组合，梳理出需要整改的问题共37项，并逐一落实责任领导、责任部门、整改时限和整改措施，提出整改问题任务分工方案。

9月27日，印发《中关村发展集团“不忘初心、牢记使命”主题教育持续学习的方案》，落实中央和中共北京市委工作要求，巩固深化“不忘初心、牢记使命”主题教育成果，从个人自学、集中学习、专题教育方面，对持续学习贯彻习近平新时代中国特色社会主义思想做出安排。计划重点学习领会习近平总书记在庆祝中华人民共和国成立70周年大会上的重要讲话精神，学习贯彻党的十九届四中全会精神和中央经济工作会议精神，组织开展庆祝中华人民共和国成立70周年系列活动，参观北京香山革命纪念地，邀请专家专题辅导《中国共产党问责条例》。

图12-1-5　2019年11月22日，中关村发展集团赴香山革命纪念地开展“不忘初心，牢记使命”主题教育

（二）意识形态工作

2017年10月27日，《中关村发展集团党委关于贯彻落实意识形态工作责任

制实施细则（试行）》（简称《实施细则（试行）》）经集团党委会2017年第21次会议审议通过。11月14日，《实施细则（试行）》正式印发。根据《实施细则（试行）》，集团党委、集团总部党总支及二级企业党组织每年至少开展两次专题研究意识形态工作，每半年向上级党组织专题汇报一次意识形态工作；集团各级党组织要定期在本单位本部门党员干部范围内通报意识形态领域情况；集团总部各部门、二级子公司对外宣传片、宣传册等物料，自有媒体平台等需报集团备案，以集团名义举办或联合举办的重大对外宣传活动、集团二级子公司重大对外宣传活动需报集团备案；将意识形态责任制落实情况纳入集团党建工作考核评价体系。

2018年1月，集团向上级党组织报送《中关村发展集团党委关于2017年意识形态工作自查情况报告》。9月，集团向上级党组织报送《中关村发展集团党委关于2018年上半年意识形态工作情况的报告》。

2019年2月，集团向上级党组织报送《中关村发展集团党委关于2018年意识形态工作情况的报告》。2月15日，集团在全系统开展自有媒体意识形态风险排查。共排查集团总部及30家子公司管理运营的各类自有网络媒体，排查集团全系统官方网站、微信公众号、微博、头条号、企鹅号、腾讯视频等自有媒体共计信息57159条。共排查出问题信息103条，并全部删除。4月15日，集团下发《关于加强2019年意识形态工作的通知》。通知要求各子公司充分认识做好意识形态工作的重要性和紧迫性，对潜在的意识形态风险点列好责任清单，完善工作预案，严格加强意识形态阵地管控，针对负面舆情事件，建立分类应急处置方案。10月，集团向上级党组织报送《中关村发展集团党委关于2019年上半年意识形态工作情况的报告》。11月，《中关村发展集团党委贯彻落实意识形态工作责任制实施细则（试行）》试行期两年已期满，为落实市委关于意识形态阵地的管理意见，对该实施细则（试行）第十一条“集团各单位举办报告会、研讨会、论坛、讲座需经本单位党组织同意”中的意识形态阵地范围进行扩充，修订为“集团各单位举办论坛、讲坛、讲座、年会、报告会、研讨会等活动，需经本单位党组织同意”。

2020年1月6日，经集团2019年第27次党委会研究同意，印发《中关村发展集团党委贯彻落实意识形态工作责任制实施细则》。

（三）理论学习

2011年，集团党委成立后，即坚持以党委理论学习中心组形式开展理论学习，发挥领导干部带头作用，推动理论武装工作在集团深入开展。2012—2014年，组织党委理论学习中心组集体学习共17次。

2015年2月25日，印发《中关村发展集团党委中心组理论学习制度》，建立学习计划制度、交流研讨制度、考勤制度、学习档案制度等，党委理论学习中心组理论学习逐步规范化。制度规定，集中学习原则上每季度不少于2次，每年集中学习研讨的专题不少于4个。学习秘书由党办主任担任，学习记录员由党办工作人员担任。党办和党群工作部具体负责学习组织、计划编制、会务安排、资料准备等工作。是年，党委理论学习中心组共组织集体学习18次。

2016年，党委理论学习中心组共组织集体学习10次。内容包括：深入学习贯彻党的十八届六中全会精神、《习近平总书记在庆祝中国共产党成立95周年大会上的讲话》《习近平、刘云山同志在全国国有企业党的建设工作会议上的讲话》《关于三年来中央政治局贯彻执行中央八项规定落实加强作风建设措施情况的报告》《中共中央关于辽宁拉票贿选案查处情况及其教训警示的通报》等。

图12-1-6　2016年12月11日，中关村发展集团举办学习贯彻党的十八届六中全会精神专题培训班

2017年，党委理论学习中心组共组织集体学习12次，内容包括：深入学习领会以习近平同志为核心的党中央治国理政新理念、新思想、新战略，“四个全面”战略布局，《关于新形势下党内政治生活的若干准则》《中国共产党党内监督条例》《中国共产党党委（党组）理论学习中心组学习规则》《关于县以上党和国家机关党员领导干部民主生活会的若干规定》，中央关于意识形态工作的重大部署和基本要求，党的十九大提出的重大战略思想、重大理论观点、重大工作部署等。

2018年3月16日，印发新修订的《中关村发展集团党委理论学习中心组学习制度》，在原有学习制度基础上，对学习内容、形式和要求做出更为详细的规定，并建立健全学习计划制度、学习档案制度、学习报送制度、学习通报制度等。制度规定，集中学习研讨每月安排1次，其中，集中研讨每季度不少于1次，中心组成员每年重点发言不少于1次；中心组成员每年撰写学习心得、调研报告或者理论文章不少于1篇。学习秘书由宣传部、党委办公室负责人担任，由宣传部负责人牵头；宣传部、党委办公室、组织部、党群工作部等机构人员协助学习秘书共同做好学习服务工作。是年，党委理论学习中心组共组织集体学习16次，其中，集体研讨4次。首次开展对子公司理论学习巡视旁听，巡视旁听范围覆盖党组织关系归属集团的子公司党组织及区企共管子公司党组织共28家。

2019年，组织党委理论学习中心组集体学习25次，其中，集体研讨9次。在“不忘初心、牢记使命”主题教育期间，党委理论学习中心组学习19次，重点围绕党的政治建设、全面从严治党等8个方面，开展集中研讨7次。重点学习贯彻习近平新时代中国特色社会主义思想，及时跟进学习习近平总书记最新重要讲话精神，学习贯彻党的十九届四中全会精神、第十九届中央纪委三次会议精神、北京市委全会精神。邀请专家就党的十九届四中全会精神、《中国共产党问责条例》、党史、新中国史、人工智能、新时代能源与蓝色大能源、中美贸易战与国际科技合作等进行专题辅导。

（四）党员教育

2011年，集团总部全体员工及控股子公司中关村软件园和中关村生命科学园参加中共北京市委办公厅举办的“学党史、坚信念、强本领”知识竞赛活动，1人获得优秀个人奖，集团获得优秀组织奖。在庆祝中国共产党成立90周年之际，集团全体员工观看电影《建党伟业》和宣教片《中国共产党的成功、失误及面临的挑战》;并组织参观北京市纪念中国共产党成立90周年“一切为了人民”展览;参与“百万党员寄心语”活动。

2012年,集团以迎接党的十八大、北京市第十一次党代会的召开和学习贯彻会议精神为主线,开展党员理论学习和思想教育,通过三次理论中心组(扩大)学习、三次专题讲座、组织开展学习和专题讨论等学习活动,开展学习型党组织建设,努力提高广大党员综合素质,营造良好氛围,号召全体党员以优异的工作成绩迎接党的十八大胜利召开。党的十八大召开之后,集团党委开展党的十八大精神相关学习宣传活动,利用现有资源向集团各级党组织提供学习十八大精神讲座30余次。是年7月,北京遭遇61年来最大降雨,集团组织救灾捐款,共有396名党员及群众参加捐款活动,捐款总额43,684.5元,所捐款项于第一时间上交至北京市慈善协会。

2013年,集团召开纪念中国共产党成立92周年大会。集团党员参观《复兴之路》展览,观看廉政教育展览。开展先进党支部、优秀党员评选。

图12-1-7　2013年6月21日,中关村发展集团组织党员参观《复兴之路》展览

2016年12月11—13日,集团举办贯彻党的十八届六中全会精神专题培训班。是年,集团总部全体员工及相关子公司党员干部赴“没有共产党就没有新中国”纪念馆参观,走访慰问当地困难党员。结合纪念红军长征胜利80周年活

动，组织总部各党支部及下属子公司党员、群众代表赴军事博物馆参观《纪念中国工农红军长征胜利80周年主题展览》。集团各级党组织围绕纪念中国共产党成立95周年开展主题党日活动，推动广大党员干部提振精神、展现风采，为集团科学发展凝聚力量。

2017年7—8月，集团分两期组织200余名党员赴河南林州参加红旗渠精神专题培训班。通过专题讲座、体验式现场教学及调研当地经济技术开发区等教学形式，引导广大党员干部在服务中关村示范区建设中努力践行红旗渠精神。11月22日，集团制定并下发《学习宣传贯彻党的十九大精神的实施意见》。12月，集团组织学习贯彻党的十九大精神专题培训班，培训班安排专题辅导、视频教学、集体自学、个人自学及分组研讨等课程，邀请中纪委、市纪委的专家学者现场作辅导报告，安排观看中央党校、北京大学、市国资委等专家学者的授课视频。组织集团总部、子公司领导干部、基层党组织负责人、党务工作者、纪检委员、通讯员180余人参加专题培训。是年，集团各级党组织参观“砥砺奋进的五年”成就展，学习党的十八大以来改革开放和社会主义现代化建设中取得的新的重大成就，营造集团喜迎十九大的良好氛围。在党的十九大召开期间，集团各级党组织认真收听、收看大会开闭幕式和相关新闻报道，并开展学习讨论。在纪念中国人民解放军建军90周年之际，邀请国防大学专家为集团及园区企业260余名党员作专题报告。

图12-1-8　2017年7—8月，中关村发展集团组织党员参加红旗渠精神专题培训班

2018年8—9月，分两批组织基层党组织书记和部分党员代表赴井冈山参加“不忘初心、牢记使命”主题教育培训班。通过专题讲座、红色故事会、情景教学、现场教学、访谈教学等方式，学习井冈山精神，进一步坚定理想信念，推进集团深化改革转型发展。是年，集团举办“不忘初心，牢记使命”学习习近平新时代中国特色社会主义思想和党的十九大精神知识竞赛，累计3000多人次参加答题活动。组织参观国家博物馆“真理的力量——纪念马克思200周年诞辰主题展览”，深入学习马克思主义在中国传播和发展的光辉历程；组织观看纪录片《厉害了，我的国》，开展爱国主义教育，深切感受党的十八大以来中国改革开放和社会主义现代化建设取得的历史性成就。

图12-1-9　2018年8月，中关村发展集团组织党员赴井冈山参加“不忘初心、牢记使命”主题教育培训班

2019年6月27日，组织党员参观北京新文化运动纪念馆，重温入党誓词，观看历史纪录片《红楼往事》，参观马克思主义思想早期在中国传播陈列馆。6月28日，集团召开纪念中国共产党成立98周年大会，表彰30名优秀共产党员、10名优秀党务工作者、3个先进党组织，号召广大干部职工要向先进典型学习，将思想和行动统一到党的十九大精神和市委市政府要求上来，统一到集团党委的决策部署上来，坚持深化改革、转型发展，坚持驱动创新、开拓进取。表彰“两优

一先”先进典型。8月16日，邀请中国人民大学中共党史系教授作“中共党史的几个核心问题解析”党史学习专题辅导。11月8日，邀请市纪委法规室主任专题辅导《中国共产党问责条例》。11月22日，参观香山革命纪念馆。是年，组织观看《改革开放关键一招》《新时代新担当新作为》《我和我的祖国》等。

图12-1-10　2019年6月27日，中关村发展集团组织党员赴新文化运动纪念馆开展“不忘初心、牢记使命”主题教育

三、纪律和作风建设

（一）廉政建设

2011年，集团严格执行《国有企业领导人员廉洁从政若干规定》，坚持标本兼治、综合治理、惩防并举、注重预防的方针，建立与现代企业制度相适应的党风廉政建设和反腐败工作长效机制。

2012年，为提高党风廉政工作的主动性，促进反腐倡廉工作的关口前移，“七一”前夕在北京市反腐倡廉警示教育基地，集团开展以“保持党员纯洁性”为主题的反腐倡廉警示教育专项活动。

2013年，集团纪委健全廉政风险防控相关制度，落实《中国共产党党员领导干部廉洁从政若干准则》《国有企业领导人员廉洁从业若干规定》，开展廉政专题教育，组织集团干部签订党风廉政责任书，加强党风廉政建设。

2015年，集团纪委起草并下发《中关村发展集团党委关于落实党风廉政建设责任制党委主体责任、纪委监督责任实施办法（试行）》《中关村发展集团党风廉政建设责任制检查考核办法（试行）》，组织集团相关领导干部签订党风廉政建设责任书，并在年底启动落实"两个责任"考察，全面加强集团"两个责任"落实。

2016年，集团纪委认真落实"两个责任"文件，集团总部和相关子公司逐级签订党风廉政建设责任书，层层落实党风廉政建设责任制。调查、处理、反馈信访举报案件及其涉及的相关问题。

2017年，集团开展党风廉政建设现场检查考核。在《落实全市领导干部警示教育大会精神开展突出问题自查自纠工作指导方案》的基础上，制定《党风廉政建设责任制检查考核办法》和《现场检查考核安排》，明确培训动员、现场检查、撰写报告、听取汇报、反馈意见、督促落实各环节具体安排，集团领导带队，抽调集团党务部门负责人、各相关子公司人员40余人，组建成立7个检查考核组，通过听取汇报、座谈访谈、民主测评、实地查阅相关档案材料等形式，对集团22家基层党组织进行现场检查考核，全面检查集团基层党组织全年党建及党风廉政建设工作，查找存在问题，明确改进措施，有力提升集团基层党建及党风廉政建设工作整体水平。是年，集团制定《关于推进领导干部落实党风廉政建设主体责任全程记实工作意见》的实施办法，印制全程记实手册，督促各级党组织主要负责人履行党风廉政建设"第一责任人"职责，督促班子成员履行"一岗双责"。12月，编印《党风廉政建设工作规范性文件选编》，要求党员领导干部严格贯彻落实党风廉政建设各项制度，以制度约束权力。

2018年3月，集团召开党风廉政建设工作会，传达中央纪委、北京市委市纪委相关会议精神。集团党委书记与班子成员、主管领导与分管部门、子公司层层签订个性化《党风廉政建设责任书》。5月，集团开展对总部及19家基层党组织的记实台账和76名党员领导干部的记实手册监督检查，实现对基层党组织领导干部全程记实工作检查全覆盖。5月23日，集团领导班子成员、中层干部及子公司领导班子成员共95人，前往海淀区反腐倡廉警示教育基地参观学习，接受现场廉政教育。本次教育活动分为参观警示教育基地展厅和看守所监区两部分。展厅通过文字图片、案例视频，集中展示党的十八大以来全国查处各类违纪违法典型案件及涉案官员的忏悔录，剖析个别党员干部走向犯罪的原因及堕落的轨迹。11月，集团组织干部专题培训班，共103人参加培训，集团党委书记、党委副书记、纪委书记分别为培训学员讲党课，邀请市纪委专家围绕落实“两个责任”及新修订的《中国共产党纪律处分条例》进行专题辅导，集中观看《正风肃纪永远在路上》警示教育专题片。12月，集团总部40余名干部，组成8个检查考核组，在年底对21个基层党组织全面从严治党工作进行检查考核。

2019年3月，集团召开党风廉政建设工作会，传达中央纪委、中共北京市纪委相关会议精神，总结集团2018年度党风廉政建设和反腐败工作，部署集团2019年党风廉政建设工作任务。会议首次将警示教育作为重要内容，集团各级党组织班子成员集体观看警示教育专题片《红线不容触碰》，集团党委副书记、总经理主持会议，集团党委副书记、副总经理通报集团查处的典型案例，纪委书记做工作报告，对全年党风廉政建设工作进行部署，集团党委书记在总结讲话中肯定了集团党风廉政建设工作取得的成果，并着重指出在各类监督、检查中发现的各子公司存在的苗头性、倾向性问题，深入剖析问题成因，并对下一步工作提出明确要求，北京市纪委第五监督检查室派员到会指导，集团领导班子成员、总部全体干部职工、各子公司领导班子成员和纪检工作者等近200人参加会议。5月23日，集团领导班子成员及中层以上管理干部60余人参观北京市全面从严治党警示教育基地。教育活动以“总书记的告诫”专题片开篇，在讲解员的带领下依次参观“挺纪在前、筑牢防线”“以案为鉴、知畏知止”和“不忘初心、牢记使命”三个主题展览，通过对北京市坚决正风肃纪、严肃问责的典型案例介绍，深入剖析违法违纪的问题根源，让参观人员深受警醒，以案为鉴，对照反思。最后全体参观人员集体观看《六大纪律》宣传片，集团党委副书记、总经理带领参观人员重温入党誓词，学唱入党誓词歌曲。7月1日，印发《中关村发展集团“不忘初心、牢记使命”主题教育警示教育专题工作方案》，将警示教育作为推进全面从严治党的重要抓手和加强党员领导干部纪法教育的主要方式。通过开展系列警示教育活动，切实增强党员干部纪律规矩意识，在集团营造风清气正的政治生态。8月27日，印发集团“以案示警、以案为鉴、以案促改”警示教育方案。通报违纪单位相关问题。督促各子公司以案为鉴，结合工作生活实际，重点开展“四查”工作。11月18日，邀请市纪委专家围绕落实“两个责任”及新修订的《中国共产党问责条例》，对集团各级党组织负责人和纪检干部进行专题辅导。

图12-1-11　2019年5月23日，中关村发展集团参观北京市全面从严治党警示教育基地

（二）监督检查

2013年，集团启动重要费用科目自查，对总部重要费用核算进行全面梳理，检查中央八项规定相关精神在费用方面的贯彻落实情况。

2015年7—9月，中共北京市委专项巡视组对集团开展专项巡视。集团党委及相关部门开展巡视意见的整改落实。

2017年，集团纪委加强落实中央八项规定精神监督检查。严抓元旦、春节、“五一”、“十一”等重要节点。发出通知提出明确要求，督促各子公司组织专门力量开展自查，同时组织成立专项工作组，对17家子公司进行现场检查，对8家子公司干部员工进行电话抽查，始终保持检查高压态势，杜绝公款吃喝送礼、违规发放津贴补贴、公车私用等现象。开展公款购买高档白酒专项检查。按照市纪委要求和部署，在组织21家子公司进行自查的基础上，集团专项检查组对中关村软件园、中关村生命科学园、中关村科技担保等子公司的库房和财务明细进行抽查，未发现违规问题。

2018年3月16日，集团召开党风廉政建设工作会，贯彻落实中共北京市委《关于进一步纠正“四风”锲而不舍抓好作风建设的若干措施》，严格执行中央八项规定及修订后的实施细则精神和中共北京市委贯彻落实办法，在重要节点开展廉洁教育、监督检查。8月至10月，集团检查组对21家基层党组织在领导干部办公用房、公车管理、业务招待、薪酬福利等方面进行集中专项检查。集团专项检查组在中秋节、国庆节两节前后实地抽查中关村软件园、中关村国际孵化器、中关村海外科技园等4家子公司的财务账务明细、工资发放明细表、福利发放情况及假期公车封存情况，并对各子公司提交的自查报告进行审核。12月4日，集团发布《关于落实中央八项规定精神 打好作风建设持久战的通知》，摘录并转发市纪委文件精神，帮助广大党员掌握九类违规问题的具体情形，做到“知敬畏、存戒惧、守底线”。是年，集团发放《中国共产党纪律处分条例》逐条关联法规指引《党纪处分运用规则和纪法衔接适用指南》《中华人民共和国监察法》释义，要求各基层党组织认真学习贯彻执行。全年组织任前廉政谈话30余次，进一步强化领导干部廉洁从业意识，要求党员领导干部以身作则、廉洁从业、管好班子、带好队伍。

图12-1-12　2018年10月17—19日，中关村发展集团党组织书记和纪检监察干部专题培训班举办

2019年5月，集团检查组对中关村软件园、怀柔科学城公司等子公司公务用车、公款吃喝、公款购买节礼等违规公款消费情况进行专项检查。7月25日，集团印发《中关村发展集团纪委“不忘初心、牢记使命”深入落实中央八项规定精神实施意见》，要求各基层党组织深入学习贯彻习近平新时代中国特色社会主义思想，以“不忘初心、牢记使命”主题教育为契机，锲而不舍整治“四风”；突出重点问题，聚焦“关键少数”，持续发力精准整治“四风”；坚持“三不”一体推进，实现治理“四风”工作高质量发展。9月，集团专项检查组对集团总部和20家子公司差旅费报销情况进行专项检查，并将检查结果向各单位进行反馈，要求制定措施，限时整改，并将整改落实情况纳入年度全面从严治党检查考核工作内容。11—12月，在集团党委统筹部署下，开展全面从严治党（党建）工作考核。本次考核组成9个检查督查组，由集团领导领导班子成员带队，以日常检查和现场督查的形式，对集团21家基层党组织进行考核。考核坚持问题导向，采用“四不两直”的检查督查形式，通过随机抽取部分干部职工开展一对一谈话询问，结合实地检查档案资料等方法，查找各基层党组织、主要负责人和班子成员在落实全面从严治党（党建）工作方面存在的问题，有针对性地提出整改措施，为促进集团全面从严治党高质量发展奠定了基础。检查考核工作得到市纪委的肯定，在“廉政北京”栏目醒目位置进行宣传报道。

（三）执纪问责

2013—2017年，集团纪委共收到信访举报15件。2017年，集团官网设置举报邮箱，畅通来电、来信、网络等信访举报渠道，制定信访办理工作流程，严格执行限期办结制度，确保问题线索不搁置、不流失，“件件有着落、事事有结果”，最大限度减少问题线索存量，逐步实现问题线索“零暂存”。

2017年，按照市纪委关于清理处置十八大以来遗留问题线索，加快处置节奏的要求，梳理掌握的15个问题线索，根据不同性质、情节轻重、社会影响等因素，分类确定处置方式。集团成立专项工作调查组，对长期未结的4个问题线索进行处置，对1位子公司负责人进行诫勉谈话。

2018年，共收到信访举报17件。按照处置标准对收到的问题线索进行分类处置，其中：谈话3件，函询4件，初步核实1件，暂存3件，了结2件，转其他组织办理3件。对1名领导干部给予撤销党内职务处分，对2名领导干部诫勉谈话，对2

件涉及基层干部违反中央八项规定精神问题从严从快处置，对责任人员进行严肃处理，开创性地向1家基层党组织下发纪律检查建议书。集团纪委强化执纪审查力度，以强力问责推动责任落实。加强信访排查，严格依照中央纪委有关规定，定期召开信访线索排查会，对收到的信访举报件限期办结，实现问题线索“零暂存”，落实“件件有着落、事事有结果”。

2019年，共收到问题线索19件，其中函询5件，初步核实5件。对1家基层党组织下发监督建议书。8月23日，对一名子公司领导班子成员违反中央八项规定精神，违犯廉洁纪律问题给予党内警告处分，并在集团系统内予以通报。同时印发纪律检查建议书，要求该公司党支部根据建议书内容，对相关问题进行处理并在规定时间内将处理结果书面报告集团纪委。集团各级党组织对照检查，深入开展“以案示警、以案为鉴、以案促改”警示教育；要求各部室、各子公司党员干部吸取教训，举一反三，遵规守纪做决策，持之以恒落实中央八项规定精神。

2019年5月，按照《关于做好新形势下北京市纪检监察信访举报工作的实施意见》《北京市纪委市监委关于问题线索处置管理的规定》和《北京市纪检监察机关监督执纪工作规则》有关要求，集团纪委对2013—2019年收到的信访举报进行汇总并深入分析研判，撰写《中关村发展集团纪检监察信访工作分析报告》。

四、重要会议

（一）党员大会

2012年党员大会 2012年1月6日，中共中关村发展集团党员大会在北京会议中心召开。大会应到正式党员88人，实到87人。集团党委书记于军代表中共中关村发展集团委员会作《开拓创新、团结奋进，为建设具有全球影响力的科技投资控股集团而努力奋斗》的工作报告。中共中关村发展集团纪律检查委员会以书面形式向大会作工作报告。

大会以无记名投票方式、差额选举的办法，选举产生中共中关村发展集团委员会和中共中关村发展集团纪律检查委员会。选举于军、许强、张兴胜、邵顺昌、宣鸿、盛紫瑾（女）、蒋苏生（按姓氏笔画为序）为中共中关村发展集团委员会委员；选举李果、杨彦文、张建（女）、周放、蒋苏生（按姓氏笔画为序）为中共中关村发展集团纪律检查委员会委员。

2012年1月6日，中共中关村发展集团委员会和中共中关村发展集团纪律检查委员会分别召开第一次全体会议。

出席中共中关村发展集团委员会第一次全体会议的应到委员7人，实际出席7人。会议按照规定的民主程序，以无记名投票方式，采用等额选举的办法，选举于军为中共中关村发展集团委员会书记，许强、蒋苏生为中共中关村发展集团委员会副书记。

出席中共中关村发展集团纪律检查委员会第一次全体会议的应到委员5人，实到5人。会议按照规定的民主程序，采用等额选举办法，以无记名投票方式，选举蒋苏生为中共中关村发展集团纪律检查委员会书记。

图12-1-13　2012年1月6日，中共中关村发展集团党员大会召开

2018年党员大会　2018年11月27日，中共中关村发展集团党员大会在北京会议中心召开。大会应到集团正式党员506人，实到480人。集团党委书记赵长山代表中共中关村发展集团委员会向大会作《新时代、新使命，奋力谱写深化改革转型发展新篇章》的工作报告。中共中关村发展集团纪律检查委员会以书面形式向大会作题为《牢记使命担当、全面从严治党，开创党风廉政建设和反腐败斗争新局面》的工作报告。

图12-1-14　2018年11月27日，中共中关村发展集团党员大会召开

大会一致通过《中共中关村发展集团党员大会关于中共中关村发展集团委员会工作报告的决议》和《中共中关村发展集团股份有限公司党员大会关于中共中关村发展集团纪律检查委员会工作报告的决议》。

大会以无记名投票方式、差额选举的办法，选举产生新一届中共中关村发展集团委员会和中共中关村发展集团纪律检查委员会。选举王明兰（女）、李妍（女）、杨彦茹（女）、郑宏（女）、赵长山、宣鸿、姚胜利（按姓氏笔画为序）为中共中关村发展集团委员会委员；选举王清山、闫涛、杨彦茹（女）、张建（女）、张哲（按姓氏笔画为序）为中共中关村发展集团纪律检查委员会委员。

2018年11月28日，中共中关村发展集团委员会和中共中关村发展集团纪律检查委员会分别召开第一次全体会议。

出席中共中关村发展集团委员会第一次全体会议的应到委员7人，实际出席7人。会议按照规定的民主程序，以无记名投票方式，采用等额选举的办法，选举赵长山为中共中关村发展集团委员会书记、宣鸿、王明兰（女）为中共中关村发展集团委员会副书记。

出席中共中关村发展集团纪律检查委员会第一次全体会议的应到委员5人，实到5人。会议按照规定的民主程序，采用等额选举办法，以无记名投票方式，选举杨彦茹（女）为中共中关村发展集团纪律检查委员会书记。

（二）党委会议

2011年，全年召开党委书记扩大会13次，研究讨论议题28项。研究《清理整顿违规生产经营建设行为工作方案》、“两委”委员候选人初步名单、集团工会成立方案、集团“十二五”发展规划纲要等相关事宜。

2012年，全年召开党委会24次，研究讨论议题76项。研究党的十八大代表候选人推荐提名工作、集团工会筹建工作，学习贯彻十八大精神等相关事项，制定《集团“三重一大”决策制度》《集团党委议事规则》和《中关村发展集团党费收缴、管理和使用办法》等制度性文件。

2013年，全年召开党委会27次，研究讨论议题88项。传达学习中央及北京市关于深入开展党的群众路线教育实践活动相关文件精神、习近平总书记在中央政治局到中关村集体学习时的重要讲话精神、党的群众路线教育实践活动相关文件精神、党的十八届三中全会精神，研究集团纪念中国共产党成立92周年工作安排等相关事宜，制定《中关村发展集团战略转型升级研究工作方案》《中关村发展集团债务融资工具信息披露事务管理制度》等制度。

2014年，全年召开党委会23次，研究讨论议题82项。传达学习北京市贯彻落实《建立健全惩治和预防腐败体系2013—2017年工作规划》的实施意见、习近平总书记在纪念邓小平同志诞辰110周年座谈会上的讲话精神、中共北京市委十一届六次全会精神，研究集团组织架构优化，向北京市慈善基金会捐款，《中关村发展集团学习贯彻党的十八届四中全会精神工作方案》，办公用房、办公家具和设备、公务用车整改工作等相关事宜，研究制定《中共中关村发展集团股份有限公司委员会议事规则》《集团安全生产“一岗双责”制度》《领导班子与员工恳谈制度》《领导班子联系点制度》《中关村发展集团选拔任用领导人员暂行办法》《中关村发展集团因公临时出国（境）管理办法（修订）》《中关村发展集团规范和执行“三重一大”决策制度暂行办法》等制度性文件。

2015年，全年召开党委会31次，研究讨论议题119项。研究关于进一步加强信息宣传工作的指导意见、《中关村发展集团开展“三严三实”专题教育实施方案》《中关村发展集团“十三五”发展规划》编制等相关事宜。研究制定《中关村发展集团党委中心组理论学习制度》《集团落实党风廉政建设党委主体责任、纪委监督责任制度》《集团党风廉政建设责任制检查考核制度》《集团总部人员职业发展通道管理暂行办法》《中关村发展集团总经理特别奖管理暂行办法》等制度性文件。

2016年，全年召开党委会31次，研究讨论议题101项。主要学习传达北京市委十一届第十次全会精神，研究关于“十三五”发展规划纲要、集团组织架构调整、党的十九大代表推荐提名等相关事宜，研究制定《关于进一步规范集团党委会议、总经理办公会议管理工作的通知》《企业负责人履职待遇、业务支出管理实施办法》《中关村发展集团“十三五”发展规划纲要指标任务分解方案》等制度性文件。

2017年，全年召开党委会25次，研究讨论议题97项。传达学习中央全面深化改革领导小组第三十三次会议有关文件精神、习近平总书记视察南宁中关村创新示范基地重要讲话精神，研究关于市政府重点督查事项、关于党的十九大代表推荐提名、关于出席北京市第十二次党代会代表提名推荐、学习宣传贯彻党的十九大精神实施方案、学习贯彻党的十九大报告精神暨基层党建工作专题培训方案等相关事宜，起草《集团2017—2018年党建制度建设工作计划》《关于进一步做好党委会、总办会会议组织、公文管理工作提高议事决策效率的通知》，修订《集团党委议事规则》《集团党委“三重一大”议事分类清单及责任清单》《集团“三重一大”事项决策程序和实施办法》《集团党委党建工作领导小组议事规则》《集团党委党建工作责任制实施办法及党建工作考评办法》，研究制定《中关村发展集团党委关于贯彻落实意识形态工作责任制实施细则》《集团公务用车管理暂行办法》《中关村发展集团领导班子联系点制度》等制度性文件。

2018年，全年组织召开党委会25次，研究讨论议题116项。主要研究推进集团信息化二期建设的工作方案、集团综合改革方案、集团党委关于贯彻落实《中共中央政治局贯彻落实中央八项规定实施细则》等相关事宜，修订《中共中关村发展集团股份有限公司委员会议事规则》和《中关村发展集团贯彻落实“三重一大”决策制度实施办法》等制度性文件。

2019年，全年召开党委会27次，研究讨论议题130项。主要研究集团党务公开实施办法、集团开展“不忘初心、牢记使命”主题教育实施方案、集团2019年全面从严治党（党建）工作考核实施方案等相关事宜，修订《中关村发展集团国内差旅费管理办法（修订）》和《中关村发展集团因公临时出国（境）人员费用开支标准和管理办法》等管理办法，研究制定《集团领导人员因私出国（境）审批工作流程》《中关村发展集团人才引进落户推荐工作办法》《中关村发展集团关于整治文山会海的若干措施》《集团安全生产工作主体责任管理规定》《集团综合改革落地实施方案》《集团党建三年行动方案》等制度性文件。

第二节　工会组织

集团各级工会组织发挥团结职工、维护职工权益、促进企业发展的重要作用，不断健全工会组织体系，关心职工群众生产生活，努力为职工群众服务。经过多年的发展，集团工会组织健全、工作活跃、作用明显。

一、组织建设

2011年11月30日，经北京市总工会（简称市总工会）研究，根据北京市政府《关于重组设立中关村发展集团股份有限公司有关事宜的通知》，成立工会筹备组，蒋苏生任工会筹备组组长，苗军任工会筹备组副组长。工会业务指导由市服务工会负责。

2012年12月26日，集团召开第一次工会代表大会，选举产生集团第一届工会委员会、经费审查委员会、女职工委员会。选举蒋苏生为工会主席，张建（女）为工会经费审查委员会主任，盛紫瑾（女）为工会女职工委员会主任。是年，集团总部召开第一次工会会员代表大会，大会选举产生集团总部第一届工会委员会，选举盛紫瑾（女）为工会主席，黄传新为副主席。中关村软件园、中关村生命科学园、中关村科技担保工会转入。

2013年，中关村科技租赁成立工会。

2014年，中关村科技担保工会改选。

2015年，北京IP、中关村医疗器械园成立工会。中关村国际孵化器工会转入。

2016年，中关村延庆园公司、中关村前沿技术、中关村协同发展、中关村生物医药基地、中关村微纳能源、中关村集成电路设计园成立工会；中关村科技担保、中关村医疗器械园、中关村科技租赁、中关村生命科学园、中关村国际孵化器等子公司完成工会换届。

2017年，中关村协同创新基金、中关村领创金融成立工会。中关村软件园工会完成工会换届。

2018年1月25日，集团总部工会召开第二次会员大会，大会选举产生集团总部第二届工会委员会、经费审查委员会、女职工委员会。选举贾一伟为集团总部工会主席，杨笑楠（女）为集团总部工会经费审查委员会主任，裘里晶（女）为集团总部工会女职工委员会主任。

2018年7月27日，集团工会第二次会员代表大会召开，大会选举产生集团第二届工会委员会、经费审查委员会，推荐产生集团女职工委员会。选举姚胜利为工会主席，汤滢（女）为工会经费审查委员会主任，党书杰（女）为工会女职工委员会主任。

2018年，中关村京西发展、怀柔科学城公司、中关村芯园、中关村海外科技园成立工会。北京IP工会换届。

2019年，中关村金服成立工会。中关村生命科学园、中关村软件园完成工会换届。中关村前沿技术、中关村京西发展完成工会届中增补。工业院工会关系转入。截至2019年底，集团系统共有工会组织20个，工会会员1738人。

二、工会会员代表大会

（一）第一次工会会员代表大会

2012年12月26日，中关村发展集团第一次工会会员代表大会召开。会议应到代表104人，实到104人。大会以无记名投票方式，选举蒋苏生等9人组成中关村发展集团工会第一届工会委员会；选举张建（女）等5人组成中关村发展集团工会第一届经费审查委员会，选举盛紫瑾（女）等5人组成中关村发展集团工会第一届女职工委员会。

是日，中关村发展集团第一届工会委员会第一次全体会议、经费审查委员会第一次全体会议和女职工委员会第一次全体会议召开，选举蒋苏生为第一届工会主席，张建（女）为第一工会经费审查委员会主任，盛紫瑾（女）为第一届工会女职工委员会主任。

图12-2-1　2012年12月26日，中关村发展集团工会第一次工会会员代表大会召开

（二）第二次工会会员代表大会

2018年7月27日，中关村发展集团第二次工会会员代表大会召开。应到会员代表122人，实到会员代表105人。

集团工会第一届委员会以《担当新使命、建功新时代，为实现中关村发展集团跨越发展而努力奋斗》为题作工作报告。会议审议通过了《中关村发展集团工会工作报告》《中关村集团工会财务工作报告》《中关村发展集团工会经费审核委员会工作报告》。

大会以无记名投票方式，选举姚胜利等15人组成中关村发展集团工会第二届委员会；选举汤滢（女）等5人组成中关村发展集团工会第二届经费审查委员会。经工会委员会提名，经充分民主协商，产生党书杰（女）等5人组成的中关村发展集团工会第二届女职工委员会。

是日，中关村发展集团第二届工会委员会第一次全体会议、经费审查委员会第一次全体会议和女职工委员会第一次全体会议召开，选举姚胜利为第二届工会主席，汤滢（女）为第二届工会经费审查委员会主任，党书杰（女）为第二届工会女职工委员会主任。

图12-2-2　2018年7月27日，中关村发展集团第二次工会会员代表大会召开

三、工会工作

2012年，为全体工会会员办理京卡互助服务卡，享受市总工会的相关福利服务。

2013年，集团工会、集团总部工会取得工会法人资格证书，并办理税务代收工会经费相关手续。是年，参加市总工会组织的培训，为工会财务管理规范化打下良好的基础。

2014年，集团工会制定《中关村发展集团工会经费管理办法（试行）》，明确工会经费使用、管理要求、审批流程。各基层工会制定或修订工会经费管理制度、工会工作制度等相关制度。是年，组织各基层工会推选北京市“三八”红旗奖章获得者，中关村小贷暴冰获得北京市“三八”红旗奖章。

2015年，集团工会获得由全国总工会颁发的市级工会财务工作先进单位；集团工会建立并完善工会会员信息采集系统，实现会员信息动态管理；为进一步提高工会干部业务水平，集团工会委员、各基层工会主席开展工会经费管理审计、工会基础业务培训、工会互助保险等业务培训。

2017年，集团工会开始聘请第三方会计师事务所，对工会组织的奖励、补助、慰问、春秋游和观看电影5项活动经费使用的监督，出具审计报告。聘请市总工会专家就工会财务、互助保障业务等相关知识，开展两次专项培训，参训总数达120余人。

2018年，组织各级基层工会参加北京市职工互助保障活动，已参险的基层工会续保率达100%；核对集团人员理赔信息200余人次，广大会员及时享受市总工会“暖互助二次报销”互助金3万余元，为特病女职工申报到6万元最高限的互助保险理赔。集团工会被市总工会评为2018年互助保障工作优秀单位。邀请市总工会职保专家为各级工会50余名工会工作者开展保险介绍和业务培训。

2019年3月，集团工会主席姚胜利被推选为市总工会第十四次代表大会代表；5月，代表集团工会参加市总工会第十四次代表大会。11月，集团总部职工之家荣获“北京市总工会示范职工之家”荣誉称号。是年，市总工会、市人力社保局授予启航投资中关村发展投资团队“北京市工人先锋号”称号。各级基层工会已完成工会会员卡办理百分之百全覆盖，推进市总工会“在职职工互助保险”工作，完成集团工会所属基层工会1533人次的投保工作，基层工会互助保险投保率当年达100%。组织开展工会业务专业培训、工会互助保险培训、工会财务工作培训、工会职工代表履职培训等，邀请市总工会、市总工会干部学院等单位相关专家，全年参加工会相关培训300余人次。

图12-2-3　2019年，市总工会、市人力社保局授予启航投资中关村发展投资团队“北京市工人先锋号”称号

四、文体活动

2012年4月13日—5月20日，集团主办并参与第三届中关村示范区运动会。8月22日，集团员工参加第五届中关村西区“和谐杯”羽毛球团体邀请赛并取得团体第三名。

2014年10月12日，集团举办第一届运动会。运动会以“凝聚力量，彰显能力，创新突破，引领发展”为主题，共设置广播体操、球类、田径等18个比赛项目。来自集团系统的23家单位、约1500人参加运动会。

2016年10月22日，集团举办第二届运动会。运动会以“聚力发展，服务创新，稳中奋进，超越自我”为主题，共设置广播体操、球类、田径等18个比赛项目。来自集团系统的30余家单位、近2000名员工参加运动会。

2017年，集团工会组建羽毛球、乒乓球等2个兴趣小组，丰富了广大员工文体生活。举办集团2017春节联欢会；聘请专家举办“三八节专题健康养生讲座”；组织“六一”儿童节亲子蛋糕烘焙活动。

图12-2-4　2018年2月12日，中关村发展集团2017年新春联欢会举办

2018年4月14日，集团在怀柔雁栖湖举办成立八周年千人徒步走活动。活动以“新时代，再出发——投身科创中心发展，服务三城一区建设”为主题，彰

显了集团广大员工勇于挑战自我，奋力服务科技创新良好的精神风貌。会上，集团徒步协会成立，集团党委副书记、副总经理王明兰任会长。集团全系统1，200余人参加活动。10月20日，集团举办第三届运动会。运动会以“携手新征程，共创新时代”为主题，共设置球类、田径等30余个比赛项目。来自集团系统30余家单位、2000余人参加运动会。运动会期间专门设置亲子区，吸引员工携家属子女来参加运动会，打造集团一家人的良好氛围。是年，聘请专家举办“女职工健康讲座”；组织“六一”儿童节小手拉大手参观游园活动。

图12-2-5　2018年4月14日，在怀柔雁栖湖开展千人徒步走活动，纪念中关村发展集团成立八周年

2019年10月19日，集团在延庆野鸭湖举办徒步走活动。活动以“携手谱写新华章，同心追逐中国梦”为主题，30余家子公司共计900余人参加徒步活动，展示集团良好形象，营造团结向上、拼搏进取的良好氛围。是年，集团及总部两级工会还先后成立健身操、乒乓球、羽毛球、网球等9个专项体育活动协会。聘请专家举办“女性养生讲座”；组织“参观故宫博物院，学习大工匠精神”三八节女职工游览故宫活动与“扬传统文化，享快乐童年”“六一”儿童节亲子手工活动。

图12-2-6　2019年3月8日，中关村发展集团组织女职工参观故宫

附　录

一、中关村发展集团团队荣誉与资质一览表（省部级）

序号	单位	授予年份	荣誉/资质名称	授予机构/组织
1	北京实创高科技发展有限责任公司	2001	1996—2000年度全国群众体育先进单位	国家体育总局
2	北京中关村软件园发展有限责任公司	2001	国家软件产业基地	国家发展计划委员会 信息产业部
3	北京实创高科技发展有限责任公司	2004	首都绿化美化花园式单位	北京市人民政府 首都绿化委员会
4	北京中关村软件园发展有限责任公司	2005	国家软件出口基地	国家发展和改革委员会 信息产业部 商务部
5	北京实创高科技发展有限责任公司	2005	国家（北京）计算机与网络产品产业园	信息产业部
6	北京中关村软件园发展有限责任公司	2010	北京高新技术产业专业孵化基地	北京市人民政府
7	北京中关村软件园发展有限责任公司	2011	国家火炬计划软件产业基地	科学技术部
8	北京中关村软件园发展有限责任公司	2011	国家国际科技合作基地	科学技术部
9	北京中关村软件园发展有限责任公司	2011	北京国家现代服务业软件产业基地	科学技术部
10	北京中关村软件园发展有限责任公司	2011	北京国家云计算高技术产业化基地	科学技术部
11	北京中关村软件园发展有限责任公司	2011	中国服务贸易交易促进平台	商务部
12	北京实创高科技发展有限责任公司	2011	2011年重点企业信息报送先进单位	国务院国有资产监督管理委员会

续表

序号	单位	授予年份	荣誉/资质名称	授予机构/组织
13	北京中关村国际环保产业促进中心有限公司	2012	中关村国家自主创新示范区展示中心三星级绿色建筑设计标识证书	住房和城乡建设部
14	北京中关村软件园发展有限责任公司	2012	国家级工程实践教育中心	教育部
15	北京实创高科技发展有限责任公司	2012	2012年重点企业信息报送先进单位	国务院国有资产监督管理委员会
16	北京中关村国际环保产业促进中心有限公司	2013	中关村国家自主创新示范区展示中心全国绿色建筑创新奖二等奖	住房和城乡建设部
17	北京中关村国际孵化器有限公司	2013	国家中小企业公共服务示范平台	工业和信息化部
18	北京中关村软件园发展有限责任公司	2013	国家创新型产业集群试点	科学技术部
19	北京实创高科技发展有限责任公司	2013	2013年重点企业信息报送先进单位	国务院国有资产监督管理委员会
20	北京中关村软件园发展有限责任公司	2013	国家级科技企业孵化器	科学技术部
21	北京中关村软件园发展有限责任公司	2014	国家软件与集成电路人才国际培训基地	国家外国专家局
22	北京中关村软件园发展有限责任公司	2014	国家级文化和科技融合示范基地	科学技术部 中共中央宣传部 文化部 国家新闻出版广电总局 国家新闻出版总署
23	北京中关村软件园发展有限责任公司	2014	国家级中小企业公共服务示范平台	工业和信息化部
24	北京实创高科技发展有限责任公司	2014	2014年重点企业信息报送先进单位	国务院国有资产监督管理委员会
25	北京丰台科技园建设发展有限公司	2014	绿色生态示范城区	住房和城乡建设部
26	北京中关村软件园发展有限责任公司	2014	首批智慧园区试点单位	工业和信息化部

续表

序号	单位	授予年份	荣誉/资质名称	授予机构/组织
27	北京中关村软件园发展有限责任公司	2015	国家创新人才培养示范基地	科学技术部
28	北京中关村软件园发展有限责任公司	2015	国家小型微型企业创业创新示范基地	工业和信息化部
28	中关村发展集团	2015	中关村发展集团股份有限公司博士后工作站	人力资源和社会保障部 全国博士后管委会
30	中关村发展集团	2015	2014年度市级工会财务工作先进单位	中华全国总工会
31	北京实创高科技发展有限责任公司	2015	2015年重点企业信息报送先进单位	国务院国有资产监督管理委员会
32	北京实创高科技发展有限责任公司	2016	2016年重点企业信息报送先进单位	国务院国有资产监督管理委员会
33	北京中关村软件园发展有限责任公司	2016	国家级科技企业孵化器	科学技术部
34	北京知识产权运营管理有限公司	2017	国家知识产权分析评议服务示范创建机构	国家知识产权局
35	北京中关村软件园发展有限责任公司	2017	第二届北京市人民政府质量管理奖	北京市人民政府
36	北京实创高科技发展有限责任公司	2017	2017年重点企业信息报送先进单位	国务院国有资产监督管理委员会
37	北京中关村软件园发展有限责任公司	2017	众创空间	科学技术部
38	北京知识产权运营管理有限公司	2018	全国知识产权服务品牌培育机构	国家知识产权局
39	北京实创高科技发展有限责任公司	2018	2018年重点企业信息报送先进单位	国务院国有资产监督管理委员会
40	北京丰台科技园建设发展有限公司	2018	第15届精瑞科学技术奖住宅全装修优秀奖①	科学技术部 国家科学技术奖励工作办公室
41	北京中关村软件园发展有限责任公司	2019	国家中小企业公共服务示范平台	工业和信息化部
42	北京中关村软件园发展有限责任公司	2019	国家级科技企业孵化器	科学技术部

① 王庄子居住项目（泽信公馆）。

二、中关村发展集团个人荣誉一览表

序号	获奖人	性别	出生年月	单位	授予年份	荣誉/资质名称	授予机构/组织
1	刘晓然	女	1975.09	北京实创园林工程有限公司	2003	2002年度北京市青年岗位能手	中国共产主义青年团北京市委员会 北京市人事局 北京市劳动和社会保障局 北京市人民政府国有资产监督管理委员会
2	许文丽	女	1981.03	北京丰台科技园建设发展有限公司	2005	北京市专利试点先进个人	北京市知识产权局
3	刘洪海	男	1975.11	北京实创科技园经营服务有限责任公司	2006	市级爱国卫生先进个人	北京市爱国卫生运动委员会
4	许文丽	女	1981.03	北京丰台科技园建设发展有限公司	2006	北京市专利试点先进个人	北京市知识产权局
5	陈进东	男	1964.05	北京实创高科技发展有限责任公司	2008	个人嘉奖	北京市公安局
6	乔　钫	女	1967.10	北京丰台科技园建设发展有限公司	2008	奥运巾帼奉献奖	北京市妇女联合会
7	杨　楠	男	1972.07	北京中关村软件园发展有限责任公司	2009	首都劳动奖章	北京市总工会
8	蔡　晓	女	1978.03	北京实创高科技发展有限责任公司	2011	2011年重点企业信息报送优秀个人	国务院国有资产监督管理委员会
9	蔡　晓	女	1978.03	北京实创高科技发展有限责任公司	2012	2012年重点企业信息报送优秀个人	国务院国有资产监督管理委员会
10	谢　婧	女	1982.01	北京实创高科技发展有限责任公司	2013	2013年重点企业信息报送优秀个人	国务院国有资产监督管理委员会
11	刘克峰	男	1968.09	北京中关村软件园发展有限责任公司	2013	2013年度中国软件外包和信息技术服务产业杰出人物奖	中国软件外包和信息技术服务联盟

续表

序号	获奖人	性别	出生年月	单位	授予年份	荣誉/资质名称	授予机构/组织
12	杨　楠	男	1972.07	北京中关村软件园发展有限责任公司	2014	职教类2014年国家级教学成果奖一等奖	教育部
13	暴　冰	女	1971.01	北京市中关村小额贷款股份有限公司	2014	北京市三八红旗奖章	北京市妇女联合会 北京市人力资源和社会保障局 北京市总工会
14	谢　婧	女	1982.01	北京实创高科技发展有限责任公司	2014	2014年重点企业信息报送优秀个人	国务院国有资产监督管理委员会
15	谢　婧	女	1982.01	北京实创高科技发展有限责任公司	2015	2015年重点企业信息报送优秀个人	国务院国有资产监督管理委员会
16	刘克峰	男	1968.09	北京中关村软件园发展有限责任公司	2015	2015年度中国产学研合作促进奖	中国产学研合作促进会
17	何敏刚	男	1979.12	北京知识产权运营管理有限公司	2016	2014—2015年度民革北京市委参政议政先进个人	中国国民党革命委员会北京市委员会
18	钟海波	男	1973.02	北京中关村软件园发展有限责任公司	2016	2016年北京市直机关优秀党务工作者	北京市直机关工委
19	谢　婧	女	1982.01	北京实创高科技发展有限责任公司	2016	2016年重点企业信息报送优秀个人	国务院国有资产监督管理委员会
20	刘克峰	男	1968.09	北京中关村软件园发展有限责任公司	2016	2016年度中国产学研合作创新奖	中国产学研合作促进会
21	高中成	男	1966.04	中关村协同发展投资有限公司	2017	2016—2017年度中国产业园区杰出贡献人物	2017中国产业园区创新发展高峰论坛

续表

序号	获奖人	性别	出生年月	单位	授予年份	荣誉/资质名称	授予机构/组织
22	高中成	男	1966.04	中关村协同发展投资有限公司	2017	智库专家（2016年1月1日至2017年12月31日）	中国产业园区国策委员会
23	何融峰	男	1968.02	中关村科技租赁股份有限公司	2017	2016年科技租赁创新人物	北京市租赁行业协会
24	何融峰	男	1968.02	中关村科技租赁股份有限公司	2017	2017年中国融资租赁年度人物	中国外商投资企业协会
25	刘克峰	男	1968.09	北京中关村软件园发展有限责任公司	2017	2017年度中国管理科技进步奖先进个人	中国管理科学研究院企业管理创新研究所 中国管理科学研究院科技进步研究所 中国管理科学研究院信息产业研究所
26	何敏刚	男	1979.12	北京知识产权运营管理有限公司	2017	国家知识产权运营公共服务平台专家库专家	国家知识产权运营公共服务平台 华智众创（北京）投资管理有限责任公司
27	耿斯曼	女	1992.08	北京实创高科技发展有限责任公司	2017	2017年重点企业信息报送优秀个人	国务院国有资产监督管理委员会
28	齐久田	男	1966.01	北京兴昌高科技发展有限公司	2018	首都劳动奖章	北京市人力资源和社会保障局 北京市总工会
29	孙次锁	男	1976.05	北京中关村协同创新投资基金管理有限公司	2018	2018年中关村创投之星	中关村高新技术企业协会 中关村创业投资和股权投资基金协会

续表

序号	获奖人	性别	出生年月	单位	授予年份	荣誉/资质名称	授予机构/组织
30	何敏刚	男	1979.12	北京知识产权运营管理有限公司	2018	中国知识产权发展联盟金融服务专业委员会委员	中国知识产权发展联盟
31	张嘉芮	女	1992.02	北京中关村协同创新投资基金管理有限公司	2018	中国母基金行业30位30岁以下杰出投资人	清华大学全球私募股权研究院母基金研究中心 北京智投汇文创科技有限公司
32	耿斯曼	女	1992.08	北京实创高科技发展有限责任公司	2018	2018年重点企业信息报送优秀个人	国务院国有资产监督管理委员会
33	杨　楠	男	1972.07	北京中关村软件园发展有限责任公司	2018	2017—2018年度中国软件和信息服务业领军人物奖	中国国际软件和信息服务交易会组委会
34	高中成	男	1966.04	中关村协同发展投资有限公司	2019	2019中经联盟10大产业地产杰出人物奖	中经联盟
35	杨　楠	男	1972.07	北京中关村软件园发展有限责任公司	2019	2019中国数字服务暨服务外包杰出贡献人物 数字智慧园区领军人物	中国国际投资促进会
36	王笑航	男	1989.02	中关村医疗器械园有限公司	2019	北京市“我与改革开放”演讲比赛一等奖；北京市优秀宣讲员	中共北京市委宣传部
37	刘晓民	男	1954.12	北京中关村国际孵化器有限公司	2019	中国留学人员创业园建设25周年突出贡献奖	中国技术创业协会 留学人员创业园联盟
38	王首卓	男	1986.02	北京中关村生命科学园发展有限责任公司	2019	2019年民兵应急营训练先进个人	中关村科技园区昌平园管理委员会武装部
39	邵顺昌	男	1959.05	北京知识产权运营管理有限公司	2019	知识产权贡献人物	强国知识产权论坛组委会

编纂始末

2010年4月，中关村发展集团成立，到2020年4月，集团成立整十年。十年来，集团一直发挥着北京市整合创新资源的市场化平台作用，逐步构建起集产业投资、空间运营、科技金融、专业服务、区域合作、海外业务于一体的业务体系。为回顾集团成立以来的发展历程，全面总结集团成长壮大的成功经验，为集团改革转型、创新发展提供历史借鉴，集团决定编纂一部志书——《中关村发展集团志》。

2019年初，集团筹划成立十周年的系列活动，将编纂《中关村发展集团志》列为活动之一。3月，制定《中关村发展集团志》编纂方案，成立集团志编纂委员会，动员力量做编纂的准备工作。4月，集团志编辑部成立，开始制定编目。四、五月间，编辑部对集团总部各部门进行了走访。5月22日，召开集团志启动会，讨论完善编目，集团志编纂工作正式开始。五月下旬，编辑部先后走访集团所属子公司10余家，查阅、整理各部门、各子公司档案与工作总结，收集文字资料200多万字，图片3000余张。9月29日，集团志编纂委员会召开全体会议，对前一阶段工作进行总结，对下一步工作做出了安排。10月中旬，集团志初稿形成。10月下旬，征求各部门、子公司对初稿的意见。12月16日，形成复审稿，向集团各部门、子公司征求复审稿意见。

2020年春节前后，新型冠状病毒肺炎疫情逐渐在全国蔓延，节后集团志编辑部各成员未能按时返京。在此情况下，编委会组织编纂人员在家中通过视频会议、远程线上协作等方式尽量降低疫情对志书编纂的进度影响。知识产权出版社编辑在此期间对本志的成稿工作提出了宝贵的出版意见，为志稿送交出版社前达到“齐、清、定”的标准起到了很大的作用。功夫不负有心人，经过两个半月的奋战，2020年4月15日，《中关村发展集团志》终审稿终于形成。如果说《中关村发展集团志》的编纂工作有什么特别之处，那就是在全国“战疫”即将取得胜利的时候，集团志的终审稿也终于完成了。

由于时间紧、任务重，加之我们的经验不足，书中错误在所难免，请看志、用志的朋友批评指正。在编纂过程中，集团各部门、子公司认真负责，指定专人负责资料核实和解难答疑，提出了许多宝贵意见；集团相关领导多次审稿，并为编纂工作解决困难，创造条件；中国地方志学会学术委员王铁鹏给予了学术指导。在此，向所有为集团志编纂、出版付出辛苦的人们表示真诚的感谢。

编　者

2020年04月